Gabriele Goderbauer

Theoretiker
des deutschen Vormärz

Gabriele Goderbauer

Theoretiker des deutschen Vormärz als Vordenker moderner Volksvertretungen

tuduv Studie

tuduv-Studien
Reihe Politikwissenschaften
Band 35

CIP-Titelaufnahme der Deutschen Bibliothek

Goderbauer, Gabriele:
Theoretiker des deutschen Vormärz als Vordenker moderner Volksvertretungen / Gabriele Goderbauer. - München : tuduv-Verl.-Ges., 1989
(tuduv-Studien : Reihe Politikwissenschaften ; Bd. 31)
Zugl.: München, Univ., Diss., 1989
ISBN: 3-88073-324-4

NE: tuduv-Studien /Reihe Politikwissenschaften

8000 München 2, Gabelsbergerstr. 15, Tel. 089/2 80 90 95
Gesamtherstellung: Fotodruck Frank GmbH, 8000 München 2
Printed in Germany

Inhaltsverzeichnis

V O R W O R T

"DIE EXISTENZ DES MENSCHEN IN POLITISCHER GESELLSCHAFT IST GESCHICHTLICHE EXISTENZ. EINE THEORIE DER POLITIK, WENN SIE ZU DEN PRINZIPIEN VORSTÖSST, MUSS ZU EINER THEORIE DER GESCHICHTE WERDEN."[1]

Die vorliegende Untersuchung ist die leicht überarbeitete Fassung meiner Dissertation vom Wintersemester 1988/89 am Geschwister-Scholl-Institut für Politische Wissenschaft an der Ludwig-Maximilians-Universität München.

An dieser Stelle möchte ich vor allem ganz herzlich meinem Doktorvater, Herrn Professor Dr. Dr. Franz Schneider, dafür danken, daß er mich so freundlich in den Kreis seiner Studenten aufnahm, bei der Betreuung meiner Doktorarbeit so reges Interesse bezeugte und wertvolle Ratschläge gab. Zu danken ist bei dieser Gelegenheit aber auch meinen beiden weiteren akademischen Lehrern, Herrn Professor Dr. Ludwig Hammermayer und Herrn Professor Dr. Wolfgang Giese, von der Philosophischen Fakultät für Geschichtswissenschaft.

Dank will ich schließlich den Mitarbeitern der Bayerischen Staatsbibliothek München, der Universitätsbibliothek München und der Bibliothek des Geschwister-Scholl-Instituts München aussprechen. Schließlich gilt mein Dank der Hanns-Seidel-Stiftung für die Gewährung eines Graduierten-Stipendiums.

Last but not least will ich meinen Familienangehörigen und Freunden für die "seelische Unterstützung" aufrichtig Dank aussprechen. Wenn man den einen hervorhebt, vergißt man sicher den anderen; ich möchte dennoch nennen: Andi, Angela, Annalena, Christine, Christl, Fritz, Jochen, Martin, Silvia, Susann, Thom ...

Widmen möchte ich die Schrift meinem Vater Josef Goderbauer (1936 - 1980).

Landshut, im April 1989 Gabriele Goderbauer

---

[1] Zit. n. Eric Voegelin: Die Neue Wissenschaft der Politik, 3. Aufl., München 1977, S. 19.

A.Einleitende Betrachtungen

1. Die Thematik

Theoretiker des deutschen Vormärz[1] als Vordenker moderner Volksvertretungen - dies ist eine These, die an die Tatsache anknüpft, daß gerade die Zeit zwischen 1815 und 1848 im Vergleich von zeitgenössischer politischer Theorie und politischer Wirklichkeit eine schier unüberwindliche Kluft offenbart. Diese Diskrepanz, der insbesondere vormärzliche liberale Theoretiker mit einem unglaublich naiven Streben nach Harmonie entgegentraten, blieb das ganze 19. Jahrhundert hindurch, ja bis 1919 evident. *Winfried Steffani* sagt zu Recht: "Der liberal-repräsentative Parlamentarismus als 'Form der Demokratie' in Deutschland ist eine literarische Fiktion."[2]

Daß dieses vormärzliche Ideengut zwar nicht das eigene Saeculum, doch die grundsätzliche Entwicklung des Parlamentarismus in Deutschland und insbesondere die Entstehung der Bundesrepublik und damit verbunden die politologische Diskussion um deren politisches System beeinflußte, ist darzulegende Intention.[3] Denn: Obwohl die konstitutionellen Regierungen ein Anwachsen parlamentarischen Einflusses auf Jahrzehnte hinaus bremsten, das Prinzip der Repräsentation nicht abschafften, aber doch unterdrückten und das Prinzip der Volkssouveränität abwiesen, und obwohl Theoretiker dem dualistischen Den-

---

[1] Unter Vormärz wird diejenige Epoche der deutschen Geschichte verstanden, die der deutschen Märzrevolution von 1848 vorausging. Zeitlich umfaßt der Vormärz also die Jahre ab dem Wiener Kongreß von 1815 bis 1848. Die Frage, ob der Epochenbegriff "Vormärz" der Zeit gerecht wird, stellt sich jüngst wieder kritisch Koch, R.: Deutsche Geschichte 1815 - 1848. Restauration oder Vormärz?, 1985. Beachte auch grundlegend Stein, P.: Epochenproblem Vormärz, 1974.

[2] Zit. n.: Steffani, W.: Parlamentarische Demokratie, in: Ders. (Hg.): Parlamentarismus ohne Transparenz, 1971, S. 23. Zu den Grundlagen moderner Verfassungen in den Theorien des 19. Jahrhunderts im Gegensatz zu den großen Unterschieden zwischen politischem Konstitutionalismus und Grundgesetz heute s. Wahl, R.: Die Entwicklung des deutschen Verfassungsstaates, in: Isensee, J., und Kirchhof, P. (Hg.): Handbuch des Staatrechts, Bd. I, 1987, S. 28, Anm. 87, und S. 33.

[3] Eine Anknüpfung an die Tradition des liberalen bürgerlichen Rechtsstaates, der sich im Laufe des 19. Jahrhunderts allmählich entwickelte, betont ausdrücklich das Bundesverfassungsgericht (hier speziell im Zusammenhang mit dem Prinzip der Öffentlichkeit nach Art. 42.1 GG): BVerfGE 5, 1985, S. 197.

ken bewußt verhaftet blieben, ist zu konstatieren, daß politische Denker des deutschen Vormärz den - langen und mühsamen - Weg vorbereiteten, der erst im nächsten Jahrhundert zum normierten Parlamentarismus führte.[4] Entgegen gängiger Forschungsmeinung stehen nicht das mit Blickrichtung auf die Revolution von 1848 festgestellte Versagen und die fehlende "moralische Standfestigkeit", die vor allem den deutschen Liberalen vorgeworfen werden, im Mittelpunkt. Theoretiker der Epoche des Vormärz schufen, obwohl die staatliche Autorität wegen der großen Furcht vor eskalierender Volksherrschaft nicht in Frage gestellt wurde und obwohl ihr Verhalten von fast schon treuherzig-unbefangener Versöhnlichkeit gekennzeichnet war, Programme, formulierten Ziele und stellten elementare Fragen zur Zukunft Deutschlands.[5] Liberale - radikale Strömungen erwuchsen erst gegen Ende des Vormärz zu einer Einfluß besitzenden politischen Größe - offenbarten sich als Wegbereiter moderner Volksvertretungen; doch auch die hinsichtlich des 20. Jahrhunderts klare "Konter-Wirkung" der Lehren der Konservativen, die ihre Einflußsphäre freilich in der zeitgenössischen Entwicklung steigen sahen, sind aufzuzeigen.[6]

Nicht allein für Deutschland, sondern für ganz Europa gilt, daß sich die modernen demokratischen Parlamente aus den ständischen Vertretungen des Spätmittelalters entwickelt haben.[7] Trotz regionaler, zeitlicher, perso-

---

[4] Zu sehr die bremsende Wirkung der Theoretiker, die er in einer zu engen Verflechtung mit den für die Entwicklung negativen Haltungen und Aktionen der Regierungen sieht, betont Scheuner, U.: Volkssouveränität und Theorie, in: Bosl, K., und Möckl, K. (Hg.): Der moderne Parlamentarismus, 1977, S. 340.

[5] Gegen eine Bewertung gerade liberaler Theoretiker einzig unter negativem Vorzeichen spricht sich auch Sheehan, J.J.: Der deutsche Liberalismus, 1983, S. 9, 58 - 59, aus. S. jüngst auch Langewiesche, D.: Liberalismus in Deutschland, 1988, S. 27 - 34.

[6] Im Rahmen des Konstitutionalismus der süddeutschen Staaten des Vormärz finden die Verfassungen der französischen Charte, aber auch die bayerische, die badische und die württembergische, nähere Beleuchtung. Daß eine Eingrenzung des Themas - sie betrifft die Auswahl der Theoretiker und der analysierten Begriffe sowie die geographische Beschränkung auf Deutschland mit Schwerpunkt des südwestdeutschen Raumes - erfolgen muß, um nicht ins Grenzenlose und damit Nichtssagende auszuufern, ist selbstverständlich.

[7] Zu diesem insgesamt einheitlichen Prozeß s. Bosl, K. und Möckl, K.: Vorwort, in: Dies. (Hg.): Der moderne Parlamentarismus, 1977, S. 7.

naler, rechtlicher, politischer und sozialer Unterschiede war in allen Staaten ein Motiv gleich: Man wollte den Fürsten Rechte abtrotzen. Vieles hat sich seither geändert - die wichtigste Novität ist das Fehlen eines Monarchen als der Verkörperung der Regierungsgewalt. Die moderne Volksvertretung erweist sich nicht mehr als Gegenpart zum monarchischen Herrscher. Das Parlament ist die Vertretung der pluralen Bevölkerung, die das Recht besitzt, selbständig Entscheidungen zu fällen.

Viele Prinzipien, die, wenn nicht in der Praxis verwirklicht, so doch in der vormärzlichen politischen Theorie proklamiert und eingefordert, sind bis auf den heutigen Tag geblieben.[8] Das wichtigste ist das Prinzip der Repräsentation,[9] das sich mit dem demokratischen Prinzip, der Volkssouveränität, einen "modus vivendi" geschaffen hat. Die repräsentative Demokratie kann unter all den potentiellen demokratischen und pseudodemokratischen Spielarten als die bestmögliche bezeichnet werden. Geblieben, konsolidiert und weiterentwickelt sind die Prinzipien der Rechtsstaatlichkeit, der Gewaltenteilung, der Majorität. Die Orientierung auf das Gemeinwohl, eines der Ziele der deutschen Vormärztheoretiker, erfuhr, verstanden als ein "vorgeschriebenes und objektiv feststellbares Gemeininteresse",[10] eine verfassungsmäßige Verankerung.[11]

---

[8] Löwenthal, R.: Kontinuität und Diskontinuität, in: Bosl, K., und Möckl, K. (Hg.): Der moderne Parlamentarismus, 1977, S. 341 - 342, unterscheidet die Frage nach Kontinuität oder Diskontinuität des Verlaufs von der der Prinzipien. Letztere stehen in dieser Arbeit im Mittelpunkt.

[9] Mit K. Bosl: Die Geschichte der Repräsentation, 1974, S. 1, soll Repräsentation definiert werden als "die Vergegenwärtigung oder Darstellung eines fernen Nichtgegenwärtigen durch eine Person oder Sache vor einem Dritten, dem die Repräsentation gilt und der sie annimmt oder auch ablehnen kann."

[10] Zur Bildung eines hypothetischen Volkswillens im Unterschied zum einheitlichen Volkswillen in plebiszitären Regierungssystemen: Rausch, H.: Parlament und Regierung, 6. Aufl., 1981, S. 55 - 56.

[11] Dezidiert in der Bayerischen Verfassung von 1946, Art. 3; s. aber auch Art. 38 GG.

2. Zum Forschungsstand

Insbesondere seit den siebziger Jahren, sieht man einmal von der bahnbrechenden Arbeit *Ernst Rudolf Hubers* mit seiner "Deutschen Verfassungsgeschichte" ab, befassen sich die Sozialwissenschaften, hier vor allem die Politische Wissenschaft und die Soziologie, die Geschichtswissenschaft und die Verfassungs- und Staatsrechtslehre mit Geschichte und politischer Theorie des Parlamentarismus. Bis zu diesem Zeitpunkt wurde das Thema recht stiefmütterlich abgehandelt - die latente Aversion beruhte mit auf der nachhaltigen Wirkung des Rechtspositivismus und so markanter Lehrer der Weimarer Republik wie *Carl Schmitt* oder *Gerhard Leibholz*.[12]

Die Literatur der vergangenen zwei Jahrzehnte zur Geschichte und Entwicklung der Ständeversammlung zum modernen Parlamentarismus ist mittlerweile beinahe bibliothekenfüllend. Im Mittelpunkt des Großteils der Arbeiten steht das Thema Repräsentation. Diesem Aspekt widmen sich in hervorragender Weise *Karl Bosl*, *Heinz Rausch* und *Volker Hartmann*, um nur einige zu nennen. Die politische Ideengeschichte des Prinzips der Volkssouveränität wurde von *Peter Graf Kielmansegg* oder *Hanns Kurz* behandelt. Mit der Geschichte des Parlamentarismus eingehend beschäftigten sich *Ernst-Wolfgang Böckenförde*, *Werner Conze*, *Kurt Kluxen*, *Gerhard A. Ritter* oder *Ulrich Scheuner*, während *Hans Boldt* und *Hartwig Brandt* - aber auch *Theodor Schieder* wäre hier zu nennen - speziell die politische Theorie des deutschen Vormärz unter dem Blickwinkel der deutschen Staatslehre, des Einzelausschnitts der landständischen Repräsentation oder des vormärzlichen Liberalismus beleuchten. Greift man Brandts bedeutende Arbeit heraus, so muß festgestellt werden, daß sie bei aller Hochschätzung doch auch Mängel in sich birgt. Als Schwäche ist der akribische Versuch Brandts auszulegen, vormärzliche Theoretiker systematisch aufzulisten. Dadurch erfuhren manche politische

---

[12] Auf detaillierte Literaturangaben wird in dieser Einleitung verzichtet; ausführlich hierzu in den Anmerkungen der einzelnen Kapitel bzw. im Literaturverzeichnis.

Denker - und der theoretische Vormärz kennzeichnet sich durch eine Unzahl eigenwilliger Gedankengebäude - eine äußerst starre Schematisierung, die ihren Ideen nicht gerecht wird.[13]

An biographischen Einzelstudien seien *Dieter Grossers* Arbeit zu Friedrich Julius Stahl, *Erich Angermanns* Werk zu Robert von Mohl und das mit Blick auf den deutschen Vormärz wichtige Buch von *Lothar Gall* über den Franzosen Benjamin Constant hervorgehoben. Eine wertvolle Hilfe auch für die Terminologie des deutschen Vormärz ist das von *Otto Brunner, Werner Conze* und *Reinhart Koselleck* herausgegebene mittlerweile vierbändige Historische Lexikon zur politisch-sozialen Sprache in Deutschland unter dem Titel "Geschichtliche Grundbegriffe".

Eine umfassende Arbeit, die Aussagen vormärzlicher Theoretiker intensiv und synoptisch, nicht allein ein herausragendes, sondern mehrere wichtige Prinzipien der Staatslehre[14] aufgreifend, analysiert und dann einen Zusammenhang mit heutigen modernen Volksvertretungen herzustellen versucht, fehlt.

3. Die Methode

Weder bloß empirisch-beschreibend noch allein normativ-postulierend soll in dieser Arbeit vorgegangen werden. Vielmehr stehen beide Aspekte gleichrangig nebeneinander. Gegebene ideengeschichtliche Aussagen werden in ihrer Absicht, anhand der Frage nach dem Sollen, nach dem Weshalb beleuchtet.

Die politische Ausgangssituation nach 1815 mit den herausragenden Ereignissen des Wiener Kongresses, den Karlsbader Beschlüssen und der Wiener Schlußakte leitet die Untersuchung ein. Die Darstellung des realen Geschehens ist unumgänglich, zum einen, da grundsätzlich

[13]Kritik auch bei Hartmann, V.: Repräsentation, 1979, S. 22.

[14]In der Epoche des deutschen Vormärz trennten die Zeitgenossen noch nicht zwischen Staatslehre und politischer Theorie; beide Aspekte galten als eine wissenschaftliche Disziplin: s. Sontheimer, K.: Politische Wissenschaft und Staatsrechtslehre, 1963, S. 10 - 16.

politische Ideen nicht als bloße Abstrakta existieren, sondern sich ständig mit der Praxis überschneiden und nicht selten gegenseitig befruchten, zum anderen, da im konkret zu bearbeitenden Zeitraum des deutschen Vormärz Theoretiker mehr als in anderen Epochen durch ihre Funktionen des öffentlichen Lebens - sei es in einer der zwei Kammern,sei es in der Verwaltung - mit der Tagespolitik verflochten waren.

Bevor entscheidende Begriffe des deutschen Vormärz im Umfeld politischer Theoretiker analysiert werden, um eine Brücke zu modernen Volksvertretungen zu schlagen, werden zunächst herausragende politische Denker vorgestellt. Dies geschieht einerseits biographisch, andererseits von ihrem Werk ausgehend.

Eine Hervorhebung einzelner Personen ist für den Gesamtduktus der Untersuchung von großer Bedeutung. Deren theoretische Konzeptionen beinhalten Gemeinsamkeiten, aber in Einzelheiten durchaus unterschiedlichste Programme - diese Vielfalt ist geradezu typisch für die Zeit des deutschen Vormärz, in der es noch nicht <u>die</u> Parteien mit <u>der</u> jeweiligen politischen Richtung gab, sondern in der allenfalls von politischen Strömungen gesprochen werden kann.

Die biographische Darstellung begründet die Basis der folgenden systematischen Analyse. Zwar wäre auch, gerade im Einklang mit der personenbezogenen Darstellung, eine alleinige Kombination mit der synoptischen Methode möglich gewesen. Und in der Tat finden sich in der Präsentation herausragender Theoretiker auch überblicksartige Verweise auf besonders markante Stellen in ihren Werken. Eine Systematik unter eigens herausgegriffenen, zeitgenössischen und bis heute modernen bedeutenden terminologischen Aspekten ist jedoch anbetracht der Fragestellung dieser Arbeit effektiver als eine rein an Personen und ihren Schriften orientierte Gliederungsstruktur.[15] Theoretiker des deutschen Vormärz als Vordenker moderner Volksvertretungen offenbaren ihre Rolle allgemeingültiger, wenn sie - bei Akzeptanz der spezifischen Individualität und Abgrenzung gegenüber "Kollegen" - unter zentralen Gesichtspunkten näher beleuchtet werden. Nur so treten generell zutreffende, allumfassende Kontinuitäten, aber auch Modifikationen im Vergleich zu heute ans Tageslicht.

Im systematischen Teil, der sich an einigen zentralen parlamentarischen Ordnungsprinzipien ausrichtet, die gerade im Vormärz zu politischen Schlagwörtern avancierten, findet eine kritische Erörterung verschiedener Grundsätze statt, die nach dem Selbstverständnis der sich als fortschrittlich betrachtenden Vormärztheoretiker moderne Volksvertretungen bestimmen. Zeitweilige Wiederholungen von Äußerungen politischer Denker im biographischen und systematischen Teil sind hie und da unvermeidlich, verstärken jedoch zugleich theoretische Kernaussagen.[16] Auf zeitweise recht detaillierte Quellenzitate wird nicht verzichtet, um die Vordenkerrolle, die vormärzliche Theoretiker für moderne Volksvertretungen einnehmen, hervortreten zu lassen.

Insbesondere erfahren das Repräsentativprinzip, das Prinzip der Volkssouveränität und Volksrepräsentation, das Zweikammersystem und der Aspekt der Legitimation eine ausführliche Besprechung. Grundtenor ist, daß sich moderne Volksvertretungen zwar auch, aber nicht exklusiv

---

[15] S. schon Pitkin, H.F.: The Concept of Representation, 1967, S. 1: "For the social philosopher, for the social scientist, words are not "mere"; they are the tools of his trade and a vital part of his subject matter. Since human beings are not merely political animals but also language-using animals, their behavior is shaped by their ideas. What they do and how they do it depends upon how they see themselves and their world, and this in turn depends upon the concepts through which they see."

[16] Der Begründung Wassers, H.: Parlamentarismuskritik, 1974, der seine Analyse zwar erst mit dem Kaiserreich einsetzt, ist beizupflichten: "Wo der Aufweis von Kontinuität als Gliederungsprinzip dienen soll, kann Wiederholung nicht vermieden werden. Historische Durchgängigkeit offenbart sich in der Identität argumentativer Tradition" (S. 10). Wasser betont jedoch, daß er die Epochen vor dem Kaiserreich als "Entwicklungsetappen von Parlamentarismus und Parlamentarismus-Kritik" versteht. Diesen Etappen während des deutschen Vormärz nachzugehen, ist Gegenstand dieser Arbeit.

durch das demokratische Prinzip determinieren. Mehrheitsprinzip, Rechtsstaatlichkeit oder Gewaltenteilung, um nur einige weitere Prinzipien zu nennen, stellen zusätzliche Aspekte im Rahmen des Parlamentarismus dar - und auch sie rekrutieren aus der vordemokratischen Zeit des deutschen Konstitutionalismus.[17]

Die Frage ist zu stellen, ob diese Verschiebungen bisheriger Wortbedeutungen, die der deutsche Vormärz einleitet, gegen Ende des 20. Jahrhunderts nach wie vor Gültigkeit beanspruchen können. Eingedenk der Tatsache, daß sich die geschichtlich-politische Entwicklung stets in einem "Wechselbad" von Kontinuität und Diskontinuität vollzieht, und ohne einer strikten Zäsurideologie das Wort zu reden, sei die These aufgestellt, daß der deutsche Vormärz hinsichtlich seiner politischen Theorie gerade auch schon in seiner ersten Hälfte, also noch vor der französischen Julirevolution 1830 und ihren Konsequenzen auf deutschem Boden, als eine "Sattelzeit" zu betrachten ist.[18]

Während in der politischen Wirklichkeit Restauration und Reaktion durch ihre bewußt "retrograde" (Gentz) Haltung retardierend wirkten, ist die vormärzliche politische Ideengeschichte die *intellektuelle Akzeleratorin*. Prokursorisch beschleunigen Theoretiker des deutschen Vormärz den Entwicklungsprozeß hin zur Demokratie, ohne freilich ihr intensives Verhaftetsein mit der Monarchie

---

[17]Vgl. Alemann, U.v.: Demokratie, in: Mickel, W. (Hg.): Handlexikon zur Politikwissenschaft, 1986, S. 76 - 77.

[18]Den Begriff der "Sattelzeit" führt erstmals R. Koselleck in: Brunner/Conze/Koselleck (Hg.): Geschichtliche Grundbegriffe. Historisches Lexikon zur politisch-sozialen Sprache in Deutschland, Bd. 1, 1979, S. XV, ein. Anders als Koselleck, der die "Sattelzeit" schon 1750 ansetzt und insbesondere die Wandlungen von der vorrevolutionären zur revolutionären Zeit als Epochenschwelle indiziert (S. XIV - XV), erscheint es auf Grund der hier vorgelegten detaillierten Studien zentraler Begriffe der politischen Theorie des Vormärz geglückter, den Wandel um 1815 anzusetzen. Dies entspricht auch der deutschen Entwicklung, die von den französischen Ereignissen von 1789 nicht unmittelbar und dann nicht bloß rezipierend, sondern diese und auch das englische Beispiel reflektierend, betroffen war.
Dem von Koselleck kreirten Begriff der "Sattelzeit" nicht gerecht wird Rausch, H.: Repräsentation, in: Bosl/Möckl (Hg.): Der moderne Parlamentarismus, 1977, S. 74, der den Neologismus in die Ecke der Zäsurideologie drängen will. Rauschs Vorwurf, Repräsentation mit Repräsentativverfassung zu verwechseln und damit diesen Begriff auf demokratietheoretische Überlegungen zu reduzieren, ist im Kontext zu Kosellecks "heuristischem Vorgriff" nicht haltbar.

aufzugeben. Fehler und Schwächen des deutschen Liberalismus, die die extreme "Realpolitik" Bismarcks, den extensiven Rechtspositivismus und letztlich das Scheitern Weimars zur Folge hatten, sind hinlänglich erforscht. In dieser Arbeit sei herausgehoben, daß Theoretiker des deutschen Vormärz - und zwar auch Konservative wie Haller, Stahl oder der Hofrat Gentz durch die umgekehrt proportionale Wirkung ihrer Schriften, die bei vielen Liberalen oft zum Auslöser entgegengesetzter Theorien wurden - trotz ihrer Verbindung zu althergebrachten Normen als Vordenker moderner Volksvertretungen bis heute von Bedeutung sind. Erfuhr ihr Ideengut nach 1848 eine durchweg negative Aufnahme, so erlebte es nach 1945 eine Revaleszenz. Obwohl vielfach unbeachtet, zeichnet sich bei einer Betrachtung der heutigen Parlamentarismus-Diskussion ein außerordentlicher Einfluß vormärzlicher Theoretiker ab.

Die politischen Schlagwörter offenbaren überdeutlich, daß der deutsche Vormärz als "Sattelzeit", rückwärtsgerichtet gegenüber der Zeit vor 1815 und vorwärtsorientiert gegenüber dem 20. Jahrhundert, zu bezeichnen ist. Obwohl die politische Terminologie einer kontinuierlichen Dynamik unterworfen ist, demonstriert sich die vormärzliche politische Theorie in einer Vordenkerposition für moderne Volksvertretungen, realisiert nicht im 19., modifiziert, ergänzt und intensiviert jedoch im 20. Jahrhundert.

Abschließend werden einige wesentliche Aspekte der heutigen Parlamentarismus-Diskussion herausgegriffen, anhand derer Wirkungen und Einflüsse des vormärzlichen Ideengutes veranschaulicht werden. Zentrale Aspekte zu Parlament und parlamentarischem Regierungssystem sowie Parlamentarismus-Kritik, Repräsentation und repräsentativer Demokratie, demokratischen Eliten, zu Mehrheitsprinzip und Volkssouveränität im Zusammenhang mit demokratischer Legitimität, zu den Prinzipien der Öffentlichkeit und der Diskussion finden Eingang.

Martin Kriele betont, daß engagierte vormärzliche Theoretiker wie Rotteck, Welcker, Dahlmann oder Mohl in ihrer politischen Staatslehre zugleich politisch-moralische, juristische und empirische Erörterungen aufwarfen.[19] Eine detaillierte Analyse der Aussagen von Zeitgenossen zu bis auf den heutigen Tag wichtigen Prinzipien von Volksvertretungen soll manifestieren, daß die politischen Theorien des deutschen Vormärz Keimzellen moderner Parlamente enthielten, deren Erwachen in der Realität erst hervorgerufen werden mußte. Symptome moderner Volksvertretungen existierten nicht erst im Umkreis der Revolution von 1848. Zentrales Anliegen dieser Arbeit ist es, aufzuzeigen, daß - entgegen anderer Darstellungen - insbesondere der deutsche Vormärz und hier nicht allein dessen letztes Jahrzehnt,[20] sondern de facto bereits die erste Hälfte des Vormärz als Anfangsstadium moderner Volksvertretungen zu betrachten ist. Diese umfassendere Auffassung des deutschen Vormärz verbietet es denn auch, ausschließlich in radikaler aktiver und literarischer Opposition,[21] die nach 1832 einen Höhepunkt erfuhr, Vorläufer moderner demokratischer Volksvertretungen zu sehen.[22]

---

[19]Kriele, M.: Einführung, 1975, S. 16.

[20]Vgl. Wende, P.: Radikalismus im Vormärz, 1975, S. 12, der für seine insgesamt gute Untersuchung, wenngleich er die radikalen Strömungen überbewertet und liberale Tendenzen als Beeinflußer demokratischer Ausprägungen in oft bedenklicher Anlehnung an die DDR-Forschung abweist, zum Zwecke, den Radikalismus im Vormärz aufzuzeigen, die Zeit ab 1815 mangels Quellen nicht als Zeuge verwenden kann; er setzt seine Analyse daher erst ab 1832 ein und verkürzt somit den Begriff des Vormärz; methodisch geht Wende jedoch ähnlich wie in dieser Arbeit vor.

[21]Zu dieser zu extremen, da einseitigen Einschätzung gelangt Wende, P.: Radikalismus, 1975, S. 36 - 47, der sechs radikale Publizisten zur Verortung seiner Intention analysiert.

[22]Zur Zitierweise: Bei jedem größeren Kapitel beginnt die Numerierung der Fußnoten der Übersichtlichkeit wegen wieder mit 1.

B. HAUPTTEIL:

Theoretiker des deutschen Vormärz als Vordenker moderner Volksvertretungen

1. Einleitende Reflexionen

Bevor die Frage nach der Vordenkerrolle der Theoretiker des deutschen Vormärz für moderne Volksvertretungen konkret gestellt und beantwortet werden kann, ist es erforderlich, sich mit der politischen Ideengeschichte der Zeit zwischen 1815 und 1848 zu beschäftigen; dies umso mehr, nachdem und obwohl Politische Theoriegeschichte innerhalb der Sozialwissenschaft und speziell der Politikwissenschaft nicht sehr angesehen zu sein scheint.[1] Weniger politisch-soziale Realverhältnisse als vielmehr "das politische Denken in seinen vielfältigen literarischen Formen"[2], kurz, die Theorien und ihre Autoren des Vormärz werden hier analysiert.

Politische Ideengeschichte reflektiert, wie die vormärzliche Theorie darlegen wird, kritisch die politischen Ordnungsstrukturen ihrer Zeit. Auch wenn die Offerten alternativer Modelle zum Zeitpunkt ihres Erscheinens nicht zum Tragen gekommen sind, stellen sie doch nicht lediglich unerhebliche, vergebliche theoretische Bemühungen dar: "Sie können im Bewußtsein der Zeitgenossen und später, z.B. als begriffliches Potential, weiterwirken und irgendwann wieder an die Ober-

---

[1]Brandt, H. : Einleitung, in: Ders. (Hg.): Restauration und Frühliberalismus 1814 - 1840, 1979, S. 1; Beyme, K.v.: Politische Ideengeschichte. Probleme eines interdisziplinären Forschungsbereiches, 1969, S. 36. Zum Verhältnis von Politischer Wissenschaft und Staatsrechtswissenschaft s. Peters, H.: Geschichtliche Entwicklung und Grundlagen, 1969, S. 27 - 29. Zur "Freiburger Schule" und "Münchner Schule" sowie zum Problem, daß politikwissenschaftliche Arbeiten zur politischen Ideengeschichte "ihrer mangelhaften historischen Fundierung wegen harte Kritik auf sich zogen", s. Bermbach, U.: Über die Vernachlässigung, in: Ders. (Hg.): Politische Theoriengeschichte, 1984, S. 23; s. auch Trautmann, G.: Hat Theoriegeschichte Sinn?, in: ebda., S. 269 - 270, zur Liberalismus/Pluralismus-Theorie.

[2]Brandt, H.: Landständische Repräsentation im deutschen Vormärz, 1968, S. 2.

fläche gelangen."[3] Analysiert man die politische Theorie des deutschen Vormärz, zeigt sich, daß ihre Inhalte in der zweiten Hälfte des 20. Jahrhunderts einen "Transfer" und zugleich den soziopolitischen Veränderungen entsprechende Umwandlungen erlebten.

Die politische Ideengeschichte der Zeit zwischen 1815 und 1848 ist, dies sei an dieser Stelle bereits vorweggenommen, nicht allein vorbereitend, sondern geradezu wegbereitend für die Konzeption moderner Volksvertretungen des 20. Jahrhunderts. Die folgende Analyse demonstriert, daß die Entwicklung des Repräsentationsbegriffes im 19. Jahrhundert zu modernen Parlamenten hinund in einer Retrospektive die Diskussion um demokratische Legitimation und Repräsentation demokratischer Volksvertretungen zur Diskussion um die Repräsentation des 19. Jahrhunderts zurückführen kann. Moderne Volksvertretungen, wie sie nach 1945 das Bonner Grundgesetz und schon vorher deutsche Länderverfassungen wie die Bayerische Verfassung konstituieren, stellen keine ahistorische, nebulöse "Erfindung" der Verfassungsväter nach dem Ende des Zweiten Weltkrieges dar. Sie stehen im Kontext der politischen Theorie des 19. Jahrhunderts, die sich mit der Volksvertretung auseinandersetzt, und bedeuten gleichsam die Realisierung, Modifizierung und Intensivierung eines aus vormärzlichem Liberalismus - neben anderen Einflüssen - evozierten Gedankengutes.

Der Rückblick auf die politischen Theorien des deutschen Vormärz ist sinnvoll, da nach 1848 und bis in die Weimarer Republik der Rechtspositivismus das philosophisch-theoretische Denken bestimmte. Sinn- und Wertfragen wurden ab der zweiten Hälfte des 19. Jahrhunderts von der Wissenschaft abgelehnt. Die "Frage nach den die neue Ordnung tragenden rechtlichen Wertgehalten" wurde

---

[3] Zit. n. Margedant, U.: Politische Ideengeschichte, in: Mickel, W.: Handlexikon zur Politikwissenschaft, 1986, S. 381. Daß ein historisches Ergebnis als Aktualität weder die Probleme der Gegenwart noch die der Zukunft löst, jedoch den Rahmen bestimmt, "innerhalb dessen jene Grundspannung der 'conditio humana' in jedem Falle ausgetragen wird", hebt Willms, B.: Politische Ideengeschichte, in: Bermbach, U. (Hg.): Politische Theoriengeschichte, 1984, S. 48, heraus.

im Zuge der Bismarckschen Machtpolitik "zugunsten einer das Gesetzesrecht analysierenden und systematisierenden Betrachtungsweise"[4] von Theoretikern und Staatsrechtlern vernachlässigt. Fragen nach dem "Wesen" und "Sinn" bestimmter Dinge in der Wirklichkeit, die den deutschen Vormärz im Zusammenhang mit den Themen Legitimität, Repräsentation und Volkssouveränität beschäftigten, fanden explizit erst nach der "Epoche des Rechtspositivismus", beginnend in der von Krisen geschüttelten Spätphase der Weimarer Republik und schließlich nach dem Ende des Dritten Reiches Eingang in das politische Denken. Sowohl in die während Weimar einsetzenden Diskussionen als auch in die das heutige politische System der Bundesrepublik Deutschland und seiner Länder verfassungsrechtlich verankerten Bestimmungen flossen Gedanken des deutschen Vormärz ein.[5]

Nach wie vor ambivalent ist die Haltung der Forschung zu der Frage, "ob die modernen Parlamente ihre Grundlagen in den ständischen Vertretungen haben und der moderne Parlamentarismus auf der ständischen Repräsentation aufbaut oder nicht".[6] Jüngste wissenschaftliche Arbeiten neigen dazu, Kontinuitäten in dieser Entwicklung zu betonen, ohne aber spezifische Unterschiede zu verschweigen. Charakteristikum der kontinentalen und

---

[4] Zum Methodenstreit unter Weimars Staatsrechtslehrern unter dem Aspekt einer politologischen Demokratieanalyse: Bauer, W.: Wertrelativismus und Wertbestimmtheit im Kampf, 1968, der insbesondere auf seiten der neukantianischen Vertreter des Wertrelativismus Georg Jellinek, Max Weber, Gustav Radbruch und Hans Kelsen, auf seiten der neuhegelianischen Vertreter der Wertbestimmtheit Erich Kaufmann und Rudolf Smend, schließlich den "Politologen" Hermann Heller analysiert; s. auch Hartmann, V.: Repräsentation in der politischen Theorie und Staatslehre in Deutschland, 1979, S. 16 - 18. Zitat aus: Würtenberger, Th.: Legitimität, Legalität, in: Brunner, O. u.a.(Hg.): Geschichtliche Grundbegriffe, 3. Bd., 1982, S. 733;

[5] Nicht in der Theorie des Vormärz, aber im deutschen Konstitutionalismus war der Vorrang der Verfassung gegenüber dem Gesetz nicht anerkannt; der Dualismus mit seinen beiden Legitimitätsgrundlagen des Fürsten und des Volks setzte hier systembedingte Grenzen. Daß trotz eines Reagierens auf "Verengungen des Positivismus" während der Weimarer Republik der Verfassungsvorrang noch nicht grundsätzlich bejaht wurde, stellt Wahl, R.: Der Vorrang der Verfassung, in: Der Staat, 20. Bd., 1981, S. 491 - 494, 516, heraus.

[6] Zit. n. Rausch, H.: Einleitung, in: Ders. (Hg.): Die geschichtlichen Grundlagen, Bd. 1, 1980, S. 1.

damit auch deutschen - im Gegensatz zur englischen - Entwicklung des Parlamentarismus war eine "ungebührliche Verfassungsgläubigkeit"[7].

2. Legitimation und Volksvertretung - zentrale Themen im Vormärz

Die Frage nach der Legitimation des Staates war zentraler Mittelpunkt sowohl in Theorie als auch in Praxis vor allem in der ersten Hälfte des 19. Jahrhunderts. Einsetzend bereits im Vorfeld des Wiener Kongresses 1814/15, erfuhr das Legitimationsproblem eine intensive Beschäftigung von seiten der Theoretiker des Vormärz. Ausgangs- und Kristallisationspunkt jeglicher Diskussion war das - zu Beginn noch kaum fest umrissene, vage determinierte, von einem wahren Durcheinander an Definitionen umgebene, später jedoch immer intensiver als eindeutiger Antagonismus herausgestellte - Begriffspaar der "landständischen" und der "repräsentativen" Verfassung.

Die Verfechter der landständischen Verfassung negierten, einfach schematisiert, die Rechte einer auf Volksrepräsentation basierenden Volksvertretung, während die Wortführer der repräsentativen Verfassung die Rechte des Monarchen beschränken wollten. Große Bedeutung kam bei dieser Auseinandersetzung dem Begriff der Souveränität zu. Wer besaß die "höhere" Legitimität: der Monarch mittels der Fürstensouveränität, die Nation mittels einer Volkssouveränität? Oder gab es eine Zwischenposition? Bemerkenswert bleibt, daß durchweg alle vormärzlichen Theoretiker am "monarchischen Prinzip" festhielten. Keiner plädierte für die Abschaffung der Monarchie. Einigendes Band aller im Kern noch so differenzierten Anschauungen war der Rahmen der Konstitutionellen Monarchie.

---

[7] Zit. n. Kluxen, K.: Einführung "Geschichtliche Grundlagen", in: Ders. (Hg.): Parlamentarismus, 1969, S. 95.

I. Politische Ausgangssituation

1. Der Wiener Kongreß und Artikel 13 der Bundesakte

Auf dem Wiener Kongreß 1815 formierte sich der Deutsche Bund, eine "lockere Föderation der deutschen Staaten",[8] in der sich die souveränen Fürsten und freien Städte Deutschlands zusammenschlossen. Es gab nur ein einziges Bundesorgan: die Bundesversammlung oder den Bundestag, und in diesem "Gesandtenkongreß" waren die von den Ländern entsandten Mitglieder absolut weisungsgebunden, d.h. sie hatten sich strikt an die Instruktionen ihrer Regierungen zu halten.[9] Dadurch erwies sich das Gremium als äußerst schwerfällig. Der Bundestag stellte also keine Volksvertretung dar. Völlig fehlten dem Deutschen Bund Organe wie ein Oberhaupt, eine Regierung, Verwaltungsbehörden oder Gerichte.[10]

Hinzu kam eine wachsende Unzufriedenheit innerhalb der Bevölkerung anbetracht der auf dem Wiener Kongreß getroffenen Lösung. In den unterschiedlichsten Formen wurde die Frage der deutschen Nation diskutiert.[11] Weder der Wunsch nach einem nationalen Deutschen Reich noch eine Realisation liberaler Tendenzen fanden im Deutschen Bund Eingang. Zweck sollte einzig - entsprechend Artikel

---

[8] So Rürup, R.: Deutschland im 19. Jahrhundert, 1984, S. 127; Weis, E.: Der Durchbruch des Bürgertums, 1978, S. 344, betont zu Recht, daß der Terminus Restauration kritisch zu verwenden ist. Zum Wiener Kongreß s. Botzenhart, M., in: Raumer, K.v., und Botzenhart, M.: Deutsche Geschichte im 19. Jahrhundert, 1980, S. 583 - 592; zur Bewertung in der verfassungsgeschichtlich bedeutenden Zeitspanne zwischen Westfälischem Frieden und Bonner Grundgesetz s. Scheuner, U.: Die Verfassung Deutschlands im Rahmen der europäischen Staatsordnung, in: Vom Staat des Ancien Régime zum modernen Parteienstaat, 1978, S. 492 - 496.

[9] Lutz, H., Zwischen Habsburg und Preußen, 1985, S. 37 - 38; Rürup, R., Deutschland im 19. Jahrhundert, 1984, S. 127.

[10] Grimm, D.: Deutsche Verfassungsgeschichte, 1988, S. 66 - 67; Peters, H.: Geschichtliche Entwicklung und Grundlagen, 1969, S. 64 - 67. Aus konservativer Sicht übte bereits, da die bislang teils geheimen "Bundesprotokolle jetzt vorliegen", Ilse, L.F.: Geschichte der deutschen Bundesversammlung, 3 Bde., 1861/1862, v.a. 1. Bd., 1861, S. III - XIV, heftige Kritik am Bund.

[11] Schaumann, A.F.H.: Der Congreß zu Karlsbad, in: Raumer, F. von (Hg.): Historisches Taschenbuch, 3. Folge, 2. Jg., 1850, S. 231. Daß das Nationalproblem für Metternich nicht existierte, betont Mann, G.: Friedrich von Gentz, 1972, S. 237. Beachte auch die politische Dichtung der Zeit, in: Volkmann, E. (Hg.): Um Einheit und Freiheit 1815 - 1848, 1936.

2 der Bundesakte - die "Erhaltung der inneren und äußeren Sicherheit Deutschlands" und die "Unabhängigkeit und Unverletzlichkeit der deutschen Staaten" sein.

Einziges, Anlaß zu vager Hoffnung gebendes Zugeständnis innerhalb der Bundesakte vom 8. Juni 1815 war der Artikel 13, der "landständische Verfassungen" vorsah. Artikel 13 lautete: "In allen Bundesstaaten wird eine landständische Verfassung stattfinden."[12] Damit war er der kürzeste Artikel des Wiener Vertragswerkes. Zugleich zeichnete er sich sowohl durch materielle als auch formale Unbestimmtheit aus. Kein Wort wurde verloren, um Zusammensetzung und Zuständigkeit, Vertretungscharakter und Garantie der Repräsentativkörperschaften näher zu erläutern; im Gegenteil, Artikel 13 beläßt es materiell dabei, das Prinzip landständischer Mitwirkung zu einer Voraussetzung für rechtmäßige, also legitime Herrschaft zu betonen. Formal ist auffallend, daß im Artikel 13 keinerlei Frist gesetzt wird, so daß die Einrichtung von Landständen lediglich als eine unverbindliche und nichteinklagbare Absichtserklärung betrachtet werden muß.[13] *Forsthoff* spricht treffend von der "pythischen Dunkelheit" des Artikels 13,[14] *Brandt*

---

[12] Abgedruckt bei Huber, E.R. (Hg.): Dokumente, Bd. 1, 1961, S. 78; bereits in: Pölitz, K.H.L. (Hg.): Die europäischen Verfassungen, 1. Bd., 1. Abth., 2. Aufl., 1832, S. 10 - 23 zur "teutschen Bundesacte vom 8. Juni 1815"; Meyer, Ph.A.G.v. (Hg.): Staats-Acten für Geschichte und öffentliches Recht des Deutschen Bundes, Th. 2, 2. Aufl., 1833, S. 11.

[13] Mager, W.: Das Problem der landständischen Verfassungen auf dem Wiener Kongreß 1814/15, in: HZ 217, 1973, S. 296 - 297. Mager (S. 297) bezeichnet den Artikel 13 zu Recht als einen "Fremdkörper" innerhalb der Bundesakte, da damit der Bund als völkerrechtliches Organ in die Verfassungsautonomie der souveränen Gliedstaaten eingreift.

[14] Forsthoff, E., Deutsche Verfassungsgeschichte der Neuzeit, 1972[4], S. 93.

von dessen "sybillinischer Formulierung".[15] Für *Ehrle* stellt dieser Artikel, den schon *Klüber* als "unvollkommen"[16] einschätzte, eine "Verlegenheitslösung unter Zeitdruck"[17] dar; zugleich betont er zu Recht, daß diese vage Formulierung im Hinblick auf ein mögliches breites Spektrum von Interpretationen "auch eine positive Seite"[18] hatte.

Bereits seit Ende 1814, nach dem Bruch zwischen Österreich und Preußen, stand das Problem der einzelstaatlichen Verfassungen im Vordergrund,[19] und mit der Hereinnahme des Artikels 13 in die Bundesakte intensivierte sich das Interesse der "öffentlichen Meinung" (darunter soll hier das breite Spektrum der politischen

---

[15] Brandt, H.: Landständische Repräsentation im Vormärz, 1968, S. 51. Vgl. die unpassende Kritik an Brandts Beurteilung in: Darmstadt, R.: Der Deutsche Bund, 1971, S. 89. Darmstadt ist zwar zuzustimmen, daß alle Regenten zum Zeitpunkt der Verabschiedung der Bundesakte und damit des 13. Artikels sehr wohl landständische Verfassungen einzusetzen beabsichtigten, doch das Wann und Wie war bereits 1815 und nicht erst 1819 ein Problem, das auf dem Wiener Kongreß bestens erkannt worden war. Aus diesem Grunde stellte Artikel 13 denn auch den kürzesten aller Artikel innerhalb des Verfassungswerks dar; seine Formulierung war der kleinste gemeinsame Nenner. Der Grad der, wie Darmstadt (S. 90) zu Recht feststellt, "nie angezweifelten" Verbindlichkeit war folglich äußerst niedrig. Wichtig war nach 1815 ja nicht allein die verfassungsrechtliche Verankerung derartiger Bezeugungen, sondern die Erfüllung solcher Worte mit entsprechender Verfassungswirklichkeit, mit Leben. Daher rührt die Flut von Interpretationen.

[16] Zit. n. Klüber, J.L. (Hg.): Acten des Wiener Congresses, Bd. 2, 1815, S. 533 - 534; s. auch ders.: Uebersicht der diplomatischen Verhandlungen des wiener Congresses überhaupt und insbesonderheit über wichtige Angelegenheiten des teutschen Bundes, 1816, 1. Abth., S. 141; 2. Abth., S. 209 - 210.

[17] Ehrle, P.M.: Volksvertretung im Vormärz, 1979, S. 8, Anm. 2.

[18] Ehrle, P.M.: Volksvertretung, 1979, S. 12. Vgl. auch Huber, E.R.: Deutsche Verfassungsgeschichte, Bd. I, 1957, S. 640 - 643; Vierhaus, R.: Von der altständischen zur Repräsentativverfas sung, in: Bosl, K., und Möckl, K. (Hg.): Der moderne Parlamentarismus, 1977, S. 178 - 179.

[19] S. Mager, W.: Das Problem der landständischen Verfassungen auf dem Wiener Kongreß 1814/15, in: HZ 217, 1973, S. 299 - 300. Beachte auch die detailliert herausgearbeitete Vorgeschichte und Entstehung des Art. 13 durch Strathmann, F. (Diss. iur.): Altständischer Einfluß auf die deutschen Territorialverfassungen der Jahre 1814 bis 1819. Ein Beitrag zum Problem der Kontinuität der deutschen Verfassungsgeschichte, 1955, S. 123 - 135. Strathmann beleuchtet den Einfluß Steins, Hardenbergs und Humboldts und kritisiert zu Recht Meisners These, daß Artikel 13 schon zu Beginn seiner Formulierung im modern-repräsentativen Sinne verstanden worden sei. Vgl. Meisner, H.O.: Die Lehre vom monarchischen Prinzip, 1913, Neudruck 1969, S. 170 - 173. Zu den Anfängen einer deutschen Verfassung s. auch Griewank, K.: Der Wiener Kongreß, 2. Aufl., 1954 (1. Aufl., 1942), S. 172 - 179.

Denker verstanden werden)[20] an der Gestaltung der Verfassungen der einzelnen Staaten.[21] Eine Flut an Literatur der Zeit überschwemmte schier das deutsche Gebiet, und die Variationsbreite der Interpretationen, was denn nun unter dem Begriff der "landständischen Verfassung" zu verstehen sei, offenbarte, mit welcher Vehemenz und welchem Interesse die "Exegesen aller politischen Lager"[22] sich des Problems der Verfassungsfrage annahmen.

Der Grund, mit Artikel 13 die Einführung von Landständen verfassungsrechtlich zu fixieren, lag in der Absicht, rechtsstaatliche Beziehungen zwischen Fürst und Volk herzustellen, wenngleich der damit verbundene Effekt, die "Unterthanen" an der Regierungsgewalt in irgendeiner Form zu beteiligen, nicht unterbewertet werden darf.[23]

2. Die Karlsbader Beschlüsse

Hatten sich jedoch in der Zeit zwischen 1815 und 1819 die Begriffe "landständische" und "repräsentative" Verfassung keineswegs als diametral entgegengesetzte Termini herauskristallisiert, setzte eine eindeutige

---

[20] S. Art. "Öffentliche Meinung" von Karl Biedermann, in: Staatslexikon, 3. Aufl., Bd. 10, 1864, S. 738 - 742, der darunter "die Summe oder vielmehr den Durchschnitt der in einem gewissen Kreise der menschlichen Gesellschaft über gewisse Angelegenheiten allgemeinerer Natur umlaufenden und vorherrschenden Ansichten" versteht, wobei kein Einzelner ausschlaggebend sei: "allein die nachhaltige, unwiderstehliche Macht der Ideen ist es, die eine starke, einflußreiche öffentliche Meinung erzeugt und ihre herrschende Richtung bestimmt" (zit. n. S. 738 und 742).

[21] Zu den Beratungen über den Artikel 13 S. Weech, F.v. (Hg.): Correspondenzen und Actenstücke, 1865, S. 46 - 51; Grimm, D.: Deutsche Verfassungsgeschichte, 1988, S. 69, hebt hervor, daß die Wurzeln von Artikel 13 auch in den zu Beginn bundesstaatlichen Konzepten zugeneigten Plänen für das zukünftige Deutschland lagen.

[22] So Brandt, H.: Landständische Repräsentation im deutschen Vormärz, 1968, S. 51. Interessant hierzu die Wertung Aretins in: Staatsrecht der konstitutionellen Monarchie, 1. Bd., 1824, S. 167, Anm. 4, der zwischen ständischer und repräsentativer Verfassung mit den Begriffen "historische Stände" und "wahre Volksvertreter" unterscheidet und die "letztere" Version akzeptiert.

[23] Diesen Aspekt negiert Wunder, B.: Landstände und Rechtsstaat. Zur Entstehung und Verwirklichung des Art. 13 DBA, in: ZfhF, 5, 1978, S. 141. Es ist zu betonen, daß der Gedanke einer Mitbeteiligung, ja Mitbestimmung, zwar aus dem Gedanken der Rechtsstaatlichkeit resultiert, somit ein "Nebeneffekt" ist, daß diese Konsequenz jedoch von den Anwesenden auf dem Wiener Kongreß sehr wohl in ihrer gesamten Tragweite erkannt wurde.

Grundsatzkontroverse mit der Karlsbader Konferenz im Sommer 1819 ein. Auf dieser vorwiegend geheimen Tagung hatte Friedrich von Gentz eine - zunächst nichtöffentliche Denkschrift vorgelegt, worin er als erster eine "ideologische Kluft" zwischen den beiden Begriffen schuf. Gentz war es, der mit diesem Gutachten einen unüberwindlichen Gegensatz zwischen landständisch und repräsentativ formulierte und zu anschließenden Debatten jeglicher politischer Richtung animierte. *Rainer Koch* stellt fest, daß die Gentzsche Schrift "einen bis dahin in solcher Tiefe und Breite nicht bekannten Graben in der deutschen politischen Öffentlichkeit" aufgerissen habe.[24]

Schon 1850 erkannte *Schaumann:* "die Berathungen über den Art. 13 der Bundesacte sind der wahre politische Kern der Conferenzen zu Karlsbad, indem man von einer Seite her die Absicht hatte, sie zu benutzen, um unter der Form einer collegialischen Interpretation jenes Gesetzes eine Beseitigung jeder repräsentativen Verfassungsform zu versuchen."[25]

a. Vorgeschichte von Karlsbad

Die Karlsbader Beschlüsse, ihr Inhalt und ihre Wirkung sowie die enorme Macht Metternichs sind nur in ihrer Vorgeschichte zu verstehen. Der österreichische Fürst gewann für seine Ziele, die anwachsenden bürgerlichen Ansprüche im Staat zu unterbinden, einen willkommenen äußeren Anlaß in der Entwicklung der Turnerschaft und Burschenschaft, deren teilweise Radikalisierung geschickt polemisch ausgeschlachtet wurde. Durch die clevere Argumentation, eine drohende Revolution könne nur durch die Abwürgung sämtlicher liberaler und

---

[24] Abdruck der Denkschrift Gentz' in: Klüber/Welcker (Hg.): Wichtige Urkunden für den Rechtszustand der deutschen Nation, 1844, S. 220 - 229, bezeichnet als "Nebenbeilage (zu dem siebenten Protocoll)" von Karlsbad. Vgl. hierzu auch Koch, R.: Deutsche Geschichte 1815 - 1848, 1985, S. 81 - 83; Brandt, H.: Landständische Repräsentation im deutschen Vormärz, 1968, S. 55 - 56.

[25] Zit. n. Schaumann, A.F.H.: Der Congreß zu Karlsbad, in: Raumer, F. von (Hg.): Historisches Taschenbuch, 3. Folge, 2. Jg., 1850, S. 230.

"moderner" Ideen wie der der repräsentativen Verfassung verhindert werden, zog Metternich die deutschen Regierungen auf seine Seite. Hauptanliegen des reaktionären Staatsmannes war die Unterbindung bzw. Beschneidung jeglicher Verfassung.[26]

Warum traten die "Großen", Preußen und Österreich, so ostentativ für ständische Vertretungskörperschaften und gegen repräsentative Volksvertretungen ein? Unter der Parole einer Regeneration Deutschlands war es die Absicht, die alten Zustände des deutschen Ancien Regime - soweit dies überhaupt nach den eklatanten sozialpolitischen Umwälzungen seit dem Ende des Reichs durch Säkularisation, Mediatisierung und bürokratischen Absolutismus möglich war - mit adlig-patrizischen Führungsschichten wiederherzustellen. Diese Schichten zu mobilisieren, sie zu stärken im Kampf gegen die neuen konstitutionellen Entwicklungen in ihren Ländern, war die Absicht.[27]

Bereits im April 1819, Monate vor der Karlsbader Konferenz, schrieb Metternich aus Rom seinem Sekretär und Vertrauten, Friedrich Gentz, zum Thema "Kotzebue":[28]

---

[26] Zur Rolle der Jugend und ihrer Radikalisierung s. Büssem, E.: Die Karlsbader Beschlüsse von 1819, 1974, S. 57, 68, 129, 142 - 144, 154 - 155; Lutz, H.: Zwischen Habsburg und Preußen, 1985, S. 40 - 41, 56; Nipperdey, Th.: Deutsche Geschichte 1800 - 1866, 1983, S. 279 - 281; Rürup, R.: Deutschland im 19. Jahrhundert, 1984, S. 139 - 140, 144; Schneider, F.: Pressefreiheit und politische Öffentlichkeit, 1966, S. 273; Zechlin, E.: Die deutsche Einheitsbewegung, 1979, S. 48, 53 - 56; vgl. auch die Darstellungen von seiten der DDR: Bartmuss, H.-J.(Hg.): Deutsche Geschichte in drei Bänden, Bd. 2: Von 1789 bis 1917, 1965, S. 163, und Obermann, K.: Deutschland von 1815 bis 1849, 1961, S. 31 - 32, 36. S. auch die Bewertung durch den kleindeutschen Historiker Treitschke, H.: Deutsche Geschichte im Neunzehnten Jahrhundert, 2. Teil, 1879 - 1894 (Neuausgabe des Nachdrucks von 1912/13, 1981), S. 383, 389, 413, 422, 426 - 428, 433, 439, 524.

[27] Grimm, D.: Deutsche Verfassungsgeschichte, 1988, S. 148 - 151; Mager, W.: Das Problem der landständischen Verfassungen auf dem Wiener Kongreß 1814/15, in: HZ 217, 1973, S. 318 - 320 und 334.

[28] Zit. n. Eckardt, H.v. (Hg.): Friedrich von Gentz. Staatsschriften und Briefe, 2. Bd., 1921, S. 123. S. auch Schneider, F.: Pressefreiheit und politische Öffentlichkeit, 1966, S. 217. Zu Burschenschaft sowie zur Ermordung Kotzebues durch Sand s.: Heer, G.: Geschichte der deutschen Burschenschaft, Bd. 1, 1927 - 1937; Lutz, R.R.: The German Revolutionary Student Movement 1819 - 1833, in CEH 4, 1971, S. 215 ff.: Schnabel, F.: Deutsche Geschichte im neunzehnten Jahrhundert, Bd. 2, 1933 (1987), S. 234 - 256; Wentzcke, P.: Geschichte der deutschen Burschenschaft, Bd. 6, 1966².

> "Hier wird wahres Übel auch einiges Gutes erzeugen, weil der arme Kotzebue nun einmal als ein argumentum ad hominem dasteht, welches selbst der liberale Herzog von Weimar nicht zu verteidigen vermag. Meine Sorge geht dahin, der Sache die beste Folge zu geben, die möglichste Partie aus ihm zu ziehen, und in dieser Sorge werde ich nicht lau vorgehen."

Und einige Tage später formulierte Metternich in einem weiteren Brief an Gentz seine Haltung folgendermaßen:

> "...und es gehört zu meinem Glücke – auf welches Sie mir oft so viel zugute getan haben –, daß ich das Gebäude auf Weimarschen Grund fußen und mit einem Beispiele, wie der vortreffliche Sand mir es auf Unkosten des armen Kotzebue lieferte, ausschmücken kann."[29]

Größtes Anliegen und Hauptsorge in Karlsbad waren einerseits die Frage der Landstände, andererseits die der Pressefreiheit[30]. Metternich war sich darüber im klaren, daß das vage Verfassungsversprechen des Artikels 13 der Bundesakte von 1815 nun, vier Jahre später, "einigen Zündstoff bot."[31] Da, dessen war sich Metternich bewußt, Verfassungen, die auf Volksvertretung basieren, auch das Ende des Kaiserreiches herbeiführen würden, versuchte er mit allen Mitteln, eine Repräsenta-

---

[29] Zit. n. Eckardt, H.v. (Hg.): Friedrich von Gentz, Staatsschriften und Briefe, 2. Bd., 1921, S. 133.

[30] Auf diesen gerade für die Zeit des Vormärz bedeutenden Aspekt kann an dieser Stelle nicht eingegangen werden; vgl. hierzu Schneider, F.: Pressefreiheit und politische Öffentlichkeit, 1966, v.a. S. 222; sich ihm anschließend Darmstadt, R.: Der Deutsche Bund in der zeitgenössischen Publizistik, 1971, S. 11, 19 - 25, 122, 193, 202 - 204, 218. S. auch Schneider, F.: Presse, Pressefreiheit, Zensur, in: Brunner,O. u.a.(Hg.): Geschichtliche Grundbegriffe, Bd. 4, 1978, S. 922 - 926. Zu den Trägern der politischen Öffentlichkeit (Ständekammern, Versammlungs-, Fest- und Vereinswesen, Presse und Publizistik) Müller, H.: Liberale Presse im badischen Vormärz, 1986, S. 32 - 36; grundlegend auch in diesem Zusammenhang Hardtwig, W.: Strukturmerkmale und Entwicklungstendenzen des Vereinswesens in Deutschland 1789 - 1848, in: Dann, O. (Hg.): Vereinswesen und bürgerliche Gesellschaft, 1984, S. 34 - 36, der der Antizipation eines freien politischen Vereinswesens in der frühliberalen Staatslehre nachgeht.

[31] Zit. n. Aretin, K.O.F.v.: Vom Deutschen Reich zum Deutschen Bund, 1980, S. 166; s. auch Dürig, G., und Rudolf, W. (Hg.): Texte zur deutschen Verfassungsgeschichte, 1979, S. 16.

tivverfassung zu verhindern.[32]

In der Interpretation des Artikels 13 ging es ihm nicht um eine Minimal- oder Maximalforderung, sondern einzig um die Abwürgung jeglicher liberaler Tendenzen. Daher argumentierte Metternich mit der überall existierenden Furcht vor revolutionären Umtrieben, einer Chimäre, die freilich nur auf zu offene Ohren unter den deutschen Regierungen stieß. Wer die revolutionären Störenfriede jedoch schütze, drohte er aus seiner sicheren Position heraus, mache sich der Felonie gegen den "Bund" schuldig.[33]

b. Die Thesen Gentz' - ungewollte Katalysatoren der ideengeschichtlichen Entwicklung der Volksvertretung

Einen der eifrigsten Mitstreiter an seiner Seite besaß Metternich in der Person Friedrich von Gentz',[34] obgleich der Einfluß des "arbeits- und zugleich genuß-

---

[32] Wie sehr Österreich seine Interessen mit denen des gesamten Bundes verknüpfte, schildert treffend Schaumann, A.F.H., in: Raumer, F. von (Hg.), 1850, S. 238 - 239: "Allein Volksrepräsentation in Deutschland und überhaupt begünstigen, hätte sie mit der Zeit Oestreich auch näher führen und sie dann mit ihren vermeintlichen Folgen unabwendbar machen müssen. Um darum den Kampf mit dem repräsentativen Princip nicht als Angegriffener und Belagerter in den eigenen Grenzen führen zu brauchen, beschloß man es theoretisch auch schon dann zu bekämpfen, als es sich noch in weiter Ferne zeigte...Darum mußte es höchst wünschenswerth für Metternich sein, durch das Bundesrecht und den Bundestag als allgemeine Politik *Das* verkündet zu sehen, was Oestreich ganz besonders zugute kam." (Sperrung von Schaumann; Unterstreichung von d. Verf.).

[33] Schneider, F.: Pressefreiheit, 1966, S. 248 mit Anm. 26. S. auch Grimm, D.: Deutsche Verfassungsgeschichte, 1988, S. 142 - 151.

[34] Zu Gentz s. ADB, 8. Bd., 1878, S. 577 - 593 (Beitrag von Beer) und NDB, 6. Bd., 1964, S. 190 - 193 (Beitrag von Hubert Rumpel). Zu Metternich s. Beitrag von Bailleu in: ADB, 23. Bd., 1886, S. 777 - 802. S. auch das Portrait Metternichs durch Glum, F.: Konservativismus im 19. Jahrhundert, 1969, S. 161 - 182; zu Gentz s. Mann, G.: Friedrich von Gentz, 1972 (1. Aufl. 1947), S. 226 - 237.
Ebenso wie Clemens Lothar Wenzel Fürst Metternich, der, am 15.5.1773 in Koblenz geboren - er starb am 11.6.1859 -, mit einer Enkelin des österreichischen Staatskanzlers Kaunitz verheiratet war, war auch Friedrich von Gentz kein gebürtiger Österreicher. Im schlesischen Preußen in Breslau 1764 geboren, wo er sich durch Schriften gegen Napoleon hervorgetan hatte, kam er 1802 nach Wien, wo er als der entschiedenste und einflußreichste Helfer Metternichs für dessen konservative Politik - sowohl als Publizist als auch als Beamter - wirkte. Berühmt wurde Gentz außerdem durch seine Übersetzung und Kommentierung von 1793 der Schrift "Reflections on the Revolution in France", 1790 von Edmund Burke. Zur Faszination, die Burkes Werk auf Gentz ausübte, s. Nachwort von L. Iser, in: Burke, E.: Betrachtungen über die französische Revolution. In der deutschen Übertragung von Friedrich Gentz, 1967, S. 346; s. auch Schneider, F.: Pressefreiheit, 1966, S. 66, 181 - 182.

süchtigen"[35] Gentz erst zwölf Jahre nach seiner Ankunft in Österreich mit dem Wiener Kongreß einsetzte: Hier war er der Mann im Hintergrund Metternichs. Schon in die Planungen zur Konferenz war Gentz bestens eingeweiht.[36] Der Fürst hegte zwei Absichten. Zum einen dürften Fragen zu den Themenkomplexen Universität, Pressefreiheit und Verfassung nicht voneinander getrennt behandelt werden, da ein Wechselwirkungsverhältnis bestehe, zum anderen wollte er nach dem Karlsbader Treffen - idealiter in Wien während der Wintermonate - "Konferenzen zwischen Abgeordneten der wichtigsten deutschen Höfe" abhalten, was selbstverständlich eine keineswegs objektive Auswahl derer, die für "am wichtigsten" erachtet wurden, implizierte. Das Festhalten an den traditionellen, doch obsoleten Prinzipien der Arkanhaltung und Arkanforderung[37] demonstriert die starre Ablehnung jeglicher Vorwärtsentwicklung.[38]

Maßgeblichen Einfluß auf die Karlsbader Beschlüsse hinsichtlich der Verfassungsfrage hatte entschieden die von Gentz verfaßte Denkschrift "Über den Unterschied zwischen den landständischen und Repräsentativ-Verfassungen", die er auf der siebten Konferenz am 13. August

---

[35] So eine scharf formulierte, aber sicher geeignete Charakterisierung Gentz' durch Treitschke, H.v.: Deutsche Geschichte, 2. Teil, (Neudruck) 1981, S. 462 - 463.

[36] Dies geht aus einem Brief Metternichs an Gentz vom 23. April 1819 hervor. S. Eckardt, H.v. (Hg.): Friedrich von Gentz, 2. Bd., 1921, S. 141 - 143.
S. auch die kritische Beurteilung Gentz' durch G. Schlesier, Vorwort, S. XII, in: Ders. (Hg.): Schriften von Friedrich von Gentz. Ein Denkmal, Vierter Theil, 1840.

[37] "Arcana imperii", Schlüsselwort des 16. und 17. Jahrhunderts, stellt mit den Begriffen Souveränität und Staatsraison eine entscheidende Formel im Rahmen der Entstehung des modernen Staates dar. Hierzu Stolleis, M.: Arcana imperii, 1980, S. 5 und 34.

[38] S. Schneider, F.: Pressefreiheit, 1966, S. 245; Nipperdey, T.: Deutsche Geschichte, 1983, S. 283. Zu beachten ist, da in Karlsbad nicht alle Gliedstaaten vertreten waren, daß die einstimmige Annahme der Karlsbader Beschlüsse im Bundestag am 20. September 1819 zwar keinen Bundesstaatsstreich, aber doch eine grobe Überrumpelung der am Zustandekommen der Beschlüsse Nichtbeteiligten darstellte.

1819 in Karlsbad vorlegte.[39] Mit der konkreten begrifflichen Unterscheidung setzte zugleich eine schärfere Kontrastierung der politischen Richtungen, charakterisiert durch eine "stärkere Herausstellung des monarchisch-legitimistischen Charakters des Bundes gegenüber der national-konstitutionellen Bewegung", ein.[40]

Wegen der außerordentlichen Bedeutung dieser geheimen Beilage zu den Karlsbader Protokollen soll auf den Inhalt dieser Schrift an dieser Stelle ausführlich eingegangen werden, da ihr Inhalt Grundlage und Anlaß zu einer Flut folgender Publikationen, die je nach Intention Artikel 13 und damit die Begriffe landständische und repräsentative Verfassung interpretierten, bot.

---

[39] Abgedruckt in: Klüber/Welcker (Hg.): Wichtige Urkunden, 1845, S. 213 - 223; s. auch ebda., S. 124 sowie Schaumann, A.F.H., in: Raumer, F.v. (Hg), 1850, S. 211.
Bedeutung für die Karlsbader Beschlüsse hatten außerdem die vorausgegangenen Begegnungen in Aachen (Herbst 1818) und in Teplitz (Juli/August 1819). Während der Aachener Kongreß (s. Büssem, E.: Die Karlsbader Beschlüsse, 1974, S. 101 - 128) zum Verfassungsaspekt keine Aussagen traf, stellte die am 1. August 1819 von Österreich und Preußen unterzeichnete Teplitzer Punktation die Basis für die Karlsbader Konferenzen dar. Zu den "dringendsten Gegenständen" gehörte die "Berichtigung der Begriffe in Ansehung des Art. 13". Es gelang Metternich, Preußen die Hände zu binden, indem es sich für landständische Verfassungen aussprach: "Preußen ist entschlossen, erst nach völlig geregelten inneren Finanz-Verhältnissen diesen Artikel in seinem reinen Begriff auf seine eigenen Staaten anzuwenden, d.h. zur Repräsentation der Nation keine allgemeine, mit der geographischen und inneren Gestaltung seines Reichs unverträgliche Volksvertretung einzuführen, sondern seinen Provinzen landständische Verfassungen zu erteilen und aus diesen einen Zentralausschuß von Landes-Repräsentanten zu bilden." (Abdruck der Punktation bei Treitschke, H.v.: Deutsche Geschichte,2. Teil, Neudruck 1981, S. 634 - 637, v.a. zu Art. 13 S. 636.) S. auch Schieder, Th.: Vom Deutschen Bund zum Deutschen Reich, 1982, S.18.
Obwohl eine von Hardenberg im Oktober des gleichen Jahres verfaßte Denkschrift zeigte, daß der preußische Staatskanzler durch sein Ziel einer Verfassungsgebung "von unten" mittels eines Allgemeinen Landtages die Bindung an Österreich nicht so eng sah bzw. den Terminus "Zentral-Ausschuß" anders als Metternich interpretierte, obwohl Preußen im Grunde schon vor der "auf ewige Zeiten geheim zu haltenden" Teplitzer Punktation betont hatte, erst die Finanzen, dann das Verfassungsproblem zu lösen, so daß eigentlich kein "Novum" im streng formalistischen Sinne erreicht wurde, bedeutete die Punktation durch die Einigung auf die wesentlichen Grundzüge die "wichtigste Vorentscheidung für den Verlauf der Karlsbader Konferenzen" (so Büssem, E.: Die Karlsbader Beschlüsse, 1974, S. 263, allgemein hierzu S. 263 - 289). Metternich war eindeutig der Gewinner.

[40] So die klare Beurteilung durch Gangl, H.: Der deutsche Weg zum Verfassungsstaat, in: Böckenförde, E.-W. (Hg.): Probleme des Konstitutionalismus, 1975, S. 51.
Zu beachten ist, daß der Inhalt der Gentzschen Denkschrift, die offiziell nur an den Fürstenhöfen kursierte, zwar in der Öffentlichkeit bekannt war, der volle Wortlaut jedoch erst 1844 von Klüber/Welcker publiziert wurde. S. auch Mann, G.: Friedrich von Gentz, 1972, S. 285.

Die Einschätzung, die Gentz seiner eigenen Rolle bei den Karlsbader Konferenzen beimaß, erweist sich, liest man seine Tagebuchaufzeichnungen, geradezu als hellseherisch. Die Ergebnisse und anschließenden Beratungen nach Karlsbad erfaßte Gentz klar als höchst bedeutend, er erkannte jedoch auch die den Zeitumständen de facto entgegengerichtete Linie, wenn er notierte, er habe

"meinen Theil an einem der größten und merkwürdigsten Resultate der Verhandlungen unserer Zeit gehabt. Ein Tag, wichtiger als der bei Leipzig."[41]

aa. Der Inhalt der Denkschrift

Friedrich von Gentz, ein "Söldling der Machthaber" mit "göttlichen Kräften" nach *Welckers* Auffassung,[42] verstand es, rhetorisch brillant auf mehreren Seiten die seiner Meinung nach "richtige Auslegung des Art. 13 der Bundesacte"[43] darzulegen. In geschickter Gegenüberstellung von landständischer zu repräsentativer Verfassung war es seine Absicht, unter den Gesichtspunkten von "Definition" und "Grundcharakter", "Ursprung" und "Wirkungskreis", "Attributen" und "Verhältniß zu der deutschen Bundes-Einheit" zu verdeutlichen, daß beide Begriffe unvereinbar und verschieden seien und ein "Sieg" der repräsentativen Verfassung in den Ländern unweigerlich zugleich das Ende des Bundes herbeiführen würde.

"Noch heute", 1819, sei die "richtige" Interpretation des Artikels 13 laut Gentz "ein Gegenstand von erster Wichtigkeit", "wenn gleich viele davon abhängende Fragen

---

[41] S. Tagebucheintragung vom 14.12.1819 in: Tagebücher von Friedrich von Gentz. Aus dem Nachlaß von Varnhagen's von Ense, hg. von Ludmilla Assing, 2. Bd., 1873, S. 374; s. auch S. 347 - 350; beachte zugleich: Tagebücher von Friedrich von Gentz. Aus dem Nachlaß Varnhagen's von Ense. Mit einem Vor- und Nachwort von K.A. Varnhagen von Ense, 1861, S. 354, 366 - 367.

[42] Zit. nach dem Zusatz zu der Nebenbeilage des siebenten Protokolls von Carl Welcker, in: Klüber/Welcker (Hg.): Wichtige Urkunden, 1844, S. 230.

[43] S. Gentz, F.v.: Ueber den Unterschied zwischen den landständischen und Repräsentativ-Verfassungen, in: Klüber/Welcker (Hg.): Wichtige Urkunden, 1844, S. 220 (im folgenden zitiert als: Denkschrift Gentz).
Auf die generell im Vormärz stark mißbrauchten Adjektive "rein", "wahr" oder "echt" weist zu Recht Beyme, K.v.: Repräsentatives und parlamentarisches Regierungssystem, in: Rausch, H. (Hg.): Die geschichtlichen Grundlagen, 2. Bd., 1980, S. 401, hin.

bereits factisch und einseitig entschieden worden sind"[44]. Damit spielte der Hofrat Metternichs vor allem auf die 1818 verabschiedeten Verfassungen der süddeutschen Staaten, die den Begriff "landständische Verfassungen" für seiner Einstellung nach zu liberal ausgelegt hatten, an.

In seiner Definition gibt Gentz an: "Landständische Verfassungen sind die, in welchen Mitglieder oder Abgeordnete durch sich selbst bestehender Körperschaften ein Recht der Theilnahme an der Staatsgesetzgebung überhaupt, oder einzelnen Zweigen derselben, die Mitberathung, Zustimmung, Gegenvorstellung, oder in irgend einer andern verfassungsmäßig bestimmten Form ausüben." Historisch versucht Gentz nun, zu belegen, daß das Wort landständische Verfassung noch nie anders verstanden worden sei. Dies sei so gewesen, "so lange es eine deutsche Sprache und Geschichte gibt". Und so habe man auch im Artikel 13 keine andere Bedeutung im Sinne gehabt.

"Repräsentativ-Verfassungen hingegen", so erläutert Gentz den Gegenpol, " sind solche, wo die zur unmittelbaren Theilnahme an der Gesetzgebung und zur unmittelbaren Theilnahme an den wichtigsten Geschäften der Staatsverwaltung bestimmten Personen, nicht die Gerechtsame und das Interesse einzelner Stände, oder doch diese nicht ausschließend zu vertreten, sondern die Gesammt-

[44]Denkschrift Gentz, S. 220.
Vgl. auch die Rezeption der Denkschrift Gentz' bei Ehrle, P.M.: Volksvertretung im Vormärz, 1979, S. 17 - 21. Während Ehrle jedoch die Verfassungsrealität an der Verfassungsnorm mißt und mit seiner unverhältnismäßig ausschweifenden Analyse - die Dissertation umfaßt rund 1000 Seiten, birgt viele Wiederholungen und bringt beinahe jeden Quellenverweis im ausführlichen Originalzitat - einen Beitrag vor allem zur Wahl-Geschichte leisten will, stellt diese Arbeit einen Beitrag zur politischen Ideengeschichte und deren Fortentwicklung dar. Der "theoretische Teil" der Arbeit Ehrles befaßt sich vor allem mit dem Verfassungsrecht, wobei Ehrle - er sagt dies selbst S. 255 - im Punkt C.I.3., der auf die politischen Denker des Vormärz eingeht, vollständig die Abhandlung von H. Brandt, Landständische Repräsentation, 1968, wiedergibt.

masse des Volks vorzustellen berufen sind."[45]

Daß es auch in einer landständischen Verfassung eine Repräsentation gebe, gibt Gentz zu, doch unterscheide sich diese Art von Repräsentation grundsätzlich von der *jetzt* , also 1819, herrschenden Bedeutung. Wohlgeordnetheit einerseits und Verkehrtheit andererseits bestimmen die kennzeichnenden Unterschiede beider Begriffe. Vom Grundcharakter her ruhen landständische Verfassungen "auf der natürlichen Grundlage einer wohlgeordneten bürgerlichen Gesellschaft, in welcher ständische Verhältnisse und ständische Rechte aus der eigenthümlichen Stellung der Classen und Corporationen" hervorgegangen seien.

Repräsentativ-Verfassungen aber seien "in letzter Instanz auf dem verkehrten Begriff von einer obersten Souveränetät des Volks gegründet" und sie haben "die beständige Tendenz, das Phantom der sogenannten Volksfreiheit (d.h. der allgemeinen Willkühr) an die Stelle der bürgerlichen Ordnung und Subordination, und den Wahn allgemeiner Gleichheit der Rechte, oder, was um nichts besser ist, allgemeine Gleichheit vor dem Rechte, an die Stelle der unvertilgbaren, von Gott selbst gestifteten Standes- und Rechtsunterschiede zu setzen."[46]

Damit beruft sich Friedrich von Gentz geschickt auf die letzte Instanz, auf Gott, der sehr wohl als der Gründer und Schöpfer der Stände deren Fortexistenz wolle, während Anhänger der Volkssouveränität gleichsam glaubenslose, nur der Revolution verbundene Wahnsinnige seien.[47] Ruhe und Ordnung unter Gottes Hand auf der einen Seite, Gewalt, Willkür, Revolution und Demagogie auf der anderen Seite sind nach Gentzens furchteinflös-

---

[45]Denkschrift Gentz, S. 221. (Unterstreichungen sind im Originaltext spationiert gedruckt.)
Daß die Behauptungen Gentz' "historisch unrichtig" waren, stellt Welcker in seinem "Zusatz zu der Nebenbeilage", in: Klüber/Welcker (Hg.): Wichtige Urkunden, 1844, S. 231, korrekt heraus. Nicht korrekt ist jedoch Welckers nicht zu belegende Gegenthese: "Man dachte überall an zeitgemäßge Volksrepräsentation und constitutionelle repräsentative Verfassung" (S. 231).

[46]Denkschrift Gentz, S. 221 - 222.

[47]S. Treitschke, H.v.: Deutsche Geschichte, 2. Teil, 1981, S. 558.

sender Schilderung Beschreibungen des sich in jeder Hinsicht unterscheidenden Ursprungs beider Verfassungstypen. "Landständische Verfassungen entspringen aus den für sich bestehenden, nicht von Menschenhänden geschaffenen, Grundelementen des Staates" und gelangen "zur fortschreitenden Vervollkommnung". Völlig anders entstehen Repräsentativ-Verfassungen: Sie "sind die Frucht der äußeren Gewalt oder Willkühr; der Gewalt, wenn sie durch vorhergegangene Revolutionen nothwendig gemacht; der Willkühr, wenn sie ohne äußern Zwang aus einem falschen Motiv der Staatsklugheit beschlossen werden."[48]

Auch mit Beispielen ist Gentz in seiner "von fanatisch-reaktionärem Geist erfüllten Interpretation des Artikels 13"[49] zur Hand. Entstanden aus gewaltsamen Revolutionen seien die Repräsentativ-Verfassungen von England und Frankreich.[50] Ohne dann freilich die Staaten selbst zu nennen, spielt Gentz in seiner Schilderung der durch fürstliche Willkür entstandenen repräsentativen Verfassungen auf Bayern und Baden an;[51] denn diese süddeutschen Staaten hatten nach seiner Auslegung den Artikel 13 der Bundesakte völlig fehlinterpretiert. "Der Regent entschließt sich", so erklärt Gentz die Entstehung dieser Art von Repräsentativ-Verfassung, "zu dem gewagten Versuch, die vorhandenen von ihm nicht geschaffenen, seiner Allmacht nicht Preis gegebenen, politischen Bestandtheile des Staats, nach einem willkührlichen Prinzip zusammen zu fügen, und so das zu Stande zu bringen, was mann heutigen Tags eine Constitution nennt. Er vollzieht diesen Entschluß entweder aus eigener Machtvollkommenheit, oder durch einen mit den Untertha-

---

[48]Denkschrift Gentz, S. 222.
Zur Kritik an Gentz s. Ehrle, P.M.: Volksvertretung im Vormärz, 1979, S. 21 - 23 und Anm. 37 - 39.

[49]So Quint, W.: Souveränitätsbegriff, 1971, S. 499.

[50]Denkschrift Gentz, S. 222 - 223.

[51]S. Bayerische Verfassung vom 26. Mai 1818; Badische Verfassung vom 22. August 1818. Beachte, daß die Württembergische Verfassung vom 25. September 1819 zum Zeitpunkt der Karlsbader Konferenzen vom 6. bis 31. August 1819 noch nicht beschlossen war. Freilich lag der erste königliche Verfassungsentwurf bereits 1815 vor.

nen abgeschlossenen förmlichen Vertrag. Im letzten Falle, wo der unsinnige Grundsatz der obersten Souveränetät des Volks unmittelbar und ausdrücklich anerkannt wird, kommt die Constitution selbst, da mit diesem Grundsatze keine vereinbar ist, schon todtgeboren zur Welt".

Eindringlich appelliert Gentz an die Fürsten vor allem der kleineren Staaten, die bereits die Repräsentativ-Verfassung favorisierten oder zumindest damit liebäugelten, indem er schreckliche Bilder des Untergangs an die Wand malt: "Die von dem Repräsentativ-System unzertrennliche Volkswahl", so Gentz, "ist allemal und besonders in kleineren oder zerrissenen Staaten, der nächste Schritt zur Demagogie, und durch diese zu wiederholten Erschütterungen, unter welchen früh oder spät die rechtmäßige Macht erliegen muß."[52]

Eklatante Differenzen hinsichtlich der Funktionen von Landesherrn und Ständen zeigt Gentz in seinem Abschnitt "Wirkungskreis" auf. Oberster Grundsatz müsse sein, daß der Fürst stets oberster Gesetzgeber sei. Dies sei bei landständischen Verfassungen selbstverständlich der Fall, wenngleich "theils durch früher bestandene rechtliche Verhältnisse, theils durch regelmäßig gesetzmäßige Anordnungen, theils durch die freie Weisheit des Regenten" der "Antheil der Stände an der Gesetzgebung", der "Umfang der ständischen Befugnisse", sowohl hinsichtlich der Themen als auch der Form der Mitwirkung variieren könne. Gentz gleichsam beschwörend: "Nie aber kann und darf in dergleichen Verfassungen die Mitwirkung der Stände so weit gehen, daß der Landesherr aufhörte der oberste Gesetzgeber zu sein". An der Nahtstelle, wo es den Ständen möglich werden könnte, eine der wesentlichen Funktionen der Regierung und damit des Monarchen zu hemmen, müsse eine klare Grenzlinie der ständischen

[52]Denkschrift Gentz, S. 224.
Daß Gentz' Repräsentationsbegriff dessen "primär der Außenpolitik verpflichtetes Denken" offenbart, stellt Bermbach, U.: Über Landstände, in: Sprache und Politik, 1968, S. 245, heraus.

Befugnisse gezogen werden.[53]

Der "angebliche" Grundsatz der Gewaltenteilung, der bestimmendes Moment der Theorie des Repräsentativ-Systems sei, führe, so prognostiziert Gentz in seiner Denkschrift, "immer und überall zur gänzlichen Vernichtung aller Macht, mithin zur reinen Anarchie". "Zerstückelt und gebrochen" werden in dieser Verfassungsart sowohl die Legislative - und zwar "in verschiedene, ganz ungleichartige Bestandtheile" - als auch die Einheit der Staatsverwaltung, und so sei es oft schwer, hält Gentz den einzelnen Landesvertretern in Karlsbad vor Augen, "zu bestimmen, wer in solchen Verfassungen eigentlich regiert."[54] Der Landesherr sei hier keineswegs mehr der oberste Gesetzgeber. Mit dieser Argumentation offenbart sich Gentz selbst als "ein Exponent der vormärzlichen Reaktion",[55] als "der hervorragendste Vertheidiger der Legitimität, der Vorfechter der Reaction".[56]

Daß es unter diesen düsteren Vorzeichen und Merkmalen gleichgültig geworden sei, ob sich der Staat für ein Einkammer- oder Zweikammersystem entscheide, begründet Gentz damit, daß sich alle Kammern und alle Mitglieder beider Kammern in der Repräsentativ-Verfassung dafür aussprechen, "Vertreter der Gesammtheit" "ohne alle Rücksicht auf besondere Verhältnisse oder Gerechtsame" zu nehmen. Die "Pairskammer" könne vor allem in kleineren Staaten nur ein "vorübergehendes Palliativ" sein, da sie nie über eine ausreichende Macht verfüge, "um dem Thron zur Stütze zu dienen". Deshalb, so Gentzens schreckliche Zukunftsvision, werde die "Uebermacht des volksvertretenden Elements" beiden, sowohl dem Monarchen als auch der Pairskammer, "einen gemeinschaftlichen Ruin" bereiten.[57]

---

[53]Denkschrift Gentz, S. 224 - 225.

[54]Denkschrift Gentz, S. 225.

[55]Zit. n. Rumpel, H., in: NDB, 6. Bd., 1964, S. 192.

[56]Zit. n. Beer, in: ADB, 8. Bd., 1878, S. 591.

[57]Denkschrift Gentz, S. 225 - 226.

Auch an "Attributen" macht Gentz gravierende Unterschiede zwischen der landständischen und der repräsentativen Verfassung aus. Vehement spricht er sich gegen die in Repräsentativ-Systemen geltenden Kriterien der doppelten Verantwortlichkeit der Minister, die zum einen gegenüber dem Landesherrn, zum anderen gegenüber dem Volk oder dessen Vertreter gelte, ferner der Öffentlichkeit der Verhandlungen, der unbeschränkten Pressefreiheit und des unbeschränkten Petitionsrechts aus. Daß diese Attribute, die die "Suprematie des sogenannten Volkswillens" zum Ausdruck bringen, "mit den ersten Bedingungen einer monarchischen Regierungsform" gänzlich unverträglich, ja sogar gefährlich seien, da eine "immerwährende Gährung" im Staat die Folge sei, betont Gentz.[58]

Seine Negation bezüglich einer Öffentlichkeit von Verhandlungen der Volkskammer begründet er, indem er herausstellt, daß diese "ein unmittelbarer Schritt zur Herabwürdigung aller Autorität und zum Untergange aller öffentlichen Ordnung" sei. Abgesehen von der Situation, daß einige der oben genannten Kriterien wenn auch "nie ohne mildernde Modificationen" in dem von Gentz hochgehaltenen System auftreten können, kann er zufrieden konstatieren: "Alle diese und ähnliche Accessionen der Repräsentativ-Verfassung, sind landständischen Verfassungen fremd."[59]

Krönenden Abschluß der Denkschrift Gentz' bildet ein Abschnitt über das "Verhältniß zu der deutschen Bundes-Einheit". Hier kulminieren die Schreckensbilder vorzeichnenden Argumente Gentz' gegen das Repräsentativ-

---

[58]Denkschrift Gentz, S. 226.

[59]Denkschrift Gentz, S. 227.
Vgl. gerade in diesem Punkt die Widersprüchlichkeit der Dissertation Hocevars, R.: Stände und Repräsentation, 1968, S. 186 und 205 - 206, der doch einerseits beweisen will, daß Hegels Auffassung exakt der Gentz' entspreche und obendrein dessen Vorläufer sei, andererseits jedoch betont, daß Hegel das Prinzip der Öffentlichkeit bejaht und - durchaus modern zumindest in diesem Aspekt - fordert, daß die Verhandlungen der Stände öffentlich sein sollen.
Beachte Scheuner, U.: Hegel und die deutsche Staatslehre des 19. und 20. Jahrhunderts (1960), in: Ders.: Staatstheorie und Staatsrecht. Gesammelte Schriften, 1978, S. 81 - 100.

System in der Sentenz, daß diese Verfassungsform das Ende des Bundes impliziere. Landständische Verfassungen können, so Gentz, "nie den Grundverhältnissen und Grundbedingungen des deutschen Bundes widersprechen". Der Landesherr sei stets sowohl höchster Gesetzgeber als auch Haupt der gesamten Staatsverwaltung. Obgleich dieser Fürst auch seine Stände um Rat fragen werde, sei doch er allein das anerkannte Organ seines Staates, und seine Auffassung zähle im Bund, im "gemeinschaftlichen Rathe der deutschen Fürsten".[60]

Gebe es jedoch nun in Deutschland Repräsentativ-Verfassungen, werde "Alles" verändert, und die Folge sei, daß der Bundesversammlung "der Stab gebrochen" werde. Gentz' Begründung für diese pessimistische Sicht: "Ein Fürst, der durch die Verfassung seines Landes, oder durch die derselben gegebene ausdrückliche oder faktische Auslegung für einen der Bestandtheile der gesetzgebenden Macht erklärt wird, und volksvertretenden Behörden von jeder seiner Verwaltungsmaßregeln Rede und Antwort geben muß, kann allerdings ohne Mitwirkung dieser Behörden, an Beschlüssen eines reinen Fürstenraths nicht Theil nehmen."[61]

Beinahe höhnisch-sarkastisch verweist Gentz auf einen Vorschlag, den Vertreter der Repräsentativ-Verfassung, die diesen Widerspruch mit den Bundesangelegenheiten erkannt haben, hervorhoben: "die Bundesversammlung selbst durch eine Volks-Deputirten-Kammer ergänzen zu lassen." Schier unglaublich empfindet Gentz die Haltung dieser "Freunde des Repräsentativ-Systems", die "dem Götzen der Volksvertretung" um jeden Preis Opfer bringen wollen. Für Gentz gibt es nur einen Ausweg, nämlich die sofortige Bejahung der landständischen Verfassungen: "Allein die Wahrheit ist, daß wir auf einem äußersten Punkte stehen, von dem nur noch ein einziger Pfad Rettung verspricht."[62]

---

[60]Denkschrift Gentz, S. 227.

[61]Denkschrift Gentz, S. 228.

[62]Denkschrift Gentz, S. 229.

bb. Bewertung der Denkschrift Gentz'

Die Verfassungsfrage hatte sich während der vier Jahre nach dem Wiener Kongreß immer mehr zugespitzt. Hatte sich Gentz bereits vor den Karlsbader Konferenzen mit der Thematik beschäftigt, wechselte er nun im Sommer 1819 von der Defensive in die Offensive. Seine Denkschrift "Über den Unterschied zwischen den landständischen und Repräsentativ-Verfassungen" stellte den geschickten Versuch dar, nachträglich die Begriffsunklarheit des Artikels 13 der Bundesakte von 1815 im Sinne Metternichs aufzulösen, indem er kurzerhand den Begriff der Repräsentation mit dem der Volkssouveränität identifizierte.[63]

Mit seiner Nebenbeilage während der Karlsbader Konferenzen griff er zweifelsohne in die Verfassungsautonomie der in Wien versammelten Staaten ein. Mit einer klaren Definition, was denn unter landständischen Verfassungen zu verstehen sei, wurde der in Wien festgelegten Souveränität der Landesherren eindeutig ein Riegel vorgeschoben.[64] Im nachhinein, so die Absicht Gentz' und Metternichs, sollte den Verfassungen, wie sie sich die süddeutschen Staaten gegeben hatten und in denen sie den veränderten gesellschaftlichen Zuständen zumindest in Ansätzen mittels der modernen Repräsentativform Ausdruck verliehen, ein bundesverfassungsrechtliches Verbot ausgesprochen werden. Statt dessen präsentierte Gentz für den an sich unbestimmten Terminus der landständischen Verfassung "das altständische Prinzip historischer Privilegien, d.h. alleiniger partikularistisch-patrimonialer Vorrechte des Klerus, des Adels und des städtischen Patriziats"[65] und schuf bewußt eine "Realitätskonstruk-

---

[63] S. auch die begriffsgeschichtliche Analyse von Beyme, K.v.: Repräsentatives und parlamentarisches Regierungssystem, in: Rausch, H. (Hg.): Die geschichtlichen Grundlagen, 2. Bd., 1980, S. 400 - 401.

[64] Göcken, G. (Diss. iur.), F.v. Gentz, 1962, S. 98 - 99.

[65] Zit. n. Hofmann, H.: Repräsentation, 1974, S. 419.

tion" mit konkreter politischer Zielsetzung.[66]

Neben dem zentralen Gesichtspunkt der erstmaligen dezidierten Unterscheidung von landständischer und repräsentativer Verfassung in dieser Gentzschen Analyse sind zwei weitere Aspekte an der Denkschrift auffallend. Um seinen politischen Zweck, jegliche Form liberaler Verfassungen zu verhindern und dem Bund eine ständisch-monarchische Interpretation des Artikels 13 zu ermöglichen, taktisch klug zu realisieren, scheute sich Friedrich von Gentz nicht, in seiner Abhandlung mit einer "undifferenzierten Pauschalpolemik gegen alle nicht ständisch-monarchischen Verfassungsideen"[67] vorzugehen. Zu schwach formuliert *Ernst Rudolf Huber* die Unhaltbarkeit der Gentzschen Interpretation von Artikel 13 als "fragwürdige Deduktion" und "sinnverfälschende Begriffsjurisprudenz".[68] Daß seine Schrift überdeutlich Rechtfertigungscharakter hat, verdeutlichten die oben genannten Auszüge.

Vernichtend fällt das Urteil Carl *Welckers* , des liberalen Landtagsabgeordneten, in der Mitte des 19. Jahrhunderts aus. Zur Gentzschen Denkschrift konstatiert er:

> "Das historisch wie philosophisch und praktisch Bodenlose und Trügerische der Vermischung der im Artikel 13 versprochenen ständischen Verfassung mit bloß kastenmäßigen feudalaristokratischen Ständen, ist jetzt endlich beinahe allgemein durchschaut."[69]

Für *Treitschke* stellt die Abhandlung mit ihrer polemischen Antithese von landständischer und repräsentativer Verfassung den Gipfel dessen dar, "was die

---

[66] Koch, R.: Deutsche Geschichte 1815 - 1848, 1985, S. 84; Rausch, H.: Einleitung, in: Ders. (Hg.): Die geschichtlichen Grundlagen der modernen Volksvertretung, 1. Bd., 1980, S. 2.

[67] Zit. n. Brandt, H.: Landständische Repräsentation, 1968, S. 56.

[68] Vgl. Huber, E.R.: Deutsche Verfassungsgeschichte, Bd. I, 1957, S. 644 - 645.

[69] Welcker, C.: Zusatz, in: Klüber/Welcker (Hg.): Wichtige Urkunden, 1844, S. 230. Die Rolle Gentz' als "Motor" theoretischer Gegenströmungen offenbart auch der polemisch-kritische Artikel "Gentz" von Welcker im Staatslexikon, 2. Aufl., Bd. 5, 1847, S. 573 - 602, auch in 3. Aufl., Bd. 6, 1862, S. 351 - 375. Beachte auch den "Merkwürdigen Beitrag zur Geschichte der Carlsbader Beschlüsse aus einem Schreiben des Staatsministers Grafen von Münster", abgedruckt in: Rotteck, C.v. (Hg.): Allgemeine politische Annalen. Neueste Folge, 2. Bd., 2. Heft, 1830, S. 181 - 186.

federgewandte Gewissenlosigkeit politischer Sophistik je geleistet hat."[70]

cc. Erfolg der Denkschrift?

Es kann nicht eindringlich genug betont werden, daß Friedrich von Gentz mit seiner dichotomischen Definition die Debatte um die Beschaffenheit einer Verfassung entscheidend angeregt hat. Seine rigorose Zweiteilung in landständische und repräsentative Verfassung, die zum Zeitpunkt der Entstehung von Artikel 13 der Bundesakte keineswegs in diesem Sinne verstanden worden war, schürte freilich innerhalb des ohnehin gereizten politischen Klimas Emotionen. Waren bereits im Vorfeld des Wiener Kongresses zahlreiche Publikationen zur Verfassungsfrage erschienen, so entfachte die strikte Unterscheidung von landständischer und repräsentativer Verfassung einen weiteren Sturm von Veröffentlichungen.[71]

Die Frage nach dem Erfolg des von Gentz verfaßten Gutachtens bei den Karlsbader Konferenzen ist daher zu stellen. Sie kann nicht mit einem klaren Ja beantwortet werden. Worin lag Gentz' Scheitern?

Ohne näher auf die historische Entwicklung einzugehen, ist doch festzuhalten, daß die streitbaren Aussagen des Wiener Hofrats bereits hinter der politischen Entwicklung herhinkten. Insbesondere in Süddeutschland hatte sich das Rad der Geschichte vorwärtsgedreht, die existierenden Verfassungen blieben weiter bestehen.[72] In Karlsbad kam es zu keiner Einigung, wie denn nun der Artikel 13 zu interpretieren sei. Eine nachträgliche authentische Auslegung des fraglichen Gesetzes im Sinne Metternichs erwies sich als zu spät. Eine endgültige Beschlußfassung war nicht möglich und wurde auf die Wiener Konferenz im folgenden Jahr verschoben. Insbeson-

[70] S. Treitschke, H.v.: Deutsche Geschichte, 2. Teil, 1981, S. 558.

[71] Grimm, D.: Deutsche Verfassungsgeschichte, 1988, S. 172, spricht von rund 75 Monographien zu Art. 13 und der Ausgestaltung der Volksvertretung.

[72] Vgl. die insgesamt ausgezeichnete Darstellung von Boldt, H.: Deutsche Staatslehre im Vormärz, 1975, S. 22.

dere die süddeutschen Staaten, und hier sei vor allem der württembergische Außenminister Graf von Winzingerode genannt, hatten im August 1819 energisch gegen eine Auslegung des Artikels im Sinne Gentz' protestiert.[73]

Gentz war der erste, der die Begriffe landständische und repräsentative Verfassung antithetisch formulierte.[74] Im Anschluß an die heftigen Debatten während der Karlsbader Konferenzen und danach entwickelte sich im deutschen Sprachraum eine große Anzahl teils wissenschaftlicher, teils polemischer Literatur, die sich mit der genauen Definition des Artikels 13 auseinandersetzte. Doch ist festzuhalten, daß sich trotz des enormen Einflusses Gentz' eine strikte Unterscheidung in

---

[73] S. die Nebenbeilage 1 zum 8. Protokoll des Grafen von Winzingerode: "Nähere Entwickelung der in der ersten Sitzung durch den württembergischen Minister in Betreff des 13. Artikels (d.i. der landständischen Verfassungen) gestellten vertraulichen Fragen, abgedruckt in: Klüber/Welcker (Hg.): Wichtige Urkunden, 1844, S. 250 - 259.
S. Forsthoff, E.: Deutsche Verfassungsgeschichte, 1972[4], S. 93; Göcken, G. (Diss.): F.v. Gentz, 1962, S. 99 - 100; Hofmann, H.: Repräsentation, 1974, 417 - 418.

[74] Vgl. zwar die 1817 entstandene Denkschrift Hegels "Verhandlungen in der Versammlung der Landstände des Königreichs Württemberg im Jahre 1815 und 1816". Hocevar, R.: Der Anteil Gentz', in: ARSP 52, 1966, will klarlegen, daß die "erste theoretisch und historisch fundierte Perhorreszierung der Repräsentativverfassung, wie sie Gentz vornahm, schon bei Hegel nachzuweisen" (S. 118) sei, doch ist zu bezweifeln, daß bei Hegel tatsächlich von einer "Perhorreszierung" gesprochen werden kann. Vgl. auch Beyme, K.: Repräsentatives und parlamentarisches Regierungssystem, in Rausch, H. (Hg.): Die geschichtlichen Grundlagen, Bd. 2, 1974, S. 401. Darüber hinaus ist anfechtbar, ob Hegels Schrift zum Zeitpunkt der Entstehung "einem breiten Leserkreis bekannt" war (Hocevar, ebda., S. 119). Und zuletzt sei die größere Bedeutung Gentz' schon allein durch seine Stellung als Mann in der politischen Praxis als Argument genannt. S. auch Hocevar, R. K.: Stände und Repräsentation beim jungen Hegel, 1968, der in sich widersprüchlich argumentiert. Während die Grundthese der als Dissertation vorgelegten Arbeit lautet, daß die Gentz gemachten Vorwürfe wegen seines starren Festhaltens am altständischen System Hegel "gebührten" (S. 186), spricht Hocevar dennoch unbedenklich von "modern-parlamentarischen Zügen" und einer "Hinwendung zum modernen Parlamentarismus" (S. 204 und 205), um diese Aussagen sogleich wieder "ernsthaft" zu bestreiten (S. 207). Zu würdigen ist freilich Hocevars Verdienst, daß auch Hegel - bereits vor Karlsbad - sich mit den begrifflichen Unterscheidungen von landständischer und repräsentativer Verfassung auseinandersetzte und die Frage nach der besten Repräsentation in den Raum stellte. Diese Thematik wurde jedoch nicht einzigartig von Hegel aufgegriffen: S. in dieser Arbeit das Kapitel über die "Zeitgenössische Diskussion", S. 69 - 84.

der Terminologie nie ganz durchsetzte.[75] Im Gegenteil: Bereits auf der Karlsbader Tagung wird die "Evidenz des monarchisch-bürgerlich-liberalen Kompromisses"[76] deutlich.

Trotzdem konnte Gentz zufrieden sein. Sein Pamphlet verfehlte bei den in Karlsbad anwesenden Vertretern der Fürstenhäuser nicht seine Wirkung, im Gegenteil: Viele wurden eingeschüchtert.[77] Zum einen regte er unzählige Schriften an, die sich mit eben dieser Problematik beschäftigten, zum anderen war es ihm in Karlsbad immerhin gelungen, die "Sache" zu verzögern, wenn schon nicht in seinem Sinne beschlußreif zu machen, und schließlich bereitete ihm die Wiener Schlußakte von 1820 in der Fixierung des "monarchischen Prinzips" nachträglich einen großen Triumph.

Langfristig kann die Wirkung der Gentzschen Thesen nicht hoch genug eingeschätzt werden, wenn auch die Ereignisse des Jahres 1819 den Wiener Hofrat zunächst zu widerlegen schienen. Gerade die Grundthese der konservativen politischen Theoretiker der zweiten Hälfte des

---

[75]S. Beyme, K.v.: Repräsentatives und parlamentarisches Regierungssystem, in: Rausch, H. (Hg.): Die geschichtlichen Grundlagen, 1980, S. 402, der schreibt: "Viele Konservative sprachen weiter von Repräsentation, wo sie altständische Institutionen meinten, und viele Liberale sprachen von Landständen, bei repräsentativen Anschauungen." Zwar wurde die Denkschrift Gentz' im Vormärz als "arcanum imperii" behandelt - ja, die gesamten Protokolle während der Karlsbader Konferenzen blieben, wie zu der Zeit üblich, geheim -, doch ist Hocevar, R.: Der Anteil Gentz' und Hegels, in: ARSP 52, 1966, S. 119, nicht zuzustimmen, wenn er aus der Tatsache, das die Schrift erst 1844 von Klüber/Welcker veröffentlicht wurde, folgert, daß sie bis zu diesem Zeitpunkt "nur an den Fürstenhöfen" kursiert sei.
Dies paßt zwar in Hocevars Intention, die Bedeutung Hegels an der Perhorreszierung der Repräsentativverfassung in Deutschland herauszuheben, doch spricht eindeutig die auf die Karlsbader Konferenzen sich anschließende Literatur dagegen, in der sich Autoren jeglicher politischer Couleur generell mit der Thematik, speziell aber auch mit der Denkweise Gentzens auseinandersetzen. Die These, daß Details der in Karlsbad vorgelegten Schrift an die Öffentlichkeit, sprich interessierte Bürger, sickerten, scheint nicht abwegig. Vgl. auch die Darstellung der folgenden Literatur in dieser Arbeit; s. Anm. 74.

[76]Zit. n. Dilcher, G.: Zum Verhältnis von Verfassung und Verfassungstheorie im frühen Konstitutionalismus, in: Beiträge zur Rechtsgeschichte. Gedächtnisschrift für H. Conrad, 1979, S. 75.

[77]S. Quint, W.: Souveränitätsbegriff, 1971, 499 - 501. Nur in Manuskriptform leider vorhanden ist die vorzügliche Dissertation von K. O.v. Aretin "Die deutsche Politik Bayerns", 1954; beachte insbesondere die Kapitel "Der Widerstand gegen die Karlsbader Beschlüsse in München" S. 128 - 133, "Die Karlsbader Ministerkonferenz" S. 134 - 178 sowie "Zwischen Karlsbad und Wien" S. 202 - 232.

Vormärz, daß parlamentarische Repräsentation nicht mit monarchischer Souveränität vereinbar sei, und die konkrete Entwicklung der Verfassungswirklichkeit demonstrieren jedoch, daß sich Gentz' "historische Prognose" bewahrheitet hatte.[78] Das Gefahrenpotential wurde durchschaut. Es gelang den konservativen Regierungen allerdings auf Dauer nicht, "die Landstände aus dem Bannkreis der Idee der Volkssouveränität herauszuhalten".[79]

Die Bedrohung, die in der Parlamentarisierung der Macht für den monarchischen Staat lag, war nicht zu stoppen. Der Parlamentarismus eroberte sich Schritt für Schritt seine eigene Domäne, die Revolution von 1848 zeigte, daß - obwohl sie letztlich scheiterte - der Weg in die Moderne und hin zur Demokratie nicht durch geringfügige, unbedeutende "Kleckereien" von oben, sondern durch Umwälzungen des politischen Systems möglich war. Das "Anspruchsbewußtsein gegenüber dem Staat"[80] von seiten der sich emanzipierenden Staatsbürger[81], die nicht mehr bloße Untertanen sein wollten, erfährt im deutschen Vormärz einen entscheidenden Entwicklungsschub.

---

[78] S. Brandt, H.: Landständische Repräsentation, 1968, S. 58; ihm folgend Ehrle, P.M.: Volksvertretung, 1979, S. 23, Anm. 39.

[79] Zit. n. Wunder, B.: Landstände und Rechtsstaat, in: ZfhF, 5, 1978, S. 185.

[80] So Weinacht, P.-L.: "Staatsbürger". Zur Geschichte und Kritik eines politischen Begriffs, in: Der Staat, Bd. 8, 1969, S. 58.

[81] Schulz, G.: Die Entstehung der bürgerlichen Gesellschaft, in: Entstehung und Wandel der modernen Gesellschaft. FS Rosenberg, 1970, S. 64 - 65, kam in seiner Untersuchung zu dem Ergebnis, daß der moderne Begriff der Gesellschaft "keineswegs hinreichend als durchgehende lineare Fortentwicklung aus alteuropäischem Begriffsmaterial" zu erklären ist, sondern zeigt, daß alte Begriffe mit neuem Sinn, mit "neuen politisch-ethisch qualifizierenden Auffassungen" erfüllt wurden.
Zur Trennung von Staat und Gesellschaft, verstanden nicht als Beziehungslosigkeit, sondern als Neuordnung der Beziehungen: Grimm, D.: Deutsche Verfassungsgeschichte, 1988, S. 28 - 29; Grabitz, E.: Freiheit und Verfassungsrecht, 1976, S. 160 - 161.

3. Die Wiener Schlußakte von 1820

Nachdem in Karlsbad kein Beschluß über eine Interpretation von Artikel 13 gefaßt worden war, wurde das Thema auf die Wiener Ministerialkonferenzen, die im November 1819 begannen,[1] verlegt. Noch immer stand das Problem im Vordergrund, wie landständische Verfassungen zu definieren seien. Mit einem geschickten terminologischen Kunstgriff gelang es in Wien, inhaltlich eben das zu erreichen, was in Karlsbad nicht gelungen war. Hatte man in Karlsbad noch mit den Begriffen landständische und repräsentative Verfassungen operiert, wurde nun mit Artikel 57 der Wiener Schlußakte, die am 15. Mai 1820 verabschiedet und am 8. Juni 1820 vom Plenum des Bundestages angenommen wurde, das Verhältnis des Monarchen zu den Vertretungskörperschaften definiert.

Das Ziel war gleichgeblieben: Mit dem im Artikel 57 zum Ausdruck kommenden monarchischen Prinzip wurde der "äußerste Rahmen einer ständischen Verfassung"[2] aufgezeigt. Zugleich erfuhr die Bundesgewalt eine erneute Verstärkung. Die innenpolitische Situation, die sich seit Ende der napoleonischen Besatzung stetig zugespitzt hatte,[3] war in eine immer prekärer gewordene Lage der Monarchie in Deutschland gemündet. Mit den Wiener Ergebnissen 1820 wurde die sich abzeichnende Entwicklung, bei der die sich emanzipierende "Nation" dem "demokratischen Prinzip" einen zunehmenden Stellenwert schenken wollte, noch einmal aufgefangen. Das monarchische Prinzip war

---

[1] Die Eröffnungskonferenz fand am 25. November 1819 statt; die Wiener Ministerialkonferenzen dauerten bis zum 24. Mai 1820. Die "Schlußacte der über Ausbildung und Befestigung des teutschen Bundes zu Wien gehaltenen Ministerialconferenzen, vom 8. Juni 1820" ist abgedruckt und erläutert bei Pölitz, K.H.L. (Hg.): Die europäischen Verfassungen, 1. Bd., 1. Abth., 2. Aufl., 1832, S. 23 - 35. S. auch Treitschke, H. v.: Deutsche Geschichte, Bd. 3, Nachdruck 1981, S. 12; Ilse, L.F.: Geschichte der deutschen Bundesversammlung, Bd. 2, 1861, S. 387, 407 - 419; Campe, F.A.v.: Die Lehre von den Landständen, 2. Aufl. [1. Aufl. 1841], 1864, S. 232 - 241.

[2] So Göcken, G. (Diss.): F. v. Gentz, 1962, S. 101.

[3] Beachte den für Deutschland typischen, außergewöhnlichen Machtzuwachs der Bürokratie schon vor 1815, dargestellt bei Weis, E.: Absolute Monarchie und Reform im Deutschland des späten 18. und frühen 19. Jahrhunderts, in: Kopitzsch, F. (Hg.): Aufklärung, Absolutismus und Bürgertum, 1976, S. 212.

das Schlagwort, mit dem betont wurde, daß der König auch in den neuen landständischen - nicht altständisch verstandenen - Verfassungen "herrschend"[4] bleiben sollte. Als "ausgesprochen epochalen Begriff" des Vormärz verwendeten die politischen Praktiker und Theoretiker den Terminus "grundsätzlich relativistisch"; zumeist wurde "monarchisches Prinzip" dem "demokratischen Prinzip" gegenübergestellt.[5] Kennzeichnend für alle in Wien vertretenen Bevollmächtigten der deutschen Staaten war einerseits ihre strikte Ablehnung gegen eine Schmälerung ihrer Souveränität, andererseits die grundsätzliche Bejahung des monarchischen Prinzips, um die "Ordnung" aufrechtzuerhalten.[6]

Mit Artikel 57 erfuhr die innenpolitische Souveränität des Königs erstmals eine klare Definition. Hatten vor der Formulierung und Fixierung des Grundsatzes des monarchischen Prinzips die Einzelstaaten in ihrer Verfassungsgebung die Möglichkeit einer breiten Interpretationsvielfalt, so wurde diese nun beträchtlich eingegrenzt.[7] Das Prinzip der landständischen Verfassung erfuhr Ergänzungen; weiterhin undefiniert blieb jedoch der zentrale Terminus "landständische Verfassung".[8]

---

[4]Boldt, H.: Deutsche Staatslehre im Vormärz, 1975, S. 17.

[5]Boldt, H.: Zwischen Patrimonialismus und Parlamentarismus. Zur Entwicklung vorparlamentarischer Theorien in der deutschen Staatslehre des Vormärz, in: Ritter, G.A. (Hg.): Gesellschaft, Parlament und Regierung, 1974, S. 80.

[6]Vgl. die Darstellung Treitschkes, H. v.: Deutsche Geschichte, 3. Bd., Nachdruck 1981, S. 6 - 14, der hervorhebt, daß sich auch Metternich der geänderten Situation gegenüber Karlsbad sehr wohl bewußt war und die verstärkte Sensibilität der Staaten gegenüber einem ihren Partikularismus zuwiderlaufenden Zuwachs an Bundesmacht in seine Kalkulationen miteinbezog.
S. auch Schnabel, F.: Deutsche Geschichte, 2. Bd., 1933 (1987), S. 265, der das zu diesem Zeitpunkt zentrale Stabilitätsstreben Metternichs für dessen Verhalten anführt; Aretin, K.O.v. (Diss.): Die deutsche Politik Bayerns, 1954, S. 202 - 232.

[7]S. Ehrle, P.M.: Volksvertretung, 1979, S. 37 und 238: "Die bundesrechtliche Sanktionierung des monarchischen Prinzips in Artikel 57 der Wiener Schlußakte schuf keinen neuen Verfassungsgrundsatz; sie machte lediglich eine Entwicklung zur verbindlichen Norm, die im einzelstaatlichen Verfassungsrecht schon ihren Anfang gemacht hatte."

[8]Ehrle, P.M.: Volksvertretung, 1979, dessen Schwerpunkt der Arbeit auf dem Verfassungsrecht liegt, spricht zu Recht von einer "Normierungslücke" (S. 38). S. Huber, E.R.: Deutsche Verfassungsgeschichte, Bd. I, 1961, S. 646.

a. Das monarchische Prinzip

Artikel 57 lautete:

"Da der Deutsche Bund, mit Ausnahme der Freien Städte, aus souveränen Fürsten besteht, so muß dem hierdurch gegebenen Grundbegriffe zufolge die gesamte Staatsgewalt in dem Oberhaupte des Staates vereinigt bleiben, und der Souverän kann durch eine landständische Verfassung nur in der Ausübung bestimmter Rechte an die Mitwirkung der Stände gebunden werden."[9]

Hatten es Gentz und Metternich trotz aller Bemühungen wie der von dem Hofrat verfaßten und in Karlsbad vorgelegten Denkschrift "Über den Unterschied zwischen den landständischen und Repräsentativ-Verfassungen" nicht erreicht, die verfassungspolitische Entwicklung, die mit den Konstitutionen der süddeutschen Staaten einsetzte, aufzuhalten, so war Artikel 57 der Wiener Schlußakte der gelungene Versuch, zumindest weitere Bestrebungen von seiten anderer Staaten, die dem Bund und Österreich zuwiderliefen, einzudämmen. Und das bedeutete faktisch doch eine nähere Ausführung zu Artikel 13, der in der Hektik der Umstände von 1815 so rasch verabschiedet worden war. Jede Verfassung, die die Staatsgewalt zwischen dem Monarchen und der Volksvertretung teilen würde, sei verfassungswidrig, da sie nicht mit Artikel 13 im Einklang stünde.[10] Artikel 57 als "verfassungspolitischer General-Vorbehalt zugunsten des Monarchen"[11] stellte einen nachträglichen Sieg Gentz' dar. Die Landstände waren dem Landesherrn nicht gleichgestellt, sondern nachgeordnet. Dem Gewaltenteilungsprinzip wurde eine deutliche Absage erteilt. Die Einheit von Exekutive und Legislative blieb unberührt. Der Bund schuf sich, indem er das monarchische Prinzip für alle Länder zur Pflicht machte, die Möglichkeit, sich unver-

---

[9] Huber, E.R. (Hg.): Dokumente, Bd. 1, 1961, S. 88; auch in dems.: Deutsche Verfassungsgeschichte, Bd. I, 1957, S. 652. Artikel 57 gehört zum dritten Teil der Schlußakte, der Artikel 53 - 65 umfaßt.

[10] S. Gangl, H.: Der deutsche Weg zum Verfassungsstaat, in: Böckenförde, E.-W. (Hg.): Probleme des Konstitutionalismus, 1975, S. 52.

[11] So Hofmann, H.: Repräsentation, 1974, S. 418; s. auch Grimm, D.: Deutsche Verfassungsgeschichte, 1988, S. 119 - 122, der die bloß korrigierende Funktion der Volksvertretung anbetracht der königlichen Prärogative betont.

hältnismäßig weit in die einzelstaatlichen Rechte einzumischen. Konsequent war in Artikel 57 Gentz' Auslegung des Artikels 13 der Bundesakte von 1815 formuliert: Nun hatte er "von der entgegengesetzten Seite das Ziel erreicht."[12]

Was war das vorrangige Ziel? Die Souveränität des Fürsten und damit seine Autorität durften nicht angetastet werden. Und dies war mit der Verankerung des Artikels 57 gelungen. Nach wie vor wurde an der "Ursprünglichkeit einer monarchischen Gewalt eigenen Rechtes" festgehalten; der Historiker *Herzfeld* spricht treffend von einer "Überwölbung" der Volksvertretung durch den Fürsten.[13] Die staatliche Macht war in der Hand des Monarchen konzentriert. Die Vertretung der Untertanen erhielt aus dessen Hand die Erlaubnis, einzelne Rechte, die natürlich ebenfalls der König festlegte, auszuüben.

Obwohl das altständische Vertretungsprinzip, das Gentz und Metternich favorisierten und mit der ihnen eigenen Interpretation des Artikels 13 in Karlsbad bundesrechtlich fixieren wollten, nicht verfassungsmäßig realisiert werden konnte, bedeutete doch die Statuierung des monarchischen Prinzips in Artikel 57 der Wiener Schlußakte eine außerordentliche Einengung des Funktionsbereiches der deutschen Landtage. Damit war via Gesetz langfristig erreicht, daß eine "Parlamentarisierung der Exekutive"[14] auch in Ansätzen nicht zustande kam. Zunichte gemacht war mit dem monarchischen Prinzip das Prinzip der Gewaltenteilung; denn Artikel 57 stellte wie auch in früheren Zeiten ein Festhalten an der Einheit zwischen ausübender und gesetzgebender Gewalt

---

[12] Göcken, G. (Diss.): F. v. Gentz, 1962, S. 101; Huber, E.R.: Deutsche Verfassungsgeschichte, Bd. I, 1961, S. 651 - 656.

[13] S. die frühe, doch noch immer lesenswerte Arbeit von Herzfeld, H.: Die moderne Welt 1789 - 1945, 1957², S. 80. S. auch die gute Definition des Begriffs monarchisches Prinzip bei Brandt, H.: Landständische Repräsentation, 1968, S. 50 - 51, Anm. 10 sowie S. 36.

[14] S. Brandt, H.: Landständische Repräsentation, 1968, S. 57. Ebenso Schnabel, F.: Deutsche Geschichte, 2. Bd., 1933 (1987), S. 266.

dar. Die letzte Entscheidung traf stets der Monarch.[15] Artikel 57 beinhaltete eine "Zuständigkeitsvermutung" zugunsten des Fürsten, und gerade hierin lag die juristische Bedeutung des monarchischen Prinzips in Deutschland. Seine wichtigste politische Funktion war der Aufbau einer effektiven Schranke gegen die Verwirklichung von Demokratie, von Volkssouveränität.[16]

Ein wesentlicher Unterschied besteht jedoch, vergleicht man die Ziele Gentz' anhand seiner Denkschrift vom August 1819 mit Wortlaut und Konsequenz des Artikels 57 der Schlußakte. Hatte Gentz in Karlsbad noch gehofft, seine polemische Antithese von landständischer und repräsentativer Verfassung normieren zu können, muß mit Nachdruck betont werden, daß das im Artikel 57 fixierte monarchische Prinzip diese Dipolarität und Diskordanz nicht kennt. Diese Fassung war aus der Absicht, die fürstliche Dominanz besser zu wahren, entstanden; der Monarch sollte "die Oberhand" im Streit mit dem demokratischen Prinzip behalten. Die "landständische Verfassung" wurde - und dieser Aspekt war den Schöpfern des monarchischen Prinzips wichtiger als die Frage der Interpretation von Artikel 13 - als ein dem Fürsten zugeordnetes, nicht entgegengesetztes konstitutionelles Organ betrachtet.[17]

Die kontradiktorische Scheidung von landständischer und repräsentativer Verfassung, Begriffe, die im Verständnis der Zeit identisch mit monarchischem und demokratischem Prinzip waren, hatte sich, das sahen auch Gentz und Metternich ein, nicht durchsetzen lassen, und

---

[15]Die Einheit von Exekutive und Legislative hebt vor allem Göcken, G. (Diss.): F. v. Gentz, 1962, S. 102, hervor. Noch 1899 stellte der Rektor der Universität Halle-Wittenstein fest, daß die "monarchische Gewalt die stärkste Gewalt im Reiche, die ihre tiefsten Wurzeln im Herzen des Volkes hat", bilde, und daß das Vertrauen,das das Bürgertum am Anfang des 19. Jahrhunderts der Volksvertretung entgegengebracht habe, am Ende des 19. Jahrhunderts geschwunden sei: Loening, E.: Die Repräsentativverfassung im XIX. Jahrhundert, 1899, S. 28 und 30.

[16]Grimm, D.: Deutsche Verfassungsgeschichte, 1988, S. 114 - 116.

[17]Boldt, H.: Deutsche Staatslehre im Vormärz, 1975, S. 17 - 18 und 21; Conze, W.: Das Spannungsfeld von Staat und Gesellschaft im Vormärz, in: Ders. (Hg.): Staat und Gesellschaft im deutschen Vormärz, 2. Aufl., 1970, S. 222.

so stellte Artikel 57 im Vergleich zu den Äußerungen der "Restauratoren" wenige Monate zuvor durchaus einen Kompromiß dar. Unter der Bedingung, die Dominanz des Fürsten zu akzeptieren, war eine "Mischung" beider Prinzipien, wenn auch mit eindeutiger Gewichtsverlagerung zuungunsten der Volksvertretung, möglich.[18]

Ebenso wie der kurze Artikel 13 der Bundesakte inhaltlich nicht festgelegt war, war auch der Wortlaut von Artikel 57 "dehnbar", das Ausmaß der Beschränkung des Monarchen "grundsätzlich offen" und somit ideologischen Interpretationen zugänglich. Doch stellt es m.E. eine zu pejorative Charakterisierung dar, wenn, wie *Boldt* es unternimmt, die Verfassungsformeln des monarchischen Prinzips als "Leerformeln" und Artikel 57 WSA als "dilatorischer Formelkompromiß" bezeichnet werden.[19]

Zum einen muß Artikel 57 trotz der Intention, bestehende Verhältnisse im Sinne des Monarchen zu erhalten, als Beginn einer Aufweichung bislang verkrusteter Gegensätze betrachtet werden; zum anderen bot seine Formulierung die auch, wenngleich nur von der Theorie, wahrgenommene Gelegenheit zu Überlegungen, wie ein Ausgleich zwischen den beiden in Konkurrenz getretenen Prinzipien geschaffen werden könnte. Unter dieser Prämisse war es möglich, daß auch die Gegner des monarchischen Prinzips ebendieses akzeptabel fanden, und die Nische, die für demokratische Gedanken frei wurde, wurde von der Theorie intensivst wahrgenommen und ausgefüllt. Zugleich ermöglichte die verfassungsrechtliche Faktizität des Artikels 57 auf seiten der politischen Theoretiker die - von der politischen Ideengeschichte auch ergriffene - Chance, im

---

[18] Grimm, D.: Deutsche Verfassungsgeschichte, 1988, S. 116 - 119; Boldt, H.: Deutsche Staatslehre im Vormärz, 1975, S. 18.

[19] Boldt, H.: Deutsche Staatslehre im Vormärz, 1975, S. 32. Beachte auch Treitschke, H. v.: Deutsche Geschichte, 3. Bd., Nachdruck 1981, S. 21, der den "praktischen Wert" des Artikels 57 für gering einschätzt, da er ohne "scharfen staatsrechtlichen Ausdruck" sei. Er urteilt (S. 22): "Der Wortlaut des Artikels erschien so dehnbar, daß sich jede der bestehenden Verfassungen zur Not damit vertrug und Bayern ebenso unbedenklich wie Sachsen und Hannover zustimmen konnte. An den vorhandenen Zuständen änderte die Verkündigung des monarchischen Prinzips nichts; nur mit dem System der reinen Parlamentsherrschaft, das in Deutschland erst vereinzelte machtlose Anhänger fand, war sie unvereinbar."

Streben nach Vermittlung einen Ausgleich des durch den Dualismus von König und Volksvertretung bestehenden Dilemmas zu suchen.

Die Problematik, für das Verhältnis zwischen Monarch und Volk mit dem Begriff "Dualismus" zu operationalisieren, stellt *Eberhard Grabitz* zu Recht heraus.[20] Dualismus in der ersten Hälfte des 19. Jahrhunderts bedeutet demnach nicht, daß König und Volksvertretung "gleichwertige Verfassungsorgane" seien. Anders allerdings als im Absolutismus erhält das Volk - in seiner Gesamtheit, nicht aber jeder Bürger als Individuum - neben Pflichten auch Rechte zugesprochen. Das monarchische Prinzip impliziert nicht zugleich einen Monismus, wenn auch das Verhältnis zwischen den beiden Gewalten, dem Monarchen und der Volksvertretung, asymmetrisch gestaltet war.[21]

Ebenso wie der systemwidrige Artikel 13 in die Autonomie der einzelnen Staaten eingriff, stellte auch Artikel 57, in dem der Bund die Staaten verpflichtete, das monarchische Prinzip zu wahren, "eine in das Landesinnere eingreifende regulative Norm"[22] dar. *Forsthoff* [23] spricht mit Recht von der "Begründung eines Interventionsrechts des Bundes in Ansehung der Verfassungsfrage für jeden Mitgliedsstaat des Bundes."

Die verfassungsgeschichtliche Bedeutung ist von einem Ausmaße, das das ganze 19. Jahrhundert und darüber hinaus die Entwicklung beeinflußte. Bürgerliches Anspruchsdenken auf eine Teilhabe an der Staatgewalt wurde unterdrückt oder zumindest sehr reduziert. Das Prinzip

---

[20] In seiner Hamburger Habilitationsschrift: Freiheit und Verfassungsrecht. Kritische Untersuchungen zur Dogmatik und Theorie der Freiheitsrechte, 1976, S. 169 - 170; Kimminich, O.: Deutsche Verfassungsgeschichte, 1970, S. 329 und in Anlehnung an ihn Grabitz sprechen daher von einem "institutionellen Dualismus des konstitutionellen Staatsrechts".

[21] Daß das Vorhandensein eines dualistischen Systems keineswegs eine Symmetrie zwischen den beiden Kräften bedeutet, stellt Grimm, D.: Deutsche Verfassungsgeschichte, 1988, S. 140, heraus.

[22] So Mager, W.: Das Problem der landständischen Verfassungen, in: HZ 217, 1973, S. 341, Anm. 95.

[23] Forsthoff, E.: Deutsche Verfassungsgeschichte, 1972[4], S. 94.

dynastischer Legitimität fand seine Anerkennung. Doch langfristig wesentlich wichtiger ist die Tatsache, daß mit der Verankerung des monarchischen Prinzips eine Weiterentwicklung in Richtung parlamentarisches System entscheidend unterbunden wurde.[24] Rechte landständischer Organe waren dezidiert eingegrenzt. Es wurde die Aufgabe der Theoretiker, sich mit dieser Gegebenheit auseinanderzusetzen. Für die Entwicklung über das 19. Jahrhundert hinaus, ja bis zur Weimarer Republik, kennzeichnet die liberale Einstellung der grundsätzliche Glaube, den bestehenden monarchischen Staat reformieren zu können.

b. Das Vorbild der französischen Charte

Als "Modellverfassung"[25] für die Formulierung des monarchischen Prinzips durch den Deutschen Bund gilt die französische "Charte constitutionnelle" vom 4. Juni 1814. In der Präambel dieses Grundgesetzes der bourbonischen Restauration, von dem sich Teile bereits in den süddeutschen Verfassungen finden,[26] verankerte Frank-

[24] S. Hofmann, H.: Repräsentation, 1974, S. 417. Vgl. auch die vor allem völkerrechtliche Aspekte beachtende Arbeit von Gauland, A.: Das Legitimitätsprinzip in der Staatenpraxis seit dem Wiener Kongreß, 1971, S. 14, der auf die große Bedeutung der Lehre vom monarchischen Prinzip, in dem die staatsrechtliche Ausgestaltung des dynastischen Legitimitätsprinzips gipfele, verweist.

[25] Den Begriff "Modellverfassung" prägt Gangl, H.: Der deutsche Weg zum Verfassungsstaat, in: Böckenförde, E.-W. (Hg.): Probleme des Konstitutionalismus, 1975, S. 34 und Anm. 40, in Anlehnung an Loewenstein, Verfassungslehre, 2. Aufl., 1969, S. 145, der von "Verfassungsfamilien" spricht.

[26] S. die klassische Formulierung des monarchischen Prinzips in der bayerischen Verfassung von 1818 im Titel II § 1: "Der König ist das Oberhaupt des Staats, vereinigt in sich alle Rechte der Staatsgewalt und übt sie unter den von ihm gegebenen, in der gegenwärtigen Verfassungsurkunde festgesetzten Bestimmungen aus." Zit. aus Huber, E.R. (Hg.): Dokumente, Bd. I, 1961, S. 144. Abgedruckt auch in: Böckenförde, E.-W.: Der Verfassungstyp, in: Ders.(Hg.): Moderne deutsche Verfassungsgeschichte, 1981², S. 148.
S. auch Forsthoff, E.: Deutsche Verfassungsgeschichte, 1972⁴, S. 108 - 110, der sich ausführlich mit der Charte als Vorbild für Süddeutschland befaßt und herausstellt, daß - anders als seine praktische Bewährung - die "geistige Auswirkung" des süddeutschen Konstitutionalismus auf das übrige Deutschland stark war. Dieser Aspekt ist v.a. in dieser Arbeit sehr von Bedeutung.

reich das monarchische Prinzip.[27] Und obwohl die Verhältnisse in Frankreich "gerade entgegengesetzt"[28] zu Deutschland lagen, wurde mit dem Artikel 57 WSA das französische monarchische Prinzip bundesrechtlich sanktioniert. *Schnabel* urteilt:

"Was die Wiener Schlußakte aussprach, war jene Lehre von der verfassunggebenden Gewalt des Königs, die in der Restaurationszeit gerne gegen die revolutionäre Lehre von der verfassunggebenden Gewalt des Volkes ausgespielt wurde und den süddeutschen Verfassungen zu Grunde lag. Daß dieser Standpunkt, den die Wiener Schlußakte zur unverrückbaren Norm erhob, der Ausdruck spezifisch deutscher Rechtsentwicklung sei, hat die Reaktion glauben machen wollen."[29]

Dies ist auch der grundlegende Irrtum *Meisners* in seiner Arbeit über das monarchische Prinzip. Er stellte die These auf, daß "das Dogma in Deutschland von neuem selbständig gebildet und nicht aus Frankreich einfach übernommen wurde".[30] *Meisner* sieht Friedrich Julius Stahls konservative Lehre des monarchischen Prinzips durch den Gang der Geschichte bestätigt und bezeichnet Bismarck als Stahls "genialen Schüler"[31], während der liberale Staatstheoretiker Robert von Mohl mit seiner Auffassung falsch liege, als einzige Alternative zur "Korruption" das parlamentarische Regierungssystem zu sehen.[32]

Diese Haltung ist von der Forschung revidiert. *Erich Kaufmann* hatte bereits vor *Meisner* im Jahre 1906 den

---

[27] Es hieß in der Charte: "Nous avons considéré que, bien que l'autorité toute entière résidât en France dans la personne du Roi, nos prédésesseurs n'avaient point hésité à en modifier l'exercise, suivant la différence des temps..." Zit. n.: Duguit, L. et Monnier, H. (Ed.): Les Constitutions et les principales lois politiques de la France depuis 1789, 4. ed., 1925, S. 183. Text der Charte constitutionnelle vom 4. Juni 1814 auch in: F. A. Helie: Les constitutions de la France (1879), S. 884.

[28] So Erich Kaufmann im ersten Teil seiner Dissertation von 1906: Studien zur Staatslehre des monarchischen Prinzipes (Einleitung. Die historischen Grundlagen), in: Gesammelte Schriften, Bd. I, 1960, S. 39. Beachte die ausführliche Schilderung der mit Deutschland nicht zu vergleichenden Situation in Frankreich, ebda., S. 36 - 39.

[29] Zit. n. Schnabel, F.: Deutsche Geschichte, 2. Bd., 1933 (1987), S. 266.

[30] Zit. n. Meisner, H.O.: Die Lehre vom monarchischen Prinzip, 1913, Neudruck 1969, S. 237.

[31] Meisner, H.O.: Die Lehre vom monarchischen Prinzip, 1913, S. 317.

[32] Meisner, H.O.: Die Lehre, 1913, S. 313.

Vorbildcharakter der französischen Charte für die süddeutschen Verfassungen und den Artikel 57 WSA hervorgehoben.[33] Ein Jahr nach *Meisners* Publikation brachte Rudolf *Oeschey* eine Studie heraus, in der er eindeutige Parallelen zwischen der französischen Charte von 1814 und der bayerischen Verfassung von 1818 herausarbeitete.[34]

Bereits zwei Jahre vor *Meisners* Werk brachte *Otto Hintze* 1911 die gemeinsame Entwicklung des kontinentalen "monarchischen Konstitutionalismus" gegenüber der auf anderen historischen Säulen ruhenden englischen Ausprägung zum Ausdruck. Dabei zeigt *Hintze* auf, daß die französische Charte von 1814 die erste Verfassung war, die "das monarchische Prinzip mit der repräsentativen Verfassungsform zu vereinbaren versucht hat."[35]

Geschickt wurde im vormärzlichen Deutschland die Argumentation des westlichen Nachbarstaates übernommen. War die Charte in Frankreich freilich ein Produkt der bereits real eingetretenen Ereignisse im Zuge der Französischen Revolution, bedeutete Artikel 57 der Wiener Schlußakte vielmehr ein prophylaktisches Instrument. Noch gab es ja in Deutschland keinerlei "echten Parlamentarismus"[36] im Sinne einer Teilung der Gewalten zwischen König und Volk; die drohende Gefahr veranlaßte die Bevollmächtigten in Wien jedoch zu präventiven Maßnah-

---

[33]Kaufmann, E.: Studien zur Staatslehre des monarchischen Prinzipes, 1906, S.38.

[34]Oeschey, R.: Die bayerische Verfassungsurkunde vom 26. Mai 1818 und die Charte Ludwigs XVIII. vom 4. Juni 1814, 1914; zur Kritik an Meisner s. hier v.a. S. 25 - 26 und 148 - 149.
Wegelin, P.: Die Bayerische Konstitution von 1808, in: Schweizer Beiträge zur Allgemeinen Geschichte, Bd. 16, 1958, S. 142 - 206, erkennt zu Recht in seiner Interpretation - nach Wiedergabe des Verfassungstextes - eine formale Parallele zwischen der Bayerischen Verfassung von 1808 und der von 1818. Beide betonen "das Monarchische" der Konstitution; 1808 wird "eine Nationalrepräsentation" angekündigt, die freilich bloße Deklaration auf geduldigem Papier blieb. Deshalb liege, so Wegelin, S. 175 - 177, gerade in der "Volksvertretung" von 1818 die "eigentliche Neuerung der Verfassung".

[35]Zit. n. Hintze, O.: Das monarchische Prinzip und die konstitutionelle Verfassung (1911), in: Ders.: Staat und Verfassung. Gesammelte Abhandlungen, Bd. 1, 1962, S. 360; s.a. S. 365.

[36]Nicht haltbar ist die Auffassung Noltes, E.: Deutscher Scheinkonstitutionalismus?, in: HZ 228, 1979, S. 533, der meint, die Charte "mit einem Körnchen Salz als parlamentarisch" bezeichnen zu dürfen.

men. Ebenso wie in Frankreich wurde nun im Bund die Legitimität des Fürsten als eine traditionell-dynastisch-monarchische wie bisher betont, um die königliche Gewalt aus der "extrakonstitutionellen" oder "suprakonstitutionellen" Stellung des Landesherrn im Vergleich zur Volksvertretung aufrechterhalten zu können. Da das Gottesgnadentum des Absolutismus in der Vorstellung des Deutschlands des frühen 19. Jahrhunderts keinerlei Basis mehr besaß, die Volkssouveränität aber noch nicht akzeptiert wurde, bildete das monarchische Prinzip, das in Deutschland Grundlage politischer Herrschaft wurde, während es im Ursprungsland Frankreich nicht einmal zwei Jahrzehnte überlebte, einen hundert Jahre dauernden "Legitimationsersatz".[37]

Neben der "klassischen Formulierung" des monarchischen Prinzipes in der Präambel der Charte fanden deren Artikel 13 und 14 bei den süddeutschen Verfassungstexten großen Widerhall. Artikel 13 der Charte bestimmte die Unverletzlichkeit und Heiligkeit der Person des Königs, der allein die Exekutivgewalt innehabe. Artikel 14 der Charte sprach dem Monarchen umfangreiche Kompetenzen zu. Beide Artikel lauteten:

> "La personne du Roi est inviolable et sacree. Ses ministres sont responsables. Au Roi seul appartient la puissance executive".
> Le Roi est le chef suprème de l'Etat, il commande les forces de terre et de mer, déclare la guerre, fait les traités de paix, d'alliance et de commerce, nomme à tous les emplois d'administration publique, et fait les règlements et ordonnances nécessaires pour l'exécution des lois et la sûreté de l'Etat."[38]

Während der erste nachweisbare Einfluß der Charte, der württembergische Verfassungsentwurf vom September 1816, noch nicht Verfassungsnorm wurde, sind in der Bayerischen Verfassung von 1818 zahlreiche Parallelen zu finden und zum Teil wortwörtliche Übersetzungen des Charte-Textes zu finden. So wird die monarchische Position wie folgt determiniert:

---

[37] Grimm, D.: Deutsche Verfassungsgeschichte, 1988, S. 115.

[38] Art. 13 und 15 der französischen Charte, zit. n. Duguit, L. et Monnier, H. (Ed.): Les Constitutions, 1925, S. 183 - 190.

"Der König ist das Oberhaupt des Staats, vereinigt in sich alle Rechte der Staatsgewalt, und übt sie unter der von Ihm gegebenen in der gegenwärtigen Verfassungsurkunde festgesetzten Bestimmungen aus. Seine Person ist heilig und unverletzlich."[39]

Die französische Charte von 1814 schuf ein staatsrechtliches System, das sich zum "Musterfall des europäischen Konstitutionalismus" entwickelte. *Karl Loewenstein* nennt es ein Modell für die "halbautoritäre Technik des monarchischen Legitimismus."[40] Kennzeichnend ist grundsätzlich der Kompromißcharakter, der nach drei Seiten hin deutlich wird. Einerseits verbindet sich im konstitutionellen System die monarchische Souveränität mit - zumindest in Ansätzen sich ausbildenden - liberal-demokratischen Souveränitätsansprüchen, andererseits versucht sich ein harmonisches Miteinander zwischen den alten gesellschaftlichen Kräften und den neuen Ideen der sich ausprägenden bürgerlichen Gesellschaft zu realisieren, und schließlich wird die bislang strenge Trennung von Staat und Gesellschaft allmählich aufgeweicht.[41] *Huber* spricht von der durchaus logischen Möglichkeit der "Vereinigung des Unvereinbaren", einer Gegensätzlichkeit, die zum "wahren Charakter des Lebendigen" gehöre.[42]

c. Die Konstitutionelle Monarchie

Um die Entwicklung moderner Parlamente zu verstehen, ist ein Blick auf die konstitutionelle Monarchie nötig, die Staatsform, während der sich die zeitgenössische Theorie verstärkt Gedanken über Volkssouveränität und

---

[39] S. Bayerische Verfassung von 1818, Titel 2, § 1, in: Pölitz, K.H.L. und Bülau, F. (Hg.): Die europäischen Verfassungen, Bd. 1,1, 1832, S. 132 - 147. Verfassungsentwurf Württembergs von 1816 in: Fricker, C.V. (Hg.): Die Verfassungs-Urkunde, 1865, S. 14 - 93. S. auch die Badische Verfassung von 1818, § 5 sowie die endgültige Württembergische Verfassung von 1819, § 4.

[40] Zit. n. Loewenstein, K.: Gedanken über den Wert von Verfassungen, in: Zurcher, A.J. (Hg.): Verfassungen, 1956, S. 214.

[41] Beachte die die "reale Sozialgeschichte", weniger die Geschichte der sozialen und politischen Theorie (W. Conze im Vorwort, S. 6) darstellende Aufsatzsammlung, hg. v. Conze, W.: Staat und Gesellschaft im deutschen Vormärz, 2. Aufl., 1970, v.a. den Beitrag von Conze, W.: Das Spannungsfeld von Staat und Gesellschaft, S. 207 ff.

[42] Vgl. E.R. Hubers Ausführungen zu Frankreich unter der Charte in: Ders.: Nationalstaat und Verfassungsstaat, 1965, S. 71 - 72.

Volksrepräsentation machte. "Vom monarchischen Konstitutionalismus zur parlamentarischen Demokratie"[43], das ist ein langwieriger Prozeß, den zu umreißen erforderlich ist, um die Fragen des "Warum überhaupt?" und "Weshalb so?" moderner Volksvertretungen, die sowohl Tradition als auch Fortschritt in sich vereinen, beantworten zu können.

Bereits im 17. Jahrhundert in England, mit der Charte 1814 von Frankreich auf den europäischen Kontinent übergreifend, bedeutet Konstitutionalismus im 19. Jahrhundert prinzipiell eine von der Französischen Revolution inspirierte, diese jedoch überwindende monarchische Regierungsform, die - im Gegensatz zu Absolutismus und Ständestaat - die Gewalt des Landesherrn durch eine oktroyierte, erlassene oder vereinbarte Verfassung in mehr oder minder großem Ausmaße beschränkt.[44] Voraussetzung in einer konstitutionellen Monarchie, deren Gestaltung einen breiten "Facettenreichtum"[45] widerspiegelt, ist das monarchische Prinzip. Das impliziert, daß trotz aller Beschränkungen des Fürsten im deutschen Vormärz Artikel 57 der Wiener Schlußakte gilt.

In zwei Lager spaltet sich die Forschung in der Frage, ob die konstitutionelle Monarchie des 19. Jahrhunderts in Deutschland als eigenständige politische Form oder als Übergangserscheinung zu charakterisieren sei. Während *Ernst Rudolf Huber* in seiner Arbeit, die sich vor

---

[43] So lautet der Titel einer Arbeit von D. Grosser, 1970, die sich vor allem mit der Verfassungspolitik der deutschen Parteien von 1907 bis 1917 beschäftigt.

[44] S. Dietrich, R.: Über Probleme verfassungsgeschichtlicher Forschung, in: Böckenförde, E.-W. (Hg.): Probleme des Konstitutionalismus, 1975, S. 9 - 14; Podlech, A.: Repräsentation, in: Brunner, O. u.a.(Hg.): Geschichtliche Grundbegriffe, Bd. 5, 1984, S. 518 - 528, der die englische und französische Variante in ihren Entwicklungen darlegt; interessant, wenngleich in manchen Interpretationsansätzen kritisch zu lesen, ist das 3. Kapitel "Der Begriff konstitutionell" der bei Fritz Hartung geschriebenen Dissertation von G. Neumann: Geschichte der konstitutionellen Theorie in der deutschen Publizistik von 1815 bis 1848. Ein Grundriß vom politischen Ideengehalt des vormärzlichen Liberalismus, 1931, S. 8 - 31.

[45] Dietrich, R.: Über Probleme verfassungsgeschichtlicher Forschung, in: Böckenförde, E.-W. (Hg.): Probleme des Konstitutionalismus, 1975, S. 10. Zur konstitutionellen Praxis s. auch Grimm, D.: Deutsche Verfassungsgeschichte, 1988, S. 155 - 158.

allem mit der Bismarckschen Reichsverfassung beschäftigt, die eigenständige Form des konstitutionellen Systems betont und als Kriterium dieser Eigenständigkeit den Kompromiß anführt, widerspricht *Ernst-Wolfgang Bökkenförde* dieser These und konstatiert, die Bedeutung der konstitutionellen Monarchie liege "in der Ermöglichung eines kontinuierlichen, auf einer Reihe von Kompromissen beruhenden Übergangs von monarchischer zu parlamentarischer Regierung, von der Monarchie zur Volkssouveränität."[46]

Insbesondere entzündet sich die Kontroverse[47] an der Frage nach der Legitimität der konstitutionellen Monarchie. *Böckenförde,* der zwar in Erinnerung ruft, daß die Legitimität der konstitutionellen Monarchie in ihrem Selbstverständnis auf "der geschichtlich überkommenen monarchischen Herrschaft, näherhin dem monarchischen Prinzip"[48] beruhte, stellt in Frage, ob das monarchische Prinzip tatsächlich eine Legitimität begründen konnte. Seiner Auffassung nach war das monarchische Prinzip des 19. Jahrhunderts lediglich ein "geschichtliches Faktum", aber "kein tragfähiges politisches Formprinzip mehr". Deshalb fehle es an einer eigenen "geschichtlichen Legitimität, die als eigene politische Formkraft monarchisches und demokratisches Prinzip hätte relativieren und einer höheren Einheit hätte einfügen können."[49]

---

[46] S. Böckenförde, E.-W.: Der Verfassungstyp der deutschen konstitutionellen Monarchie im 19. Jahrhundert, S. 159 als Replik auf Huber, E.R.: Deutsche Verfassungsgeschichte seit 1789, Bd. 3, Stuttgart 1963, S. 4 ff. Huber jedoch hält an seiner These in einem weiteren Aufsatz mit dem Titel "Die Bismarcksche Reichsverfassung im Zusammenhang der deutschen Verfassungsgeschichte", S. 198, fest. Dieser und Böckenfördes Beitrag in: Böckenförde, E.-W. (Hg.): Moderne deutsche Verfassungsgeschichte, 1981², S. 171 - 207 bzw. 145 - 170. In diesem bedeutenden Band auch weitere entsprechende Aufsätze.

[47] Vgl. Ritter, G.A.: Entwicklungsprobleme des deutschen Parlamentarismus, in: Ders.: Arbeiterbewegung, Parteien und Parlamentarismus, 1976, S. 158 - 160, der die zwei gegensätzlichen Forschungsansätze und deren Rezeptionen aufgreift, um dann "von der Erwägung der Geschichtsmächtigkeit der konstitutionellen Monarchie ausgehend" (S. 159) die Problematik zu erörtern.

[48] Böckenförde, E.-W.: Der Verfassungstyp, in: Ders. (Hg.): Moderne deutsche Verfassungsgeschichte, 1981², S. 159.

[49] Ebda., S. 160 und 161.

Anders *Huber*. Er differenziert klar zwischen zeitgenössischem und heutigem Verständnis: "Nicht darauf kommt es an, ob wir Heutige diese konstitutionelle Legitimitätsidee noch als ein verbindliches Prinzip zu begreifen vermögen."[50] Zentral sei die Frage, ob die konstitutionelle Monarchie zu ihrer Zeit eine "als verbindlich begriffene, als gültig anerkannte Daseinsordnung" war. Jede Epoche habe ihr "eigenes Legitimitätsbewußtsein",[51] so Huber, für den das rechtfertigende Prinzip einer Verfassung nicht nur in der geschichtlich überlieferten Idee, in der Tradition der im jeweiligen Heute noch existierenden Momente des Gestern, sondern vielmehr in den Errungenschaften der neuen Elemente als Basis für das Morgen der Nation besteht.

Ohne näher auf die Kontroverse einzugehen, sei festgestellt, daß m.E. beide Argumentationsstränge in sich stringent sind. *Böckenförde* hat zu Recht den der konstitutionellen Monarchie innewohnenden Dualismus von Landesherr und Volksvertretung, der keine Antwort auf die Frage nach einer Konfliktlösung im politischen System geben konnte, hervorgehoben und den Übergangscharakter herausgestellt.[52]

Die Auffassung jedoch, traditionell-historische Legitimität greife nicht anbetracht des großen "Bruchs mit der Geschichte"[53] und der fehlenden Kontinuität, zeigt ein mangelndes Verständnis für die jeglicher Historie impliziten Wechselwirkung, für die Verbindung von Bruch und Kontinuität. Es kann nicht angehen, einzig für die diametral entgegengesetzten Begriffe von monarchischem und demokratischem Prinzip jeweilige Legitimität geltend zu machen. Auch Mischformationen besitzen in sich trotz oder gerade wegen ihrer natürlichen Unzulänglichkeiten

---

[50] Huber, in: Ebda, S. 203.

[51] Ebda., S. 204.

[52] Bereits 1957 von Herzfeld, H.: Die moderne Welt, S. 80, erkannt, der von der konstitutionellen Monarchie als einer Zwischenform spricht. Zur Kritik an Huber s. auch Wahl, R.: Die Entwicklung des deutschen Verfassungsstaates, in: Isensee, J., und Kirchhof, P. (Hg.): Handbuch des Staatsrechts, Bd. I, 1987, S. 25 - 28.

[53] S. Böckenförde, a.a.O., S. 160.

und Kompromißhaftigkeit ihre Rechtfertigung. Unbestritten für die wenn auch zögerliche Entwicklung des Parlamentarismus ist die katalysatorische Wirkung der konstitutionellen Monarchie, die Absolutismus und ständischen Staat überwand und den Weg zur parlamentarischen Demokratie sowohl bahnte als auch behinderte. Die konstitutionelle Monarchie kann keineswegs als beinahe totaler Bruch mit der Vergangenheit betrachtet werden; dieser "zäsurideologische"[54] Ansatz ist verfehlt.

Abgesehen von der nicht unerheblichen Einschränkung, daß *Huber* sich in seiner Beweisführung ausschließlich mit dem Konstitutionalismus im Reich beschäftigt und so das monarchische Prinzip nicht als allgemeingültige Formel, sondern exemplarisch-begrenzt betrachtet,[55] ist *Böckenfördes* Kritikpunkt zuzustimmen,[56] daß es nicht ausreiche, wenn *Huber* "überpositives" Verfassungsrecht beanspruche, um eine Lösung für den Konfliktfall zwischen König und Volksvertretung zu erhalten.

Insbesondere für die deutsche konstitutionelle Monarchie ist kennzeichnend, daß sie aus einer monarchischen Reform, gleichsam "von oben", entstand. Von Anfang an fehlte damit dem deutschen Verfassungsproblem des 19. Jahrhunderts ein revolutionärer oder dezidiert demokratischer Akzent.[57] Unweigerlich mußte der Dualismus zwischen Monarch und Volksrepräsentation zu Konflikten führen: Die Lösung dieser Probleme bildete den Mittelpunkt aller theoretischen Überlegungen im Vormärz;

---

[54] Vgl. in diesem Zusammenhang als Analogie den bemerkenswerten Aufsatz von Reichardt, Rolf, und Schmitt, Eberhard: Die Französische Revolution - Umbruch oder Kontinuität?, in: ZfhF, 7. Bd., Heft 3, 1980, S. 257 - 320. Grundsätzlich trotz zu kritischer Haltung gegenüber dem Modernen s. auch Korab, W.: Tradition und Demokratie, in: Demokratie in Anfechtung und Bewährung. FS Broermann, 1982, S. 125 - 144.

[55] Huber, a.a.O., S. 195.

[56] S. Böckenförde, a.a.O., S. 167, Anm. 56.

[57] S. Böckenförde, E.-W.: Verfassungsprobleme und Verfassungsbewegung des 19. Jahrhunderts, in: Ders. (Hg.): Moderne deutsche Verfassungsgeschichte, 1981², S. 17 und 20 (s. hier auch die Gründe für die Eigenheit des deutschen Konstitutionalismus); Ders.: Der Verfassungstyp, in: Ebda., S. 149; Gangl, H.: Der deutsche Weg zum Verfassungsstaat, in: Böckenförde, E.-W. (Hg.): Probleme des Konstitutionalismus, 1975, S. 50.

Schlagwort der Zeit war die "Vermittlung" zwischen beiden Prinzipien mit dem Ziel, das politische System funktionsfähig und funktionstüchtig zu machen.[58] Die bestmögliche "Vermittlung" zu erreichen, dies erstrebten die Theoretiker der ersten Hälfte des 19. Jahrhunderts mit Vorschlägen, auf die später ausführlich eingegangen werden soll. Hier sei bereits hervorgehoben, daß sich auch Hegel intensiv mit der konstitutionellen Monarchie auseinandersetzte. Der württembergische Verfassungsstreit bot ihm Anlaß, detailliert Überlegungen anzustellen, was die erste und wichtigste Aufgabe einer Ständeversammlung sei. Hegel kam zu dem für seine Zeit geradezu paradigmatischen Schluß, daß die Volksvertretung zum einen Vermittlung zwischen König und Volk, zum anderen Bildung und Erziehung des Volkes zu bewirken habe.[59]

Die politische Theorie ging mit dem Begriff der konstitutionellen Monarchie durchaus inflationär und unreflektiert um. Oft stand er synonym für Repräsentativsystem oder Rechtsstaat, oft aber auch für genau das Gegenteil. Hintergrund dieser Diktion war - noch Jahrzehnte danach - die polemische Differenzierung Gentz' zwischen landständischer und repräsentativer Verfassung. Lange hielt sich die Auffassung, daß Repräsentation und Monarchie nicht zusammenpassen würden, alles, was irgendwie "repräsentativ" hieß, war verpönt. Deshalb war es typisch für den deutschen Vormärz, zunächst dem

---

[58]Mit dem Problem der "Vermittlung", Schlüsselwort dieser Epoche, durch die zeitgenössische Theorie befaßt sich v.a. Boldt, H.: Deutsche Staatslehre im Vormärz, 1975, S. 6, 131 - 137, 278 - 282; ferner Brandt, H.: Landständische Repräsentation, 1968. Wahl, R.: Die Entwicklung, in: Isensee, J., und Kirchhof, P. (Hg.): Handbuch, Bd. I, 1987, S. 26, kritisiert die Überdehnung des Rechtsgehalts des monarchischen Prinzips durch Huber. Es könne nicht "universeller Lückenfüller" sämtlicher durch den Dualismus entstandener Probleme, die das Grundproblem des Konstitutionalismus darstellen, überstrapaziert werden.

[59]Jamme, Ch.: Die Erziehung der Stände durch sich selbst. Hegels Konzeption der neuständisch-bürgerlichen Repräsentation, in: Lucas, H.-Ch., und Pöggeler, O. (Hg.): Hegels Rechtsphilosophie, 1986, S. 149 und 172; s. auch die Beiträge in diesem Sammelband von Lucas, Ch.: "Wer hat die Verfassung zu machen, das Volk oder wer anders?" Zu Hegels Verständnis der konstitutionellen Monarchie, S. 175 - 220, und Grawert, R.: Verfassungsfrage und Gesetzgebung in Preußen, S. 257 - 309.

Terminus der konstitutionellen Monarchie den Vorrang vor der "repräsentativen Monarchie" zu geben.[60]

Gerade liberale Autoren reflektierten häufig weniger das Problem der Mehrung der Rechte des Volkes an sich als vielmehr Möglichkeiten eines politischen Zusammenwirkens von Monarchie und Volksvertretung.[61] Von großer Bedeutung ist vor allem für die Zeit des Vormärz, daß sich fast alle politischen Theoretiker zur konstitutionellen Monarchie bekannten, somit nur "Unterschiede innerhalb eines gemeinsamen Kontextes", diese jedoch von gravierendem Ausmaße, evident wurden.[62]

Der baierische Staatsrechtler Conrad Cucumus definierte 1825 die konstitutionelle Monarchie, also die "Monarchie mit Repräsentativ-Verfassung", so:

> "Ihrem Wesen nach ist sie die Verwirklichung der Staatsgewalt nach der Totalität des Begriffs in der Person des Monarchen, so, daß in Sachen des Staats nichts ohne und nichts gegen seinen Willen geschehen kann, mit gleichzeitiger, auf Repräsentation der Gesellschaft beruhender Belebung der Nationalrechte, wodurch die Gesetzgebung und Regierung des Staats eine Verbürgung ihres Einklangs mit den gesellschaftlichen Interessen und den unveräusserlichen Rechten des Menschen findet; wodurch das moralisch schwere Amt des Regierens sowohl, als die Pflicht des Gehorsams erleichtert, die Freiheit bewacht und der Weg gebahnt wird, auf welchem jede Tugend sich entwickeln kann."[63]

Drei wesentliche und bis heute aktuelle Aspekte brachte der Würzburger Jurist damit zum Ausdruck: Cucu-

---

[60]Dies verdeutlicht Beyme, K. v.: Repräsentatives und parlamentarisches Regierungssystem, in: Rausch, H: (Hg.): Die geschichtlichen Grundlagen, 2. Bd., 1974, S. 403 - 404, der betont, daß erst Robert von Mohl von dieser "Begriffsblindheit" Abstand nahm; s. auch in dieser Arbeit S. 130 - 143.
S. auch Boldt, H.: Zwischen Patrimonialismus und Parlamentarismus, in: Ritter, G.A. (Hg.): Gesellschaft, Parlament und Regierung, 1974, S. 77 - 80. Boldt betont die Vielfalt von Interpretationsmöglichkeiten des deutschen Konstitutionalismus im Vormärz, mitbedingt durch die mangelnde definitorische Eindeutigkeit des Begriffs "monarchisches Prinzip".

[61]Boldt, H.: Deutsche Staatslehre im Vormärz, 1975, S. 90.

[62]S. Hintze, O.: Das monarchische Prinzip und die konstitutionelle Verfassung (1911), in: Ders. (Hg.): Staat und Verfassung. Gesammelte Abhandlungen, Bd. 1, 1962, S. 384 und 381 über die im Vormärz nie zur Praxis gewordenen Gedanken der konstitutionellen Theoretiker über Volksvertretung und freies Mandat. S. auch Boldt, H.: Deutsche Staatslehre im Vormärz, 1975, S. 97.

[63]Zit. n. Cucumus, C.: Lehrbuch des Staatsrechts der konstitutionellen Monarchie Baierns, 1825, S. 19 - 20. S. auch Schmelzing, J.: Staatsrecht des Königreichs Baiern, 1. Theil, 1820, S. 436 - 476; Schunck, F. Ch. K.: Staatsrecht des Königreichs Baiern, 1. Bd., 1824; vgl.auch die sehr konservative Sicht von Moy, E.v.: Das Staatsrecht des Königreichs Bayern, I. Theil, II. Abth., 1841, S. 74 - 186.

mus erkannte die Bedeutung des Gemeinwohls, wobei er sich für Menschen- und Bürgerrechte aussprach, betrachtete das Regieren als "Amt" und kristallisierte eine klare Definition von Herrschaft heraus, die die politische Gesellschaft in Herrscher und Beherrschte differenzierte.

Wenn auch im Gesamtduktus äußerst gemäßigt, entspricht doch die Meinung Aretins über die konstitutionelle Monarchie in idealtypischer Weise dem dieser Verfassungsform impliziten Merkmal des Kompromisses. Konstitutionelle Monarchie ist für Aretin identisch mit Rechtsstaat, dieser jedoch nicht einfach gleichzusetzen mit rigider Volkssouveränität. Rechtsstaatlichkeit sei gegeben, wenn nach dem "vernünftigen Gesammtwillen" regiert werde mit dem Ziel, das "allgemeine Beste" zu beabsichtigen. Darunter wiederum versteht Aretin die "möglichste Freiheit und Sicherheit aller Mitglieder der bürgerlichen Gesellschaft". Die konstitutionelle Monarchie beinhalte Repräsentativität, so Aretin, der in dieser Staatsform das Problem zwischen "notwendiger Gewalt" der monarchischen Regierung und der größtmöglichen Freiheit der Staatsbürger gelöst sieht.[64]

Charakteristisch für die konstitutionelle Monarchie ist der "eigenartige Repräsentationsdualismus" zwischen Volk und Fürst: "Der König repräsentiert den Staat gegenüber dem Volk, das Parlament repräsentiert das Volk gegenüber dem König."[65] Zwar scheiterte dieses politische System letztlich anbetracht der großen sozialen und wirtschaftlichen Probleme, die sich in der zweiten Hälfte des Vormärz überdeutlich herauskristallisier-

---

[64] S. Aretin, J.Ch.v.: Staatsrecht der konstitutionellen Monarchie, 1. Bd., 1824, S. 163 - 165; s. auch Pölitz, C.H.L.: Das constitutionelle Leben, nach seinen Formen und Bedingungen, in: Rotteck, C.v. (Hg.): Allgemeine politische Annalen. Neueste Folge, 6. Bd., 1. Heft, 1831, S. 89 - 99; Bülau, F.: Der constitutionelle Staat in England, Frankreich und Teutschland, in: Neue Jahrbücher, 6. Jg., 1. Bd., 1843, S. 1 - 45; Ders.: Constitution und Constitutionelle, in: Ebda., 2. Bd., 1843, S. 519 - 553. Zur Freiheit, im Vormärz verstanden als Freiheit vom Staat, s.: Grabitz, E.: Freiheit und Verfassungsrecht, 1976, S. 173 - 174; s. schon Raumer, K.v.: Absoluter Staat, korporative Libertät, persönliche Freiheit, in: HZ 183, 1957, S. 92 - 96.

[65] Zit. n. Kimminich, O.: Deutsche Verfassungsgeschichte, 1970, S. 329.

ten,[66] doch hat nach dem Urteil des Verfassungsrechtlers *Otto Kimminich* vor allem die Epoche des Frühkonstitutionalismus auch eine positive Bedeutung. Abgesehen von zwischenzeitlichen "Aufregungen", die rasch wieder verebbten, waren Theoretiker und Politiker mit diesem System, das zunächst von vielen als der "goldene Mittelweg" angesehen wurde, zufrieden. Erst die französische Julirevolution beendete die biedermeierliche Idylle in Deutschland; die Kritik am Konstitutionalismus kulminierte in der Revolution.[67]

d. Der Konstitutionalismus der süddeutschen Staaten

Noch bevor der Deutsche Bund sich mit seinem "zweiten Grundgesetz", der Bundesakte von 1820, und dem darin enthaltenen Artikel 57 für das monarchische Prinzip - in Anlehnung an die Charte von 1814 - ausgesprochen hatte, setzte in den süddeutschen Staaten die Entwicklung parlamentarischen Lebens ein.[68] Zwar ist es für die konstitutionelle Bewegung Deutschlands charakteristisch, daß sie mit dem Partikularismus der Einzelstaaten verflochten war, da ein einheitlicher deutscher Staat fehlte,[69] doch können die süddeutschen Verfassungen, die noch vor den Karlsbader Konferenzen entstanden bzw. im

[66] Die Bedeutung der sozialen Frage als praktisch-politisches Problem, nicht als Theorem der Sozialisten, erkannte schon früh L.v. Stein: Geschichte der sozialen Bewegung, 1. Bd., 3. Bearb. 1850 (1. Bearb. 1842), Nachdruck 1959, S. 4 - 7; s. auch Steins Schriftwechsel mit R.v. Mohl, in: Staat und Gesellschaft. Studien über Lorenz von Stein, 1978, S. 545 - 560.

[67] Hierzu Kimminich, O.: Deutsche Verfassungsgeschichte, 1970, S.331, 336 - 340, der die bis ins 20. Jahrhundert reichenden Fehler der deutschen Staatsrechtler des Vormärz analysiert und zu dem Ergebnis kommt, daß die positiven Elemente des 19. Jahrhunderts erst nach 1945 mit der Kombination von Rechtsstaatlichkeit und Demokratie gelöst wurden.

[68] Die einzelnen Verfassungen sind abgedruckt und erläutert bei Pölitz, K.H.L. (Hg.): Die europäischen Verfassungen, 1. Bd., 1. Abth., 2. Aufl., 1832; S. 134 - 197 zum Königreich Bayern; S. 434 - 458 zum Königreich Würtemberg; S. 459 - 550 zum Großherzogtum Baden; in Bd. 1, 2. Abth. S. 677 - 690 zum Großherzogtum Hessen.

[69] Gangl, H.: Der deutsche Weg zum Verfassungsstaat, in: Böckenförde, E.-W. (Hg.): Probleme des Konstitutionalismus, 1975, S. 50; die politische Höherwertigkeit von Souveränität gegenüber Legitimität in den Ländern stellt Schieder, Th.: Partikularismus und nationales Bewußtsein im Denken des Vormärz, in: Conze, W. (Hg.): Staat und Gesellschaft, 2. Aufl., 1970, S. 24 - 28, heraus.

Entstehen waren, trotz ihrer Unterschiede als einheitlicher Typus betrachtet werden,[70] die die weitere Entwicklung entscheidend prägten.[71] Hervorgegangen als Folge der napoleonischen Zeit, stand der Staat als solcher und nicht mehr der Monarch als Träger des Staates im Vordergrund. Bayern, Württemberg, Baden und Hessen-Darmstadt schufen mit ihren Verfassungen "Kompromisse zwischen alter Ordnung und neuen Prinzipien",[72] die die Grundlage für den einsetzenden Konstitutionalismus in Deutschland bildeten.[73] Diese Synthese von "überkommener Staatlichkeit und neuen politischen Kräften" stellt die bedeutende geschichtliche Leistung des Konstitutionalismus dar.[74] Mit der Anerkennung beider Prinzipien, des monarchischen und des - zumindest partiell - Prinzips der Volkssouveränität in den süddeutschen Verfassungen wurde de facto eine Zusammenarbeit beider Institutionen, des Königs und der Volksvertretung, erzwungen. Trotz aller Unterdrückungsmaßnahmen von seiten der fürstlichen Regierung erfolgte doch eine

---

[70] Nipperdey, T.: Deutsche Geschichte 1800 - 1866, 1983, S. 345; Koch, R.: Deutsche Geschichte 1815 - 1848, 1985, S. 75. Vgl. die weitaus skeptischere Haltung von Boldt, H.: Deutscher Konstitutionalismus und Bismarckreich, in: Ders.: Das kaiserliche Deutschland, S. 119, der den süddeutschen Verfassungen nur eine begrenzte "Konstitutionalität" zubilligt.

[71] Wahl, R.: Die Entwicklung des deutschen Verfassungsstaates, in: Isensee, J., und Kirchhof, P. (Hg.): Handbuch des Staatsrechts, 1987, Bd. I, S. 12; Böckenförde, E.-W.: Gesetz, 1958, S. 71 - 79. Vorzüglich die jüngste Studie von Brandt, H.: Parlamentarismus in Württemberg 1819 - 1870, 1987, S. 19 - 32.

[72] Nipperdey, T.: Deutsche Geschichte 1800 - 1866, 1983, S. 347. Aretin, K.O.v.: Bayerns Weg zum souveränen Staat, 1976, S. 235 ff., 264 - 268; Forsthoff, E.: Deutsche Verfassungsgeschichte, 1972[4], S. 109, nennt die süddeutsche Verfassungsbewegung das "Bollwerk des Konstitutionalismus". Schnabel, F.: Deutsche Geschichte, 2. Bd., 1933 (1987), S. 225 - 226 schreibt: "Es war der Frühling deutschen Verfassungslebens, ein Ringen zwischen Fürstenmacht und Volksrechten."

[73] Conze, W.: Staat und Gesellschaft in der frührevolutionären Epoche Deutschlands (1958), in: Böckenförde, E.-W. (Hg.): Staat und Gesellschaft, 1976, S. 50 - 51, stellt heraus, daß sich Preußen und die süddeutschen Staaten in ihrer Beziehung von Staat und Gesellschaft "umgekehrt proportional" verhielten. Beachte in diesem Zusammenhang Treml, M.: Bayerns Pressefreiheit zwischen Verfassungstreue und Bundespflicht (1815 - 1837). Ein Beitrag zum bayerischen Souveränitätsverständnis und Konstitutionalismus im Vormärz, 1977. Aus DDR-Sicht: Obermann, K.: Deutschland zwischen 1815 und 1849, 4. Aufl., 1976, S. 41 - 47.

[74] So Scheyhing, R.: Deutsche Verfassungsgeschichte, 1968, S. 131.

gegenseitige Machtkontrolle mit dem Effekt, daß das Parlament langsam, aber stetig an Bedeutung zunahm.

Insbesondere die badische Verfassung von 1818 praktizierte erstmals den Grundsatz von der Rechtsgleichheit aller Bürger und unterschied sich damit eklatant von bisherigen Differenzierungsmerkmalen wie Konfession oder Stand. Gerade Baden zeichnet sich durch ein für die Zeit nach 1815 äußerst modernes Verständnis des Repräsentativsystems - wenngleich noch keineswegs von einem parlamentarisch-demokratischen Regierungssystem gesprochen werden kann - aus; denn hier wurde im Vergleich zu den übrigen einzelstaatlichen Verfassungen Deutschlands die zweite Kammer am stärksten von bereits gewählten Vertretern beschickt. Die Abgeordneten wurden in indirektem Wahlverfahren von Wahlmännern gewählt. Die Wahl der Wahlmänner erfolgte von, wie es in der Verfassung hieß, "allen angesessenen Bürgern" der jeweiligen städtischen und ländlichen Wahlkreise. Am fortschrittlichsten und dem modernen demokratischen System schon sehr nahe war die Art der Besetzung der zweiten Kammer. Die Gesamtheit der Bevölkerung war vertreten; Abgeordnete einzelner Stände oder Körperschaften gab es in Badens zweiter Kammer nicht mehr.

Allerdings war auch in Baden ein nicht geringer Teil der Gesellschaft durch das indirekte Wahlverfahren und vermögensrechtliche Besitzklauseln, die Voraussetzung für die Wählbarkeit waren, von der politischen Mitbestimmung ausgeschlossen; den Frauen war das aktive und das passive Wahlrecht im gesamten Deutschland des 19. Jahrhunderts, so auch in Baden, grundsätzlich verwehrt. Nichtsdestotrotz stellt die badische Verfassung die fortschrittlichste innerhalb ganz Deutschlands dar. Das parlamentarische Leben des deutschen Vormärz war hier am intensivsten ausgeprägt.[75] Man kann zu Recht sagen, daß die "ständisch-parlamentarischen" Vertretungen der süddeutschen Staaten "Sprachrohre der liberalen Bewegung" wurden.[76]

Als "eine der Sternstunden der deutschen Geschichte" bezeichnet deshalb *Eberhard Weis* die ersten beiden Jahrzehnte des 19. Jahrhunderts, da sich trotz aller kriegsbedingten Negativa[77] ein Entwicklungsschub gerade in Süddeutschland darbot. Bei den Reformen paarten sich französische Anregungen und eigene kreative Arbeit, wobei Napoleon katalysatorische Wirkung zugesprochen werden muß.[78] Der "Neoabsolutismus" war eine unerläßliche Voraussetzung für die Bildung von Volksvertretungen, wie sie die frühkonstitutionellen Verfassungen beinhalteten. Diese Konstitutionen jedoch waren nicht statisch, sondern es zeigte sich, daß sie sehr wohl zu

---

[75] Die Verfassungsurkunde des Großherzogtums Baden vom August 1818, in: Pölitz, K.H.L. (Hg.):: Die europäischen Verfassungen, 1. Bd., 1. Abth., 2. Aufl., 1832, S. 459 - 550, v.a. S. 461 - 470; auch in: Huber, E.R. (Hg.): Dokumente zur deutschen Verfassungsgeschichte, Bd. 1, 1961, S. 157 - 170. Hierzu Koch, R.: Deutsche Geschichte 1815 - 1848, 1985, S. 78; Lutz, H.: Zwischen Habsburg und Preußen, 1985, S. 34 - 35; Huber, E.R.: Deutsche Verfassungsgeschichte, Bd. 1, 1957, S. 341 - 349; Sheehan, J.J.: Der deutsche Liberalismus, 1983, S. 17, 54. Zum "parlamentarischen Gruppenwesen" in der badischen Zweiten Kammer s.: Kramer, H.: Fraktionsbindungen, 1968, 40 - 47.

[76] Zit. n. Conze, W.: Staat und Gesellschaft in der frührevolutionären Epoche, in: Böckenförde, E.-W. (Hg.): Staat und Gesellschaft, 1976, S. 52. Zu den Motiven der Regierungen in Süddeutschland, ihren Staaten Verfassungen zu geben, s. Scheyhing, R.: Deutsche Verfassungsgeschichte, 1968, S. 127.

[77] Die Positiva des Vormärz und vor allem seiner Theorie übersieht Fraenkel, E.: Historische Vorbelastungen des deutschen Parlamentarismus, in: VfZ, 8. Jg., 1960, S. 334, in seiner durchaus richtigen Forderung, daß in der Bundesrepublik die "Periode des Patronagepartei-Parlamentarismus" des 19. Jahrhunderts übersprungen werden müsse.

[78] Einflüsse des Absolutismus, der einheimischen Verwaltungstradition, der Aufklärung, der Revolution, des Empire und des Neuhumanismus bildeten, persönliche Einflüsse führender Staatsmänner nicht zu vergessen, in unterschiedlichster Art und Weise eine Synthese im Rahmen der süddeutschen Reformen: S. Weis, E.: Der Einfluß der Französischen Revolution und des Empire auf die Reformen in den süddeutschen Staaten, in: Francia, Bd. 1, 1973, S. 583; in diesem Sinne auch Fehrenbach, E.: Verfassungs- und sozialpolitische Reformen und Reformprojekte in Deutschland unter dem Einfluß des napoleonischen Frankreich, in: HZ, Bd. 228, 1979, S. 295 [auch in: Berding/Ullmann (Hg.): Deutschland, 1981, S. 65 - 90], die aus den "modernisierenden" Elementen der Rheinbundzeit die Entwicklung zur modernen Repräsentativverfassung herauskristallisiert, obwohl vor 1815 die "Nationalrepräsentation" politisch bedeutungslos geblieben war (S. 295 - 299). S. auch Hammermayer, L.: Grundlegung der bayerischen Reformära des frühen 19. Jahrhunderts, in: ZBLG 37, 1974, S. 931 - 945.

einer Fortbildung fähig waren.[79] Die moderne Staatlichkeit wurde in den Staaten, die den Zusammenbruch der französischen Herrschaft in Deutschland "überlebt" hatten, weiter ausgebaut.[80] Als "Initialzündung für den süddeutschen Parlamentarismus" ist die in den Rheinbundstaaten vollzogene Erneuerung der Bürokratie anzusehen. Damit war der gesellschaftliche Modernisierungsprozeß eingeleitet; die landständische Modernisierung konnte folgen.[81]

Der "klassisch schöne Text" der bayerischen Verfassung von 1818 beispielsweise,[82] der die konstitutionelle Monarchie an die Stelle des Rheinbundkönigtums setzte, beinhaltete zum einen eine tatsächliche und freiwillig vorgenommene Einschränkung der monarchischen Selbstgewalt, zum anderen ein Mitbestimmungsrecht der Stände, das den liberalen Forderungen der Zeit entgegenkam[83] - die Verfassungswirklichkeit freilich zeigte sich letztlich doch weit rückschrittlicher, als die Verfassungsnorm glauben ließ. Wichtig jedoch war, daß diese Konstitution, die - nicht zuletzt wegen des eindeutigen Kompromißcharakters - lange hundert Jahre bestand, für die monarchische Souveränität die "Staatssouveränität",

---

[79] Beyme, K.v.: Die parlamentarischen Regierungssysteme in Europa, 1970, S. 50; Wahl, R.: Der Übergang von der feudal-ständischen Gesellschaft zur staatsbürgerlichen Gesellschaftsordnung, in: Staat und Gesellschaft. Studien über Lorenz von Stein, 1978, S. 339; Weis, E.: Kontinuität und Diskontinuität zwischen den Ständen des 18. Jahrhunderts und den frühkonstitutionellen Parlamenten von 1818/19 in Bayern und Württemberg, in: FS Kraus, 1982, S. 355.

[80] So Berding, H.: Die Reform des Zollwesens in Deutschland unter dem Einfluß der napoleonischen Herrschaft, in: Geschichte und Gesellschaft, 6. Jg., H. 4, 1980, S. 535.

[81] Press, V.: Landstände des 18. und Parlamente des 19. Jahrhunderts, in: Berding, H., und Ullmann, H.-P. (Hg.): Deutschland, 1981, S. 156.

[82] Zur einprägsamen Präambel der bayerischen Verfassung von 1818 s. Zorn, W.: Gesellschaft und Staat im Bayern des Vormärz, in: Conze, W. (Hg.): Staat und Gesellschaft im deutschen Vormärz, 2. Aufl., 1970, S. 126; vgl. in diesem Zusammenhang auch Häberle, P.: Präambeln im Text und Kontext von Verfassungen, in: Demokratie in Anfechtung und Bewährung. FS Johannes Broermann, 1982, S. 217.

[83] Beachte z.B. die Abhandlung "Der jüngste Landtag in Bayern" in: Rotteck, C.v. (Hg.): Allgemeine politische Annalen. Neueste Folge, 1. Bd., 3. Heft, 1830, S. 203 - 216; s. auch die lobende Rezension von Velox, J. über das "Bayer'sche Volksblatt. Eine constitutionelle Wochenschrift" in: Ebda., 4. Bd., 3. Heft, 1830, S. 293 - 307.

das "Erbe" des Grafen Montgelas, betonte.[84] Damit galt der König als Repräsentant; zugleich wurde das monarchische Prinzip bejaht.[85]

Hintergedanke dieser in den Verfassungen durch königliches Kalkül gebilligten, ja befürworteten verankerten Repräsentation war es, zwischen dem Monarchen und dem Besitz- und Bildungsbürgertum als "den" ihrem Selbstverständnis nach idealen Vertretern des Volkes Vertrauen zu erzeugen. Das Königreich Bayern war bestrebt, die unter Napoleon erfahrenen Modernisierungen nicht mehr zu verlieren. Neue Landesteile, die seit 1803 den Bestand des Landes erheblich vergrößert hatten, mußten integriert werden. Der Wiener Kongreß ließ Bundesauflagen in Richtung altständischer Vorstellungen befürchten - was 1817 denn auch drohend über den süddeutschen Staaten schwebte. So lag es im Interesse der süddeutschen Könige selbst, in ihren Staaten Verfassungen in Kraft zu setzen. Keineswegs geschah dies auf Grund massiven bürgerlichen Drucks.[86]

Die Schöpfer der Verfassung Bayerns von 1818 betrachteten ihr Werk nicht als Ausdruck der sich entgegenstehenden Pole von repräsentativer und landständischer

---

[84] S. die noch immer grundlegende Studie über Franken und Bayern im 18. und 19. Jahrhundert von Hofmann, H.H.: Adelige Herrschaft und souveräner Staat, 1962, S. 363 - 364. Aretin, K.O.v. (Diss.): Die deutsche Politik Bayerns in der Zeit der staatlichen Entwicklung des Deutschen Bundes 1814 - 1820, 1954, S. 150 - 165. Einen guten Einblick in die soziale Situation versucht die viele Quellen, vor allem Statistiken auswertende, von Karl Bosl betreute Dissertation von H.R. Giebel: Strukturanalyse der Gesellschaft des Königreichs Bayern im Vormärz 1818 - 1848, 1971. Hammermayer, L.: Grundlegung der bayerischen Reformära, in: ZBLG 37, 1974, S. 931 - 945; Weis, E.: Zur Entstehungsgeschichte der bayerischen Verfassung von 1818, in: ZBLG 39, 1976, S. 413 - 444.
Verfassungsurkunde für das Königreich Bayern vom 26.5.1818: abgedruckt in Huber, E.R. (Hg.): Dokumente, Bd. I, 1961, S. 141 - 156; für das Großherzogtum Baden vom 22.8.1818: S. 157 - 170; für das Königreich Württemberg vom 25.9.1819: S. 170 - 200. S. auch Hack, F.: Uebersicht über die Zusammensetzung der Volks-Vertretung, in: ZfgSt, 27. Bd., H. 3, 1871, S. 528 - 529.

[85] Daß monarchisches Prinzip keineswegs identisch mit monarchischer Souveränität war, hebt Boldt, H.: Deutsche Staatslehre im Vormärz, 1975, S. 20, heraus.

[86] R. Wahl bezeichnet dieses Verhältnis als "hinkenden Dualismus": Die Entwicklung des deutschen Verfassungsstaates, in: Isensee, J., und Kirchhof, P. (Hg.): Handbuch des Staatsrechts, Bd. I, 1987, S. 13 - 15; s. auch Grimm, D.: Deutsche Verfassungsgeschichte, 1988, S. 72 - 74.

Verfassung, wie dies Gentz ein Jahr später glauben machen wollte. Die "neue bairische Verfassung" verband ihrem Selbstverständnis nach vielmehr "neue und alte Elemente"; sie war "ständisch, wenn auch nach neuer Ordnung". In der "Mitwirkung und Kontrole der Stände" erblickte das liberalste Mitglied des Verfassungsausschusses von 1814, Lerchenfeld, "das einzige Mittel, Ordnung und Sicherheit in diese Verhältnisse zu bringen".[87] *Herbert Obenaus* hat herausgearbeitet, daß das Finanzbedürfnis des Staates, dessen Kreditwürdigkeit im Unterschied zu den Landständen weitaus geringer war - ein Phänomen, das bereits im altständischen System existierte - , mit ein nicht unwesentlicher Grund für die Akzeptanz der einzelstaatlichen Verfassungen durch die Monarchen war. Er betont:

"Der Konstitutionalismus läßt sich zweifellos nicht einfach als Konsequenz des zur Herstellung des Staatskredits notwendigen Vertrauens der Gläubiger verstehen, ein enger Zusammenhang ist aber unübersehbar."[88]

Es ist festzuhalten, daß die süddeutschen Konstitutionen, obwohl das aktive Wahlrecht durch einen Zensus beschränkt war, keine ständischen Verfassungen im herkömmlichen Sinne mehr waren. Der Verfassungstyp der süddeutschen Einzelstaaten charakterisiert sich - anders als der Typus der altständischen Verfassung, anders aber auch als der republikanische Verfassungstyp der vier freien Städte Hamburg, Lübeck, Bremen und Frankfurt am

---

[87] S. Lerchenfeld, M.v.: Die Bairische Verfassung und die Karlsbader Beschlüsse, 1883, S. 21 und 24 - 25; Lerchenfeld veröffentlichte im Anhang zahlreiche Akten und Korrespondenzen seines gleichnamigen Großvaters, um Treitschkes Darstellung über die bayerischen Zustände und Verhaltensweisen nach 1815 zu widerlegen. Max Emanuel von Lerchenfeld "der Ältere", der, nach Montgelas' Entlassung im Februar 1817, als Finanzminister Bayerns stets das konstitutionelle System, die repräsentative Verfassung forderte, habe sich vor allem in Karlsbad gegen die Metternichsche und Gentzsche "Unterdrückung des modernen Geistes in Deutschland" (S. 42) gewandt.
Vgl. Treitschke, H.v.: Deutsche Geschichte, Nachdruck 1981, 2. Teil: S. 329, 340 - 351, 580 - 585; 3. Teil: S. 25, 59 - 60, 220 - 221, 334 - 336. Beachte auch Treitschkes ausführliche Replik auf Lerchenfelds (des Enkels) Schrift in dieser späteren Ausgabe, Teil 3, S. 762 - 768.

[88] Zit. n. Obenaus, H.: Finanzkrise und Verfassungsgebung, in: Ritter, G.A. (Hg.): Gesellschaft, Parlament und Regierung, 1974, S. 71.

Main[89] - als ein Modell des Ausgleichs. Insbesondere die interne Arbeitsweise der Volksvertretungen beinhaltete mit dem Majoritätsprinzip, dem freien Mandat und der Gemeinwohlverpflichtung entscheidende Symptome moderner repräsentativer Verfassungen.[90]

Dieser Ausgleich wurde nicht allein zwischen dem monarchischen und dem repräsentativen Prinzip, also zwischen Fürst und Volksvertretung, gesucht. Es galt zudem, "das politisch-dynamische Element eines ungleich mächtigeren städtischen Bürgertums aufzunehmen."[91] Und: Es war den süddeutschen Ländern, vor allem Baden[92], Württemberg[93] und Bayern, zu verdanken, daß der von Metternich geplante "Anschlag auf die Konstitutionen der Einzelstaaten" mit den Karlsbader Beschlüssen verhindert werden konnte.[94]

---

[89]Zur Stadtrepublik und Stadtverfassung Frankfurts am Main vom 18.10.1816 s. Koch, R.: Ständische Repräsentation oder liberale Repräsentativverfassung?, in: ZfhF 5, 1978, v.a. S. 188 und 213 - 214.

[90]Die "Brückenfunktion" der in Art. 13 BA geforderten "landständischen Verfassungen" als Gebilde zwischen alt- und neuständischen Elementen betont Wahl, R.: Die Entwicklung, in: Isensee, J., und Kirchhof, P. (Hg.): Handbuch, Bd. I, 1987, S. 15.

[91]Zit. n. Koch, R.: Deutsche Geschichte 1815 - 1848, 1985, S. 75.

[92]Nach Press, V.: Landstände des 18. und Parlamente des 19. Jahrhunderts, in: Berding, H., und Ullmann, H.-P. (Hg.): Deutschland, 1981, S. 153 und 156, wurden die süddeutschen Verfassungen, die das Konzept Metternichs "konterkarierten", zum Leitbild; insbesondere Badens konstitutionelle Entwicklung sei Signal gewesen.

[93]S. Quellentext und Kommentar der konstitutionellen Verfassung Württembergs von 1819 bei Boldt, H. (Hg.): Reich und Länder, 1987, S. 295 - 297 und 299 - 334; Brandt, H.: Parlamentarismus in Württemberg, 1987, S. 19 - 32.

[94]Hierzu Weis, E.: Der Durchbruch des Bürgertums, 1978, S. 355 - 357.
Der politisch-historische Entwicklungszusammenhang von 1818 und modernen Volksvertretungen in Deutschland nach 1945 kommt in den in Bayern vergebenen Dissertationsthemen zum Ausdruck; exemplarisch seien genannt die von Prof. Dr. Dr. R. Grabower betreuten Erlanger Arbeiten der Brüder Hitzlberger, W.: Das Steuerbewilligungsrecht der Landstände in Bayern bis zum Absolutismus (Maximilian I.), 1949, und die thematische Fortsetzung durch Hitzlberger, H.: Das Steuerbewilligungsrecht der Landstände in Bayern im Zeitalter des Absolutismus und seine Auswirkungen auf die Verfassung von 1818, 1949.

4. Zeitgenössische Diskussion im frühen Vormärz

Die öffentliche Diskussion um Artikel 13 der Bundesakte und damit auch um das Maß der Ausgestaltung der Volksvertretung setzte bereits im Vorfeld des Wiener Kongresses ein. Lange vor Friedrich von Gentz' exzessiver Interpretation und rigider Differenzierung von landständischer und repräsentativer Verfassung stand dieses Thema im Mittelpunkt zahlreicher Publizisten der vielfältigsten geistigen Strömungen. Die folgende kurze Darstellung einiger kontroverser, aber auch ineinander übergreifender Argumentationslinien von Theoretikern vor allem, aber nicht ausschließlich des frühen Vormärz soll die Brisanz der zeitgenössischen Frage nach Begriff und Kompetenzbereich der "landständischen Verfassung", wie sie Artikel 13 BA fordert, verdeutlichen.

Im allgemeinen unterschieden die politischen Denker, die ihre Ideen in der Zeit zwischen Wiener Kongreß und Karlsbader Beschlüssen veröffentlichten, noch nicht zwischen den Termini landständische und repräsentative Verfassung.[1] Synonym verwendet wurden die Adjektive "ständisch", "landständisch" oder "repräsentativ", austauschbar waren auch die Substantive "Stände", "Landstände", "Volks-Repräsentation", "Volksvertretung" oder "Ständevertretung".[2]

---

[1] Eine Ausnahme stellte Hegel dar: S. Hocevar, R.: Stände und Repräsentation beim jungen Hegel, 1968.

[2] Brandt, H.: Landständische Repräsentation, 1968, S. 51; ihm vollständig ohne eigene Überlegungen folgend Ehrle, P.M.: Volksvertretung, 1979, S. 13. S. auch Darmstadt, R.: Der Deutsche Bund, 1971, S. 97 - 98.

a. Vorläufer Gentzscher Rigidität

Kaum ein Theoretiker sprach sich in dieser Definitions-Debatte im restaurativen Sinne von Gentz aus. Eine Ausnahme bildet Christoph Christian Dabelow. *Brandt* nennt ihn zu Recht einen, wenn auch vereinzelten, "Vorläufer der berühmten Gentzschen Auslegung von 1819".[3] Dabelow, amtsenthobender Staatsminister des Herzogtums Anhalt-Köthen, der dort mit seinem Ziel, eine Verfassung nach napoleonischem Muster einzuführen, gescheitert war, setzte sich, nach 1811 als freier Publizist tätig, in vielen Schriften nach 1815 mit der Interpretation des Artikels 13 auseinander. Auch er hatte klar erkannt, daß die Bundesakte "nichts darüber, wie die landständische Verfassung gebildet werden soll", bestimmte: "Eben so wenig ist über die landständischen Rechte etwas in der Bundesakte vorgeschrieben worden."[4]

Die wenigsten Theoretiker teilten Dabelows Ansicht, daß die Bundesakte mit dem herausragend wichtigen Artikel 13 aus der "Willkühr", der "Gnade des Souverains"[5] entstanden sei. Für Dabelow seien die "Unterthanen" - bezeichnenderweise verwendet der rückschrittliche Publizist diesen Terminus, der gerade in der gärenden Zeit nach 1815 grundsätzliche Unbeliebtheit erlangte - nicht berücksichtigt worden, ja er konstatiert,

> "daß weder die deutsche Nation in Masse, noch ihre einzelnen Stämme ein wolerworbenes Recht aus der Bundesakte erlangt haben, die Einführung der landständischen Verfassung zu verlangen."[6]

Damit spricht der Ex-Minister in seiner 36seitigen Flugschrift dem Volk jeglichen Rechtsanspruch ab, auf die Einhaltung des 13. Artikels zu pochen. Die "heilbringendste Einrichtung für Regenten und Völker zugleich" sei nach Dabelow, der sich ausführlich mit dem

---

[3] Zit. n. Brandt, H.: Landständische Repräsentation, 1868, S. 52. S. den unkritischen Beitrag zu Dabelow (1768 - 1830) in: ADB, Bd. 4, 1876, S. 684 - 685.

[4] Zit. n. Dabelow, Ch. Ch.: Ueber den dreyzehnten Artikel der deutschen Bundesakte, die landständischen Verfassungen betreffend, 1816, S. 6. Zu Dabelow s. ADB, Bd. IV, S. 684.

[5] Dabelow, Ch.Ch.: Ueber den dreyzehnten Artikel, 1816, S. 7 und 25.

[6] Zit. n. ebda., S. 4.

Rheinbund beschäftigt,[7] die althergebrachte Form landständischer Vertretung. Seiner Auffassung nach

> "ist die altdeutsche Basis der landständischen Verfassung die richtigste, aber es ist aus den mit der Landstandschaft versehenen Subjecten ein *Ausschuß der redlichsten und kenntnißvollsten Männer aus allen Fächern zu bilden*, welcher als ein *eigentlicher Staatsrath* da steht, und bey *allen wichtigen Regierungsangelegenheiten zur Berathung* zugezogen wird, dem die *Ehre des Throns* und das *Glück des Volkes gleich lieb* ist, der die Verfassung gegen *schädliche Eingriffe der Staatsbeamten* bewacht, und die *Klagen* und *Beschwerden der Unterdrückten* an den Regenten bringt, der allenthalben mit *Rath und Beystand* zur Hand ist."[8]

Diese Vorstellung einer landständischen Vertretung, bereits für Zeitgenossen durchaus antiquiert, artikuliert ein klares Nein zu dem vor allem von den Liberalen geforderten Recht der Volksvertretung auf Mitwirkung. Landstände haben, so die Theorie Dabelows, innerhalb der staatlichen Aufgaben keine Beschlußkraft. Sie sollen nur als beratendes Organ im Staate teilnehmen.

Interessant ist trotz der "feudalständischen Restaurationsabsicht"[9], welche Bedeutung Dabelow einem beratenden Gremium, das er als "Staatsrath" betitelt, zumißt. Ungeachtet der gesamtpolitischen Einordnung der Schrift Dabelows innerhalb des Vormärz muß doch festgestellt werden, daß die Argumentationsstruktur - in ihrer Grundsätzlichkeit betrachtet - genau der entspricht, die - bis heute - für die Schaffung beratender Organe aufgelistet werden: Rat und Beistand zum "Glück", zum Wohle des Volkes und des Staates, Kontrolle zur Vermeidung "schädlicher Eingriffe", Zusammensetzung dieses Beratungsgremiums nach Kriterien, die durchaus elitär ("redlichste und kenntnißvollste Männer") sind, aber zugleich demokratisch ("aus allen Fächern") sein können, wenn man den Maßstab der "funktionellen Repräsentation"

---

[7] Ebda., S. 25.

[8] Ebda., S. 35 - 36 (Hervorhebungen durch Dabelow).

[9] So Brandt, H.: Landständische Repräsentation, 1968, S. 52.

anlegt.[10]

b. "Neuständische" Sicht

Scharfe Kritik an Dabelows altständischer Meinung von Volksvertretung übte "der Rechte und Weltweisheit Doktor, königlich-baierischer oberste Justizrathe" , Friedrich Ludwig von Hornthal. Dabelow habe "aller Moral, Philosophie und allem Rechtszustande" mit seinen Publikationen "den Krieg erklärt", und er, Hornthal, wolle "durch Geschichte, richtige Vernunftschlüsse und Ius" den "Kampf beginnen".[11] Als einer der Herausgeber der "Kieler Blätter" betrachtet es Dahlmann als seine Pflicht, eine Rezension von Dabelows neuestem Werk aus der "Leipziger Litteraturzeitung" abzudrucken, um die Absurdität von dessen Aussagen darzulegen. Dahlmann beschreibt Dabelow als einen Gegner der Repräsentativverfassung, der sich "bekanntlich einen nicht beneidenswerthen Ruf durch ein Paar Schriften erworben" habe, in denen er "alles öffentliche Recht so zu sagen mit Füßen tritt."[12]

Zu ausführlicher und beißender Polemik sieht sich Hornthal durch Dabelows französische Zuneigung veranlaßt. Der bayerische Rechtsgelehrte lehnt zum einen die altständische Interpretation des Artikels 13, die sein "Fachkollege" gibt, ab, zum anderen wendet er sich entschieden gegen Dabelows Konzept eines "Staatsraths":

---

[10] Der hier eingeführte Begriff der "funktionellen Repräsentation", der gerade im Zusammenhang mit der Legitimation von zweiten Kammern vor allem im demokratischen Zeitalter bedeutend ist, wurzelt nicht erst im 20. Jahrhundert. Dabelow, konträre Gestalt im Gesamtzusammenhang, ist in diesem Detail jedoch ein Exempel. S. im Zusammenhang mit der modernen Parlamentarismus-Diskussion international vergleichend: Ehrlich, S.: On Functional Representation, in: Sprache und Politik. Festgabe für Dolf Sternberger, 1968, S. 326 - 339; Wolff, H.J.: Theorie der Vertretung (= Ders.: Organschaft, Bd. 2), 1934, S. 335 - 347; Scheuner, U.: Der Staat und die intermediären Kräfte, in: Zs.f.ev.Ethik, 1957, S. 36 - 38; Ders.: Politische Repräsentation und Interessenvertretung, in: DÖV, 18. Jg., H. 17 - 18, 1965, S. 580 - 581; Röhrich, W.: Die repräsentative Demokratie, 1981, S. 133 - 145.

[11] Hornthal, Fr.L.v.: Ueber Souveränität, Staatsverfassung und Repräsentativform. Als Beleuchtung der neuesten Abhandlung des Herrn Staatsrats Dabelow über dieselben Gegenstände, 1816, Vorwort S. V - VI.

[12] [Dahlmann, F. Chr. (Hg.):] Miscellen: An die Gegner von Landständen oder repräsentativen Verfassungen, in: Kieler Blätter, 3. Bd., 1816, S. 511.

> "Wäre das nicht wirkliches Possenspiel, nicht Nachahmung jenes großen Possenspieles, welches wir unter Napoleon in Frankreich aufführen sahen? - Wie ist möglich, zu behaupten, daß durch das Dasein eines Nationalraths, wie ihn Dabelow vorschlägt, das Palladium bürgerlicher Freiheit, deutscher Ehrlichkeit und Treue errungen und erhalten würde?"[13]

Stände, die Hornthal, um einen von *Brandt* eingeführten Terminus zu verwenden, im neuen Sinne, als "neuständisch"[14], versteht, sollten, so der theoretische Ansatz, nicht allein beratende Funktion, sondern vielmehr durch Beschlußfähigkeit aktiv mitwirkende Kompetenz haben.

Interessant ist jedoch Hornthals Haltung im August 1821. Als Beamter im Dienste des bayerischen Königs fühlte sich das Mitglied der Abgeordnetenkammer verpflichtet, dem Monarchen "unter die Arme zu greifen". Obgleich Befürworter einer mit Mitwirkungsrechten ausgestatteten Volksvertretung, wie sie die bayerische Verfassung von 1818 ja vorsah, stand Hornthal, typisch für die Konstitutionellen seiner Zeit, zugleich eindeutig auf der Seite des monarchischen Prinzips. Das Volk zu beschwichtigen, da sich die Einberufung der Landstände - ein königliches Recht - in die Länge zog und ein definitiver Beschluß nicht abzusehen war, war die politische Intention einer kleinen, äußerst promonarchischen Schrift Hornthals.[15]

---

[13] Zit. aus Hornthal, Fr.L.v.: Ueber Souveränität, 1816, S. 144; s. auch S. 48 - 49. S. auch Hornthal ironisch-spöttisches "Schreiben an Herrn Staatsrath Dabelow in Göttingen", 1816, in dem Hornthal insgesamt 13 Zweifel an Dabelows Werk anbringt.

[14] Der Begriff "neuständische" Volksvertretung, die im Unterschied zu "altständischer" nicht die jeweiligen Standesinteressen, sondern die Interessen des ganzen Volkes repräsentieren sollte, war den Zeitgenossen jedoch nicht geläufig. S. Brandt, H.: Landständische Repräsentation, 1968, S. 6. Beachte allerdings die Selbsteinschätzung des Konservativen Stahl: Er sieht sich als einen Vertreter des konstitutionellen "neuern ständischen Systems", in: Stahl, F.J.: Das Monarchische Prinzip (Originalschrift), 1845, S. VIII - IX.

[15] Hornthal, Fr.L.von: wird die Einberufung der Landstände Baierns, nach Inhalt der Verfassungs-Urkunde, Statt finden? - Beantwortet von dem Königl. Baierischen Oberstenjustizrathe und ersten Bürgermeister Doktor von Hornthal, Mitglied der Kammer der Abgeordneten, 1821, S. 3, 14 und 18.

c. Altständische Sicht

Dem konservativen Lager zuzuordnen ist Christian Friedrich Schlosser, der Artikel 13 der Bundesakte zum Anlaß nimmt, seine Theorie einer "ständischen Verfassung" auszuarbeiten. Ganz in der Tradition verhaftet, die negativen Auswirkungen des "französischen Taumels" nach der Revolution von 1789 und die durch die "ungeordnete Menge"[16] ausgelösten Mißstände, weil "ein schwindelndes Neues projectirt"[17] werden sollte, vor Augen, definiert Schlosser: "Ständische Verfassung nemlich, setzt ihrem Begriffe nach, bestehendes Recht, bestehende Einrichtungen voraus."[18]

Schlosser, der die ständische "Pyramide" und die Standes-Fähigkeit nach dem "größeren Besitz" als "Natur der Sache" und "gottesgewollte Ordnung seit jeher" legitimiert,[19] sieht die zentrale Aufgabe dieser im alten Sinne verstandenen Stände in der "gemeinsamen Berathung". Dies stellt seiner Auffassung nach den wesentlichen Vertretungscharakter der Stände dar. Die geordnete naturgegebene Gliederung, "nicht als ein in allen Köpfen gleichzählender Haufe durcheinander geworfen", sei gleichbedeutend mit Freiheit.[20] Die Notwendigkeit einer Erneuerung der altständischen Verfassung sei, so interpretiert Schlosser die Bundesakte, durch Artikel 13 ermöglicht:

> "Die Zusicherung landständischer Verfassungen für alle Staaten des deutschen Bundes, ist ein erneutes Zeugniß dessen, wofür unsere ganze Geschichte zeugt, des tiefen Bedürfnisses nemlich der Gesetzlichkeit, des Hangens an der Eigenthümlichkeit eines von Vätern ererbten Daseyns".[21]

---

[16]So Schlosser, Ch.Fr.: Ständische Verfassung, ihr Begriff, ihre Bedingung, 1817, S. 11; s. auch Vorrede, S. III. Zu Schlosser s. Brandt, H.: Landständische Rpräsentation, 1968, S. 114 - 115; s. ADB, Bd. 31, 1890, S. 533 - 541.

[17]Schlosser, Ch.Fr.: Ständische Verfassung, 1817, S. 9.

[18]Zit. n. ebda., S. 17. Schlossers Aversion gegen Frankreich und die Betonung der deutschen Tradition, die wiederbelebt werden müsse, charakterisiert ihn als konservativen Denker, der die nationale Einheit intensiv fordert (S. 115 und 121).

[19]Ebda., S. 32 - 39.

[20]Ebda., S. 17 - 18; s. auch S. 95.

[21]Zit. n. ebda., S. 115.

d. "Nicht-altständische" Sicht

Die überwiegende Mehrzahl der Theoretiker, die sich mit der Interpretation des Artikels 13 auseinandersetzte, sah den Begriff landständisch nicht mehr synonym zu altständisch. Allerdings ist zu betonen, daß "nicht-altständisch" keineswegs zugleich konstitutionell-liberal bedeutete. Ein Beispiel hierfür ist die Schrift des Großherzoglichen Badischen Geheimen Referendärs, Wilhelm Reinhard, die durch den Juristen Dr. Julius Schmelzing aus Würzburg eine konstruktive Kritik erfuhr.

Nach *Brandts* Einschätzung lieferte Reinhard 1817 das "durchdachteste Plädoyer dieser Jahre für das fürstliche Oktroyierungsrecht".[22] 1815, so Reinhard, sei klar geworden, daß ein "neues Gebäude" auf einer "zeitgemäßen Grundlage" notwendig sei.[23] Ausdruck dieses Bewußtseins sei die Fixierung des Artikels 13 in der Bundesakte.

Der badische Beamte distanziert sich von altständischen Interpretationen des Artikels 13: "Eine ehemahlige oder bestehende landständische Verfassung dient nicht zur nothwendigen Grundlage". Aber er stellt zugleich heraus, daß die neue Basis landständischer Verfassung "nicht an bestimmte constitutionelle Ideen" geknüpft sei.[24]

Hauptzweck der Volksvertretung laut Reinhard sei die "politische Erziehung, die Erweckung des deutschen Sinns für ein öffentliches größeres Leben", eine Aufgabe, die "bisher so gut wie Null" erfüllt worden sei.[25] Diese pädagogische Zielsetzung impliziert für Reinhard, der den landständischen Verhandlungen zwar das Prinzip der Öffentlichkeit zuspricht, nicht ein Mitwirkungsrecht der Stände, im Gegenteil: Es besteht kein Vertrag zwischen Monarch und Volk. Der Fürst, der allein die verfassunggebende Gewalt darstellt, bleibt

---

[22] So Brandt, H.: Landständische Repräsentation, 1968, S. 53, Anm. 17.

[23] Reinhard, W.: Die Bundes-Acte über Ob, Wann und Wie? Deutscher Landstände, 1817, S. 46.

[24] Zit. n. Reinhard, W.: Die Bundes-Acte, 1817, S. 51 und 105.

[25] Zit. n. ebda., S. 107 - 108.

"unter der Gewalt seiner eigenen Einsicht, indem er selbst den Rath des Volks, zum kräftigen Willen erhebt, oder durch öffentliche Widerlegung ehrt und achtet, und was jetzt geschieht, geschieht mit Einheit der Gesetzgebung und Verwaltung im Sinne des Regenten, so wie des Volks, mit Machtvollkommenheit und Gehorsam, man rückt nichts aus seiner Stelle, und bedarf jener indirecten Mittel nicht".[26]

Landstände "nach 1815" haben nach Reinhards Konzeption den "Charakter einer Consulentie". Der Regent nutzt durch die Ständevertretung "Einsicht und Erfahrung des Volks". Ihm ist es ans Herz zu legen,

"sich durch eine organisirte, regelmäßige, alle Interessen, Verhältnisse, so wie Bildung mit Anschauung vereinigende, neben dem Verwaltungs-Organismus unabhängig fortschreitende Volksstimme berichten und berathen zu lassen".[27]

"Eine bloße Berathung" zieht Reinhard jeder "Mit-Regentschaft" von seiten der Landstände vor. Er begründet dieses doch geringe Maß an Kompetenz damit, daß es, falls die Beratung "ernstlich" durchgeführt werde, "dem ruhigen Charakter des deutschen Volks und den politischen Influenzen mehr entspreche".[28]

e. Konstitutionell-frühliberale Sicht

Durchdrungen von dem für 1818/19 modernen Gedanken des monarchischen Konstitutionalismus, erwiderte der Würzburger Rechtsgelehrte Julius Schmelzing mit einer "Beleuchtung der Schrift" Reinhards, die die durch diese entstandenen "Widersprüche aufklären" sollte.[29] Entschieden wendet sich Schmelzing gegen die von Reinhard aufgestellten Grundsätze, die den am häufigsten diskutierten Artikel der Bundesakte betrafen. Sowohl die Entstehung als auch die Rechte der Volksvertretung betrachtet Schmelzing unterschiedlich.

Der konstitutionelle Theoretiker, der sehr wohl die Monarchie als Staatsform bejaht, sieht jedoch im

---

[26]Zit. n. ebda., S. 119, s. auch den von Reinhard aufgestellten "Ersten Folgesatz", S. 46.

[27]Zit. n. ebda., S. 115 - 116; obige Zitate S. 116.

[28]Ebda., S. 117.

[29]Schmelzing, J.: Beleuchtung der Schrift: Die Bundesakte über Ob, Wann und Wie deutscher Landstände? mit den unwandelbaren Grundsätzen des allgemeinen Staats- und Völkerrechts, so wie mit dem eigentlichen Sinne des Art. 13 der deutschen Bundesakte, 1819; s. Vorwort und S. 12.

Unterschied zu Reinhard die Staats-, nicht die monarchische Souveränität gegeben. Deshalb stelle die Bundesakte einen "förmlichen Vertrag der deutschen Staaten, geschlossen von den Monarchen, den zeitlichen Repräsentanten der deutschen Völker"[30], dar. Andere wissenschaftliche Abhandlungen, so spielt er auf Reinhards Arbeit an, hätten

"in der gewohnten Verwechselung der zeitlichen Person des Staatsoberhaupts mit dem wohlverstandenen Repräsentanten des rechtlichen und vernünftigen Volks-Gesammtwillens - dem Volke, dem Staate"[31]

der "Kultur des Staats- und Völkerrechts" bereits sehr geschadet. Schmelzings Interpretation des Artikels 13 geht folglich von einer völlig unterschiedlichen Auffassung von landständischer Verfassung aus. Der Monarch ist nicht Souverän, sondern "lediglich" Repräsentant des Volkes. "Im Geiste der Zusammenstimmung des vernünftigen und rechtlichen Gesammtwillens jedes einzelnen Volkes" innerhalb des Deutschen Bundes sei Artikel 13 formuliert worden, hebt Schmelzing hervor, der zugleich den Verbindlichkeitscharakter dieser Bestimmung für den Monarchen akzentuiert - dies hatte Reinhard vollständig negiert. "Auf ehrerbietige Weise" sei es auch das Recht des Volkes, den Fürsten "mittels motivirter Vorstellung" an den "zeitgemäßen Vollzug" zu erinnern.[32]

Die "Anordnung" der landständischen Verfassung rekrutiere sich nicht durch den alleinigen Willen des Monarchen, sondern bedinge eine Einheit zwischen Volk und - zeitlichem - Regenten; denn die "bisherigen Landstände" können nach Meinung des bayerischen Juristen "nicht zur Grundlage der neuen Verfassung genommen" werden. Altständische Vorstellungen seien fehl am Platze. Vielmehr befinden sich die Einzelstaaten Deutschlands und ihre Völker im "Kampfe für ihre Selbständigkeit".[33] Eine rein beratende Funktion der Volksvertretung sei daher nicht

---

[30]Zit. n. Schmelzing, J.: Beleuchtung, 1819, S. 14.

[31]Zit. n. ebda., S. 15; s. auch S. 35.

[32]Ebda., S. 16,19 und 21.

[33]Ebda., S. 35 und 44 - 45.

ausreichend. Entsprechend der "Prinzipien des allgemeinen und natürlichen Staatsrechts", hebt der Autor der Reinhardschen Replik hervor,

> "dürfen *die Landstände nicht eine blose Adjutantur, oder ein Supplement der Regierung seyn, keine blos neben dem Verwaltungsorganismus fortschreitende Volksstimme zum Berichten und Berathen;* sondern *sie sind die aus dem Gesammtwillen des Volkes hervortretende Körperschaft, bestimmt, mit dem zeitlichen Staatsoberhaupte die Gesetzgebung zu theilen, und zur Fürsorge verpflichtet, daß* das *volk auf die möglichst beste Weise regiert werde.*"[34]

Erst gemeinsame Beratung von König und Nationalrepräsentanten könne - nach beiderseitiger Genehmigung - die exakten Bestimmungen der Rechte der "Stellvertreter der Nationalgesammtheit" festlegen. Für die liberale politische Theorie des frühen Vormärz durchaus extrem, bis zum Äußersten gehend und außergewöhnlich, zeichnet Julius Schmelzing ein für Zeitgenossen noch ungewohntes Bild: Er sieht die Volksrepräsentation - als Koordinationsorgan - dem Regenten faktisch "gegenüberstehend und doch eins";[35] der Monarch besitzt nach dieser Idee keine höhere Wertigkeit, keine höhere Position mehr. Erst wenn die allgemeine Auslegung des Artikels 13 unter landständischer Verfassung diese Parallelität erkennt und befürwortet, so Schmelzings Resümee, werden die Landstände

> "keine zum Hofzeremoniel gehörigen *Figuranten*, keine nachsprechenden *Jaherren*, keine zunickenden *Schöppen* und keine *Puppen* auf Staatstheatern seyn."[36]

Schmelzing ist nicht allein auf das positive Verfassungsrecht fixiert. In seinen Schriften betont er seine Absicht, allgemeingültige Aussagen zu treffen. Die Beschränkung der Macht des Monarchen und die - frühliberal verstandene - Verwirklichung des Prinzips der Volkssouveränität kennzeichnen seine Auffassung über Land-

---

[34]Zit. n. ebda., S. 45 (Hervorhebung im Original).

[35]Ebda., S. 46.

[36]Zit. n. ebda., S. 49.

stände.[37]

Während Artikel 13 der Bundesakte den einen Theoretikern Anlaß war, über den geänderten Wortlaut des Artikels zu spekulieren und eigene Interpretationen anzustellen,[38] beschäftigten sich andere, angeregt durch die Diskussion um landständische Verfassung, mit der Geschichte und den Formen der Stellvertretung.

f. Arten der Stellvertretung

Eine neue Terminologie zur Unterscheidung der sich entgegenstehenden "zwei Hauptarten der Stellvertretung" erbringt der Leipziger Universitätsprofessor Wilhelm Traugott Krug, der trotz seiner Einsicht der Notwendigkeit des Konstitutionalismus 1816 zugibt, daß er selbst trotz des Wunsches nach "stellvertretenden Verfassungen" diesen zum Teil mit offenem "gewissem Widerwillen"

---

[37] "Die Landstände sind die aus dem Gesammtwillen des Volkes hervortretende Körperschaft, bestimmt, mit dem zeitlichen Staatsoberhaupte die Gesetzgebung zu theilen, und zur Fürsorge verpflichtet, daß das Volk auf die möglichst beste Weise regiert werde." Zit. aus Schmelzing, J.: Einige Betrachtungen über den Begriff und die Wirksamkeit der Landstände nach den Prinzipien des allgemeinen und natürlichen Staatsrechts, 1818, S. 9. Dieses - doch typisch liberale - Textbeispiel relativiert die These Darmstadts, daß gerade die Flugschriftenliteratur zwischen 1815 und 1819 rein politischer Natur gewesen sei und die Kommunikation zwischen Bundestag und Publizistik "nicht auf theoretischer Ebene" stattgefunden habe: S. Darmstadt, R.: Der Deutsche Bund in der zeitgenössischen Publizistik, 1971, S. 83. Im übrigen arbeitet Darmstadt mit vielen Quellen recht ungenau. Entgegen seiner Auffassung soll vielmehr die These aufgestellt werden, daß, wie auch die angeführten Belege zeitgenössischer Autoren demonstrieren, die Schriften konservativer als auch liberaler Provenienz sowohl theoretische als auch rein politische Beiträge sein wollten.

[38] Z.B. Klüber, J.L.: Uebersicht der diplomatischen Verhandlungen des wiener Congresses, 1816, vor allem in der 2. Abteilung, S. 194 - 243. Klüber geht der "merkwürdigen Aenderung" der Formulierung "soll...bestehen" in "wird...statt finden" nach (S. 209 - 210); s. auch Abt. 1, S. 141. Diese Formulierung deutet Jahrzehnte später, ganz der Stahlschen Auslegung von monarchischem Prinzip verhaftet, anders als Klüber: Campe, F.A.v.: Die Lehre, 2. Aufl., 1864 [1. Aufl. 1841], S. 11, 234 - 236.
Auch mehr als zehn Jahre nach seiner Entstehung ist das Thema "Artikel 13" weiterhin aktuell: S. die Besprechung einer Dissertation von O.v. Wänker durch Velox, J.: Ueber den dreizehnten Artikel der deutschen Bundesacte, die Einführung landständischer Verfassungen betreffend, in: Rotteck, C.v. (Hg.): Allgemeine politische Annalen. Neueste Folge, 6. Bd., 1. Heft, 1831, S. 105 - 110.

gegenüberstehe.[39] Krug differenziert bereits Jahre vor Friedrich von Gentz zwei Repräsentationsformen, wobei die Abgrenzung ähnlich scharf wie die der Gentzschen Begriffe erfolgt. Bei Krug heißen die Antagonismen "mathematisch" versus "dynamisch".[40] Von Gentz' Radikalität hebt sich Krug freilich ab, indem er zwar einer der beiden Formen den Vorzug schenkt, zugleich aber konstatiert, daß beide Vor- und Nachteile in sich bergen.

Artikel 13 bejahend, erkennt der Leipziger das Erfordernis, das "Wie" landständischer Verfassung zu bestimmen. Wie definiert er die beiden Formen? Während die "mathematische Repräsentazionsweise" auf dem "statistischen Prinzipe der Seelenzahl" beruhe und daher "arithmetisch das Verhältniß der Stellvertreter zum Volke" bestimme, basiere die "dynamische Repräsentazionsweise" "auf dem politischen Prinzipe der Gewichtung"; sie bestimme daher "das Verhältniß der Stellvertreter zum Volke nach dem politischen Werthe und Range gewisser Klassen von Staatsbürgern".

Der Vorteil der "mathematischen" Stellvertretung, die Repräsentation der "Gesammtheit aller Glieder der bürgerlichen Gesellschaft", wird von Krug durchaus genannt. Dies sei demgegenüber denn auch als Nachteil auf seiten der "dynamischen" Form anzuführen. Eingedenk der Tatsache, daß die Einteilung nach "Klassen" ein "willkürliches Fachwerk von Begriffen" und die "Fülle der Erfahrung und die Unendlichkeit der Individualität" unerschöpflich seien, werden "nicht alle Glieder der bürgerlichen Gesellschaft auf gleiche Weise und manche gar

---

[39]Krug, W.T.: Das Repräsentativsystem. Oder Ursprung und Geist der stellvertretenden Verfassungen mit besondrer Hinsicht auf Deutschland und Sachsen. Den hochverehrten Ständen des Königreichs Sachsen zum bevorstehenden Landtage geweihet, 1916, S. 88. S. auch Kritik an Krug durch Mohl, R.v.: Die Geschichte und Literatur der Staatswissenschaften, B d. II, 1856, Nachdruck 1960, S. 327. Vgl. auch Brandt, H.: Landständische Repräsentation, 1968, S. 223 - 226, der Krug irrtümlich zu den vernunftrechtlichen Konstitutionalisten erst nach 1820 einreiht.

[40]Krug, W.T.: Das Repräsentativsystem, 1816, S. 41; die folgenden Zitate aus S. 41 - 46.

nicht repräsentirt."[41]

Bedeutender stellt sich für Wilhelm Traugott Krug jedoch der Nachteil der "mathematischen" Repräsentationsform dar. Dadurch, daß sie allen Gliedern der Gesellschaft "nach der bloßen Masse gleichen Antheil an der Volksvertretung" gebe, sei ein "zu massiver Maßstab" angelegt. Apodiktisch betont Krug, daß hier die Masse gleichsam die Intelligenz unterdrücke, was im Ergebnis letztlich das gewaltsame Ende der Landstände bedeute. Dieses eklatante Negativum gleiche die "dynamische" Repräsentationsweise aus. Sie verleihe "der Intelligenz leicht das Uebergewicht über die Masse"; damit sei der Zweck der Volksvertretung besser erreicht. Die Ratio, so der Vernunftrechtler Krug, bevorzuge gerade in Staaten mit Landständen diese Form der Stellvertretung.

Krug, der das "synkratische Prinzip" als die Verschmelzung des autokratischen mit dem monokratischen im Gegensatz zum "demokratischen Prinzip", das lediglich einen "verkappten Autokratismus" darstelle,[42] befürwortet, betrachtet unter dieser Voraussetzung die Kompetenzen der Stände. Nicht allein Beratung, sondern auch Entscheidung gehöre zum Recht der Volksvertretung bei der Mitwirkung an der Gesetzgebung: "Denn Gesetze sollen der Ausdruck des allgemeinen Willens sein".[43] Beiden, Regierung und Ständen, so Krug bereits 1816, sei das wichtige Recht der Initiative zuzusprechen; gegenseitige Zustimmung sei, damit ein Gesetzentwurf Gesetzeskraft erhalte, in einer ständischen Verfassung erforderlich.[44] Weitere Kompetenzen der Volksvertretung umfassen nach

---

[41]Drei Jahrzehnte zuvor hatte der französische Mathematiker, Enzyklopädist und Politiker Condorcet, der Präsident der Nationalversammlung war, das Problem von Mehrheitsentscheid und Demokratietheorie durch eine exakte mathematische Denkweise zu lösen versucht: S. Métraux, A.: Condorcets Entscheidungstheorie und das Problem der Legitimation des Mehrheitsentscheids, in: Staatsorganisation und Staatsfunktionen im Wandel. FS Eichenberger, 1982, S. 409 - 411; dieser Ansatz jedoch war den deutschen Vormärztheoretikern zu "revolutionär".

[42]Krug, W.T.: Das Repräsentativsystem, 1816, S. 33 - 34; 65.

[43]Ebda., S. 70, 73.

[44]Ebda., S. 74.

Krugs Konzeption das Beschwerde- und Klagerecht,[45] das Mitwirkungsrecht bei der Festlegung der Steuern,[46] das Budgetrecht[47] sowie das "Recht der Oeffentlichkeit oder Publizität ihrer Verhandlungen",[48] das zugleich eine Pflicht, eine Art der Rechenschaftsablegung der Stände gegenüber dem Volk sei.

g. "Komparativistische Geschichtswissenschaft"

Die Interpretationen geradezu herausfordernde Formulierung des Artikels 13 der Bundesakte veranlaßte Sebald Brendel zu einem umfangreichen zweibändigen Werk der - modern gesprochen - Vergleichenden Geschichtswissenschaft.[49] Der erste Band umfaßt eine rein historische Abhandlung der Nationalrepräsentation, ausgehend von den alten klassischen Völkern, der zweite Band vergleicht die Alte mit der Neuen Welt. Der Wiener Kongreß wird als klare Einbruchstelle der politischen Entwicklung Deutschlands betrachtet. Brendel, promovierter Jurist, Befürworter der erblichen Monarchie, kann bei aller Verbundenheit mit den Gegebenheiten doch als einer der ersten politischen Theoretiker betrachtet werden, der sich für die Repräsentativstaatlichkeit aussprach. Freilich war dieses Plädoyer noch zaghaft. Brendel tastete sich an die Volksvertretung heran, die, das war ihm bewußt, anders als die alten Stände sein mußte. Für 1817 muß man seine theoretischen Ansätze als durchaus gelun-

---

[45]Ebda., S. 71.

[46]Ebda., S. 77.

[47]Ebda., S. 83.

[48]Ebda., S. 83 - 84.

[49]Brendel, S.: Die Geschichte, das Wesen und der Werth der National-Repräsentation oder vergleichende historisch-pragmatische Darstellung der Staaten der alten und neuen Welt, besonders der deutschen, in Beziehung auf die Entstehung, Ausbildung, Schicksale und Vorzüge der Volksvertretung oder der öffentlichen Theilnahme an der höchsten Staatsgewalt. Nebst einem Anhange, die merkwürdigsten Verfassungsurkunden seit 1789 enthaltend. Ein Handbuch für wirkliche oder künftige Volksvertreter, 1. u. 2. Abt., Bamberg und Leipzig 1817; s. insbesondere 2. Abt. [2. Bd.], S. 178 - 206.

gen bezeichnen. Sie inspirierten nachfolgende Denker.[50]

Der zu Spekulationen Anlaß gebende Wortlaut des Artikels 13 sei enttäuschend, da zu vage, kritisiert Brendel.[51] Er spricht sich, da der Demokratie "der Charakter der Beständigkeit" fehle, für eine "verfassungsmäßige erbliche Monarchie" aus. Grundsätze dieser Konstitution seien die Ministerverantwortlichkeit, der "geregelte Antheile der Nation an der gesetzgebenden Macht", das Petitionsrecht, die Öffentlichkeit der Staatshandlungen und die Unabhängigkeit der Justiz.[52] Mit diesen Forderungen bewegte sich Sebald Brendel ganz auf der Linie der vormärzlichen Frühliberalen. Der Grundton war - noch - überwiegend gemäßigt, die konziliante Kompromißhaltung[53] strebte nach einem Ausgleich zwischen den dualistischen Kräften, zwischen Monarchie und Volksvertretung.

h. Geschichte der Stellvertretung

Konkret mit der Geschichte der baierischen Landstände bis 1808 beschäftigt sich das ebenfalls zweibändige Werk des königlich-baierischen General-Fiskalatrathes, Ignatz Rudhart.[54] Unter Auswertung zahlreicher Quellen will Rudhart, der Mitglied der Akademie der Wissenschaften zu München ist, "gegen den Schwall von Flugschriften, welche in den letzten Zeiten der landständischen Verfas-

---

[50] Vgl. die den Zeitpunkt der Entstehung dieses Handbuchs nicht berücksichtigende Kritik Mohls, R.v.: Die Geschichte und Literatur, Bd. II, 1856, S. 327. Zu Brendel s. auch die kurze Würdigung bei Brandt, H.: Landständische Repräsentation, 1968, S. 196.

[51] Brendel, S.: Die Geschichte, 1817, S. 199.

[52] Ebda., S. 260 und 267.

[53] Den Kompromißcharakter des frühen liberalen Lagers betont auch Brandt, H.: Landständische Repräsentation, 1968, S. 161.

[54] Rudhart, D.I.: Die Geschichte der Landstände in Baiern, 2 Bde., 1819; [2. Aufl. 1829]. S. Würdigung durch Mohl, R.v.: Die Geschichte und Literatur, Bd. 2, 1856, S. 325. Zur für frühkonstitutionelle Staaten typischen Verquickung von Repräsentation und Staatsverwaltung, z.B. bei Rudhart, aber auch Rotteck und Welcker, s.: Vierhaus, R.: Liberalismus, Beamtenstand und konstitutionelles System, in: Schieder, W. (Hg.): Liberalismus, 1983, S. 43, 49.

sung in Bayern erschienen",[55] vorgehen. Auslöser für dieses umfangreiche Werk ist also ebenso der Artikel 13. Der Würzburger, einer der führenden Denker und Politiker der liberalen Bewegung in Bayern, betont seine Freude, daß nun das "Bewußtseyn des Werthes einer freien Verfassung"[56] offenkundig geworden sei. Eine "gute Volksvertretung" unter Wahrung des Prinzips der Öffentlichkeit sei erforderlich, da die bislang praktizierte Arkanhaltung, die Heimlichkeit der Verhandlungen, das "Gift" und Verderbnis jeder "wahren Volksvertretung" sei.[57]

---

[55]Rudhart, D.I.: Die Geschichte, 1. Bd., 1819, Vorrede, S. VII. Beachte in diesem Zusammenhang die Untersuchung von Otto, U.: Die historisch-politischen Lieder und Karikaturen des Vormärz und der Revolution, 1983.

[56]Ebda., S. III.

[57]Ebda., S. III und XII - XIII. Beachte auch die zwar später, aber mit gleichem Duktus verfaßten historischen Werke: Hüllmann, K.D.: Geschichte des Ursprungs der Stände in Deutschland, 2. Ausg., 1830, v.a. S. IV; Freyberg, M.v.: Geschichte der bayerischen Landstände und ihrer Verhandlungen, 2 Bde., 1828/29, Bd. 1, Einleitung, S. 1 - 3.

II. Maßgebliche Theoretiker des Vormärz

1. Grundsätzliche Überlegungen

Obwohl politische Theoretiker der Zeit zwischen 1815 und 1848 im Mittelpunkt stehen, ist doch eine strikte zeitliche Einschränkung nicht durchwegs möglich. Zum einen waren Autoren über den Einschnitt des Jahres 1848 hinaus publizistisch aktiv, zum anderen traten Autoren erst nach diesem einschneidenden Jahr mit Erkenntnissen, die jedoch auch für das Verständnis des Vormärz bedeutend sind, an die Öffentlichkeit. Insgesamt bestimmt die Frage nach der Verfassung sämtliche Publikationen nach 1815. Bei aller individuellen Abstufung lassen sich die Autoren in zwei Gruppen gliedern: die Gruppe der Liberalen, die sich zur Verfassungsbewegung ausbildet, und die Gruppe der Konservativen, die "extrakonstitutionell" verharrt.[1] Daß diese schon im Vormärz ausgeprägte Polarität die langfristigen Probleme des deutschen Parlamentarismus offenbart, stellt *Wolfram Siemann* heraus.[2] Bereits die Paulskirche bringt diese Schwierigkeiten, die zwischen Liberalismus und Konservativismus existierten, überdeutlich hervor.

In diesem Zusammenhang ist jedoch auch auf die Gemeinsamkeiten beider politischen Strömungen gerade um 1815 hinzuweisen. Sowohl die Liberalen als auch die

---

[1] S. die Einleitung H. Brandts zu der von ihm herausgegebenen Quellensammlung "Restauration und Frühliberalismus 1814 - 1840", 1979, S. 5. Die Gruppe der Radikalen tritt zwar zu Beginn des Vormärz in Form der Burschenschaften in Erscheinung, erfährt ihren Höhepunkt jedoch erst nach 1832, und ein zeitgenössischer Einfluß offenbart sich erst während der Revolution von 1848. Deshalb soll diese durchaus bedeutende Strömung hier nur am Rande erwähnt werden. S. Wende, P.: Radikalismus im Vormärz, 1975, S. 5 und 13, der einerseits die in der Forschung, u.a. von F. Schnabel, L. Gall, F. Meinecke, L. Bergsträsser oder W. Schieder vertretene gängige These, der vormärzliche Radikalismus sei eine "Spielart der liberalen Bewegung", negiert, andererseits aber sich nicht scheut, Rotteck für seine eigenwillige, in sich durchaus stringente Untersuchung zu bemühen. Allgemein s. Riedel, M.: Der Staatsbegriff der deutschen Geschichtsschreibung des 19. Jahrhunderts in seinem Verhältnis zur klassisch-politischen Philosophie, in: Der Staat, Bd. 2, Heft 1, 1963, S. 41 - 63; zur Theorie des 17. bis 19. Jahrhunderts Johannsen, D. (Diss. phil.): Politik als Staatsklugheit und Staatskunst. Ein Beitrag zur Geschichte der politischen Wissenschaft in Deutschland, 1972.

[2] Siemann, W.: Die Frankfurter Nationalversammlung 1848/49 zwischen demokratischem Liberalismus und konservativer Reform, 1976, S. 7.

Konservativen charakterisieren sich durch eine durchgehend ideologische Grundhaltung, in der die Gegenwart durch oft idealisierte, utopische Bezüge zu Vergangenheit und Zukunft reflektiert wurde. Mit *Karl Loewenstein* soll unter politischer Ideologie

"ein folgerichtiges und einheitlich geschlossenes ('integriertes') Schema von Gedanken und Überzeugungen - oder auch von glaubensmäßig akzeptierten Denkergebnissen - verstanden sein, welches die Einstellung des Menschen zum Leben und zum Leben in der Gesellschaft erklärt oder zu erklären vorgibt und welches den einzelnen Anhänger zu derjenigen Verhaltens- und Handlungsweise veranlaßt, die zur möglichen Verwirklichung der akzeptierten Gedanken und Überzeugungen führen soll."[3]

Eng damit verbunden sind die eindeutige Bevorzugung von Reformen und die entschiedene Ablehnung der Revolution, ja sogar Haß und zugleich Furcht vor ihren Folgen. Konservative wie Liberale erhoben eindringlich und stereotyp ihre Stimme, um vor diesen Gefahren zu warnen.

"Soziokulturelle Homogenität" zeichnet darüber hinaus vormärzliche Theoretiker aus. Sowohl die liberalen als auch die konservativen literarischen Wortführer gehörten der "bürgerlichen Intelligenz" an. Vor allem in der ersten Hälfte des deutschen Vormärz bestand zwischen den politischen Denkern und ihren Adressaten, der "Öffentlichkeit", eine soziale und intellektuelle Identität. Weder der Liberalismus noch der Konservativismus war an das Volk als Masse gerichtet.[4]

Ist der Konservativismus mit Positionen eines Gentz oder Haller scharf umrissen, zeichnet sich der Liberalismus in seiner Gesamtheit durch eine gewisse Unbestimmtheit aus.[5] Das Hauptproblem läßt sich mit dem

---

[3] Zit. n. Loewenstein, K.: Über das Verhältnis von politischen Ideologien und politischen Institutionen, in: Ders.: Beiträge zur Staatssoziologie, 1961, S. 251; s. auch ders.: Über die Verbreitung der politischen Ideologien, in: Ebda., S. 271 - 288.

[4] Zu dem "elitären Charakter jener Korrelation von Bildung und Politik" als Gemeinsamkeit beider Ideologien s. Faber, K.-G.: Politisches Denken in der Restaurationszeit, in: Berding, H., und Ullmann, H.-P. (Hg.): Deutschland zwischen Revolution und Restauration, 1981, S. 259 - 261.

[5] Brandt, H., ebda., S. 7, spricht von einer "synkretistischen" Haltung des Liberalismus. S. vor allem die Beiträge von J.S. Schapiro, V. Leontovitsch, H.J. Laski, L. Gall, T. Schieder und J.J. Sheehan in: Gall, L. (Hg.): Liberalismus, 3. erw. Aufl., 1985; Lenk, K.: Staatsgewalt, 1980, S. 105 - 118; Guillaume, S.: Le libéralisme allemand, in: Diversité du libéralisme politique en Europe au XIXe siècle, 1984, S. 87 - 94.

Begriff der "Vermittlung"[6] festhalten. Durch die Bejahung des monarchischen Prinzips einerseits und das Begehren nach ständischer Mitwirkung andererseits geriet die Theorie unweigerlich in das Dilemma, den sich entwickelnden Dissens zwischen König und Volksvertretung lösen zu müssen. Die Konfliktregelung wurde in verschiedenen Variationen von "Vermittlungen" gesucht, nicht eingedenk, daß der Widerspruch, der sich bei einem Beharren auf dem monarchischen Prinzip auftat, nicht auf interpretatorischem Wege lösbar war. Welche Souveränität sollte höher bewertet werden, die des Fürsten oder die der "vermittelnden" Instanz?[7]

Zentrales Thema der zeitgenössischen Theorie war von Anfang an der von ihr bejahte Dualismus, den man funktionsfähig machen wollte.[8] Deshalb ist das Verständnis der Liberalen, wenn sie von einer "Volks"-Vertretung sprachen, von großer Bedeutung. Nicht die Masse des Volkes vor Augen, nahmen nahmen die liberalen Theoretiker, abgesehen von der Tatsache, daß sie sich von Feudalismus und ständischen Privilegien abgrenzten, "eine wesentliche Selbstbeschränkung"[9] vor. Die Fürstenmacht wurde nicht negiert, im Gegenteil, sie galt als über oder zumindest neben der Macht der Volksvertretung stehend.

---

[6] S. in dieser Arbeit S. 57 - 58 sowie Boldt, H.: Deutsche Staatslehre im Vormärz, 1975, S. 136.

[7] Hierzu ausführlich Boldt, H.: Deutsche Staatslehre im Vormärz, 1975, S. 131 - 137. Zur Unterscheidung von "wahrem" Konstitutionalismus (in der Zeit von 1815 - 1830) und "deutschem" Konstitutionalismus (ab 1830) s. ebda., S. 137 ff. und 166 ff..

[8] Boldt, H.: Deutsche Staatslehre im Vormärz, 1975, S. 6. Zu den in der Verfassungswirklichkeit rasch erreichten Grenzen des Kompromisses, des Ausgleichs und der Verständigung s. Wahl, R.: Der Vorrang der Verfassung, in: Der Staat, 20. Bd., 1981, S. 494; Ders.: Die Entwicklung des deutschen Verfassungsstaates, in: Isensee, J., und Kirchhof, P. (Hg.): Handbuch des Staatsrechts, Bd. I, 1987, S. 26 - 27.

[9] Hofmann, H.: Repräsentation, 1974, S. 428.

Bei der Auswahl der ausführlicher besprochenen Denker[10] nach 1815 war unter dem Aspekt der Idee der Volksvertretung, die effektiv erst im 20. Jahrhundert in Deutschland im Parlamentarismus endete, das Kriterium Leitfaden, welchen Beitrag die Theoretiker zu der in dieser Arbeit verfolgten Problemstellung leisteten. Daß freilich jegliche Auswahl nur "subjektiv objektiv" sein kann, sei ausdrücklich betont.[11]

2. Der Einfluß Constants

In einem Exkurs soll auf die Ideen des französischen Liberalen Benjamin Constant und dessen Einfluß auf die deutschen Theoretiker eingegangen werden, da anhand dessen Lehre die im Vergleich zu Frankreich unterschiedliche Gangart der deutschen theoretischen Entwicklung aufgezeigt werden kann.

Übereinstimmungen zwischen Constant[12] und den deutschen Liberalen finden sich in ihrer Auffassung vom modernen Verfassungsstaat. Einzige Funktionen des Staats seien der Schutz der Freiheit und die Rechtssicherheit

[10]Keine Rolle bei der Auswahl der Theoretiker spielt in diesem Zusammenhang die Frage, ob die Autoren Juristen, Staatswissenschaftler im allgemeinen, Historiker oder praktische Politiker waren. Boldt, H., ebda., S. 7, schreibt zu Recht: "Gerade die 'politischen' Historiker haben in jener Zeit recht bedeutsame Aussagen über das politische System ihrer Gegenwart gemacht." S. auch Siemann, W.: Die Frankfurter Nationalversammlung, 1979, S. 38 - 44, der der Juristenausbildung im Vormärz nachgeht, da der Großteil der Abgeordneten von 1848 - sie waren zugleich Theoretiker - rechtswissenschaftlich akademisch ausgebildet war.
Ein gewisses Schwergewicht liegt in dieser Arbeit bei Theoretikern des südwestdeutschen Raumes, des Kerns des frühen Liberalismus vorwiegend konstitutioneller Prägung, doch fehlen auch nicht Verweise auf Nord- und Nordwestdeutschland, wo vor allem die Theorie des Schweizers Haller großen Anklang fand, wo aber auch ein Dahlmann oder ein Hegel wirkte. Zum Regionalismus als differenzierendem Faktor der politischen Theorie s. Faber, K.-G.: Politisches Denken, in: Berding, H., und Ullmann, H.-P. (Hg.): Deutschland, 1981, S. 261 - 271.

[11]Boldt, H.: Einführung in die Verfassungsgeschichte, 1984, S. 60 - 68, stellt die Objektivität empirischer Wissenschaftler mit der "nicht-parteilichen, sachbezogenen Subjektivität" gleich und betont zu Recht die "kulturelle Relativität", d.h. das Vorverständnis, das den wissenschaftlichen Orientierungsrahmen prägt.

[12]Henri-Benjamin Constant de Rebecque wurde am 25.10.1767 in Lausanne/Schweiz als Sohn einer emigrierten Hugenottenfamilie geboren; er starb am 8.12.1830 in Paris. In der Zeit seiner Verbannung durch Napoleon lebte er z.T. in Weimar. Der Lebensgefährte von Madame de Staël, der 1816 nach Paris zurückkehrte, war Abgeordneter der Liberalen in der französischen Nationalversammlung.

des einzelnen.[13] Dieses Ziel eines, modern gesprochen, freiheitlichen Rechtsstaates wird jedoch über unterschiedliche Wege erreicht.

Während Constant, ausgehend von der politischen Situation Frankreichs nach der Revolution, das neue Machtzentrum der Volksvertretung in den Mittelpunkt seiner Überlegungen stellte[14] und durch seine Theorie eines parlamentarisch regierten Staates als der früheste Vertreter des Parlamentarismus auf dem Kontinent gelten kann, herrschten in Deutschland völlig andere politisch-historische Gegebenheiten. Hier wurde noch keineswegs das monarchische Prinzip als solches angegriffen. Es stellte vielmehr eine ganz konkrete historische Position dar.

Vor allem in den süddeutschen Staaten waren, anders als in Frankreich, die Stände trotz vielfacher Reduzierungen ihrer Befugnisse nicht völlig entmachtet.[15] Der Dualismus-Gedanke des deutschen Vormärz konnte durchaus auf Traditionen zurückgreifen. Er beherrschte die Ideen der deutschen Theoretiker, die zumindest in der ersten Hälfte des 19. Jahrhunderts konkret formulierten Gedanken in Hinsicht auf eine Realisierung des Parlamentarismus und damit eines politischen Parteiensystems[16] nicht oder nur in Ansätzen nachhingen. Die fürstliche Macht galt unumwunden, so daß Vorstellungen von einer Gewaltenteilung und aktiver Teilhabe des Volks an der Herrschaft gar nicht zum Tragen kamen. Grundsätze einer demokratischen Herrschaftsordnung unter liberalen Frei-

---

[13] S. Gall, L.: Benjamin Constant, 1963, S. 292 - 293. Hierzu Beyme, K.v.: Benjamin Constant (Rezension), in: PVS 9, 1968, S. 121 - 122. Zum Einfluß Constants auf die deutsche Verfassungsbewegung s. Kimminich, O.: Deutsche Verfassungsgeschichte, 1970, S. 327 - 330. Zum "Liberalismus der Mitte" von Constant und Dahlmann s.: Fenske, H.: Politisches Denken, in: Fenske, H. u.a.: Geschichte der politischen Ideen, 1981, S. 335 - 337.

[14] S. Constant, B.: Über die Stärke der gegenwärtigen Regierung Frankreichs und die Notwendigkeit, sich ihr anzuschließen, in: Ders.: Werke, Bd. III, 1972, S. 33 - 118; Ders.: Grundprinzipien der Politik, die auf alle repräsentativen Regierungssysteme und insbesondere auf die gegenwärtige Verfassung Frankreichs angewandt werden können, in: Ders.: Werke, Bd. IV, 1972, S. 9 - 244.

[15] Gall, L.: Benjamin Constant, 1963, S. 179 - 180.

[16] S. Constant, B.: Über die politische Doktrin, die alle politischen Parteien Frankreichs einigen kann, in: Ders.: Werke, Bd. IV, 1972, S. 327 - 362.

heitsideen wurden hier bis 1848 nicht aufgestellt.[17]

Freiheit[18] bedeutete für Benjamin Constant, einen der wichtigsten Autoren der Charte von 1814, Dreh- und Angelpunkt jeglicher Herrschaft. Freiheit beschränke jede Form von Herrschaft, so Constant, der allen Theorien der Rechtfertigung und Begründung von Herrschaft eine Theorie der Freiheit gegenüberstellte. In jeder Staatsform sei es erforderlich, die in irgendeiner Weise legitimierte Herrschaft durch Freiheit in feste Grenzen zu setzen.[19]

Constant, der Vor- und Nachteile des repräsentativen Systems weitaus klarer als die deutschen Liberalen erfaßte, sah in Anknüpfung an den deutschen Rechtsgelehrten des 18. Jahrhunderts, *Schlözer*, in den Kriterien der Öffentlichkeit und Diskussion[20] zentrale Kernpunkte einer Legitimation des Staates.[21] Seine Maxime war - Constant fühlte sich als Erbe der Aufklärung - der Glaube an die menschliche Vernunft. Bereits Schlözer hatte im Glück und Wohl aller den Zweck des Staates, in einer Staatsverfassung, deren Stände "nach einem Feler-

---

[17]Gall, L.: Benjamin Constant, 1963, S. 293 - 294. Grundsätzlich: Grabitz, E.: Freiheit und Verfassungsrecht, 1976, S. 170 - 178. - Constant arbeitete die Notwendigkeit einer Interdependenz zwischen demokratischer und liberaler Komponente im Staat bereits in ebendieser "modernen" Terminologie heraus, während im deutschen Raum der Begriff der Demokratie und des demokratischen Prinzips im Zusammenhang mit der Volkssouveränität anbetracht der strikten Bejahung des monarchischen Prinzips noch lange verschwiegen oder nebulös umschrieben wurde.

[18]Constant, B.: Über die Freiheit der Alten im Vergleich zu der der Heutigen, in: Ders.: Werke, Bd. IV, 1972, S. 363 - 396.

[19]Constant, B.: Werke, Bd. III, 1972, S. 12 - 14 (Einleitung von L. Gall).

[20]S. auch Schneider, F.: Pressefreiheit und politische Öffentlichkeit, 1966, S. 88 - 89.

[21]"Also PreßFreiheit, ein unentberliches Bedürfnis zu einer glücklichen RegirungsForm, one die selbst Stände eher schädlich als nützlich sind." Zit. n. Schlözer, A.L.: Allgemeines StatsRecht und StatsVerfassungslehre, 1793, S. 154. S. auch das Motto der von ihm herausgegebenen "Stats-Anzeigen", Bd. 1, 1782. Schlözer war der Meinung, daß ständische Versammlungen ohne Publizität "privilegierte Landesverräterei" seien; s. Gall, L.: Benjamin Constant, 1963, S. 97. Beachte in diesem Zusammenhang Constants vehementes Eintreten für die Pressefreiheit, so in seinen Schriften "Über die Freiheit der Broschüren, Flugschriften und Zeitungen, betrachtet unter dem Gesichtspunkt des Interesses der Regierung" sowie "Betrachtungen über die Rede Seiner Exzellenz des Ministers des Innern zugunsten des Gesetzentwurfs über die Pressefreiheit", beide in: Ders.: Werke, Bd. IV, 1972, S. 245 - 286 und 287 - 326.

freien RepräsentationsSystem" vom Volk gewählt seien, das dem Menschenverstand und der Aufklärung[22] idealiter entgegenkommende politische System gesehen.[23]

Jede Gewalt, so die Lehre Constants, beruhe letztlich auf den realen Bedürfnissen des Volkes. Es sei gleichgültig, ob das Prinzip des Gottesgnadentums oder der Volkssouveränität vorherrsche; diese seien lediglich die Festlegung eines Rechtsgrundes. Monarchisches und demokratisches Prinzip stellen nur "Instrumente verschiedener politischer Kräfte"[24] dar. Die Legitimierung erfolge im Ursprung immer durch das Volk. Zwar lehnte Constant die dezidierte Bejahung des monarchischen Prinzips ab, doch gelangte er durch diese Haltung nicht zu einer prinzipiellen Verteidigung der Lehre der Volkssouveränität im Rousseauschen Sinne; vielmehr schuf er mit seiner Vorstellung des "pouvoir neutre", der zentralen, wenn auch neutralen Position des Monarchen, und der Forderung nach "freins et contrepoids", nach Kontrollen im Staat durch Gewaltenteilung auf verschiedene Institutionen, seine persönliche Theorie der konstitutionellen Monarchie.[25]

---

[22]Zum politischen Denken der deutschen Spätaufklärung der zweiten Hälfte des 18. Jahrhunderts unter dem Blickwinkel der Rezeption der Französischen Revolution s.: Batscha, Z.: Studien zur politischen Theorie des deutschen Frühliberalismus, 1981. Unter deutschen Frühliberalen versteht Batscha die Geistesströmung gegen Ende des 18. Jahrhunderts, anzusiedeln zwischen deutschen Jakobinern und den sog. Konservativen (S. 7). S. auch die edierten Quellentexte dieser Zeit, v.a. von Chr. Wolff (S. 39 - 46), C.G. Svarez (S. 171 - 178) oder E.F. Klein (S. 178 - 191), in: Batscha, Z., und Garber, J. (Hg.): Von der ständischen zur bürgerlichen Gesellschaft, 1981.
Während Batscha/Garber (Hg.), 1981, S. 9, den von R. Koselleck eingeführten Begriff der "Sattelzeit" für das Nebeneinander von Traditionsüberhang und Begriffsinnovation in der zweiten Hälfte des 18. Jahrhunderts recht vage für "mehr oder minder" verwendbar erachten, zeigt diese hier vorgelegte Arbeit die tatsächliche Gültigkeit dieses Terminus für die vormärzliche Theorie Deutschlands, die im Vergleich zur französischen Entwicklung um einige Jahrzehnte verzögert mit einem zu konstatierenden Bedeutungswandel zentraler Kategorien einsetzte.

[23]S. Schlözer, A.L.: Allgemeines StatsRecht, 1793, S. 93 - 94, 111, 165 - 166. Zur Rezeption Schlözers s. auch Kuriki, H.: Die Rolle des Allgemeinen Staatsrechts in Deutschland von der Mitte des 18. bis zur Mitte des 19. Jahrhunderts, in: AöR, 99. Bd., 1974, S. 575 - 576. Zur großen Bedeutung der Lehre Schlözers für die liberalen Vormärztheoretiker s. im Staatslexikon von Rotteck/Welcker den Artikel "Schlözer" von W. Schulz in 2. Aufl. Bd. 12, 1848, S. 3 - 13.

[24]Gall, L.: Benjamin Constant, 1963, S. 164.

[25]Gall, L.: Benjamin Constant, 1963, S. 165 - 166, 175 - 177.

Anliegen der Constantschen Lehre war es, nachzuweisen, daß Monarchie und parlamentarische Regierungsform durchaus vereinbar seien - eine Behauptung, die die Vertreter des monarchischen Prinzips in Deutschland strikt negierten.[26] Novum seiner Theorie war die Verknüpfung von Königtum und Individuen unter der Prämisse, daß der Fürst zum einen seine Rechte durch den Rechtsakt der Verfassung vom Volk selbst und nicht auf Grund einer seine Herrschaft legitimierenden Idee des Gottesgnadentums erhalte und zum anderen als "pouvoir neutre" Garant der Freiheit und Hüter der Verfassung sei.[27]

Mit der Forderung nach einer verfassungsmäßigen Aufteilung der Gewalten im Staat auf eine Vielzahl von Institutionen und der letztlichen Begrenzung jeglicher Souveränität, sei es monarchischer oder demokratischer,[28] charakterisiert sich Constant als Verfechter des Rechtsstaats.

Die Rezeption der Lehre Constants in Deutschland war großenteils pejorativer Art. Gedanken des französischen liberalen Konstitutionalisten wurden vielfach benutzt, um das glatte Gegenteil zu beweisen. Zentraler Kritikpunkt war das Argument der unterschiedlichen historischen Entwicklung[29] Frankreichs und Deutschlands sowie

---

[26] Gall, L.: Benjamin Constant, 1963, S. 184.

[27] Gall, L.: Benjamin Constant, 1963, S. 204 - 205. S. auch Friedrich, C.J.: Der Verfassungsstaat der Neuzeit, 1953, S. 240, 253 - 257.

[28] S. Constant, B.: Grundprinzipien der Politik..., in: Ders.: Werke, Bd. IV, 1972, S. 28: "Die Volkssouveränität ist nicht unbegrenzt; sie wird vielmehr durch die Grenzen eingeschränkt, die ihr die Gerechtigkeit und die Rechte des Individuums setzen." S. auch Gall, L.: Benjamin Constant, 1963, S. 177.

[29] Diesen Standpunkt vertrat dezidiert Friedrich Julius Stahl, der Wortführer des "monarchischen Prinzips". S. Gall, L.: Benjamin Constant, 1963, S. 184 - 185.
Stahl schrieb: "Der Staat ist nicht ein Zusammentritt, eine Gesellschaft von Menschen, sondern eine Anstalt, ein organisches Ganzes über ihnen," (S. 10) und "Die Staatsgewalt ist ihrem Wesen nach in sich einig und unteilbar gleichwie der Wille Gottes oder eines Menschen. Sie kann nicht zerteilt werden in mehrere Gewalten", (S. 17/18), beide Zitate aus: Die Philosophie des Rechts, Bd. II,2, 1837, Nachdruck der 5. Aufl., 1878.
Auch der liberale Friedrich Christoph Dahlmann kritisierte Constants Position, indem er, wie u.a. J.C. Bluntschli, den Staat mit einem lebendigen Organismus verglich, was nicht mit dem Gedanken der Gewaltenteilung in Verbindung zu bringen war: "Der Staat ist ...etwas Zusammengewachsenes," so Dahlmann 1835 in: Staatsverfassung. Volksbildung, abgedruckt in: Brandt, H. (Hg.): Restauration und Frühliberalismus, 1979, S. 377 - 378.

natürlich Englands, das Constant als bestes Beispiel seines Parlamentarismus diente.[30] Mit Recht verdeutlichte *Lothar Gall*, daß Stahl weder die Constantsche Unterscheidung von auctoritas und potestas noch die über einen starren Rechtspositivismus hinausgehende Theorie verstand.[31]

Einflüsse zumindest in einigen Aspekten errang Benjamin Constant z.B. auf den Begründer der Soziologie, Lorenz von Stein, auf den Publizisten Friedrich Murhard, den Heidelberger Jurisprudenz-Professor Karl Salomo Zachariä, den Bundesrechtslehrer Johann Ludwig Klüber oder den rheinischen Liberalen David Hansemann. Während *von Stein* den praktischen Wert der Theorie des "pouvoir neutre" als wichtige Sicherung innerhalb des Verfassungswerks klar erkannte, konnte drei Jahrzehnte vor ihm *Klüber* auf Grund des seit den Karlsbader Konferenzen bei ihm tief eingewurzelten Mißtrauens gegen die Monarchen 1840 in einem fürstlichen "pouvoir neutre" noch keinen Fortschritt für die Zukunft entdecken.[32]

Karl Salomo Zachariä, 1769 geboren, hatte bereits während des Alten Reichs Veröffentlichungen herausgegeben. Im Vormärz zeitweise Abgeordneter in der Ersten, dann in der Zweiten Kammer Badens, setzte er sich in seinem Werk "Vierzig Bücher vom Staate" vor allem mit dem problematischen Dualismus zwischen Fürst und Volksvertretung auseinander. Wie Constant sah er, der der Monarchie anhing, eine Lösung des Dilemmas nur im Parlamentarismus.[33] Eine Lösung des Dualismus lag für Zachariä im monarchischen Konstitutionalismus, der

---

[30]Constant hob die "auctoritas" der englischen Krone bei gleichzeitiger "potestas" des englischen Parlaments hervor. S. Gall, L., Benjamin Constant, 1963, S. 185.

[31]Gall, L.: Benjamin Constant, 1963, S. 188 - 189. Zu den Begriffen s. auch Kessel, W.: Auctoritas und potestas, in: ARSP, Bd. 45, 1959, Nachdruck 1985, S. 216 - 233. S. in dieser Arbeit S. 296 - 298.

[32]S. Gall, L.: Benjamin Constant, 1963, S. 190 - 191 und 194. Zu Murhard und Hansemann s. ebda., S. 192 - 194.

[33]Die Alternative zum parlamentarischen System sei nach K.S. Zachariä nur administrative Korruption. S. Boldt, H.: Deutsche Staatslehre im Vormärz, 1975, S. 215 - 216; Gall, L.: Benjamin Constant, 1963, S. 194 - 195; Brandt, H.: Einleitung, in: Ders. (Hg.): Restauration und Frühliberalismus, 1979, S. 59 - 61.

zwischen Fürst und Volk das Verhältnis einer "Mitherrschaft" bilde, wobei die Priorität des Monarchen gewahrt bleibe:

"In der konstitutionellen Monarchie sind die Einherrschaft und die Volksherrschaft miteinander gepaart, und zwar so, daß sowohl das Volk als auch der Fürst die Leitung der Öffentlichen Angelegenheiten überhaupt in seiner Gewalt hat, die Gewalt des einen Bestandteiles der Verfassung aber durch die des andern gehemmt wird (...). Da die konstitutionelle Monarchie zwei ihrem Prinzip nach einander entgegengesetzte Verfassungen - die Monarchie und die Demokratie - in sich vereinigt, so kann sie nur unter *der* Bedingung auf die Dauer bestehn, daß das Volk (damit die Verfassung in der einen und in der andern Eigenschaft ihre Vertreter habe,) in zwei Parteien, in die royalistische und die demokratische, gespalten ist".[34]

Bei allen Unzulänglichkeiten, die man Zachariä vorwerfen mag, ist doch herauszustellen, daß er noch vor Robert Mohl erkannt hat, daß sich die konstitutionelle Monarchie keineswegs bloß als Gegenteil zur sog. "landständischen Verfassung" definieren lasse und daß ihr Hauptwert im Parteienkampf liege. Die konstitutionelle Monarchie nämlich, so Zachariäs scharfe Analyse einer seiner Auffassung nach notwendigen politischen Führungsauslese, bedinge, daß "die ausgezeichnetsten Männer, welche das Volk aufzuweisen hat, an die Spitze der öffentlichen Angelegenheiten"[35] gestellt werden.

Wie rezipierten, besser reflektieren Rotteck und Mohl die Lehre Constants? Insbesondere hinsichtlich des Verhältnisses der Schriften Karl von Rottecks zu der Constants kann zumindest in Ansätzen von einer gegenseitigen Befruchtung gesprochen werden.

Zum einen erregte Rottecks bereits 1819 erschienene 102 Seiten umfassende Schrift "Ideen über Landstände"[36] im Ausland ein für deutsche Publikationen äußerst ungewöhnliches Aufsehen. Auch Constant war von den bemerkenswerten Äußerungen Rottecks so begeistert, daß er die

---

[34]Zit. n. Zachariä, K.S.: Vierzig Bücher vom Staate, Bd. III, 2. Aufl., 1839, S. 230 - 231.

[35]Zit. n. Zachariä, K.S.: Vierzig Bücher vom Staate, Bd. III, 2. Aufl., 1839, S. 234. Brandt, H.: Einleitung, in: Ders. (Hg.): Restauration und Frühliberalismus, 1979, S. 62, bezeichnet Zachariä zu Recht als den "ersten Publizisten des Parteienstaates in Deutschland".

[36]Rotteck, K.v.: Ideen über Landstände, Karlsruhe 1819; auch erschienen als Kap. III in: Rotteck, C.(!)v.: Sammlung kleinerer Schriften, meist historischen oder politischen Inhalts, 2. Bd., Stuttgart 1829, S. 71 - 155.

"Ideen über Landstände" ins Französische übersetzte.[37] Zum anderen besaß Rotteck unter den deutschen Liberalen des Vormärz das größte Verständnis für die Probleme, die zwischen deutschen und französischen Staatstheoretikern gerade bezüglich der Aspekte von Gewaltenteilung und Volkssouveränität existierten. Die treffenden Aussagen Constants und zugleich die spezifische deutsche Situation erkennend, versuchte Rotteck, zwischen beiden Positionen durch seine Vorstellung einer "subjektiven Gewaltenteilung" eine Brücke zu schlagen, ohne jedoch Constants klare Ideen einer Repräsentation des Volkes zu übernehmen.[38]

Robert von Mohl, dessen Werke je nach Erscheinungsjahr in ihrer Diktion variieren, beschäftigte sich im Vormärz mit Constants Lehre, kam jedoch zu der Kritik, daß die Vorstellung vom "pouvoir neutre" lediglich "Lückenbüßer für eine fehlerhafte Theorie"[39] sei. Wie so viele deutsche Liberale hielt auch er Gewaltenteilung und Volkssouveränität für unvereinbar.[40] Erst nach den Ereignissen von 1848 erkannte Mohl, daß der Dualismus zwischen König und Volksvertretung unlösbare Probleme in sich barg. Einen Ausweg sah der württembergische Staatswissenschaftler zuletzt in der Wandlung der konstitutionellen Monarchie hin zur parlamentarischen. Trotz aller Negativerscheinungen seiner Zeit schrieb Mohl im Glauben an die ratio:

---

[37] S. Brandt, H.: Einleitung, in: Ders. (Hg.): Restauration und Frühliberalismus, 1979, S. 25.

[38] S. Gall, L.: Benjamin Constant, 1963, S. 178.
Erwähnt sei, daß J.C. von Aretin sich in seinem "Staatsrecht der konstitutionellen Monarchie", das nach dessen Tod von Rotteck forgesetzt wurde, intensiv mit der Lehre Constants auseinandersetzte und zu einem negativen Urteil gelangte (So in Bd. 1, 1824, S. 88, 154, 199).

[39] Gall, L.: Benjamin Constant, 1963, S. 183; s. auch S. 195 - 196. Beachte auch Brandt, H.: Einleitung, in: Ders. (Hg.): Restauration und Frühliberalismus, 1979, S. 61 - 62.

[40] Zu negativ jedoch das Urteil von Meyn, K.-U.: Kontrolle als Verfassungsprinzip, 1982, S. 29 - 53, 114. Er glaubt, die Gewaltenteilungslehren Lockes und Montesquieus seien vom "überwiegenden Teil" der Staatslehrer des Vormärz "schon deshalb nicht erkannt und rezipiert" worden, "weil sie ganz überwiegend die Gewaltenteilung ablehnten". Meyn sieht ein "erheblich" gewandeltes Bild erst mit 1848. Anders Böckenförde, E.-W.: Gesetz, 1958 [2. Aufl., 1981], S. 20 - 44, 84 ff..

"Aber sei dem, wie ihm wolle, mein erstes praeterea censeo bleibt die Anerkennung des parlamentarischen Systemes, wenn ich an die Erhaltung der Monarchie glauben soll."[41]

Ohne auch nur an einer einzigen Stelle Bezug auf Constant zu nehmen, zeichnete der späte Mohl ein Bild des Fürsten,[42] das paradoxerweise genau der von ihm kritisierten Rolle entsprach, die der französische Liberale dem König unter dem Terminus des "pouvoir neutre" zugewiesen hatte.

Resümierend ist festzustellen, daß deutsche Vormärztheoretiker zwar das Constantsche Ideal einer konstitutionellen Monarchie, den parlamentarischen Zuschnitt der Verfassungstheorie des Franzosen jedoch nur partiell übernahmen.[43]

3. Herausragende Theoretiker

Sich dezidiert mit einigen Theoretikern des Vormärz auseinanderzusetzen, die als Vordenker moderner Volksvertretungen - wenn auch in verschiedene Richtungen - eine maßgebliche Position eingenommen haben, ist Intention des folgenden Abschnittes, der exemplarisch, doch keineswegs eklektisch typische Haltungen herausgreift. Dieser teils biographische, teils am Werk der Denker orientierte methodische Einschub ist mit Blick auf die sich anschließende systematisch-typologische Darstellung vormärzlicher Schlagwörter trotz und gerade wegen einiger repetitorischer Beschreibungen wichtig. Dichotomische Pauschalierungen, stereotype Pro- und Kontra-Positionen sind zu vermeiden. Die Vielfalt der theoretischen Ansätze und zugleich die Synergie der politischen Denker als Vordenker moderner Volksvertretungen,

---

[41] Zit. n. Mohl, R.v.: Das Repräsentativsystem, seine Mängel und die Heilmittel, 1852, überarb. Neudruck in: Ders.: Staatsrecht, Völkerrecht und Politik. Monographien, I. Bd.: Staatsrecht und Völkerrecht, 1860 (unveränd. Nachdruck 1962), S. 404.

[42] Daß diese Lehre vom neutralen, verfassungsgarantierenden Monarchen in Deutschlands konstitutioneller Theorie erst durch Mohl und nicht bereits durch Constant beachtet wurde, darauf weist Gall, L.: Benjamin Constant, 1963, S. 197 - 198.

[43] Faber, K.-G.: Politisches Denken, in: Berding, H., und Ullmann, H.-P. (Hg.): Deutschland, 1981, S. 269, verkennt gewisse "Empfänglichkeiten", z.B. bei Rotteck oder Mohl, für Constants parlamentarische Vorstellungen, wenn er meint, davon sei in Deutschland nichts rezipiert worden.

die sich in Anlehnung und Metamorphose vormärzlicher Ideen entwickelte, sind zu zeigen.

Während liberale politische Denker in der Mehrheit die vernunftrechtliche Tradition aufrechterhielten, ist die Ansicht der Konservativen von einer organischen Vorstellung vom Staat geprägt. Bundesverfassungsrichter *Dieter Grimm* betont in seiner jüngsten Studie, daß die vormärzliche Staatsrechtslehre "die Uneinheitlichkeit ihres Gegenstands" widerspiegelt: "Auf der Theorieebene wurden die großen Richtungskämpfe ausgetragen."[44]

Im Vordergrund jeglicher theoretischer Reflexion stand die Formation der Volksvertretung. Insbesondere liberale Staatsrechtler stießen mit ihrer liberalen Grundhaltung in einer "illiberalen Umgebung", die von positivrechtlicher Handhabung der Verfassung gekennzeichnet war, auf Probleme, obwohl sie es doch waren, die das monarchische Prinzip innerhalb ihrer Theorie befürworteten. Sie reagierten auf die unbefriedigende Politik nach 1815 mit Abhandlungen, in denen sie, auf dem Boden des Naturrechts argumentierend, vom Staat ethisch-moralische Handlungsweisen forderten.[45] Theoretiker des deutschen Vormärz, genannt sei hier nur Robert von Mohl, beschäftigten sich intensiv mit der Idee angeborener, vorstaatlicher Rechte innerhalb eines Freiheitsraums der Individuen. Die politische Ideengeschichte des Vormärz verwirklichte also, was den modernen Verfassungsstaat von heute ausmacht: die Synthese von Grundrechts- und Verfassungsidee. Daß diese Verbindung beider Gedanken die politische Realität das gesamte 19. Jahrhundert nicht beeinflussen konnte, sondern erst im Grundgesetz verankert ist, zeigt einerseits die mangelnde Durchsetzungskraft vormärzlicher Denker in ihrer Zeit, andererseits aber ihre Vordenkerrolle für

---

[44]Zit. n. Grimm, D.: Deutsche Verfassungsgeschichte, 1988, S. 171.

[45]Vor allem wurde der Vorrang der Verfassung vor den Gesetzen - ein im Grundgesetz der Bundesrepublik geltender Grundsatz - , der im Konstitutionalismus des 19. Jahrhunderts nicht bestand, im Zusammenhang mit Grundrechtsbestimmungen gefordert: S. Wahl, R.: Die Entwicklung, in: Isensee, J., und Kirchhof, P. (Hg.): Handbuch, Bd. I, 1987, S. 30 - 31; Grimm, D.: Deutsche Verfassungsgeschichte, 1988, S. 172 - 173.

moderne Verfassungen.[46]

a. Karl von Rotteck

Nicht allein für seine Zeit, sondern vor allem für die deutsche Entwicklung der politischen Theorie im allgemeinen und moderner Volksvertretungen in Deutschland im besonderen sind die Werke Karl von Rottecks von nicht zu unterschätzender Bedeutung;[47] wohl am bemerkenswertesten ist seine frühe Schrift "Ideen über Landstände" von 1819.

Als Professor[48] Mitglied der ersten Kammer, die Universitäten vertretend, verfaßte Rotteck anläßlich der Eröffnung des ersten badischen Landtages diese Abhandlung, die *Treitschke* als "das wissenschaftliche Programm des neuen Liberalismus"[49] bezeichnete. In diesem "Gegenentwurf"[50] zu Friedrich von Gentz' bei den Karlsbader Konferenzen nichtöffentlich vorgelegten Beitrag "Über den Unterschied zwischen den landständischen und Repräsentativ-Verfassungen" offenbarte Rotteck seine

---

[46]Hierzu Stern, K.: Die Verbindung von Verfassungsidee und Grundrechtsidee zur modernen Verfassung, in: Staatsorganisation und Staatsfunktionen im Wandel. FS Eichenberger, 1982, S. 202 - 205.

[47]Auf die hohen theoretischen Leistungen und das wissenschaftliche Niveau sowie auf das Problembewußtsein der zu Unrecht vergessenen bzw. in manchen Perioden aus realpolitischen Gründen verunglimpften Staatsrechtler Rotteck und auch K.S. Zachariä weist Boldt, H.: Deutsche Staatslehre im Vormärz, 1975, S. 7.
Karl (auch: Carl) von Rotteck, wurde am 18.07.1775 in Freiburg i. Br. geboren, wo er auch am 26.11. 1840 starb. Bereits 1818 wurde er von der Universität Freiburg als ihr Vertreter in die Erste Kammer der Landstände abgeordnet; 1825 und 1828 verhinderte die Regierung den Einzug dieses Liberalen in die Zweite Kammer, doch war er dann deren Mitglied von 1831 bis zu seinem Tode. S. den Beitrag von F.v. Weech in: ADB, 29. Bd., 1889, S. 385 - 389.

[48]Rottecks "Doppelexistenz" als Professor und Abgeordneter wurde später als "politisches Professorentum" bezeichnet. S. Ehmke, H.: Karl von Rotteck, der "politische Professor", 1964.
Zur Literatur über Rotteck s. auch: Schnabel, F.: Deutsche Geschichte, Bd. II, Nachdruck 1987, S. 177; Drück, K. (Diss.): Ausgewählte Fragen zur Entwicklung des Liberalismus, 1923; Schib, K. (Diss.): Die staatsrechtlichen Grundlagen der Politik Karl von Rottecks, 1927; Haferland, H. (Diss.): Mensch und Gesellschaft, 1957; Schumacher, M. (Diss.): Gesellschafts- und Ständebegriff, 1955; Herdt, U. (Diss.): Die Verfassungstheorie Karl von Rottecks, 1967.

[49]Zit. n. Treitschke, H.v.: Deutsche Geschichte, 2. Teil, (Neudruck) 1981, S. 108; beachte Treitschkes aus seinem Blickwinkel herablassenden Äußerungen über Rotteck: 2. Teil, S. 99 - 101, 109 - 110, 510 - 512.

[50]So treffend Bermbach, U.: Über Landstände. Zur Theorie der Repräsentation im deutschen Vormärz, in: Sprache und Politik. Festgabe für Dolf Sternberger, 1968, S. 242.

Auffassung über Repräsentation und Volksvertretung. Gentz' und Rottecks sich fundamental unterscheidenden Aussagen zu diesem verfassungspolitisch und -historisch gerade in den Jahren nach 1815 und bis heute aktuellen Themenkomplex können als exemplarisch gelten.[51]

Bereits zu Beginn seiner mehr als hundert Seiten umfassenden Schrift gibt Karl von Rotteck eine Definition über Landstände:

"Landstände sind ein, das gesammte, zum Staat vereinte Volk, (oder einem Theil desselben, insbesondere auch jenes einer Provinz) vorstellender (d.h. in der Natur und Wahrheit, also ohne Dichtung, vorstellender) Ausschuß, beauftragt, die Rechte dieses Volkes (oder Volkstheiles) gegenüber der Regierung auszuüben. Sie sind, was überhaupt - nach dem allgemeinen Gesellschaftsrecht und nach allgemeiner Uebung - ein gesellschaftlicher Ausschuß gegenüber dem aufgestellten Haupt (oder auch dem Geschäftsführer) ist."[52]

Mit gleicher Klarheit definiert Rotteck die Rechte der Stände, die er in ihrer Position ausdrücklich als "Volksrepräsentation gegenüber der Regierung"[53] sieht. Im Rahmen der Gesetzgebung gibt sich der badische Liberale nicht allein mit der Beratungsfunktion zufrieden, sondern fordert dieses Recht "mit voller constitutiver nicht bloß consultativer Kraft".[54] Rotteck verteufelt das Prinzip der Gewaltenteilung nicht in toto. Er betrachtet eine ausgewogene Interdependenz zwischen Volksvertretung und Regierungsgewalt für möglich und auch notwendig. Diese in Ansätzen vorhandene "Gewaltenverschränkung"[55] zeigt sich, wenn er den Ständen einen Einfluß "auf die Vollziehungs- oder Regierungsgewalt"[56] zuspricht. Hierher gehört auch das Recht

---

[51] S. Bermbach, U.: Über Landstände, in: A.a.O., S. 243.

[52] Zit. n. Rotteck, K.v.: Ideen über Landstände, 1819, S. 1 (= S. 76 in: Ders.: Sammlung kleinerer Schriften, 2. Bd., 1829).

[53] Rotteck, K.v.: Ideen über Landstände, in: Ders.: Sammlung kleinerer Schriften, 2. Bd., 1829, S. 78.

[54] Rotteck, K.v.: Ideen über Landstände, 1819, S. 21 (=1829, S. 92).

[55] S. Bermbach, U.: Über Landstände, in: Sprache und Politik, 1968, S. 254, Anm. 70.

[56] Rotteck, K.v.: Ideen über Landstände, 1819, S. 23 (=1829, S. 94).
Die Stände, die "das Volk in seiner Gesammtheit" darstellen, besitzen jedoch nicht das Recht der Gerichtsbarkeit, da dieses Recht auch nicht dem gesamten Volk zustehe. - S. Ebda., S. 31 (bzw. 101).

der Stände, die Verwaltung zu kontrollieren[57] sowie gegebenenfalls "Anklage wider alle Regierungs-Agenten"[58] zu erheben. Neben dem Recht der Kenntnisnahme, Kontrolle, Beschwerde und Anklage sind das Recht, Untersuchungen von der Regierung zu fordern, sowie die Annahme und Weiterleitung von Petitionen der Bürger zu nennen.[59]

Zwei Aspekte etwaiger ständischer Kompetenz erregten im Vormärz die Gemüter und waren Anlaß zu heftigen Auseinandersetzungen zwischen den krass divergierenden Lagern der Konservativen und der "progressiven" Liberalen, zu denen Rotteck zu rechnen ist: das Initiativrecht und das Steuerbewilligungsrecht.

Der südwestdeutsche Liberale, dessen Einstellung von einem aus realpolitischen Gründen getragenen "gesunden Menschenverstand"[60] getragen war, hegte ein grundsätzliches Mißtrauen gegen jegliche Form von Macht. Um der Gefahr einer Beschneidung individueller Freiheitsrechte durch die Regierung vorzubeugen, sollten die Stände neben dem Recht der Selbstversammlung auch das Recht der Gesetzesinitiative als Ausdruck "kontrollierender Mitbestimmung" erhalten.[61] Rotteck zeigt sich innerhalb der

---

[57]"Das Recht der Kenntnißnahme, ob die Gesetze beobachtet werden". S. Rotteck, K.v.: Ideen über Landstände, 1819, S. 26 (=1829, S. 97). Zur parlamentarischen Kontrolle innerhalb der konstitutionellen Monarchie nach Rotteck s. Meyn, K.-U.: Kontrolle, 1982, S. 48 - 53; s. auch Böckenförde, E.-W.: Gesetz, 1953, S. 99 - 106.

[58]Zit. n. Rotteck, K.v.: Ideen über Landstände, 1819, S. 27 (= 1829, S. 99 - 100).

[59]Jobst, H.: Die Staatslehre Karl von Rottecks, in: ZGObrh 103/1955, S. 492. Zu den geschichtlichen Grundlagen in der konstitutionellen Monarchie und der gegenwärtigen Bedeutung in der parlamentarischen Demokratie s.: Vitzthum, W.G.: Petitionsrecht und Volksvertretung, 1985, S. 19 - 29.

[60]Zit. n. Hippel, W.v.: Zum 125. Todestag Karl von Rottecks, in: DÖV 18/1965, S. 743.

[61]Rotteck, K.v.: Von den Rechten der Volksrepräsentation, in: Aretin/Rotteck: Staatsrecht der konstitutionellen Monarchie, 2. Bd., 2. Abt., 1828, S. 157 - 158; Rotteck, C.v.: Lehrbuch des Vernunftrechts, Bd. II, 2. Auf., 1840, S. 231 . 232: "Es ist hiernach höchst nothwendig, daß auch die Volks-Repräsentanten das Recht des Vorschlags haben, damit, nach Maßgabe des öffentlichen Bedürfnisses und der voranschreitenden Einsicht, die Mängel der bestehenden Geseze verbessert, die Lücken erfüllt, und dadurch die Verwaltung eine feste, jede Willkür ausschliessende, dem wahren Gesammtwillen, wie dem Gesammtwohl fortwährend entsprechende Richtung gegeben werde". S. 254 betont Rotteck diesen Aspekt abermals. Vgl. Boldt, H.: Deutsche Staatslehre im Vormärz, 1975, S. 105 - 106, 127 - 128.

deutschen vormärzlichen Staatstheorie als Vertreter einer Linie, "die die Verbindung zur modernen parlamentarischen Regierungsform darzustellen vermag, ohne sie geradezu vorgezeichnet zu haben."[62] Seine Folgerung, den Dualismus zwischen monarchischem und repräsentativem Prinzip zu lösen, beinhaltet das Modell wechselseitiger Kontrolle der Gewalten - Überlegungen, die schon in den Debatten der Paulskirche politische Früchte trugen.[63]

Im Steuerbewilligungsrecht erblickte Rotteck "eigentlich die Seele oder die ganze Kraft des Repräsentativ-Systems in Monarchien".[64] Die Möglichkeit, das Budget zu verwerfen, räumte den Ständen eine sehr starke Position gegenüber der monarchischen Regierung ein, da mit diesem Recht unweigerlich eine Mitregierung[65] der Volksvertretung geschaffen wurde.

Interessant mit Blick auf moderne Volksvertretungen und ihre verfassungsrechtlichen Rechte ist Rottecks Haltung, ob der Volksvertretung ein Mitspracherecht bei Verfassungsänderungen zukomme. Grundsätzlich bejaht er diese wichtige Kompetenz, wenngleich er eingesteht:[66]

---

[62] Zit. n. Meyn, K.-U.: Kontrolle, 1982, S. 48.

[63] Meyn, K.-U.: Kontrolle, 1982, S. 52 - 53.

[64] Zit. n. Rotteck, C.v.: Lehrbuch des Vernunftrechts, Bd. IV, 1. Aufl., 1835, S. 445.

[65] Boldt, H.: Deutsche Staatslehre im Vormärz, 1975, S. 109, weist darauf hin, daß die vormärzliche Literatur unter Mitregierung der Stände die drei ineinander verquickten Aspekte "Mittelbewilligung, Beschwerderecht und Ministeranklage" verstand.
Reuß, H.: Zur Geschichte der Repräsentativverfassung in Deutschland, in: AöR 27/1936, S. 25.

[66] Obwohl eine Verfassungsänderung grundsätzlich nach der Lehre des Vernunftrechts nur der ursprünglichen konstituierenden "Nationalversammlung" zustehe, akzeptiert Rotteck die eventuelle Notwendigkeit einer Revision. Diese können die Landstände gemeinsam mit der Regierung vornehmen. Dem individuellen Staatsbürger spricht Rotteck jedoch auch das Recht zu, ein Urteil über die Konstitution abzugeben und ggf. eine Modifikation zu wünschen.
S. Rotteck, C.v.: Lehrbuch des Vernunftrechts, Bd. II, 2. Aufl., 1840, S. 228 - 232, 254 - 256; Staatsrecht der konstitutionellen Monarchie, Bd. II, S. 203 - 206: Hier betont Rotteck insbesondere das Prinzip der Öffentlichkeit ("Ein Landtag hinter verschlossenen Thüren ist Zernichtung der Repräsentation", S. 204) sowie die Bedeutung einer Geschäftsordnung, wobei er in diesem Zusammenhang Constant als "geistreichen Schriftsteller" (S. 206) würdigt.

"Am schwierigsten und delikatesten ist die Bestimmung der landständischen Rechte rücksichtlich der Staats-Verfassung (je nachdem ob sie auf Vertrag der Staatsbürger unter sich oder auf Gesetz beruht)."[67]

Während es in "reinen Demokratien" keine Stände gebe, sich somit die Frage nach der "Idee über Landstände" gar nicht stelle, treten in allen anderen Verfassungsarten Stände auf. Allerdings sind nach Rottecks politischer Theorie "die Stände selbst, ihrem Begriff und Wesen nach, immer demokratisch",[68] da sie stets gegenüber der Regierung die Volksrechte vertreten müssen.

Rotteck ist trotz vieler Abweichungen zu anderen Liberalen ein Verfechter des Konstitutionalismus, den er folgendermaßen definiert:

"Die Repräsentation des gesammten Volkes, d.h. das Parlament oder die Ständeversammlung, gedacht als natürliches Organ des wahren Gesammtwillens der Staatsbürger oder Unterthanen gegenüber ihrer gesetzmäßigen Regierung, als des künstlichen Organs jenes Willens, macht das Wesen der konstitutionellen Monarchie, also den Hauptartikel der Verfassung aus."[69]

In dieser Begriffsbestimmung der konstitutionellen Monarchie offenbaren sich zwei Termini, die für Rottecks Denken durchgehend zentrale Stellungen einnehmen: der "Gesammtwillen" und die Natürlichkeit, die für den großen Verfechter des Naturrechts[70] im Gegensatz zur Künstlichkeit steht.

Der Staat als Postulat der reinen Vernunft impliziert die Idee und den Begriff des Rechts, verstanden als Vernunft- bzw. Naturrecht. Für Rotteck bedeutet das vom Staat unabhängige, vor ihm gültige Recht die Regel, unter den Individuen die äußere Freiheit zu erhalten

---

[67] Zit. n. Rotteck, K.v.: Ideen über Landstände, 1819, S. 32 (= 1829, S. 102).

[68] Rotteck, K.v.: Ideen über Landstände, 1829, S. 81.

[69] Rotteck, K.v.: Von der Ständeversammlung, in: Aretin, J.C.v./ Rotteck, K.v.: Staatsrecht der konstitutionellen Monarchie, Zweiten Bandes zweite Abt., 1828, S. 154.
v. Beyme weist darauf hin, daß Rotteck die Begriffe konstitutionelle Monarchie und Repräsentativsystem als Synonyme verwendete: s. Beyme, K.v.: Repräsentatives und parlamentarisches Regierungssystem, in: Rausch, H. (Hg.): Die geschichtlichen Grundlagen, Bd. 2, 1974, S. 404.

[70] Rotteck, der "letzte Vertreter des Naturrechts in Deutschland" und entschiedene Gegner der historischen Rechtsschule, pflegte ein ungebrochenes Verhältnis zur Geisteswelt des 18. Jahrhunderts, vor allem zur französischen Aufklärungsphilosophie und zum Josefinismus. - S. Hippel, W.v.: Zum 125. Todestag Karl von Rottecks, in: DÖV 18/1965, S. 742 - 743.

bzw. eine Harmonie herzustellen. Der Begriff des "Rechtsstaats" erfährt bei Rotteck parallel zum Schlagwort von der konstitutionellen Monarchie eine Ideologisierung.[71] Rottecks Verständnis von Freiheit entspricht ganz dem Liberalismus des Vormärz. Freiheit wird hochgehalten, jedoch im individualistischen Sinn. Der Staat solle so wenig wie nur möglich in die "bürgerliche" Freiheitssphäre eingreifen. Absolute Gleichheit wird von Rotteck, der sich in dieser Hinsicht überhaupt nicht von anderen Vormärzliberalen unterscheidet, entschieden abgelehnt. Das Bildungs- und Besitzbürgertum soll seiner Meinung nach politische Rechte erhalten. Gleichheit erstreckt sich jedoch nicht auf die, modern formuliert, sozialen Unterschichten. Zwar will Rotteck dem Adel Privilegien entreißen, doch geht seine "Emanzipation" nicht soweit, die große Schar der Vermögenslosen partizipieren zu lassen.[72]

Die Lehre vom Gesamtwillen stellt die Basis von Rottecks Repräsentationsvorstellung dar.[73] Der Gesamtwille bedeutet für Rotteck eine realitätsbezogene und keineswegs idealistisch-utopische Ausdrucksform des Willens innerhalb der Gesellschaft. Ermittelt wird der Gesamtwille, der über das "gemeinsame Beste" im Staat bestimme, durch einen Mehrheitsbeschluß der Bürger. Der Mehrheitswille ist damit Ausdruck des Gesamtwillens - in

---

[71] S. Jobst, H.: Die Staatslehre Karl von Rottecks, in: ZGObrh 103/1955, S. 471 - 474; Beyme, K.v.: Repräsentatives und parlamentarisches Regierungssystem, in: Rausch, H. (Hg.): Die geschichtlichen Grundlagen, Bd. 2, 1974, S. 404; Zehntner, H.: Das Staatslexikon von Rotteck und Welcker, 1929, S. 31 und 82.

[72] Zur politischen Theorie liberaler Denker, die durch die Freiheit bedingten Ungleichheiten und die Proportionalität der gesellschaftlichen Schichten gekennzeichnet ist, unter dem Aspekt des beginnenden Zeitalters der Gleichheit am Beispiel Rottecks s. Wember, V.: Verfassungsmischung und Verfassungsmitte, 1977, S. 138 - 144.

[73] Zu den Einwirkungen vor allem Kants, Fichtes und Rousseaus auf Rotteck s. Jobst, H.: Die Staatslehre Karl von Rottecks. Ihr Wesen und ihr Zusammenhang mit der Staatsphilosophie des 18. Jahrhunderts, in: ZGObrh 103 (NF 64)/1955, S. 468 - 498; zum Gesamtwillen v.a. S. 480 - 483. Jobst arbeitet insbesondere den Einfluß der rechtsstaatlichen Tradition heraus und betont, daß Rotteck nicht einfach als ein Rousseau-Schüler betrachtet werden darf.
S. auch Boldt, H.: Deutsche Staatslehre im Vormärz, 1975, S. 156; Bermbach, U.: Über Landstände, in: Sprache und Politik, 1968, S. 250 - 253; Brandt, H.: Landständische Repräsentation, 1968, S. 255 - 266.

dieser Hinsicht legt Rotteck einen rein demokratischen Ansatz vor.[74] Seine Staatslehre unterscheidet zwischen den Begriffen des Gesamtwillens und des "Willens aller". Während Kriterium für den "Willen aller" eine "überall mögliche rein faktische Willensübereinstimmung ist",[75] ist der Gesamtwille innerhalb der durch einen Gesellschaftsvertrag zusammengeschlossenen Menschen

"der durch die Societätspflicht im Allgemeinen bestimmten Richtung sich äußernde *Wille* der *Vereinigten*, also das *Produkt* der von den Mitgliedern als solchen geäußerten Willensmeinungen, oder die unter denselben zusammengenommen vorherrschende Richtung."[76]

Der demokratische Ansatz erfährt jedoch eine Einschränkung. Das Gedankengut Rousseaus und auch Kants wird von Rotteck kritisch aufgenommen und insofern abgeändert, als der badische Liberale den idealen Gesamtwillen nur in der Kombination mit Objektivität und Vernunftsdenken verwirklicht sieht.[77] Rotteck, der die Volksvertretung als das "natürliche" Organ im Staat bezeichnet, fordert für die Fälle, in denen das natürliche Organ Fehlern unterliegen kann, die Schaffung eines Korrektivs, einer Kontrollmöglichkeit in Form eines "künstlichen" Organs. Dies sei die neben, nicht über dem Mehrheitswillen stehende Regierungsgewalt

"zur Controle oder Hemmung des natürlichen Organs in den Fällen, wo aus dem Inhalt der Beschlüsse eine Unlauterkeit oder Verirrung der Stimmgebenden hervorgeht. Für solche Fälle (...) ist das künstliche Organ gewissermaßen der durch Compromiß aufgestellte Richter, welcher hier nicht eigentlich den Willen der Gesammtheit auszusprechen, sondern nur darüber zu erkennen hat, ob ein vorliegender Wille der Mehrheit diejenigen Charaktere an sich trage oder nicht trage, die da nothwendig sind, um ihn als Ausdruck des wirklichen und wahren Gesammtwillens darzustellen. Das künstliche Organ hat hier also bloß ein Veto einzulegen, und wenn es solches nicht thut, so erscheint der Beschluß der Mehrheit als bewährt und vollgiltig."[78]

---

[74] Bermbach, U.: Über Landstände, in: Sprache und Politik, 1968, S. 251; Jobst, H.: Die Staatslehre Karl von Rottecks, in: ZGObrh 103/1955, S. 481; Boldt, H.: Deutsche Staatslehre im Vormärz, 1975, S. 157.

[75] Zit. n. Jobst, H.: Die Staatslehre Karl von Rottecks, in: ZGObrh 103/1955, S. 481.

[76] Zit. n. Rotteck, C.v.: Lehrbuch des Vernunftrechts, Bd. I, 2. Aufl., 1840, S. 282.

[77] Vgl. Hartmann, V.: Repräsentation, 1979, S. 117.

[78] Zit. n. Rotteck, C.v.: Lehrbuch des Vernunftrechts, Bd. II, 2. Aufl., 1840, S. 129 - 130.

Am besten garantiere eine Regierung innerhalb einer konstitutionellen Monarchie diese Kontrolle der Öffentlichkeit, als die Rotteck die Stände betrachtet. Die Einseitigkeit dieser Forderung erkennend, verlangt Rotteck zugleich die Kontrollmöglichkeit der Volksvertretung gegenüber der Regierung und zeigt sich damit, wie bereits betont, einer - freilich subjektiven - Teilung der Gewalten nicht abgeneigt:

"Das Volk oder der Volksausschuß soll stark genug seyn, die Regierung in der seinem Gesammtwillen gemäßen Richtung zu erhalten; und die Regierung soll Kräfte genug haben, um den über den Kreis des Gesellschafts-kontrakts, oder über jenen des Rechts tretenden Willen der Volksmehrheit zu hemmen oder zu vereiteln."[79]

Rotteck ist sich des unheilvollen Dualismus zwischen Regierung und Ständen, der in der konstitutionellen Monarchie besteht, bewußt. Er versucht, dieses Problem durch die Schaffung eines gemeinsamen Ziels zu lösen. Beide Staatsorgane, die "natürliche" Volksvertretung und die "künstliche" Regierung, beseitigen ihre gegenseitige Hemmung durch wechselseitige Kontrolle und kooperatives Streben nach dem "öffentlichen Wohl".[80]

Aus dieser Rotteckschen Logik wird verständlich, weshalb er die Behauptung aufstellen kann, daß das monarchische Prinzip dem demokratischen "befreundet" sei.[81] Für den badischen Gelehrten und Politiker stellt jede Staatsverfassung, deren Gestaltung seiner Vorstellung entspricht, eine "Republik" dar, so daß Rotteck letztlich auch die konstitutionelle Monarchie mit den

---

[79] Zit. n. Rotteck, C.v.: Lehrbuch des Vernunftrechts, Bd. II, 1829, S. 223. Vgl. Boldt, H.: Deutsche Staatslehre im Vormärz, 1975, S. 158, der hier - und auch bei anderen Stellen - völlig falsch und damit sinnentstellend Quellen zitiert; so hier statt "vereiteln" im Original bei Boldt "vereinen".
S. auch Rotteck, K.v.: Von den Rechten der Volksrepräsentation, in: Aretin/Rotteck: Staatsrecht der konstitutionellen Monarchie, 2. Bd., 2. Abt., 1828, S. 157 - 158. Hier begründet Rotteck seine Art Gewaltenteilung, d.h. die "wechselseitige Beschränkung und gemeinschaftliche Thätigkeit beider Organe des Gesammtwillens", der Regierenden und der Regierten, mit der Chance, einen Gewaltmißbrauch zu steuern und die Herrschaft des wahren Gesamtwillens zu verbürgen.
Zur subjektiven Gewaltenteilung s. Jobst, H.: Die Staatslehre Karl von Rottecks, in: ZGObrh 103/1955, S. 484. Vgl. auch Hofmann, H.: Repräsentation, 1974, S. 452, Anm. 183, contra Gall, L.: Benjamin Constant, 1963, S. 177 - 178.

[80] Boldt, H.: Deutsche Staatslehre im Vormärz, 1975, S. 158 - 159.

[81] Hierzu Boldt, H.: Deutsche Staatslehre im Vormärz, 1975, S. 18, 157.

Attributen "demokratisch" bzw. "republikanisch" versehen kann.[82]

Festzuhalten ist jedoch, daß vor allem Karl von Rotteck dem demokratischen Prinzip gegenüber dem monarchischen Präferenz zusprach, vergleicht man ihn mit anderen Theoretikern. Trotzdem bekannte sich Rotteck zur monarchischen Staatsform. Die Ursache ist in keinerlei Mystifizierung des Königtums zu sehen, sondern vielmehr in seinem Rationalismus. Das Ja zur konstitutionellen Monarchie ist Ausdruck seiner Vernunftgläubigkeit; das Ja zur "Republik" basiert auf einem entschiedenen Nein zum Absolutismus.[83] In den dreißiger Jahren des 19. Jahrhunderts brachte Rotteck, persönlich von den Folgen der restriktiven Reaktionspolitik betroffen, in seinen zum Teil sogar verbotenen theoretischen Schriften zum Ausdruck, wie vage und vielseitig interpretierbar der "Titel des, man weiß nicht wie, zum höchsten Gesetz erhobenen unklaren 'monarchischen Princips'"[84] sei. Für ihn bedeutete monarchisches Prinzip nicht monarchische Souveränität;[85] vielmehr wollte er einer Aristokratie ein klares Nein entgegensetzen:

> "Das Prinzip des Adels ist Bevorrechtung, Erhebung über die bürgerliche Gleichheit, Vorempfang bürgerlicher und politischer Wohlthaten und Rechte. Seine Richtung ist also naturgemäß gegen das Volk, als welches nur bei der Gleichheit seine Rechnung findet, und nicht minder gegen den Thron, weil, nächst der Herabdrückung des Bürgerstandes, nur durch Theilnahme an fürstlichen Rechten, demnach durch Beschränkung der Fürsten, des Adels eigene Hoheit sich mehren kann."[86]

---

[82]Jobst, H.: Die Staatslehre Karl von Rottecks, in: ZGObrh 103/1955, S. 487 - 488.

[83]S. schon Schib, K. (Diss.): Die staatsrechtlichen Grundlagen der Politik Karl v. Rottecks, 1927, S. 64, 83.

[84]Zit. n. Rotteck, C.v.: Begründung der Motion des Abgeordneten von Rotteck, 1833, S. 12.

[85]Beachte in diesem Zusammenhang den Sammelband von Hofmann, H.H. (Hg.): Die Entstehung des modernen souveränen Staates, 1967, v.a. die Beiträge von Gablentz, O.H.v.d. (S. 52 - 72), Brunner, O. (S. 115 - 136) und Schieder, Th. (S. 357 - 376).

[86]Zit. n. Rotteck, K.v.: Von dem Adel, in: Aretin/Rotteck: Staatsrecht der konstitutionellen Monarchie, 2. Bd. 2. Abt., 1828, S. 13 - 14. - Gerade hinsichtlich der Einschätzung des Adels und damit der Volksrepräsentation unterscheidet sich Rotteck, wie er auch hervorhebt, sehr von der Auffassung v. Aretins, die dieser im 1. Bd. geäußert hatte; s. Bd. 2, 1828, S. 17 und 155.
S. auch Boldt, H.: Deutsche Staatslehre im Vormärz, 1975, S. 18 - 20.

Rotteck stellt sich in seinen Schriften als Vertreter des wenn auch progressiv anmutenden Konstitutionalismus deutscher Konvenienz dar. Es geht nicht an, den badischen Liberalen als konkreten Vorreiter des Parlamentarismus in Deutschland zu betiteln. Dagegen spricht u.a. seine für die Liberalen und generell für die politischen Theoretiker des Vormärz typische Antiparteienhaltung[87], aber auch sein Bestreben, mit Ideen zur Kompetenzverteilung und Konfliktregelung den zwischen monarchischer Regierung und Volksvertretung existenten Dualismus harmonisch aufzulösen. Rotteck war ein Befürworter der konstitutionellen, nicht der parlamentarischen Monarchie.[88] Und doch bilden seine Vorstellungen über Repräsentation einen ergänzenden und wichtigen Stein innerhalb des Mosaiks, das die Entwicklung der Repräsentationsidee bis in die heutige Moderne charakterisiert. Die später zentrale Frage der "Demokratisierungsfähigkeit des liberalen Repräsentationsgedankens"[89] wurde, erstmals dezidiert für die deutsche Verfassungstheorie, von Rotteck als Problem bewußt erkannt und zumindest in Ansätzen beantwortet.

---

[87] S. Conze, W.: Das Spannungsfeld von Staat und Gesellschaft im Vormärz, in: Ders. (Hg.): Staat und Gesellschaft im deutschen Vormärz 1815 - 1848, 2. Aufl., 1970, S. 230.

[88] S. Boldt, H.: Deutsche Staatslehre im Vormärz, 1975, S. 160.

[89] Zit. n. Bermbach, U.: Über Landstände, in: Sprache und Politik, 1968, S. 262. Hierzu auch Hartmann, V.: Repräsentation, 1979, S. 76 - 85, der betont, daß Rotteck die Repräsentation als Element des Staatsideals betrachtet, wobei staatliche und Artikulierfunktion im Mittelpunkt der Ziele und Aufgaben der Repräsentation stehen.

b. Friedrich Julius Stahl

Es ist Stahls wissenschaftliche Leistung[1] von bleibendem Wert, als erster - wenn auch negativ das parlamentarische Prinzip, das er dem monarchischen entgegenstellte, formuliert zu haben. Die Kernaussagen finden sich in seiner im Ausklang des Vormärz, 1845, veröffentlichten Schrift über "Das monarchische Princip"[2], mit der Stahl zum bedeutenden Staatsdenker von Restauration und Konservativismus avancierte.

Stahl war nicht der "Erfinder" des monarchischen Prinzips in Deutschland.[3] Doch gelang es ihm, daß auch die Konservativen dank seiner Theorie den im monarchistischen Sinne abgewandelten deutschen Konstitutionalismus annehmen konnten.[4] *Erich Kaufmann* vertrat sogar zu Beginn des 20. Jahrhunderts, wohl etwas überbewertend, doch im Kern vertretbar, die Meinung, "daß das System Stahls der philosophische Unterbau der offiziellen Staatslehre des 19. Jahrhunderts ist, daß nur aus ihm die Sprache unserer Verfassungsurkunden, unseres politischen Lebens, der Reden des Fürsten Bismarck und die herrschenden Ansichten der heutigen Staatslehre philosophisch begriffen werden können."[5] Stahl gehört, und

---

[1] Auch Stahls politische Leistung ist zu würdigen. Seine Staatslehre stieß, zumindest für mehr als ein halbes Jahrhundert, auf fruchtbaren Boden. Seine Vorstellung vom monarchischen Prinzip bestimmte die preußische Verfassung von 1850 bis 1918. Stahl war es, der einerseits Preußens Konservativen den Verfassungsstaat nahebrachte und andererseits die Ablehnung des parlamentarischen Prinzips auch in der Reichsverfassung bewirkte, was die Herausbildung einer deutschen parlamentarischen Regierungstradition verhinderte. Hierzu die bis heute bedeutende Arbeit von Grosser, D.: Grundlagen und Struktur der Staatslehre Friedrich Julius Stahls, 1963, S. 124 - 125; Stahl portraitiert Glum, F.: Konservativismus im 19. Jahrhundert, 1969, S. 205 - 240.

[2] Stahl, F.J.: Das Monarchische Princip. Eine staatsrechtlich-politische Abhandlung, 1845 (44 Seiten). Diese Schrift wurde von Stahl im II. Bd., 2. Abt. (= 4. Buch) der 2. Aufl. des 1829 erstmals erschienenen "Philosophie des Rechts", 1847, auf deren 5. unveränd. Aufl. von 1878 sich die hier verwendeten Quellenbelege beziehen, als 12. Kapitel wiederabgedruckt: Stahl, F.J.: Philosophie des Rechts, II,2, 1878, S. 372 - 423.

[3] S. in dieser Arbeit S. 21 - 25 und S. 42 - 53 zu den Karlsbader Konferenzen, zur Wiener Schlußakte mit Art. 57 sowie zum Einfluß der französischen Charte von 1814.

[4] Boldt, H.: Deutsche Staatslehre im Vormärz, 1975, S. 196. Zur Legitimität unter Bismarck s. Hofmann, H.: Recht - Politik - Verfassung, 1986, S. 181 - 205.

[5] Zit. n. Kaufmann, E.: Studien zur Staatslehre des monarchischen Prinzipes, 1906, S. 56.

dies ist herauszustreichen, zu den ersten unter den Konservativen, die zu einem "Brückenschlag"[6] zwischen einem altständisch-monarchischen und dem repräsentativ-konstitutionellen Denken fähig und bereit waren.

Friedrich Julius Stahl[7] griff in seinen Schriften eine Problematik auf, die Politiker wie Theoretiker während des gesamten Vormärz und darüber hinaus zu lösen versuchten. Er erkannte, daß die rigide Gentzsche Gegenüberstellung von landständischer und repräsentativer Verfassung falsch war. Stahl, Befürworter eines konservativen "deutschen Konstitutionalismus" und heftiger Gegner des "liberalen Konstitutionalismus", konfrontierte seine Formulierung des monarchischen Prinzips dem parlamentarischen Prinzip. Dabei ist festzuhalten, daß Stahl das monarchische Prinzip weder "richtig" noch "endgültig" formulierte, sondern lediglich versuchte, den Begriff durch eine "Neuformulierung" zweckmäßiger zu definieren und ideologisch im Sinne eines extremen Reaktionismus aufzubereiten.[8]

Bewußt grenzt Stahl seine Staatslehre von der Auffassung ab, die sich in der deutschen Politik unter dem Einfluß der Theorie Gentz' und Metternichs gebildet hatte. Die "Entgegensetzung von ständischer und repräsentativer Verfassung", die der Wiener Hofrat antipodisch formulierte, bezeichnet Stahl als "ebenso wenig logisch als geschichtlich".[9] Die konträren Schlagworte, die durch Gentz in aller Munde kamen, stellen für Stahl keine Alternative dar. Jede gesunde Repräsentation müsse, fordert er, die nationale Einheit und die stän-

---

[6] S. Brandt, H.: Landständische Repräsentation, 1968, 106 - 112.

[7] Stahl, geb. am 16.01.1802 in München als Sohn des jüdischen Bankiers Jolson, konvertierte 1819 zum Protestantismus. Er wirkte seit 1832 als Professor für Kirchenrecht in Würzburg und Erlangen, ab 1840 in Berlin. 1837 war er - typisch für die politischen Theoretiker des Vormärz - für die Universität Erlangen Vertreter in der Ständeversammlung des Bayerischen Landtags, seit 1848 saß er in der preußischen Ersten Kammer, dem später sog. Herrenhaus, dem er bis zu seinem Tode - er starb am 10.08.1861 in Bad Brückenau - angehörte. S. Beitrag von Ernst Landsberg in: ADB, 35. Bd., 1893, S. 392 - 400.

[8] S. Boldt, H.: Deutsche Staatslehre im Vormärz, 1975, S. 197.

[9] Zit. n. Stahl, F.J.: Die Philosophie des Rechts, II,2, 1878, S. 365 und 366.

dische Gliederung, Sachen und Berufsstellungen, das Land und das Volk repräsentieren.[10] Seinem Verständnis nach ist er ein Vertreter des konstitutionellen, allerdings des "neuern ständischen" Systems, ein Mann von "konservativer und royalistischer Gesinnung".[11]

Während die heutige Forschung das wissenschaftliche Verdienst Stahls durch dessen Gegenüberstellung von monarchischem und parlamentarischem System heraushebt, wird der konkrete Lösungsansatz Stahls hinsichtlich des Aspekts landständischer bzw. repräsentativer Verfassung kaum gewürdigt.[12] Stahl widmet dieser Problematik in seinem Kapitel "Ständische und Repräsentativ-Verfassung" in der "Philosophie des Rechts" einen eigenen Abschnitt.[13] Beide "Charaktere" sind durchaus vereinbar, ja, die "Mischung" beider Prinzipien sei unabweisbar:

> "Das allgemeine Ziel aber ist (...) das, daß die nationale Einheit sich nicht bloß als äußerliches Resultat aus der Vertretung der sämmtlichen Stände ergebe, ohne die Stellung und das Bewußtsein jedes einzelnen Standes zu bestimmen: sondern daß sie das innerlich bestimmende Princip der ganzen Ständeeinrichtung sey".[14]

Die Reichs- bzw. Landstände stellen für Stahl das "berufene Organ jener Vertretung und Mitwirkung" bei der Ausübung der Staatsgewalt dar. Als einheitliche Versammlung repräsentieren sie das Volk in seiner Gesamtheit und können darum als "Prototypus" der Volksvertretung betrachtet werden. Doch Stahl unterscheidet diese Form reichsständischer Verfassung entschieden von einer Demokratie, die die Volkssouveränität zum Leitmotiv habe; denn er sieht politische Freiheit "nicht darin, daß das Volk die souveräne Gewalt habe, oder sich selbst regiere", sondern "sie besteht darin, daß das Volk nach

---

[10] S. Originalschrift Stahl, F.J.: Das Monarchische Princip, 1845, S. VIII - IX.

[11] Ebda., S. XVI. Einen völlig anderen Gehalt verleiht demgegenüber Brandt, H.: Landständische Repräsentation, 1968, S. 6, dem von ihm eingeführten Begriff der "neuständischen" Repräsentation.

[12] In Ansätzen Grosser, D.: Grundlagen und Struktur der Staatslehre Friedrich Julius Stahls, 1963, S. 113; dezidierter Boldt, H.: Deutsche Staatslehre im Vormärz, 1975, S. 196.

[13] II,2, 1878, S. 365 ff., v. a. S. 369 - 372.

[14] Zit. n. Stahl, F.J.: Die Philosophie des Rechts, II,2, 1878, S. 371- 372.

seinen Rechten regiert werde". Wie definiert Stahl die Repräsentation durch Reichsstände?

> "Denn als die Versammlung der Auserlesenen (die Elite) aus allen Ständen sind sie die wahre und reine Darstellung (Repräsentation) des Volkes nach seinem ganzen Wesen, nach allen seinen Rechten, Interessen und Vermögen, die ächten Zeugen nationaler Lesenswürdigung, und sind sie zugleich die Koncentrirung des Volkes zu Einem handelnden, der Selbstverständigung und bewußten Entschließung fähigen, also seiner selbst mächtigen Subjekte."[15]

Stahls Vorstellung von Repräsentation wurzelt in einem "sittlich politischen Grund", der besagt, daß nicht die "Masse" des Volkes, sondern nur ein auserlesener Kreis, der zum einen fähig ist, die "Rechte und Interessen" des Volkes zu wahren, zum anderen "die Idee der Volksexistenz lebendig darstellen" kann, als die Volksvertretung fungiert.[16] Unter "wahrer Volksexistenz" versteht Stahl die Gliederung des Volkes in Stände, deren Basis der "Grund und Boden des Landes" sei. Für den konservativen Theoretiker bürgt Grundeigentum für "ständische Qualität", da die finanzielle Unabhängigkeit bei einer Mitwirkung im Staat größtmöglicher Garant für ein Engagement zugunsten der "Erhaltung der öffentlichen Ordnung" sei.[17]

"Ordnung"[18] spielt in Stahls Lehre eine zentrale Rolle; sie ist Ausdruck für das Bejahen des Vorgegebenen und das Verneinen des Fortschritts:

---

[15] Zit. n. Stahl, F.J.: Die reichsständische Verfassung, in: Die Philosophie des Rechts, II,2, 1878, S. 318; S. 317 - 318 auch obige Zitate.

[16] S. Stahl, F.J.: Die Philosophie des Rechts, II,2, 1878, S. 320 - 321. Zu seinem Menschenbild und der darauf bezogenen Vorstellung von Gemeinwohl s. Jost, R.: Gemeinwohl und Person, in: PVS 2/1961, S. 237 - 241.

[17] Die "bestehende Ordnung" im realexistierenden Staat nicht anzugreifen, ist Hintergrund der staatstheoretischen Überlegungen Stahls. S. Die Philosophie des Rechts, II,2, 1878, S. 325; zur Rolle des Grundbesitzes s. Grosser, D.: Grundlagen und Struktur der Staatslehre Friedrich Julius Stahls, 1963, S. 88 - 90. Beachte auch die Studie von Füßl, W.: Professor in der Politik: Friedrich Julius Stahl, 1988, S. 25 - 30, 31 - 50.

[18] S. auch Schnabel, F.: Deutsche Geschichte, 2. Bd., 1933 (1987). Mit Ranke beurteilt er die "leitende Idee des 19. Jaahrhunderts" die "Auseinandersetzung zwischen der Monarchie und der Volkssouveränität"(S. 3). Alle anderen Gegensätze stünden mit diesen zwei Begriffen irgendwie in Zusammenhang. Diese Dichotomie bringt Schnabel in die Begrifflichkeit von "Ordnung" (S. 3 - 89) und "Bewegung" (S. 90 - 214).

"Wie das Recht die menschliche Ordnung ist zur Erhaltung von Gottes Weltordnung, so ist der Staat die Anstalt menschlicher Beherrschung des Gemeinlebens in Vollmacht Gottes und für von Gott gesetzte Zwecke. Der erste dieser Zwecke aber ist eben jene Ordnung."[19]

Grund und Boden symbolisieren die Ordnung: Grundbesitz stellt die "Grundlage für die ächte Konstituirung aller Landesvertretung" dar, wobei für Stahl eher Berufs- als Geburtsstände maßgebend sind:

"die Absicht (telos) der Vertretung ist es nicht, den Willen der einzelnen Menschen im Staate, sondern das innewohnende Interesse jener Stände und Berufsstellungen und die aus ihnen hervorgehende Eine Gesammtgesinnung zur Geltung zu bringen."[20]

Mit dieser Haltung offenbart Stahl überdeutlich seine Ablehnung des liberalen Konstitutionalismus, dessen Vertreter zumindest in Ansätzen bereits im Vormärz beginnen, die Volksvertretung nach "Klassen"[21] zu kategorisieren. Stahls Theorie der Repräsentation wendet sich sowohl gegen die Lehren John Lockes und Montesquieus als auch gegen die auf altständischer Grundlage beruhende Ideologie Hallers; für Stahl steht Repräsentation für "einheitliche Nationalvertretung", ohne jedoch die Souveränität des Volks zu akzeptieren.[22]

Grundsätzlich anerkennt Stahl sowohl die parlamentarische Monarchie als auch die "Republik", die er in Demokratie oder Aristokratie[23] verwirklicht sieht - doch verweigert er die Akzeptanz dieser Verfassungsformen für

---

[19] Derartige Aussagen Stahls paßten gut in die nationalistische Gärung im Deutschland der Zwischenkriegszeit. Zit. n. Stahl, F.J.: Volk, Nation, Obrigkeit, Staat, in: Irmer, F. (Hg.): Gott alles in allem! Eine Auswahl aus dem Schrifttum von Friedrich Julius Stahl, 1926, S. 63.

[20] Zit. n. Stahl, F.J.: Die Philosophie des Rechts, II,2, 1878, S. 323.

[21] S. Stahls ausführliche Anmerkung (*) zum Unterschied von Repräsentation der Nation "in ihrem Berufe" und "Klassen": Die Philosophie des Rechts, II,2, 1878, S. 318 - 319.

[22] Stahl, F.J.: Die Philosophie des Rechts, II,2, 1878, S. 329 - 331; Grosser, D.: Grundlagen und Struktur der Staatslehre Friedrich Julius Stahls, 1963, S. 91 - 94.
Zugleich opponierte Stahl damit auch gegen den liberalen Konstitutionalismus Constants; S. Gall, L.: Benjamin Constant, 1963, S. 184, 188 - 189.

[23] Charakteristisch ist Stahls besondere Zuneigung zum Adel, was sich vor allem hinsichtlich der Überbewertung des Grundbesitzes, der traditionellen Domäne der Aristokratie, verdeutlicht. S. Stahl, F.J.: Die Philosophie des Rechts, II,2, 1878, S. 105 - 106; Grosser, D.: Grundlagen und Struktur der Staatslehre Friedrich Julius Stahls, 1963, S. 88 - 89, führt diese Haltung Stahls auf dessen Erlebnisse mit und Kontakte zu bayerischen Adligen um 1830 zurück; außerdem S. 110.

Deutschland.

Während er das politische System Englands darstellt und einerseits die fortschrittliche Rolle Englands als "klassisches Vorbild Europas" durch die Umwandlung des "privatrechtlichen", "monarchisch-aristokratisch bzw. feudalistischen" älteren Ständewesens in das neuere öffentlich-rechtliche, konstitutionelle neuere Ständewesen lobt, spricht er der parlamentarischen Komponente der englischen Verfassung jeglichen Modellcharakter ab; die "Übermacht des Parlaments" sei nicht nachahmenswert, sondern Ausdruck englischer Individualität.[24]

Unter Republik, die nicht auf der Volkssouveränität, sondern stets auf ihrer "anstaltlichen Ordnung" beruhe, versteht Stahl

> "die Staatsform, nach welcher die oberste Gewalt (Souveränetät) der Gesammtheit zukommt, sey es der Gesammtheit einer besondern Klasse (Aristokratie im weitesten Sinne) oder des ganzen Volkes (Demokratie)."[25]

Wenngleich die Republik "keineswegs die vollkommenste Verfassung" darstelle, so gesteht ihr Stahl doch unter der Voraussetzung, daß sie "an eine gegebene, überkommene, gesetzliche Ordnung" gebunden sei, daß diese "einheitliche feste Autorität und Gewalt" bejaht werde, zu, in Ausnahmefällen "nicht minder nach Gottes Ordnung zulässig" zu sein.[26] Nicht annehmbar für den alten Kontinent, leugnet Stahl jedoch nicht, daß diese Staatsform anderswo zumindest möglich sein könne. Sein Beispiel, das von ebensolcher Individualität wie England zeuge, sind die USA:

---

[24] Hierzu ausführlich s. Stahl, F.J.: Die Philosophie des Rechts, II,2, 1878, S. 335 - 359, v.a. 359. Auf S. 413 betont Stahl abermals: "Daß die englische Verfassung ein Vorbild der europäischen Zukunft ist, darf nicht geläugnet werden; aber sie ist das nur von der Seite jenes staatlichen Charakters, nicht von der Seite dieser Uebermacht des Parlaments. Letztere ist eine Folge nicht bloß besonderer geschichtlicher Vorgänge, sondern auch besonderer fortdauernder Zustände: der beiden Revolutionen, der wiederholten Thronfolge auswärtiger Dynastieen, die keine Wurzel im Lande hatten, der Konsolidirung und Macht der beiden politischen Parteien, der Verschleuderung der Krondomänen."

[25] Zit. n. Stahl, F.J.: Die Philosophie des Rechts, II,2, 1878, S. 474.

[26] Zitate aus Stahl, F.J.: Die Philosophie des Rechts, II,2, 1878, S. 477 - 481.

"Nordamerika allein ist eine Probe demokratischer Verfassung. Aber es sind auch außergewöhnliche Verhältnisse, welche sie dort stützen."[27]

Obgleich in einem christlichen, "sittlichen Reich"[28] auch eine Demokratie möglich ist, hebt Stahl doch die Monarchie als "die natürliche, die normale, und in ihrer vollen Ausbildung auch die höher geartete Verfassung"[29] hervor. Zum Beweis der Präponderanz dieser Staatsform stellt Stahl generell die Monarchie der Republik und im speziellen die konstitutionelle Monarchie unter dem monarchischen Prinzip der parlamentarischen Monarchie englischen Typs gegenüber. Dabei unterscheidet sich seine Vorstellung einer "wahren" konstitutionellen Monarchie von der Art konstitutioneller Monarchie, wie sie die Liberalen in Anlehnung an die Lehren Lockes und Montesquieus definierten.[30]

Der Deutsche Bund, der als oberste Regel die "Erhaltung des monarchischen Prinzips" postuliert habe, und ihm folgende Theoretiker stellten, wie Stahl ins Gedächtnis ruft, diesem Prinzip die der Volkssouveränität und Gewaltenteilung gegenüber. Das sei eine Verkürzung der Tatsachen: "Der eigentliche und specifische Gegensatz gegen das monarchische Prinzip ist deshalb vielmehr das parlamentarische Princip".[31]

Das monarchische Prinzip bedeutet nach Stahl, "daß die fürstliche Gewalt dem Rechte nach undurchdrungen über der Volksvertretung stehe".[32] Der Fürst nehme die zentrale Stellung innerhalb der Verfassung als Gestalter

---

[27]Zit. n. Stahl, F.J.: Die Philosophie des Rechts, II,2, 1878, S. 485.
Zu Stahls oft widersprüchlicher Auffassung von Republik s.: Grosser, D.: Grundlagen und Struktur der Staatslehre Friedrich Julius Stahls, 1963, S. 108 - 111.

[28]Zur Philosophie Stahls s. Grosser, D.: Grundlagen und Struktur der Staatslehre Friedrich Julius Stahls, 1963, S. 30ff., 46ff., 54ff..

[29]Zit. n. Stahl, F.J.: Die Philosophie des Rechts, II,2, 1878, S. 478.

[30]Hierzu Grosser, D.: Grundlagen und Struktur der Staatslehre Friedrich Julius Stahls, 1963, S. 108.

[31]Stahl, F.J.: Die Philosophie des Rechts, II,2, 1878, S. 373-374.

[32]Stahl, F.J.: Die Philosophie des Rechts, II,2, 1878, S. 383 - 384.

und Wegweiser jeglicher Entwicklung ein. Deshalb unterscheidet Stahl auch zwischen monarchischer Souveränität und monarchischem Prinzip und definiert:

> "Hierin zeigt sich, daß das monarchische Princip etwas Anderes und zwar ein Mehreres ist als die Souveränetät des Königs. (...) Die Souveränetät des Königs ist ein reiner und unmittelbarer Rechtsbegriff, das monarchische Princip dagegen bezeichnet eine thatsächliche Stellung, die jedoch Ausfluß, Wirkung von Rechten ist."[33]

Die Machtfülle des Monarchen offenbart sich in seiner Kompetenz, nicht allein Gesetze und Verordnungen zu vollziehen, sondern auch "die ganze Sphäre der Administration" zu leiten.[34] Der Fürst allein setzt den Staatshaushalt "auf eine längere Periode"[35] fest, er allein hat das Recht der Gesetzesinitiative.[36] Kern des monarchischen Prinzips aber ist das Recht und die Macht des Königs, "selbst zu regieren",[37] was impliziert, daß auch die Minister allein vom Vertrauen des Monarchen abhängen. Einzig bei Verfassungsverletzungen sei eine Ministeranklage möglich.[38]

Daß in der Stahlschen Konzeption eines Konstitutionalismus die Stellung und Rechte der Volksvertretung gering sind, liegt auf der Hand. Die Stände haben in der Gesetzgebung einzig das Recht der Zustimmung und Petition.[39] Administrative Verfügung unterliegen dem monarchischen Prinzip entsprechend selbstverständlich nicht einer ständischen Zustimmung, ebenso wie das Budget von "ständischer Willkür" unabhängig ist.[40]

Diese ständischen Kompetenzen erscheinen Stahl sowohl ausreichend als auch "verträglich mit der Fortbildung

---

[33]Stahl, F.J.: Die Philosophie des Rechts, II,2, 1878, S. 384.

[34]Stahl, F.J.: Die Philosophie des Rechts, II,2, 1878, S. 385.

[35]A.a.O., S. 393 und 389.

[36]Stahl, F.J.: Die Philosophie des Rechts, II,2, 1878, S. 401. Vgl. auch Boldt, H.: Deutsche Staatslehre im Vormärz, 1975, S. 105.

[37]Stahl, F.J.: Die Philosophie des Rechts, II,2, 1878, S. 393.

[38]A.a.O., S. 394 - 395, 402.

[39]A.a.O., S. 401, 386.

[40]"nur für fakultative Ausgaben oder für Erhöhungen oder bez. für Abänderungen im bisherigen traditionellen System des Staatshaushalts" bedürfe der Monarch der Zustimmung der Stände. A.a.O., S. 402.

des Ständewesens im neueren staatlichen (konstitutionellen) Charakter". Stahl sieht in diesen Funktionen der Reichsversammlung keine beschränkende Isolation der Stände,

"sondern es bleibt ihnen die große mächtige Bedeutung, den gesammten öffentlichen Rechtszustand zu schützen, sie sind die Wächter und Garanten für Erhaltung und Beobachtung der Gesetze, für Ordnung und gesetzmäßige Verwendung im Staatshaushalte und üben eine moralische Macht der Anregung und Fortbildung."[41]

Die "Volksvertretung in einem richtigeren Sinn als dem bisher üblichen"[42] bilde ein "Band zwischen Regierung und Volk"[43]. Zu ihrem Aufgabenkatalog zählt Stahl also den "Schutz der Rechte und die Erprobung der neuen Gesetze an der Gesinnung des Volkes".[44] Trotz dieser passiven Rolle der Stände spricht sich Stahl dagegen aus, sie lediglich mit der Funktion eines Ratgebers auszustatten. Dies entspreche nicht ihrer Natur. "Ihre Macht ist überall nur Abhaltung und Anregung, nicht positive Ordnung und Gestaltung",[45] doch muß die Volksvertretung das Recht der Zustimmung erhalten. Wären sie nur beratend tätig, so betrachtet Stahl dies als "Anlaß zu stetem Verfassungskampf"; die Regierung befände sich "in moralischer Verlegenheit" und das Land in "beständiger Aufregung", da rein beratende Stände weder gegenüber dem Volk noch gegenüber der Regierung verantwortlich wären, folglich laufend und ohne größere Überlegungen als Beratungsergebnis ein Nein hören ließen.[46]

Diese Konzeption des monarchischen Prinzips entspricht nach Stahl exakt "deutschem Staatsrecht und deutscher Staatsweisheit".[47] Für Deutschland bedeute es sowohl theoretisch als auch praktisch die ideale Staats-

---

[41]A.a.O., S. 402.

[42]Mit diesen Worten grenzt Stahl die "wirkliche Landesvertretung" von "bloß ständischer Vertretung" ab: Die Philosophie des Rechts, II,2, 1878, S. 326.

[43]Stahl, F.J.: die Philosophie des Rechts, II,2, 1878, S. 319.

[44]A.a.O., S. 328.

[45]A.a.O., S. 329.

[46]A.a.O., S. 407 - 410.

[47]A.a.O., S. 413.

form, da es, historisch begründbar, "das Normale, d.i. das in der Regel und unter den gewöhnlichen Verhältnissen Rechte und Angemessene"[48] sei. Stahls Resümee:

"Hiemit ist denn der Grundgedanke der bestehenden deutschen konstitutionellen Monarchie gezeichnet. Sie ist eine reichsständische Verfassung im staatlichen (publicistischen) Charakter unter monarchischem Princip."[49]

Welche Kriterien weist nun Stahl dem parlamentarischen Prinzip zu, um dessen Gegensatz zum monarchischen Prinzip zu demonstrieren?

Unter parlamentarischem Prinzip versteht Stahl "die überwiegende Stellung des Parlaments gegenüber dem Könige",[50] deren Ursprung in England liegt. All die Verfassungen, deren Basis die Volkssouveränität ist, streben, so erkennt Stahl, dieses Prinzip - sogar noch "in höherem Grade" - an. Ausgehend von der englischen Verfassung, befürchtet Stahl in dieser Entwicklung "unverkennbar ein Gravitiren zur Republik". Er definiert das parlamentarische Prinzip so:

"Der König ist dem Rechte nach der Souverän; (...) aber das Parlament hat schon rechtlich eine Mitsouveränetät, indem es mit seinem Rechte nicht bloß das gesammte Gebiet der Regierung durchdringt, sondern auch sogar an der Autorisirung derselben in vielen Stücken Theil nimmt. (...) Noch mehr aber ist dem thatsächlichen Erfolge nach nicht der König die entscheidende und die gestaltende Gewalt für die gesammte Staatslenkung (Gesetzgebung, Verwaltung, Staatshaushalt), sondern dies ist das Parlament. Die Nation in ihrer parlamentarischen Vertretung regiert sich selbst, und der König steht nur darüber, indem er dieser Regierung (formell) die Sanktion ertheilt und bez., so weit die Umstände ihn unterstützen, sie ermäßigt. Dies ist es, was wir das parlamentarische Princip nennen."[51]

Im Parlamentarismus besitzen die Stände als aktive Mitwirkungsrechte neben dem Zustimmungsrecht bei Gesetzen auch das wichtige Initiativrecht, das Budgetrecht einschließlich der "Specialität", worunter die Kontrolle der Regierung, die die im alljährlichen Budget aufgestellten Hauptpositionen einhalten muß, gemeint ist,[52]

---

[48]A.a.O., S. 415.

[49]A.a.O., S. 404.

[50]A.a.O., S. 374.

[51]A.a.O., S. 383.

[52]A.a.O., S. 354 - 355. Stahl (S. 376) verurteilt das ständische Recht der "unbedingten Steuerverweigerung", da dadurch der König dem (englischen) Unterhaus de facto stets unterliegt.

und "in wesentlichen Zügen die administrative Funktion im Staate."[53] Besonders gefährlich erscheint Stahl die Tatsache, daß die Minister - Kennzeichen der parlamentarischen Regierung - einzig und allein vom Parlament abhängig und diesem gegenüber verantwortlich sind.[54]

Boldt kritisiert zu Recht, daß Stahl einige historische Tatsachen "frisierte", um seine Einschränkung des ständischen Mitspracherechts und die absolute monarchische Vorrangstellung aufrechtzuerhalten. Stahls politische Maxime des monarchischen Prinzips wäre in der Tat nur realisierbar gewesen, wenn jegliche Entwicklung der gesellschaftlichen Verhältnisse verleugnet worden wäre, d.h. wenn sich der Rechtsstaat à la Stahl als eine "Idylle des immerwährenden status quo"[55] präsentiert hätte.[56]

In sich widersprüchlich zeigt sich hingegen *Boldts* Würdigung der Wirkung Stahls. Einerseits negiert *Boldt* die "außerordentliche Wirkung auf die Entwicklung der deutschen Staatslehre und politischen Praxis", andererseits veranschaulicht er den Einfluß der Lehre Stahls mit dessen "Doktrin der monarchischen Selbstregierung" und der Konfrontation von monarchischem und parlamentarischem Prinzip, also von Konstitutionalismus und Parlamentarismus gerade in der Zeit der Kanzlerschaft Bismarcks.[57]

Festzuhalten bleibt, daß die Einflußsphäre der Stahlschen Theorie durchaus breiten Raum einnahm - wobei man sich eine Phasenverschiebung vergegenwärtigen muß.

---

[53] A.a.O., S. 375.

[54] A.a.O., S. 378, 394.

[55] Zit. n. Boldt, H.: Deutsche Staatslehre im Vormärz, 1975, S. 211.
Stahl gilt neben Welcker und Mohl als einer der Begründer der modernen deutschen Rechtsstaatsidee; s.: Stahl, F.J.: Die Philosophie des Rechts, II,2, 1878, S. 137; Grosser, D.: Grundlagen und Struktur der Staatslehre Friedrich Julius Stahls, 1963, S. 82 - 84; Schneider, F.: Die politische Komponente der Rechtsstaatsidee in Deutschland, in: PVS 9, 1968, S. 342 - 348.

[56] Zur Kritik an Stahls Position s. Boldt, H.: Deutsche Staatslehre im Vormärz, 1975, S. 208 - 212. Zu sach- und zweckbezogenen Methode Stahls, das Wesen des Staates zu bestimmen, im Gegensatz zur vernunftrechtlichen Methode u.a. Rottecks s. Böckenförde, E.-W.: Gesetz, 1958, S. 169 - 178.

[57] Boldt, H.: Deutsche Staatslehre im Vormärz, 1975, S. 213 - 215.

Die Ideologie Stahls erlebte zum einen in der Literatur seiner konkreten Zeitgenossen in Adaptionen und Kontroversen eine rege Aufnahme, zum anderen kann Stahl, gerade was die Politik in Deutschland von 1867 bis 1918 betrifft, sehr wohl als "theoretischer Schöpfer"[58] dieses politischen Systems betrachtet werden, wie *Ludwig Bergsträsser* urteilt. Stahls Bedeutung für die deutsche Staatslehre mit dem Argument zu schmälern, daß zum Zeitpunkt des Erscheinens der Schrift "Über das monarchische Prinzip" in der Mitte des 19. Jahrhunderts liberale Theoretiker durchaus Werke publizierten, die an der Version vom monarchischen Prinzip, basierend auf Artikel 57 der Wiener Schlußakte, festhielten,[59] bedeutet eine Simplifizierung des zu jeder Zeit, so auch im und nach dem Vormärz, existierenden, keineswegs einheitlichen geistigen Spektrums.

---

[58] Boldts Kritik (a.a.O., S. 213, Anm. 53) an Bergsträssers Ansicht ist unhaltbar, da aus dem Zusammenhang gerissen. S. Bergsträsser, L.: Die Entwicklung des Parlamentarismus in Deutschland, in: Kluxen, K. (Hg.): Parlamentarismus, 2. Aufl., 1969, S. 144. S. auch das nach Stahls Tod publizierte Buch mit dem Titel "Siebzehn parlamentarische Reden und drei Vorträge", 1862; allein die hier zusammengefaßten Themen, mit denen sich Stahl nach 1849 vor allem in seiner Eigenschaft als aktiver Politiker beschäftigte, verdeutlichen seinen Einfluß.

[59] So die "Beweisführung" Boldts, H.: Deutsche Staatslehre im Vormärz, 1975, S. 214 - 215.

c. Karl Salomo Zachariä

Wenngleich "Außenseiter"[1] mit "Extremposition"[2], muß der zu Unrecht von der Forschung recht unbeachtete Heidelberger Staatsrechtsprofessor Karl Salomo Zachariä von Lingenthal im Rahmen einer politischen Ideengeschichte der Volksvertretung als einer der Theoretiker des deutschen Vormärz gewürdigt werden, der zwar noch nicht den Weg aus dem im Konstitutionalismus angelegten Dilemma zum Parlamentarismus fand, doch dessen Entwicklung maßgeblich beeinflußte.[3] Fortsetzung und Ausbau erfuhr Karl Salomo Zachariäs Theorie in der Lehre Robert von Mohls.

Mit Beginn des Deutschen Bundes 46 Jahre alt, besaß K.S. Zachariä bereits seit beinahe zwei Jahrzehnten eine Professur der Jurisprudenz. Bis zu seinem Tode 1843 tat sich Zachariä als äußerst produktiver "Vielschreiber" hervor - 148 Schriften erschienen zu seinen Lebzeiten, allein 50 Rechtsgutachten wurden von ihm verfaßt, elf Werke außerdem nach seinem Tode herausgegeben.[4] Die exzeptionelle Schaffenskraft einerseits ist jedoch andererseits von einer keineswegs inhaltlichen Stringenz überschattet, was im Werk selbst zu Widersprüchlichkeiten, in der Beurteilung durch Zeitgenossen und auch später zu Disqualifikationen führte. Trotz dieser Problematik der Zachariäschen Konzeption - kurz vor der Jahrhundertwende wurde er schmählich als "Sphinx"

---

[1] Brandt, H.: Landständische Repräsentation, 1968, S. 235.

[2] Boldt, H.: Deutsche Staatslehre im Vormärz, 1975, S. 195.

[3] Beachte demgegenüber die sich widersprechende Würdigung der Rolle K.S. Zachariäs innerhalb der Herausbildung des Parlamentarismus durch Boldt, H.: Deutsche Staatslehre im Vormärz, 1975, auf ein und derselben Seite 233.

[4] S. den K.S. Zachariä insgesamt nicht gerecht werdenden Beitrag von William Fischer in: ADB, 44. Bd., 1898, S. 646 - 652, hier S. 649.
K.S. Zachariä (nicht zu verwechseln mit dem jüngeren H.A. Zachariä), geb. am 14.09.1769 in Meißen, wurde 1798 a.o. Professor, 1802 o. Professor, erhielt 1806/07 einen Ruf an die Universität Heidelberg, für die er dann 1820 als Mitglied in die 1. Kammer des badischen Landtags einzog und in verschiedenen Commissionen tätig war. 1825 wurde er Mitglied der 2. Kammer, und 1829 zog er sich von seinem politischen Leben zurück. Reich, erwarb er die Besitzung Lingenthal, nach deren Namen er 1842 geadelt wurde. Am 27.03.1843 starb er.

bezeichnet[5] - haben seine Thesen gerade aus heutiger Sicht große Bedeutung.[6]

Als Hauptwerk und zugleich sein politisches wie wissenschaftliches Testament gelten die zunächst auf fünf Bände angelegten, dann auf insgesamt sieben Bände erweiterten "Vierzig Bücher vom Staate".[7] Dominierte in der ersten Auflage zu Beginn des deutschen Vormärz in Zachariäs Werk noch eindeutig das um 1820 übliche Englandbild, intensivierte der Staatsrechtler bei der erheblich erweiterten zweiten Auflage, die ab 1839 am Höhepunkt bzw. Ende des Vormärz erschien, seine eigenständigen Reflexionen, wie der zwischen Fürst und Volksvertretung lähmende Dualismus funktionsfähig gemacht werden könnte. Sowohl Ministerverantwortlichkeit als auch Parteien und schließlich das Zweikammersystem spielen in Zachariäs Theorie, die bei Akzeptanz demokratischer und aristokratischer Staatsformen ein überdeutliches Plädoyer für die konstitutionelle Monarchie darstellt, als nicht zu vernachlässigende Faktoren auf dem Weg einer zumindest in Ansätzen gefundenen parlamentarischen Lösung des Dilemmas - die Regierung müsse an die Volksvertretung gebunden werden - eine exponierte Rolle.

In seiner politischen Theorie stellt Zachariä zur Illustration der gravierenden Unterschiede die Landstände herkömmlicher Form den - im Vormärz - modernen Volksvertretungen in Form der zweiten Kammer gegenüber.[8] Wie dann auch Mohl, bevorzugt er, teilweise akribisch exakte Terminologie fordernd, für den Begriff der konstitutionellen Monarchie auch die deutsche, etwas schwerfällig anmutende Bezeichnung "Einherrschaft mit

---

[5] Fischer, W. in: ADB, 44. Bd., 1898, S. 652.

[6] Boldt, H.: Deutsche Staatslehre im Vormärz, 1975, S. 215, spricht den Ideen Zachariäs neben Interessantheit zugleich eine überraschende Modernität zu.

[7] 1. Aufl. 1820 - 1832, 2. Aufl. 1839 - 1843, wobei Bd. III ("Verfassungslehre") 1839 erstmals erschien.

[8] Beachte, daß während der Monarchie bis 1914 die Volksvertretung als 2. Kammer, die "Pairskammer" als 1. Kammer galt - heute, entsprechend der anderen Gewichtung im Zuge der Demokratie, ist es genau umgekehrt.

einer Volksvertretung".[9] Als Befürworter des gegenüber "autokratischen" Formen mit evidenten Vorteilen ausgestatteten Repräsentativsystems kristallisiert sich für Zachariä die Andersartigkeit vor allem in der Beachtung des Vertretungsgedankens heraus.

"Die landständische Verfassung hat den Zweck, die Vorrechte und die besonderen Rechte der verschiedenen Stände des Landes zu wahren; die konstitutionelle Monarchie, den Grundsatz der rechtlichen Gleichheit aufrecht zu erhalten und durchzuführen. Von den Landständen werden daher die verschiedenen Interessen der bürgerlichen Gesellschaft vertreten; die Kammer der Volksabgeordneten vertritt das gleiche Recht Aller gegen die Verschiedenheit dieser Interessen."[10]

Unter Landständen versteht Zachariä also die Stände der "bürgerlichen Gesellschaft".[11] Deren Hauptcharakteristika seien, daß sie entweder "kraft eigenen Rechtes" oder gar "Mann für Mann" oder durch Bevollmächtigte auf den Landtagen erscheinen und ihr wesentliches Recht in der Steuerbewilligung liege; Beschlüsse der Landstände "verpflichten die sämmtlichen Landeseinwohner". Anders in der zweiten Kammer innerhalb der konstitutionellen Monarchie! Deren Mitglieder "vertreten das Volk, von welchem sie gewählt werden, als eine Gesammtheit". Wichtigstes Recht sei die Teilnahme der Volksvertretung an der Gesetzgebung, stellt Zachariä heraus. Ausdrücklich bekennt sich Zachariä zum - modern formuliert - Mehrheitskonsens, wenn er hervorhebt, daß die Beschlüsse der zweiten Kammer das Volk verpflichten, "kraft der Rechtsvermuthung, daß sie den Willen der Mehrheit des Volkes aussprechen."[12]

In der konstitutionellen Monarchie vereinigen sich nach Zachariä zwei im Grunde diametral entgegengesetzte Prinzipien zu einer effektiven, fruchtbaren und für Volk

---

[9] S. u.a. Zachariä, K.S.: Vierzig Bücher, Bd. III, 1839, S. 97, 226.

[10] Zit. n. Zachariä, K.S.: Vierzig Bücher, Bd. III, 1839, S. 228.

[11] Zum Bildungsbürgertum als einer "Ausprägung 'ständischer Vergesellschaftung'" (S. 12) s. Conze, W., und Kocka, J. (Hg.): Bildungsbürgertum im neunzehnten Jahrhundert, Teil 1, 1985, v.a. die Beiträge von O.G. Oexle, P. Lundgreen und C.E.McClelland; mit Schwerpunkt auf Hegels Rechtsphilosophie: Riedel, M.: Der Begriff der "bürgerlichen Gesellschaft", in: Böckenförde, E.-W. (Hg.): Staat und Gesellschaft, 1976, S. 77 - 108.

[12] Zitate aus: Zachariä, K.S.: Vierzig Bücher, Bd. III, 1839, S. 227 - 228.

und Staat gewinnbringenden Kooperation. Das Verhältnis zwischen dem Monarchen und der Volksvertretung determiniere sich als "Mitherrschaft", wobei der Fürst als exekutive Gewalt herrsche, das Volk durch die Mittel von Gesetzgebung und Kontrolle sowohl der obersten Beamten als auch des Budgets mitherrsche. Erster Grundsatz dieses nach Zachariä "natürlichen Verfassungsrechts" sei:

> "In der konstitutionellen Monarchie sind die Einherrschaft und die Volksherrschaft mit einander gepaart, und zwar so, daß sowohl das Volk als der Fürst die Leitung der öffentlichen Angelegenheiten überhaupt in seiner Gewalt hat, die Gewalt des einen Bestandtheiles der Verfassung aber durch die des andern gehemmt wird."[13]

In dieser Konzeption offenbart sich Zachariäs klarer, wenn auch nicht perfekt durchdachter Ansatz hin zu einem parlamentarischen System: Trotz eines Übergewichts auf seiten des Fürsten zeigt sich in dieser Theorie bereits die Tendenz zu einem Gleichgewicht zwischen Parlament und Regierung, der Beginn des Systems von "checks and balances". Und: Trotz der monarchischen Präponderanz entwickelt Zachariä bereits ein System der formalen und materiellen Gewaltenteilung:

> "Die drei Grundgewalten des Staats, - die gesetzgebende, die vollziehende und die richterliche Gewalt, - sind in der konstitutionellen Monarchie von einander gesondert, d.i. in den Händen verschiedener Behörden, jedoch unbeschadet ihres Zusammenwirkens."[14]

Freilich ist diese politische Theorie noch durchaus gouvernemental akzentuiert, der "Schwebezustand" zwischen monarchischer Regierung und Volksvertretung wird von Zachariä nicht durch ein klares Ja zum Parlamentarismus aufgelöst.[15] Eine Beseitigung des Dualismus beider Prinzipien sieht er in der Rolle der Parteien. *Boldt* betont deshalb auch zu Recht, daß es, entgegen der Meinung *Theodor Schieders,* bereits <u>vor</u> 1840 innerhalb

---

[13] Zit. n. Zachariä, K.S.: Vierzig Bücher, Bd. III, 1839, S. 230.

[14] Zit. n.: Zachariä, K.S.: Vierzig Bücher, Bd. III, 1839, S. 235. Beachte den sich wandelnden Gehalt des Terminus Behörde: s. Maier, H.: Die ältere deutsche Staats- und Verwaltungslehre, 2. Aufl., 1980, v.a. S. 152 - 155, 259.

[15] So Boldt, H.: Deutsche Staatslehre im Vormärz, 1975, S. 216.

der Liberalen ein Parteienkonzept gegeben habe.[16] Zachariä proklamiert ein Zweiparteiensystem, wobei durch die Aufteilung in eine royalistische und in eine demokratische Partei eine Anbindung der Parlamentsmehrheit an die Regierung erfolge. Zachariä ist sich des Novums seiner Gedanken bewußt:

"Noch herrscht in Deutschland sehr allgemein die entgegengesetzte Ansicht. Aber sie beruht auf einer Verwechselung der konstit. Monarchie mit der landständischen Verfassung."[17]

Das Verhältnis von Regierung zu Volk dürfe nicht von gegenseitigem Mißtrauen, von purer Opposition,einer neutralen oder gar höheren Stellung der Regierung über den Parteien getragen sein. Vielmehr fordert Zachariä, daß sich die Regierung "entweder an die eine oder an die andere Parthei anzuschließen" habe, je nachdem, welche in der zweiten Kammer über die Stimmenmehrheit verfüge. Diese Konstellation sei nur möglich, wenn entweder das Ministerium über die Zusammensetzung der zweiten Kammer bestimme oder aber - und nur diese Variante entspreche dem "Geiste der konstitutionellen Monarchie" - "es muß die Zusammensetzung des Ministeriums das Werk der II. Kammer seyn."[18] Dadurch gelinge es, nach den Prinzipien der den Staat legitimierenden Rechtsstaatlichkeit[19], die Besten im Staat - durchaus elitär - herauszuschälen:

"In dem Partheikampfe, welchen die konstitutionelle Monarchie, wenn anders Lebenskraft in ihr ist, unausbleiblich herbeiführt, liegt allein das Geheimniß ihres Werthes. Denn ihr Hauptwerth besteht darin, daß sie die ausgezeichnetsten Männer, welche das Volk aufzuweisen hat, an die Spitze der öffentlichen Angelegenheiten stellt."[20]

Die pro-monarchische Haltung Zachariäs liegt bei all seinen Überlegungen zu einer Beteiligung der Volksvertretung klar auf der Hand. Teilt sich nämlich das

---

[16]S. Boldt, H.: Deutsche Staatslehre im Vormärz, 1975, S. 216, Anm. 60; s. a. Angermann, E.: Robert von Mohl, 1962, S. 397 - 398.

[17]Zit. n.: Zachariä, K.S.: Vierzig Bücher, Bd. III, 1839, S. 231, Anm. * (Abkürzung im Original).

[18]Zit. n.: Zachariä, K.S.: Vierzig Bücher, Bd. III, 1839, S. 231-232.

[19]Hierzu S. Zachariä, K.S.: Vierzig Bücher, 2. Aufl., 1839, Bd. I, S. 1 - 48; s. auch Boldt, H.: Deutsche Staatslehre im Vormärz, 1975, S. 215.

[20]Zit. n.: Zachariä, K.S.: Vierzig Bücher, Bd. III, 1839, S. 234.

Parlament in eine oppositionelle und eine regierungsfreundliche Partei, so geht aus einem Konfliktfall stets der Monarch als Sieger hervor, wird doch die royalistische Partei stets für die Regierung eintreten.[21]

Die Staatslehre Zachariäs zeichnet sich durch ein kritisch reflektiertes Ja für das Repräsentativsystem[22] aus. Diese Position manifestiert sich insbesondere in seinem Vergleich repräsentative Demokratie versus repräsentative, d.h. bei ihm konstitutionelle Monarchie.

Beiden Verfassungstypen ist das Prinzip der Öffentlichkeit[23] gemeinsam. Beide stellen eine "Herrschaft der öffentlichen Meinung" dar, wobei Zachariä die grundsätzliche Kontrollmöglichkeit durch die Krone in der konstitutionellen Monarchie als entscheidenden Vorteil anführt.[24] Dieses Gegengewicht, verursacht durch die Existenz der beiden einander entgegengesetzten Prinzipien, des demokratischen und des monarchischen, innerhalb der konstitutionellen Monarchie bewirke, daß das Pendel nicht exzessiv in eine Richtung, in die in einer auf der Alleinherrschaft des Volkes basierenden Demokratie bestehende Gefahr von durch Übermut oder Ungeduld herbeigeführte Anarchie oder Ochlokratie, ausschlage.

---

[21] Gall, L.: Benjamin Constant, 1963, S. 194 - 195, betont, daß Zachariäs Theorie "als einziges Zeugnis für ein wirkliches Verständnis der Constantschen Lehre undihrer Konsequenzen im deutschen Vormärz gelten" müsse, da nur er auf deutschem Boden eine Vereinbarung zwischen Fürst und - zumindest in Ansätzen - parlamentarischer Regierungsform konzipierte.
Zur Kompromißhaltung Zachariäs zwischen dem Drang, den Dualismus zu überwinden, und der Bejahung des unverzichtbaren monarchischen Prinzips s. Brandt, H.: Landständische Repräsentation, 1968, S. 235 - 237 und 240 - 241; Boldt, H.: Deutsche Staatslehre im Vormärz, 1975, S. 217.

[22] Zu exzentrisch jedoch ist Zachariäs, bei den liberalen Theoretiker des Vormärz nicht übliche, begriffliche Unterscheidung in: Vierzig Bücher, Bd. III, 1839, S. 194, Anm. 1: "Man verwechsle das Repräsentativ*system* nicht mit der Repräsentativ*verfassung*. Die Repräsentativverfassung ist die Verfassung eines Freistaates [d.h. Republik; Anm. d. Verf.]. Aber das Repräsentativsystem liegt auch der konstitutionellen Monarchie beziehungsweise zum Grunde."

[23] Vgl. auch den kursorischen Überblick über politische Theorie und Praxis parlamentarischer Publizität im Vormärz und den Zusammenhang im Bonner Grundgesetz bei Hett, H.-J.: Die Öffentlichkeit, 1987, S. 51 ff., 88 ff.

[24] Zachariä, K.S.: Vierzig Bücher, Bd. III, 19. Buch, 1839, S. 213 - 214.

Gemeinsam ist nach Zachariä auch beiden Verfassungsformen, daß sie "nur da gedeihen" können, "wo das Volk in politische Partheien gespalten ist". Doch der Sinn des Parteiwesens ist unterschiedlich. Stellen die Parteien in der repräsentativen Demokratie nur ein Mittel der Mäßigung des Volkes dar, bezieht sich die "Spaltung des Volkes in Partheien" in der konstitutionellen Monarchie direkt auf das "System der Regierung"; nur die Parteien garantieren die Auflösung des Dualismus in Harmonie, sie allein vermitteln "das harmonische Zusammenwirken des monarchischen und des demokratischen Bestandtheiles der Verfassung".[25] Diese Wahlmöglichkeit zwischen zwei unterschiedlichen Prinzipien gebe es in der monostrukturellen Demokratie nicht.

Fundamental gilt, so Zachariä, in jeder Verfassung, die die Repräsentation als Ordnungsprinzip befürwortet, das freie Mandat[26] der Volksvertreter:

"Auch die Volksabgeordneten sind wegen ihrer Stimmen Niemandem zu Recht verantwortlich."[27]

Anders als Karl von Rotteck, der sich auf grund seiner liberalen Einstellung für ein zensitäres Wahlprinzip ausspricht,[28] bejaht Zachariä diesen Modus allein wegen seines ausgeprägten Sinns für die Realität, für das bei jeglicher Aufstellung von Theorie zu bedenkende Machbare.[29]

---

[25] Zit. n. Zachariä, K.S.: Vierzig Bücher, Bd. III, 1839, S. 215.

[26] Vgl. im Unterschied zur Theorie die Arbeit von Kramer, H.: Fraktionsbindungen, 1968, der sich mit dem Fraktionszwang in der Verfassungsrealität des Vormärz und der Revolution beschäftigt; s. auch die aktuelle Diskussion um Art. 38.1 GG bei Hett, H.-J.: Die Öffentlichkeit, 1987, S. 131 - 136.

[27] Zit. n. Zachariä, K.S.: Vierzig Bücher, Bd. III, 1839, S. 234; s. auch S. 212.

[28] S. Artikel "Census", in: Staatslexikon, 3. Aufl., Bd. 3, S. 415 - 427. S. 419 spricht Rotteck ganz deutlich hinsichtlich eines etwaigen Wahlrechts der "vermögenslosen Menge" aus, "daß ihnen die Herrschaft oder das Übergewicht in politischen Rechten durchaus nicht ertheilt werden darf, also auch kein gleiches Stimmrecht wie den Reichen, weil, da in der Regel ihre Zahl die weitaus größere ist, schon das gleiche Stimmrecht ihnen das Übergewicht, sonach die Herrschaft verleiht."

[29] S. auch Zachariäs uneingeschränkt befürwortetes, ja sogar gefordertes Recht aller, der Regierung und der oppositionellen Partei, auf die Wahlen der Volksvertreter aktiv und mit allen Mitteln Einfluß zu nehmen: Vierzig Bücher, Bd. III, 1839, S. 232 - 233; Boldt, H.: Deutsche Staatslehre im Vormärz, 1975, S. 216 und 233.

Im Vergleich zu anderen vormärzlichen Liberalen weist Karl Salomo Zachariä der Volksvertretung - deren Aufteilung in zwei Kammern ist für ihn vor allem in allen Repräsentativverfassungen wesensnotwendig - zahlreiche Kompetenzen zu, die zeigen, daß die Macht des Volkes gegenüber dem Fürsten durchaus akzeptiert werden kann, auch wenn - oder gerade weil - das monarchische Prinzip keineswegs negiert wird.

"Aus dem Wesen der Verfassung der konstitutionellen Monarchie" ergeben sich nach Zachariäs Theorie umfangreiche Rechte, die in praxi variabel ausgebaut werden können. Die bedeutendste Befugnis liegt in der Legislative: "Ohne Zustimmung der Kammern kann kein Gesetz verbindende Kraft erhalten."[30] Im Unterschied zu "progressiven" Liberalen des Vormärz, in dieser Haltung jedoch auf gleicher Linie mit Robert von Mohl, erkennt Zachariä nicht die politische Relevanz des Initiativrechts für die Volksvertretung. Diese Funktion sei ebenso gut durch das Petitionsrecht, wo die Kammern ihre Wünsche formulieren können, möglich. Lapidar meint Zachariä, daß das Zusammenwirken von monarchischer Regierung und Volksvertretung im Rahmen der Gesetzgebung "auf mehr als eine Weise" erfolgen könne:

> "entweder so, daß alle Gesetzesvorschläge von den Kammern, oder so, daß die Gesetzesvorschläge allein von der Regierung ausgehn, oder so, daß die Initiative zwar allein der Regierung zusteht, diese jedoch von den Kammern um einen Gesetzesvorschlag gebeten werden kann."

Es ist jedoch Zachariä - sei es aus Naivität oder Neutralität in diesem doch so wichtigen Punkte - zugutezuhalten, daß er in der Tat unter diesen Variationen keine Preferenz nennt, ja, sogar betont, daß bei parlamentarischer Initiative keineswegs dem monarchischen Prinzip Gefahr drohe.

---

[30] Diese und die folgenden Quellenzitate zu den Kompetenzen der Kammern in: Zachariä, K.S.: Vierzig Bücher, Bd. III, 1839, S. 261 - 263; Bd. I, 2. Aufl., 1839, S. 86. S. auch Boldt, H.: Deutsche Staatslehre im Vormärz, 1975, S. 97 ff., v.a. 104 - 105.

Durch das Recht der Petition[31] besitzt die Volksvertretung ein Mittel, stellt Zachariä heraus, "das Interesse der Verfassung mit dem der einzelnen Bürger zu verweben." Möglich sind dabei Bittschriften in Form von Beschwerden und als Anregungen zur Verbesserung der Gesetzgebung.

Anders verhält es sich mit Zachariäs Konzept hinsichtlich des Budgetrechts. Daß die "Theilnahme an der Regulirung des Staatshaushaltes mittelst des Staatsbudgets" außerordentlich wichtig für die Kammern ist, erkennt er ganz richtig und bejaht dieses Recht auch, wobei er sowohl die Einfluß- als auch die Kontrollchance ausdrücklich nennt. Schließlich verfügen beide Kammern über das Recht, sowohl eine Ministerbeschwerde als auch eine Ministeranklage durchzuführen. Nicht vergessen wird von Zachariä die Kompetenz das parlamentarische Untersuchungsrecht, wenngleich er dieses der englischen Verfassung entlehnte "Hülfsrecht" innerhalb der deutschen konstitutionellen Monarchie nicht ohne Bedenken betrachtet.

Sieht man von dem gravierenden Unterschied ab, daß Zachariäs Theorie, formuliert in der ersten Hälfte des 19. Jahrhunderts, ein eindeutiges Ja zur Monarchie bedeutet und seine Ideen über die Rechte der Volksvertretung stets beide Kammern ansprechen, so ist doch herauszustellen, daß Zachariäs Staatslehre von nicht zu unterschätzendem Einfluß für moderne Volksvertretungen, vor allem für ein Zweikammersystem, ist. Gemeinsamer Kern ist die Argumentation, daß eine zweite Kammer ihre Bedeutung weniger in ihrer Machtposition als vielmehr in der Gewichtung ihrer Haltung, im Streben nach Harmonie und Stabilität, in ihrer Funktion als Schutz- und Kontrollinstanz im Sinne von Gleich- und zugleich Gegengewicht besitzen. Hier wird die Evolution des Gedankens bikameraler Volksvertretungen vom 19. ins 20. Jahrhundert ersichtlich. Bei aller Wandlung und unter Berück-

---

[31] Beachte die von Best, H.: Interessenpolitik und nationale Integration, 1980, dargestellte Petitionsbewegung des 19. Jahrhunderts.

sichtigung zahlreicher "Brüche" demonstriert sich gerade am Beispiel der politischen Theorie Zachariäs eine argumentative Kontinuität. Was im Zeitalter der konstitutionellen Monarchie für beide Kammern der Volksvertretung als elementar erachtet wurde, das sind in einer parlamentarischen Demokratie nach wie vor zulässige Argumente für die Zusammensetzung des Parlaments aus zwei Häusern.[32]

---

[32] S. schon Mill, J.St.: Über das Zweikammersystem = 13. Kapitel seiner "Betrachtungen über die repräsentative Demokratie (1861), 1971, S. 201 - 208; ferner: Foehr, E. (Diss.): Die Rechtfertigung des Zweikammersystems, 1914; Mendelssohn Bartholdy, A.: Ein- oder Zweikammersystem?, in: Laband, P. u.a. (Hg.): Handbuch der Politik, 1. Bd., 1912, S. 401 - 407. Aus moderner politologischer Sicht Stammen, Th.: Die zweite Kammer im parlamentarischen Regierungssystem, in: Bocklet, R.L. (Hg.): Das Regierungssystem, Bd. II, 1979, S. 167 - 196; ders.: "Zweikammersystem", in: Röhring, H.-H., und Sontheimer, K. (Hg.): Handbuch, 1970, S. 544 - 547; Herzog, R.: "Zweikammersystem", in: Evangelisches Staatslexikon, 1966, Sp. 2587 - 2589; Langer, S. (Diss.): Die Entwicklung des Zweikammersystems in den wichtigsten europäischen Staaten, 1952; Schwarz-Liebermann von Wahlendorf, H.A.: Struktur und Funktion der sogenannten Zweiten Kammer, 1958.

d. Robert von Mohl

Einer der bedeutendsten Theoretiker des 19. Jahrhunderts im Rahmen der Entstehung moderner Volksvertretungen in Deutschland war zweifelsohne Robert von Mohl. Der gebürtige Stuttgarter gewann viele Anregungen aus der Lehre Zachariäs, die er jedoch nicht übernahm, sondern in wesentlichen Aspekten kritisierte. Er fand einen eigenen Ansatz, indem er als erster deutscher Theoretiker den Weg zur Überwindung des konstitutionellen Dualismus in einer klar konzipierten Parlamentarisierung erblickte.[1] In seinem langen und bis ins hohe Alter wissenschaftlich produktiven Leben erfuhr seine politische Theorie - durchaus in Verarbeitung der jeweiligen konkreten Zeitumstände - eine mehrfache Wandlung, die von einer pro-fürstlichen Bejahung der konstitutionellen Monarchie über eine entschiedene Kritik hin zur Entwicklung einer parlamentarischen Regierungsform bis zur Skepsis gegenüber dem Parlamentarismus bzw. einer letztlichen Resignation angesichts des antiparlamentarischen Bismarck-Kurses reichte.[2]

Im Zusammenhang einer politischen Ideengeschichte muß der Theorie Mohls gerade in der Wende vom monarchisch-ständischen Gedanken zur Parlamentarisierung große Aufmerksamkeit geschenkt werden. Die in Mohls letztem

---

[1] Mohl, geboren am 17.8.1799 in Stuttgart, studierte von 1817 bis 1821 Jurisprudenz in Tübingen und Heidelberg. 1846 wurde er nach mehreren Anläufen in den württembergischen Landtag gewählt. 1847 ereilte ihn ein Ruf an die Universität Heidelberg, 1848 war er in Vorparlament und Paulskirche engagiert und tat sich als Abgeordneter des linken Zentrums in der "Fraction" des Württemberger Hofs" vor allem durch die Ausarbeitung einer Geschäftsordnung hervor. Einstimmig wurde er in den Verfassungsausschuß gewählt, und im August 1848 ernannte ihn der Reichsverweser zum Reichsjustizminister. 1849 spielte er die bedeutendste Rolle seiner politischen Karriere, obwohl er auch nach dem Scheitern der Paulskirche noch in vielen Ämtern aktiv war. Er vertrat die Universität Heidelberg in der ersten Kammer des badischen Landtags, wurde auch deren Präsident. Von 1866 bis 1871 war er badischer Gesandter am bayerischen Hof. 1871 erhielt er den Adelstitel. Von 4. auf 5.11.1875 starb er in Berlin. Wissenschaftlich leistete Mohl vor allem 1850 bis 1869 Hervorragendes. S. Beitrag von Marquardsen in: ADB, 22. Bd., 1885, S. 745 - 758; Beyme, K.v. Einleitung, in: Ders. (Hg.): Robert von Mohl, 1966, S. VIII - XII.

[2] Boldt, H.: Deutsche Staatslehre im Vormärz, 1975, S. 234, unterscheidet sechs Entwicklungsstufen in Mohls Schaffen; ausführlich S. 233 - 262.
Ausführliche Bibliographie der Werke von und über Mohl bei Beyme, K.v. (Hg.): Robert von Mohl, 1966, S. 315 - 317.

Lebensjahrzehnt erfolgte "allgemeine Akkommodation"[3] an die ursprünglich heftig bekämpften Realitäten Bismarcks spielt innerhalb eines vormärz- theoretischen Abrisses keine Rolle.

Genoß zu Mohls Lebzeiten sein Werk über die Polizeywissenschaften[4] größtes Ansehen, finden heute seine zahlreichen Schriften über die Repräsentativverfassung immer mehr Beachtung,[5] zumal sie rückblickend Mohl als einen bahnbrechenden Denker über die politischen Begriffe von Repräsentation und Parlamentarismus charakterisieren. Mit diesen Themen - der Württemberger setzte sich zeit seines langen Lebens damit auseinander - erfuhr er innerhalb der Geschichte des politischen Denkens in Deutschland bleibende Bedeutung.

---

[3] So Boldt, H.: Deutsche Staatslehre im Vormärz, 1975, S. 261, der die Wende Mohls mit theoretischer Skepsis angesichts der für ihn unerwarteten Stärke des Deutschen Reichs und realpolitischem "Sich-Abfinden" mit der gegebenen Funktionsfähigkeit des monarchisch-konstitutionellen Staates begründet.

[4] Mohl, R.v.: Die Polizey-Wissenschaft nach den Grundsätzen des Rechtsstaates, 3 Bde., Tübingen 1831 (2. Aufl., 1844; 3. Aufl., 1866). Ausführlich hierzu: Maier, H.: Die ältere deutsche Staats- und Verwaltungslehre, 2. neubearb. und erg. Aufl., 1980 (1. Aufl., 1966), S. 219 - 233; Bark, A.: Robert von Mohl, in: Sattler, M.J. (Hg.): Staat und Recht, 1972, S. 36, urteilt, daß dank Mohls Polizeiwissenschaft der Humboldtsche Nachtwächterstaat "wachgerüttelt" worden sei; kritisch zu betrachten: Klein, M. (Diss. iur.): Robert von Mohls Beitrag zur Entwicklung des modernen Polizeibegriffs, 1949, S. 27: Es ist eine völlige Fehleinschätzung der Auffassung Mohls, wenn Klein behauptet, er habe sich bereits ab seiner Dissertation mit der "auf demokratischer Grundlage aufbauenden konstitutionellen Verfassungsform befaßt und in ihr überhaupt das Vorbild einer Verfassung erblickt".
S. auch die Antrittsvorlesung an der Universität Tübingen von Friedrich Hack: Ueber den Staatsbegriff, in: ZfgSt 27/1871, S. 473 - 489, in der Hack - die Idee des Rechtsstaates bejahend, mit Stolz betont, ein Nachfolger Mohls zu sein.
Beachte die Rolle Mohls als Bibliotheksleiter von 1836 - 1844; Ehrle, P.M.: Robert von Mohl als Leiter der Tübinger Universitätsbibliothek, 1975, S. 1 - 4; Schule, W.P.: Gelehrtenwirtschaft hinter Schloß und Riegel, 1976, S. 95 - 102.

[5] Beachte das Spätwerk Mohls: Die geschichtlichen Phasen des Repräsentativ-Systems in Deutschland, in: ZfgSt, 27/1871, S. 1 - 69, in dem Mohl sechs verschiedene Entwicklungsstufen der Repräsentativ-Verfassung aufzeigt und - fast prophetisch prognostizierend - vorhersagt, daß zweifelsohne "auf längere Sicht hin die Repräsentativ-Verfassung die allgemeine Staatsform in Deutschland bleiben" werde und "zwar in fortschreitender demokratischer Richtung" "in der Form parlamentarischer Mehrheitsregierung" (S. 69).
S. die ausführliche Einleitung v. Beymes zu der von ihm herausgegebenen Quellensammlung: Robert von Mohl. Politische Schriften, 1966, S. XLII; ders.: Repräsentatives und parlamentarisches Regierungssystem, in: Rausch, H. (Hg.): Die geschichtlichen Grundlagen, Bd. 2, 1974, S. 413 - 416.
Zur repräsentativen Monarchie s. Mohl, R.v.: Encyklopädie, 2. Aufl., 2. Ausg., 1872, S. 208, Anm. 3.

Schon seine Dissertation[6] von 1821 beschäftigte sich mit der Repräsentativverfassung. Zu dieser Zeit war Mohl noch ganz dem Konstitutionalismus zugetan. Das in den zwanziger Jahren des 19. Jahrhunderts zentrale Thema einer Interpretation des Artikels 13 der Bundesakte stand auch in dieser Doktorarbeit im Mittelpunkt. Entschieden widersprach Mohl der Auffassung Friedrich von Gentz' und der Konservativen, daß moderne Repräsentativverfassung mit Volkssouveränität identisch sei.

Sechzehn Jahre später setzte sich Mohl mit der Frage der "Verantwortlichkeit der Minister in Einherrschaften mit Volksvertretung"[7] auseinander, kam allerdings zu einer negativen Antwort. Während er sich damit noch klar gegen eine parlamentarische Regierung aussprach, offenbart diese Schrift aus dem Jahr 1837 doch einen wichtigen Schritt nach vorne in seinen theoretischen Überlegungen. Erstmals stellte er die Frage in den Raum, ob der gesetzlich verankerte Dualismus von Regierung und Fürst "einer richtigen Idee des Staatslebens"[8] entspreche.

In seinem ersten größeren Werk, dem zweibändigen "Staatsrecht des Königreichs Württemberg" von 1829/30,[9] bekannte sich Robert Mohl dezidiert zum monarchischen Prinzip. Er bejaht die "heilige und unverletzliche" Position des Königs und rechtfertigt dessen besonderen gesetzlichen Schutz damit, daß die Achtung der fürstlichen Person - im Hinblick auf das "allgemeine Beste" -

---

[6]Mohl, R. (Diss.): Discrimen ordinum provincialium et constitutionis repraesentativae, Tübingen 1821.
Hierzu s. Brandt, H.: Landständische Repräsentation, 1968, S. 242 - 243; Beyme, K.v.: Einleitung, in: Ders. (Hg.): Robert von Mohl, 1966, S. XXVIII.

[7]Mohl, R.: Die Verantwortlichkeit der Minister in Einherrschaften mit Volksvertretung, rechtlich, politisch und geschichtlich entwickelt, Tübingen 1837. - Abdruck hieraus über "Die Nothwendigkeit eines gerichtlichen Schutzes für eine Repräsentativ-Verfassung" in: Beyme, K.v. (Hg.): Robert von Mohl, 1966, S. 41.

[8]Mohl, R.: Die Verantwortlichkeit der Minister, 1837, S. 5. S. auch Bark, A.: Robert von Mohl, in: Sattler, M.J. (Hg.): Staat und Recht, 1972, S. 26 - 28; Beyme, K.v.: Einleitung, in: Ders. (Hg.): Robert von Mohl, 1966, S. XXIX; Angermann, E.: Robert von Mohl, 1962, S. 390 - 395.

[9]Mohl, R.: Das Staatsrecht des Königreiches Württemberg, 2 Bd., Tübingen 1829/30, 2. Aufl. 1840. Beachte auch die umfangreiche Darstellung zu Württembergs Landtag von Brandt, H.: Parlamentarismus, 1987.

"unmittelbar mit Erhaltung der Ordnung im Staate" zusammenhänge.[10] Trotz dieser exponierten Stellung des Königs sei die "Aufstellung gewisser Schranken" erforderlich. Mohl erkennt also mögliche Gefahren und spricht sich für eine "Vorsichtsmaaßregel" aus, die zum einen in der "Verantwortlichkeit der Minister", zum anderen in der Existenz einer "Versammlung von Unterthanen" aus, der durch die Verfassung gewisse Rechte eingeräumt werden.[11]

Die Rechte einer Volksvertretung werden eindeutig negativ im Sinne einer Verhinderung des Mißbrauchs der Staatsgewalt formuliert. Keineswegs bestehe der Kompetenzbereich der Volksvertretung in einer echten Mitsprache oder Mitwirkung:

> "Vertheidigung der sämmtlichen Volksrechte gegen etwaige Angriffe der Regirung ist somit der Zweck der Stände-Versammlung. Sie ist das Organ des Volkes hierzu, muß als solches von der Regirung angehört und beachtet werden, und nie kann ihrer Verwendung für ein von der Regirung verletztes Volksrecht die Einrede entgegengesetzt werden, daß sie ihre Befugnisse überschreite. Sie ist aber auch das nothwendige und das einzige Organ."[12]

Aus diesem "ausschließlichen Auftrage", die Volksrechte zu verteidigen, resultiert Mohls Haltung *gegen* ein imperatives Mandat.[13] Keinem Ständemitglied dürfe eine "Instruction" erteilt werden. Der einzelne Abgeordnete sei "nach dem Systeme der Volksvertretung nicht der Abgeordnete des einzelnen Wahlbezirkes, sondern der des ganzen Landes". Repräsentation und freies Mandat gehören nach Mohl zusammen, denn:

> "Das Volk hat durch Annahme der bestehenden Verfassung mit einziger Ausnahme der Wahlen an jedem unmittelbaren Antheile an Staatsangelegenheiten verzichtet, und dieselben lediglich an seine Stellvertreter übertragen."[14]

---

[10] Zit. aus Mohl, R.v.: Das Staatsrecht des Königreiches Württemberg, 1. Bd., 2. Aufl., 1840, S. 187 und 190.

[11] Mohl, R.v.: Das Staatsrecht des Königreiches Württemberg, 1. Bd., 2. Aufl., 1840, S. 186 und 188; ders.: Encyklopädie, 2. Aufl., 2. Ausg., 1872, S. 237.

[12] Zit. n. Mohl, R.: Das Staatsrecht des Königreichs Württemberg, 18.., 1. Bd., 2. Aufl., 1840, S. 535 - 536. - S. auch im späteren Werk "Encyklopädie", 2. Aufl., 2. Ausg., 1872, S. 237.

[13] Hierzu auch: Müller, Chr.: Das imperative Mandat, 1966.

[14] Zit. n. Mohl, R.v.: Das Staatsrecht des Königreiches Württemberg, 1. Bd., 2. Aufl., 1840, S. 537.

Eine "Versammlung von Männern" befürwortet Mohl einzig aus, wie er sich ausdrückt, "Klugheitsrücksicht":

> "Von einem Mitregiren des Volkes, von einer Theilnahme an der Staatsgewalt, oder gar von Abtretung eines Theiles derselben an den Staat ist dabei keine Rede".[15]

Mohl findet großes Lob für die Verfassung des Königreiches Württemberg, in der die Repräsentativ-Monarchie entsprechend der "Forderungen des Art. 57 der Wiener Schluß-Acte vollkommen"[16] erfüllt worden seien. Ein überdeutliches Ja zum monarchischen Prinzip:

> "Der Grundsatz bleibt immer, daß in der Einherrschaft mit Volksvertretung dem Könige die gesammte Staatsgewalt und ihre Anwendung im einzelnen Falle bleibt, und daß die Volksvertreter nur zur Verhinderung von verfassungswidrigen Mißbräuchen und zu Vorstellungen befähigt sind."[17]

Interessant ist freilich schon an dieser frühen Schrift, daß Mohl *nicht* der "vergeblichen Selbsttäuschung" unterliegt, daß die in Württemberg praktizierte und seiner theoretischen Vorstellung entsprechende Verfassung völlig ideal sei. Er erkennt die in dieser Konstruktion angelegten Fehler, die der Dualismus impliziere, baut jedoch seine kritischen Gedanken noch nicht aus, sondern tut dieses Negativum mit der lapidaren Floskel "sey dem nun aber wie ihm wolle" ab.[18]

---

[15] Zit. n. ebda., 1. Bd., 2. Aufl., 1840, S. 533.

[16] Zit. n. ebda., 1. Bd., 2. Aufl., 1840, S. 535 und 538, Anm. 3.

[17] Zit. n. ebda., 1. Bd., 2. Aufl., 1840, S. 533.

[18] S. Mohl, R.v.: Das Staatsrecht des Königreiches Württemberg, 1. Bd., 2. Aufl., 1840, S. 534 - 535.
Durchdachter hierzu in seiner Rezension von fünf zeitgenössischen Werken: Schriften über constitutionelles Staatsrecht, in: ZfgSt, 27/1871, S. 251 - 283. S. auch Boldt, H.: Deutsche Staatslehre im Vormärz, 1975, S. 125; ders.: Zwischen Patrimonialismus und Parlamentarismus. Zur Entwicklung vorparlamentarischer Theorien in der deutschen Staatslehre des Vormärz, in: Ritter, G.A. (Hg.): Gesellschaft, Parlament und Regierung 1974, S. 86.
Zur Verfassungswirklichkeit und den in der ersten Hälfte des deutschen Vormärz praktizierten "quasi-parlamentarischen Formen" (Brandt, S. 118) s.: Brandt, H.: Gesellschaft, Parlament, Regierung in Württemberg 1830 - 1840, in: Ritter, G.A. (Hg.): Gesellschaft, Parlament und Regierung. Zur Geschichte des Parlamentarismus, 1974, S. 101 - 118. Beachte auch den Beitrag von Cordes, G.: Württembergischer Landtag bis 1918, in: Blickle, P. u.a.: Von der Ständeversammlung zum demokratischen Parlament. Die Geschichte der Volksvertretungen in Baden-Württemberg, 1982, S. 123 - 135. Cordes befaßt sich eingehend mit der im Schatten der Regierung stehenden Position der Landstände, denen es auch im Zuge der Karlsbader Beschlüsse weniger darauf ankam, "die Politik mitzubestimmen als vielmehr die Rechte der Staatsbürger gegenüber Regierung und Bürokratie zu sichern und damit einen möglichst großen Freiheitsbereich zu gewährleisten" (S. 131).

Mohls Auffassung von konstitutioneller Monarchie zeigt sich gerade in der Kompetenzverteilung im Rahmen der Gesetzgebung. Ausdrücklich bejaht er die Staatsform der "repräsentativen Monarchie". Er sieht sie 1829 bereits darin realisiert, daß der Monarch zwar allein das Recht der Gesetzesinitiative, also das Recht der "Entwerfung und Bekanntmachtung" der "allgemeinen Normen" besitzt, doch "im Interesse der Unterthanen", "damit nicht Leidenschaft, übler Wille, Unkenntniß des Staatsoberhauptes die Gesetze zum Nachtheile der Bürger einrichten," "irgend ein Veto bestehen" müsse.[19]

Wie sieht nach Mohl demnach der Anteil der Ständeversammlung an der Gesetzgebung aus? Einerseits stehe der Volksvertretung das Recht der Petition und Beschwerde zu. Hier können die Mitglieder der Versammlung "so ausführlich, als sie irgend wünschen, ihre Ansicht über den an sie mitzutheilenden Gesetzes-Entwurf" äußern. Deshalb erscheint es Mohl als lediglich formale Haarspalterei und völlig unwichtig, ob die Stände de facto das Recht der Initiative besitzen oder nicht. Andererseits besitzt die Versammlung das Recht, "Änderungen in den ihr mitgetheilten Gesetzesentwürfen zu treffen und dem Könige zur Annahme vorzulegen" - wenngleich es allein im Ermessen der Regierung liegt, diese Änderungswünsche zu akzeptieren.[20] Recht naiv vertraut Mohl darauf, daß die Volksvertretung, obwohl die Regierung nicht einmal genötigt ist, eine Petition zu beantworten, "trotz dieser positiven Hindernisse Einfluß und Kraft genug" besitze, "um gerechte und standhaft verfolgte Bitten und Beschwerden endlich durchzusetzen."[21]

Robert von Mohl durchlief mehrere Entwicklungsstufen, doch ist mit *Boldt* und entgegen der Thesen von Mohls Biograph *Angermann* festzustellen,[22] daß der Theoretiker

---

[19]Zit. n. Mohl, R.v.: Das Staatsrecht des Königreiches Württemberg, 1. Bd., 2. Aufl., 1840, S. 193 - 195.

[20]Ebda., 1. Bd., 2. Aufl., 1840, S. 617 - 621.

[21]Zit. n. ebda., 1. Bd., 2. Aufl., 1840, S. 692.

[22]S. Boldt, H.: Deutsche Staatslehre im Vormärz, 1975, S. 256 - 257; anders: Angermann, E.: Robert von Mohl, 1962, 408 - 410.

zwischen den Begriffen Konstitutionalismus im Sinne des monarchischen Prinzips und Parlamentarismus keine unversöhnliche Diskrepanz sah. Zwischen diesen beiden Termini existierte für Mohl kein Antagonismus, wohl aber nannte er die Alternative: "Monismus versus Dualismus". Stets ging es Mohl um die Einheit des Staates. Diese zu wahren, obgleich die Probleme innerhalb des dualistisch aufgebauten Konstitutionalismus evident waren, stellte die Absicht seiner theoretischen Bemühungen dar.

Keineswegs kann Robert von Mohl als Demokrat gelten, wie auch sein in der Tat "monarchischer Parlamentarismus" seinen Ursprung nicht in der Reflexion über eine Selbst- oder zumindest Mitbestimmung des Volkes im Staat besaß.[23] Im Gegenteil, nach Mohl bedeuten Monarchie und Parlamentarismus zwei sich ergänzende, durchaus verbindbare Prinzipien. Mohl, der das Problem der Einheit des Staates eingedenk der demokratischen Zeitströmungen mittels einer parlamentarischen Regierungsweise zu lösen versucht, stellt damit ein Modell auf, das als Höhepunkt und zugleich Abschluß des vormärzlichen Liberalismus bezeichnet werden kann.[24]

1846 veröffentlichte Mohl - methodisch, modern gesprochen, nach Art der Vergleichenden Politikwissenschaft - den bedeutenden Aufsatz "Über die verschiedene Auffassung des repräsentativen Systemes in England,

---

[23] Boldt, H.: Deutsche Staatslehre im Vormärz, 1975, S. 258. Deshalb kann, so Boldt, S. 256, Mohl auch nur bedingt, nämlich in seiner Bejahung des parlamentarischen Prinzips, als "Antipode Stahls", wie Angermann, a.a.O., S. 408, ihn sieht, betrachtet werden. Vielmehr ergibt sich aus der Kenntnis der Lehre Karl Salomo Zachariäs ein besseres Verständnis der Theorie Mohls; s. Boldt, a.a.O., S. 258, Anm. 177.

[24] So auch Hartmann, V.: Repräsentation in der politischen Theorie und Staatslehre in Deutschland, 1979, S. 98 - 115, v.a. 113. Hartmann ist sich freilich des Problems bewußt, seine Aussagen bezüglich der liberalen Staatslehre des Vormärz lediglich auf Dahlmann, Rotteck und Mohl zu stützen. Wohl eine Überbewertung erfährt Mohl, wenn er (S. 28) als der "einzige namhafte Theoretiker" bezeichnet wird, der das parlamentarische Modell vertrat. Hartmann verkennt hier die Bedeutung K.S. Zachariäs; s. in dieser Arbeit S. 120 - 129.
Zu verwirrend und oft ungenau der Artikel "Parlament, parlamentarische Regierung, Parlamentarismus" von H. Boldt in: Brunner/Conze/Koselleck (Hg.): Geschichtliche Grundbegriffe, Bd. 4, 1978, S. 649 - 676, v. a. S. 664 und 670. Die Schwäche dieses Beitrags liegt großenteils darin, daß Boldt, obwohl er sich bewußt ist, daß ein "parlamentarisches" Verständnis im Vormärz von einem "konstitutionellen" schwer zu scheiden ist (S. 664), den Begriff dennoch in ein systematisches Schema zu pressen versucht.

Frankreich und Deutschland", in dem er zwar nicht explizit das parlamentarische Prinzip favorisiert, jedoch herbe Kritik am bestehenden deutschen Konstitutionalismus übt.[25] Mohl prangert insbesondere den unglücklichen Dualismus von Regierung und Volk an und bedauert die "mangelhaften Bedingungen einer freien Entwickelung".[26]

1852 erschien - bereits geprägt von den Erlebnissen der gescheiterten Paulskirche, für deren Verwirklichung sich Mohl mit aller Kraft vergebens eingesetzt hatte - der fast hundert Seiten umfassende Aufsatz "Das Repräsentativsystem, seine Mängel und Heilmittel",[27] den er in Form von "Politischen Briefen eines Altliberalen" zunächst noch anonym publizierte. In dieser Schrift findet sich erstmals konkret Mohls Bekenntnis zum parlamentarischen Prinzip, womit sich der Liberale, ohne Stahl zu erwähnen, deutlich gegen die Auffassung des konservativen Theoretikers über eine parlamentarische Regierung aussprach. Zugleich wird deutlich, daß Mohl keineswegs als Befürworter der Demokratie betrachtet werden kann.

Seine Vorstellung von parlamentarischer Monarchie zeichnet ein Bild vom Fürsten, wie es identischer mit Benjamin Constants "pouvoir neutre" nicht sein könnte - obwohl der französische Liberale nicht genannt wird.[28]

Zwei Argumente sprechen, so Mohl, insbesondere nach den Ereignissen von 1848 gegen die Demokratie. Zum einen befürchte er, daß sie rasch in den "Communismus" umschlagen könne, zum anderen befriedige diese Staatsform

---

[25] In: Tübinger Zeitschrift für die gesammte Staatswissenschaft, Bd. 3, 1846, S. 451 - 495; gekürzt abgedruckt in: Mohl, R.: Staatsrecht, Völkerrecht und Politik, Bd. I, 1860, Nachdruck 1962, S. 33 - 65.
Bereits drei Jahre vorher äußerte sich ebenfalls komparativistisch: Bülau, F.: Der constitutionelle Staat in England, Frankreich und Teutschland, in: Neue Jahrbücher der Geschichte und Politik, 6. Jg., 1. Bd., 1843, S. 1 - 45.

[26] Staatsrecht, Völkerrecht und Politik, Bd. I, 1860, S. 49 - 54 und 59 - 64.

[27] In: DVS, 1852, S. 145 - 235; überarb. in: Staatsrecht, Völkerrecht und Politik, Bd. I, 1860, S. 366 - 458.

[28] Gall, L.: Benjamin Constant, 1963, S. 197. Vgl. den anderen Duktus bei Angermann, E.: Robert von Mohl, 1962, S. 395 - 396.

nicht die gesellschaftlichen Bedürfnisse, wie vielfach angenommen werde.[29] "Ungenügend" und obendrein "schädlich" sei jedoch auch die Entwicklung des "constitutionellen Systems" verlaufen, urteilt Mohl, der die "falsche Bildung der vertretenden Versammlungen" hervorhebt. Um dem Dualismus zwischen Fürst und Volksvertreter zu entgehen und die erforderliche "beständige Einheit im constitutionellen Staate" zu erhalten, gebe es nach Mohl trotz seiner klaren Einsicht in etwaige Nachteile nur zwei Lösungsmöglichkeiten: "Corruption oder parlamentarische Regierung". Wenn seine Auffassung richtig, d.h. am "trockenen und kalten Verstand" orientiert, sei,

"so steht in denjenigen Staaten, welche nun einmal für die repräsentative Regierung reif sind, den Fürsten nur die Wahl offen zwischen einem allmähligen Hinabgleiten auf der schlüpfrigen und nicht sehr reinlichen Bahn der Corruption bis an den Rand eines sittlichen und politischen Abgrundes, und zwischen dem Fügen in das parlamentarische System, d.h. in eine wesentliche Beschränkung des persönlichen Willens und eine vielfache Selbstverläugnung."[30]

"Fehlerhaft" seien in der bisherigen Praxis, so Mohl, sowohl die Art der Bildung als auch die Zusammensetzung der Volksvertretung gewesen. Seine Kritik richtet sich vor allem darauf, daß wichtige und unabdingbar erforderliche Eigenschaften, "durch welche eine tüchtige Erfüllung der Aufgabe einer Ständeversammlung bedingt ist", nämlich "Kenntnis der zu vertretenden Verhältnisse und Eifer von Seiten der Mitglieder", nicht vorhanden seien. Mit höchster Wahrscheinlichkeit erreiche die Volksvertretung jedoch diese Prädikate,

"wenn die Mitglieder persönliche Beziehungen zu den von ihnen zu vertretenden Rechten und Interessen haben."[31]

Während sich in den Volksvertretungen nur zwei Gruppen der Gesellschaft befänden,

---

[29] S. Staatsrecht, Bd. I, 1860, S. 388.

[30] Staatsrecht, Bd. I, 1860, S. 392 - 404, zit. n. S. 404.

[31] Zit. n.: Staatsrecht, Bd. I, 1860, S. 408 - 409.

"Einmal laute, um nicht zu sagen vorlaute, Tadler der Regierung; gewöhnlich Advokaten oder sonstige missgelaunte Studirte. Zweitens aber knechtische Anhänger der Regierung; abhängige Beamte, oder die es werden wollen."[32]

entdecke man nur äußerst selten Fabrikanten, Kaufleute oder Handwerker, so daß festgestellt werden müsse, daß in der bestehenden Zusammensetzung der Volksvertretung, die nach Mohl "nicht einmal mit einem Kartenspiele" zu vergleichen sei, die Repräsentation aller "irgendwie im Stiche gelassen" worden sei.[33]

Das ist ja eben das Unglück, dass jetzt nur *einzelne* Sonderverhältnisse eigens vertreten sind, und zwar solche, um welche es, in der Hauptsache wenigstens, kein grosser Schaden wäre, wenn auch gar nicht bestünden, die wahren und grossen gesellschaftlichen Kreise dagegen nicht."[34]

Mohl stellt die Frage nach den "großen Uebelständen unserer Zeit" und sieht die Antwort darin, "dass der Staat die Interessen grosser Lebenskreise nicht zu ordnen und nicht zu fördern weiss."[35] Das Repräsentativsystem, das Mohl aufbaut, ist nur zu verstehen, wenn seine Theorie von der Gesellschaft bekannt ist. Er negierte strikt Hegels Denken[36] und postulierte eine klare Trennung von Staat und Gesellschaft, lehnte die Vorstellung einer atomistischen Gesellschaft ab und sprach sich auch gegen eine korporative Auffassung im Sinne eines an das imperative Mandat gebundenen Ständetums aus. Ohne also von derartigen Ideologien vereinnahmt werden zu können, ist doch zu konstatieren, daß Mohl durch seine Betonung der individuellen Berufsinteressen zu einer Frühform der "berufsständischen Auffas-

---

[32]Zit. n.: Staatsrecht, Bd. I, 1860, S. 409.

[33]S. Staatsrecht, Bd. I, 1860, S. 412 - 413.
Beachte in diesem Zusammenhang als Exempel die Zusammensetzung von Bayerns zweiter Kammer seit 1946, des Senates, der, ganz im Sinne von Mohls Vorstellung von Repräsentation ("Rücksicht auf die Zustände und die Bedürfnisse der Gesellschaft", S. 414), nach Art. 34 BV die "Vertretung der sozialen, wirtschaftlichen, kulturellen und gemeindlichen Körperschaften des Landes" ist.

[34]Zit. n.: Staatsrecht, Bd. I, 1860, S. 410.

[35]Zit. n.: Staatsrecht, Bd. I, 1860, S. 413.

[36]Hierzu Jaeschke, W.: Die Vernünftigkeit des Gesetzes. Hegel und die Restauration im Streit, in: Lucas, H.-Ch., und Pöggeler, O. (Hg.): Hegels Rechtsphilosophie, 1986, S. 221 - 227.

sung" von Repräsentation gelangte.[37] Er maß der pluralistischen Gesellschaft große Bedeutung bei. Um zwischen den verschiedenen Gruppen einen Ausgleich zu ermöglichen, müsse dieser Interessenvielfalt in einer entsprechenden Zusammensetzung der Volksvertretung Rechnung getragen werden.[38] Nach Mohl müsse "jedem einzelnen gesellschaftlichen Kreise eine eigene Vertretung" gegeben werden, wobei er "Kreis" wie folgt definiert:

> "Ein solcher Kreis ist vorhanden, wenn ein bleibendes und wichtiges Interesse den Mittelpunkt gemeinschaftlicher Zustände und Forderungen an den Staat ist; es können somit geistige und sachliche Interessen, im letztern Falle der Besitz und der Erwerb, der Kern eines Kreises sein."[39]

Eine richtige Bildung der Volksvertretung ist nur möglich, wenn das Repräsentativsystem dreistufig aufgebaut sei. Als erste "Art von vertretenden Versammlungen" hebt Mohl die "Sondervertretungen" der in der Verfassung eigens genannten gesellschaftlichen Kreise hervor. Dieser folgen die "zusammengesetzten Vertretungen", die sich mit Themen beschäftigen, die mehrere Sondervertretungen, die wiederum entsprechende Ausschüsse dorthin entsenden, tangieren. Die "Vereinigung sämmtlicher Sondervertretungen" bzw. die "Ausschüsse sämmtlicher Sonderversammlungen bilden schließlich die

---

[37] Hierzu s. Beyme, K.v.: Einleitung, in: Ders. (Hg.): Robert von Mohl, 1966, S. XXXIV, der die Problematik des Terminus "berufsständisch" beleuchtet; s.a. S. XXIV. S. auch Angermann, E.: Robert von Mohl, 1962, S. 423 - 427 und 438 - 439.
S. auch Mohls Zeitgenosse Winter, A.: Die Volksvertretung, 1852, S. 58, der sich für berufsständische, "organische" Repräsentation ausspricht, da der Mann "in seiner Hauptthätigkeit seinem Berufe" angehöre.
Beachte Herrfahrdt, H.: Das Problem der berufsständischen Vertretung von der französischen Revolution bis zur Gegenwart, 1921; Zacher, H.F. (Diss.): Die Erneuerung des parlamentarischen Systems, 1952/53, S. 15 - 23; Gundlach, G.: Berufsständische Ordnung, in: Görres-Gesellschaft (Hg.): Staatslexikon, Bd. 1, 1957, Sp. 1124 - 1136; Weiler, R.: Berufsständische Ordnung, in: ebda., 7. Aufl., Bd. 1, 1985, Sp. 695 - 698; Rauscher, A.: Berufsständische Ordnung, in: Katholisches Soziallexikon, 2. Aufl., 1980, Sp. 245 - 251.

[38] Zu Mohls pluralistischem Parlaments-Konzept im Zusammenhang mit der Theorie einer gemischten Verfassung s. Wember, V.: Verfassungsmischung und Verfassungsmitte, 1977, S. 156 - 171.

[39] Zit. n.: Staatsrecht, Bd. I, 1860, S. 416. Zur spezifischen Terminologie Mohls, der mit zunehmender Sensibilisierung der sog. "sozialen Frage" und der Rolle des sog. "vierten Standes" statt der Bezeichnung "Stände" den Begriff "gesellschaftliche Kreise" verwendet, s. Angermann, E.: Robert von Mohl, 1962, S. 347 - 348.

"allgemeine oder Gesammtvertretung".[40]

Welche Kompetenzen besitzt nun die "Gesammtvertretung"? Sie tritt in Erscheinung, nachdem in den beiden übrigen Repräsentationsformen "eine gewisse Vorklärung der Gruppeninteressen erfolgt"[41] ist - Vorläufer der heutigen Verbände also. Die Gesamtvertretung, deren Repräsentanten im Besitz des freien Mandats sind, beschäftigt sich mit "allen Verfassungsfragen", "insbesondere Alles, was sich auf Regierungsrecht, Thronfolge, Civilliste, Rechte und Form der Vertretung bezieht."[42] Die Organisation der Verwaltung, die Aufstellung und die wichtige Kontrolle des Staatshaushalts sowie die "gesammte Gesetzgebung für die Rechtspflege" zählen ebenso zu den Rechten der gesamten Volksversammlung wie die Wahrung der allgemeinen Freiheitsrechte.[43]

Dieses Modell einer Repräsentativverfassung, deren Organisation und Verhandlungen in allen drei Arten "nach dem üblichen parlamentarischen Brauche" stattfinden, demonstriert die durchaus pragmatische, an Realitäten orientierte, der Logik und Vernunft verschriebene Haltung Mohls, der zwar seiner Repräsentationsidee Vorstellungen von "Interesse" und "Sondervertretung" angliedert, jedoch alle zentralen Aufgaben des Staates der Gesamtvertretung beimißt, deren oberste Autorität er anerkennt:

> "Die Beschlüsse der Gesammtvertretung sind unter allen Umständen endgültig, und werden niemals den einzelnen Sondervertretungen zur Beurtheilung vorgelegt."[44]

---

[40] S. Staatsrecht, Bd. I, 1860, S. 417.

[41] So treffend Beyme, K.v.: Einleitung, in: Ders. (Hg.): Robert von Mohl, 1966, S. XXXV.

[42] Staatsrecht, Bd. I, 1860, S. 418.
Unter Zivilliste versteht man das durch die Verfassung dem König zugestandene Einkommen für seinen Haushalt und seine persönlichen Ausgaben.

[43] Weitere Kompetenzen: alle auswärtigen Angelegenheiten im Krieg und im Frieden, das Heerwesen, das gesamte Polizeiwesen inklusive der Sittenpolizei und die "allgemeinen Maassregeln zur Förderung des Vermögenserwerbes"; s. Staatsrecht, Bd. I, 1860, S. 418.

[44] Zit. n.: Staatsrecht, Bd. I, 1860, S. 419. Zur repräsentativen Monarchie s. Mohl, R.v.: Encyklopädie, 2. Aufl., 2. Ausg., 1872, S. 208, Anm. 3.

Festzuhalten bleibt, daß der Theoretiker Mohl, der an den Lehren von John Stuart Mill[45] und Jeremias Bentham[46] zwar die logische Methodik, nicht jedoch deren Utilitarismus bejahte, grundsätzlich als "positivistischer Empiriker"[47] zu betrachten ist. Zweck des Staates ist nach Mohl nicht allein der Nutzen. Die Pluralität des Staatszwecks offenbart sich im Rechtsstaat, der sich durch "Vernunftmäßigkeit und Haltbarkeit" auszeichnet. Zweck des Rechtsstaates sei es also, "das Zusammenleben des Volkes so zu ordnen, daß jedes Mitglied desselben in der möglichst freien und allseitigen Uebung und Benützung seiner sämmtlichen Kräfte unterstützt und gefördert werde."[48]

Von Beyme betonte zu Recht,[49] daß sich Mohls Ideen zur Repräsentativverfassung und zum parlamentarischen System, obwohl von Mohl in keiner Schrift ausdrücklich hervorgehoben, mit seiner Theorie von Polizeiwissenschaft und Rechtsstaat im Grunde supplierten. Mit *Franz Schneider* ist hervorzuheben, daß Mohls Ansatz, zwischen der herkömmlichen Polizeiwissenschaft und der liberalen Rechtsstaatsidee einen Ausgleich herbeizuführen, in der Verfassungswirklichkeit des 19. Jahrhundert scheiterte.

---

[45] Zu Mills Vorstellung einer Repräsentativverfassung und Mills Beitrag zum Parlamentarismus s. Schütt-Wetschky, E.: Grundtypen parlamentarischer Demokratie, 1984, S. 126 - 162; Unruh, G-Ch.v.: Der Staat, 1985, S. 74 - 76; Wember, V.: Verfassungsmischung und Verfassungsmitte, 1977, S. 146 - 152.

[46] S. Mohl, R.: Die Geschichte und Literatur der Staatswissenschaften, Bd. III, 1858, S. 366 sowie S. 590 - 635. Mohl urteilt: "Dieser oberste Grundsatz Bentham's ist der der Nützlichkeit, oder, wie er später es lieber ausdrückte, der Herstellung des grösstmöglichen Glückes für die grösstmögliche Anzahl." (S. 604) Diese Haltung Benthams sei nach Mohl zwar scharfsinnig und folgerichtig, aber keineswegs neu und objektiv durchdacht: "Mit einem Worte: als Philosophie des Staates ist die Nützlichkeitslehre unbrauchbar, aber als eine Anleitung zur Verbesserung höchst beachtenswerth" (S. 607). - S. auch Mohl, R.v.: Encyklopädie, 2. Aufl., 2. Ausg., 1872, S. 80; zu Mill s. Bark, A.: Robert von Mohl, in: Sattler, M.J. (Hg.): Staat und Recht, 1972, S. 40.

[47] Zit. n. Beyme, K.v.: Einleitung, in: Ders. (Hg.): Robert von Mohl, 1966, S. XIII.

[48] Zit. n. Mohl, R.v.: Die Polizei-Wissenschaft, 2. umgearb. Aufl., 1. Bd., 1844, S. 8; s.a. S. 6. - Beachte auch Mohl, R.v.: Encyklopädie, 2. Aufl., 2. Ausg., 1872, S. 71; ders.: Die Geschichte und Literatur der Staatswissenschaften, Bd. I, 1855, S. 227 - 262 zur Entstehung und Bildung des Rechtsstaates.

[49] Beyme, K.v.: Einleitung, in: Ders. (Hg.): Robert von Mohl, 1966, S. XX.

Mohls Vermittlungsversuch konnte nicht reüssieren. Das Recht reduzierte sich zu einer "bloßen Funktion der Macht".[50]

Mit Zunahme an Lebensjahren befürwortete Mohl immer mehr die Rolle der Parteien im Staat, wobei er unter Verkennung der spezifisch deutschen Situation das Zweiparteiensystem proklamierte.[51]

---

[50] Schneider, F.: Die politische Komponente der Rechtsstaatsidee in Deutschland, in: PVS 3, 1968, S. 342 - 343; so auch Böckenförde, E.-W.: Entstehung und Wandel des Rechtsstaatsbegriffs, in: Ders.: Staat, Gesellschaft, Freiheit, 1976, S. 65 - 72.

[51] Mohl, R.v.: Encyklopädie der Staatswissenschaften, 2. Aufl., 1872, S. 154. Zur Kritik an Mohls Haltung s. Beyme, K.v.: Einleitung, in: Ders. (Hg.): Robert von Mohl, 1966, S. XXXVIII - XL. S. schon Bülau, F.: Ueber Parteien und Parteigeist, in: Neue Jahrbücher der Geschichte und Politik, 6. Jg., 1. Bd., 1843, S. 289 - 324.

4. Das "Staatslexikon"

Die politische Ideengeschichte der Ausbildung moderner Volksvertretungen und der Abkehr von der traditionellen Legitimation des Gottesgnadentums erfuhr einen maßgeblichen "Entwicklungsschub" durch eine für den deutschen Raum neue, im Vormärz entstandene und gerade in dieser Zeit, in der die verschiedenen Strömungen des Liberalismus als Zeichen ihrer oppositionellen Haltung gegenüber der "Reaction" mit einer kritischen Staatslehre an die Öffentlichkeit traten, außerordentlich erfolgreiche Publikation: Gemeint ist "Das Staatslexikon" von Carl von Rotteck und Carl Welcker mit dem bezeichnenden Untertitel "Encyklopädie der sämmtlichen Staatswissenschaften für alle Stände".[1]

Entstanden nach einer Idee des liberalen Volkswirtschaftlers Friedrich List[2], war es das Ziel des 1834 mit einem ersten Band erstmals erschienenen Staatslexi-

---

[1] 1. Aufl.: "Staatslexikon oder Encyklopädie der Staatswissenschaften in Verbindung mit vielen der angesehensten Publicisten Deutschlands herausgegeben von Carl von Rotteck und Carl Welcker, Bd. 1 bis 15, Altona 1834 - 1843; Supplemente zur 1. Aufl., Bd. 1 bis 4, Altona 1846 - 1848.
2. Aufl.: Das Staats-Lexikon. Encyklopädie der sämmtlichen Staatswissenschaften für alle Stände. In Verbindung mit vielen der angesehensten Publicisten Deutschlands herausgegeben von Carl von Rotteck und Carl Welcker. Neue durchaus verbesserte und vermehrte Auflage, redigiert von Hermann von Rotteck und Carl Welcker, Bd. 1 bis 12, Altona 1845 - 1848.
3. Aufl.: Das Staats-Lexikon. Encyklopädie der sämmtlichen Staatswissenschaften für alle Stände. In Verbindung mit vielen der angesehensten Publicisten Deutschlands herausgegeben von Karl von Rotteck und Karl Welcker. Dritte, umgearbeitete, verbesserte und vermehrte Auflage. Herausgegeben von Karl Welcker, Bd. 1 bis 14, Leipzig 1856 - 1866.

[2] List (6.8.1789-30.11.1846), 1817 Professor für Volkswirtschaft in Tübingen, 1820 von der württembergischen Regierung amtsenthoben, Abgeordneter des württ. Landtages, 1822 wegen "staatsfeindlicher Aufreizung" verhaftet und nur durch die Zusage, nach Nordamerika auszureisen, freigelassen. 1830 Rückkehr nach Deutschland als amerikanischer Konsul, Förderer des deutschen Eisenbahnnetzes; s. Beitrag von Hirt in: ADB, 18. Bd., 1883, S. 761 - 778.
Der unglücklichen Rolle Lists bei der Entstehung des Staatslexikons sowie der charakterlosen Haltung Welckers im Umgang mit List geht unter Auswertung zahlreicher, von Enttäuschung gekennzeichneter Briefe Lists nach: Zehntner, H.: Das Staatslexikon (= List-Studien, Heft 3), 1929, S. 1 - 99; Beilagen S. 103 - 145; s. die eindeutige "pro-List-Haltung" Zehntners, u.a. S. 47.

kons,[3] durch leichtfaßliche Artikel über Staat, Politik und Wirtschaft eine Art breite Volksbildung zu ermöglichen. Mit den beiden durch ihre Schriften bereits populären und damit "zugkräftigen" Redakteuren Rotteck und Welcker[4] geriet das "Handbuch" jedoch sogleich in den Strudel der aktuellen Politik. Das Staatslexikon stellte von Anfang an ein "Parteibuch"[5] der vor 1848 oppositionellen Liberalen dar. *Zehntner* würdigt es zu Recht: "Seine Bedeutung für uns liegt darin, daß es, gerade mit allen seinen Schwächen, ein klares Spiegelbild einer immerhin bedeutsamen Periode in der politischen Geschichte Deutschlands darstellt: das Staatslexikon ist der aufschlußreichste geistig-literarische Niederschlag des deutschen vormärzlichen Liberalismus."[6]

Anhand des Staatslexikons kann die Aus- und Fortbildung politischer Begriffe in der "Sattelzeit" des theoretischen deutschen Vormärz deutlich gemacht werden. Termini der politischen Philosophie nach 1815, wie Volkssouveränität, Repräsentation oder Legitimation, aber auch Freiheit, Gleichheit, Grund- und Menschenrechte, offenbaren sich als "politisch hoch aufgeladene Reizbegriffe".[7] Die Fortschrittlichkeit des Staatslexi-

---

[3] Zum Liberalismus, den das Staatslexikon wie kaum eine andere Publikation verkörperte, s. Koch, R.: Deutsche Geschichte 1815 - 1848, 1985, S. 94 - 99; Schieder, W.: Probleme einer Sozialgeschichte des frühen Liberalismus, in: Ders. (Hg.): Liberalismus, 1983, S. 12, 17; Puchta, H. (Diss.): Die Entstehung politischer Ideologien im 19. Jahrhundert, dargestellt am Beispiel des Staatslexikon, 1972; Schieder, Th.: Das Verhältnis von politischer und gesellschaftlicher Verfassung und die Krise des bürgerlichen Liberalismus, in: HZ 177, 1954, S. 60; Ellwein, Th.: Das Erbe, 1954, S. 13 - 39 Fickert, A.: Montesquieus und Rousseaus Einfluß auf den vormärzlichen Liberalismus Badens, 1913; Ingersoll, D. and Matthews, R.K.: The Philosophic Roots of Modern Ideology: Liberalism, Communism, Fascism, 1986, S. 23 - 56; s. auch die Sammelbände Gall, L. (Hg.): Liberalismus, 3. Aufl., 1985; Schieder, W. (Hg.): Liberalismus, 1983.

[4] S. Gründungsvertrag des Staatslexikons zwischen Rotteck und Welcker und der zuständischen Buchhandlung vom 5. Februar 1834, abgedruckt als Beilage IV in: Zehntner, H.: Das Staatslexikon, 1929, S. 113 - 114.

[5] Zehntner, H.: Das Staatslexikon, 1929, S. 62.

[6] Zit. n.: Zehntner, H.: Das Staatslexikon, 1929, S. 99. Als "Vademecum des deutschen Frühliberalismus" bezeichnet Klötzer, W.: Die Ausstrahlung des Hambacher Festes, in: Stephenson, K., Scharff, A., Klötzer, W. (Hg.). Darstellungen und Quellen zur Geschichte der deutschen Einheitsbewegung, 4. Bd., 1963, S. 137, das Staatslexikon.

[7] Zit. n. Siemann, W.: Die Frankfurter Nationalversammlung, 1976, S. 7; s. auch S. 275 - 279.

kons, insbesondere auch die proklamierte Öffentlichkeit als Strukturprinzip des Repräsentativsystems,[8] läßt bei aller Vorsicht doch in manchen der besprochenen Schlagwörter eine Aktualität spüren.[9]

Ziel und Aufgabe des Staatslexikons brachte Rotteck im Vorwort zur ersten Auflage klar zum Ausdruck:

"(...)ein politisches Glaubensbekenntniß verkünden (...) ist ein Hauptzweck unsers Staats-Lexikon. Es soll die Grundsätze, die Richtungen, die Interessen der constitutionellen Monarchie, als der nach unsern historischen Verhältnissen vollkommensten Form des Staatslebens (...) aufstellen und ohne Rückhalt oder geheimen Vorbehalt aussprechen, was die mit dem Namen der liberalen oder constitutionellen bezeichnete Partei eigentlich will, wünscht, anspricht und fodert. (...) Sodann aber ist ein weiterer Zweck unsers Staats-Lexikon die möglichste Verbreitung oder Allgemeinmachung gesunder politischer Ansichten und Richtungen unter allen Classen der Gesellschaft".[10]

Rotteck und Welcker[11] sind nicht nur Redakteure der Enzyklopädie, sondern auch deren Hauptmitarbeiter. Bis zu Rottecks Tod 1840 waren bereits 600 der insgesamt 870 Artikel erschienen, und hiervon stammten allein 92 aus der Feder Rottecks. Mit über 170 Artikeln, also rund einem Fünftel des Gesamtwerkes, konnte Welcker, dessen schwülstiger Stil freilich nicht selten auf Kritik

---

[8] Dieterich, R. (Diss.): Die Funktion der Öffentlichkeit, 1970, S. 37 und 45; Böckenförde, E.-W.: Gesetz, 1958, S. 188 - 195.

[9] Dies zeigt Fiedler, W.: Das Parlaments-Album von 1849/50 und die Entwicklung des deutschen Parlamentarismus, in: ZParl, 16. Jg., 1985, S. 103 - 104, auf. Analog zum "Parlaments-Album", das die "wesentlichen geistigen und politischen Strömungen der ersten Jahrhunderthälfte kaleidoskopartig" wiedergibt, vermittelt das Staatslexikon ein vortreffliches Bild der politischen Terminologie der Theoretiker. Allgemein zum Aspekt der Veränderung s. Boldt, H.: Einführung in die Verfassungsgeschichte, 1984, S. 84 - 92.

[10] Zit. n.: Rotteck, K.: Vorwort zur ersten Auflage des Staats-Lexikons: Über den politischen Kampf unsers Jahrhunderts und die Aufgabe des Staats-Lexikon, 1834, Bd. 1, S. VII.
An der Hauptidee der "staatsbürgerlichen Repräsentativverfassung" hält auch Welcker fest: S. Vorwort 2. Aufl., Bd. 1, 1845, S. XI; Vorwort 3. Aufl., Bd. 1, 1856, S. XXII.

[11] Ausführlich zu Welcker s.: Müller-Dietz, H.: Das Leben des Rechtslehrers und Politikers Karl Theodor Welcker, 1968; Wild, K.: Karl Theodor Welcker. Ein Vorkämpfer des älteren Liberalismus, 1913.

stieß, aufwarten.[12] Die Mitarbeiter des Staatslexikons waren fast durchgehend Deutsche. Die Schweizer als einzige beteiligte ausländische Theoretiker symbolisieren sowohl durch ihre Beiträge als auch durch die Fülle an Artikeln, die das ausdrückliche Interesse an der Schweiz kennzeichnen, die ideologische Nähe zur Eidgenossenschaft. Sie galt als Bollwerk gegen den deutschen Konservativismus und gegen die Reaktion und damit als Zufluchtsstätte für in Deutschland verfolgte politische Geister.[13] Ein eifriger Mitarbeiter für das Staatslexikon seit 1834 war beispielsweise der Hesse Wilhelm Schulz-Bodmer, der von seiner Regierung in den dreißiger Jahren verfolgt und bis 1848 in Zürich, wo er sich habilitieren konnte, Unterschlupf fand.[14]

Die liberale Lehre des Vormärz stellte das "Glaubensbekenntnis"[15] des Staatslexikons dar. Bei aller Unterschiedlichkeit der Autoren war der gemeinsame Rahmen das Ja zur konstitutionellen Monarchie. Dieser theoretische Konsens kam neben den Vorworten beider Redakteure in allen Beiträgen zum Ausdruck. Der eifrige Mitarbeiter Georg Friedrich Kolb[16], einer der wenigen Autoren aus Bayern, würdigte, daß das "constitutionelle System" zwischen dem republikanischen-repräsentativen und dem "absolut-monarchischen" ein ideales "Mittel-

---

[12]Zu den Zahlenangaben s. Zehntner, H.: Das Staatslexikon, 1929, S. 36 - 37. Hatte die 1. Auflage lediglich 69 Autoren zu verzeichnen (S. 32), wirkten an der 3. Auflage, deren Verkaufserfolg auf grund veränderter politischer Umstände und wegen der nunmehrigen Existenz zahlreicher anderer Lexika drastisch sank, bereits 149 Mitarbeiter mit (S. 50). Zu den großen, willkürlichen Schwankungen der Beiträge (Anzahl der Beiträge pro Buchstabe im Alphabet; z.B. bei A: 112, bei S jedoch nur 67) s. die aufschlußreiche Tabelle auf S. 55, Anm. 3.

[13]Hierzu Zehntner, H.: Das Staatslexikon, 1929, S. 34 - 36. Vgl. Wende, P.: Radikalismus im Vormärz, 1975, S. 26, der die politische Emigration nach Frankreich oder in die Schweiz der radikalen Opposition zuschreibt, die er jedoch in Verkennung der Realitäten, wie Mitarbeiter des liberalen Staatslexikons beweisen, von der liberalen Bewegung separiert. Beachte auch die Studie über Norddeutschland von Husung, H.-G.: Protest und Repression im Vormärz, 1983.

[14]Zehntner, H.: Das Staatslexikon, 1929, S. 40; S. u.a. den Art. "Appenzell" von Schulz-Bodmer, 3. Aufl., Bd. 1, S. 621 - 627.

[15]Zehntner, H.: Das Staatslexikon, 1929, S. 61.

[16]Beachte die jüngste Studie zu Kolb von Haan, H.: Die Gesellschaftstheorie Georg Friedrich Kolbs zwischen Utopie und Ideologie, in: Schieder, W. (Hg.): Liberalismus, 1983, S. 74 - 94.

system" darstelle.[17]

Rotteck und auch Welcker, der sich bemüßigt fühlte, einige in der ersten Auflage des Staatslexikons veröffentlichte Artikel Rottecks später zu ergänzen, betonten, daß unter konstitutionellem System "die heutige repräsentative Verfassung der civilisirten und freien Völker"[18] zu verstehen sei. Die Repräsentation des gesamten Volkes habe durch freie Wahlen zu erfolgen; dann sei die Idee des "wahren Gesammtwillens" realisiert, dann entstehe aus einem Gewalt- ein Rechtsstaat.[19] Beide Autoren bejahen die "subjektive" Gewaltenteilung, was bedeute, daß die Volksrepräsentation die Hauptrolle bei der Gesetzgebung, die monarchische Regierung die Oberhand bei der Verwaltung besitze.[20] Die konstitutionelle Monarchie wird als "Heilmittel" aufgefaßt:

> "Möchten die Staatenlenker ja die Meinung nicht aufkommen lassen, es sei die Monarchie oder das monarchische Prinzip unverträglich mit Volksvertretung!"[21]

Obgleich in vielen Aussagen atypisch für die "gängige" liberale Haltung, finden sowohl Robert von Mohls als auch Karl Salomo Zachariäs Konzeptionen der

---

[17] Zit. n. Artikel "Repräsentatives, constitutionelles und landständisches System" von Georg Friedrich Kolb, in: Das Staatslexikon, 3. Aufl., Bd. 12, 1865, S. 495 (2. Aufl., 1848, Bd. 11, S. 514 - 521). - Im folgenden Zitate aus 2. und 3. Aufl..
S. auch Zehntner, H.: Das Staatslexikon, 1929, S. 62, 69, 79. Zehntner, S. 41, irrt freilich, wenn er behauptet, Kolb, Bürgermeister von Speyer und 1848 Mitglied des Deutschen Parlamentes, wäre der einzige am Staatslexikon mitwirkende Bayer gewesen. Zehntner übersah offensichtlich den Würzburger Josef Held, aus dessen Feder zahlreiche Beiträge stammen, z.B. "Legitimität", "Monarchie", "Plebiscit", "Souveränetät", "Staatsbürger".

[18] Art. "Constitution, Constitutionelles System" von Rotteck und Welcker, in: 3. Aufl., Bd. 4, 1860, S. 94 (2. Aufl., Bd. 3, 1845, S. 519 - 543).

[19] Art. "Constitution, Constitutionelles System", 3. Aufl., Bd. 4, S. 99. - Mit "freien Wahlen", im Verständnis der liberalen Theoretiker des deutschen Vormärz synonym mit "zensitär", einher geht die Ablehnung des feudalen Dreiständesystems. Wichtig seien nunmehr "die Unterschiede in vermögliche und unvermögliche Bürger und vollends in selbständige Familienväter und in persönlich abhängige Leute. Doch sind diese Unterschiede schwankend, wechselnd und particulär." Zit. aus Art. "Stand" von Welcker, 3. Aufl., Bd. 13, S. 721.

[20] Art. "Constitution, Constitutionelles System, 3. Aufl., Bd. 4, S. 100 - 101.

[21] Art. "Constitution, Constitutionelles System", 3. Aufl., Bd. 4, S. 106. S. auch Art. "Staat, Staatsverfassung" von Welcker, in: 3. Aufl., Bd. 13, S. 502 - 541.

Ministerverantwortlichkeit im "Staatslexikon" breiten Anklang.[22] Der Fürst sei unverantwortlich, die Abgeordneten freie Mandatare und nur "Gott oder ihrem persönlichen Gewissen" verantwortlich. Diese "blos moralisch-politische parlamentarische Verantwortlichkeit der öffentlichen ständischen Verhandlungen" reiche nicht aus, stellt Karl Welcker fest und folgert: "Somit bleibt zuletzt nur die strafgerichtliche Ministerverantwortlichkeit als der unentbehrliche Schlußstein der freien Verfassung übrig."[23] Die im repräsentativen System geltenden Prinzipien der Öffentlichkeit, verbunden mit der Redefreiheit, bedingen die "Unverantwortlichkeit der souveränen gesetzgebenden Gewalt".[24]

Völlige Transparenz stellt eine der Hauptforderungen der liberalen Staatslehre dar. Öffentlichkeit bedeutete ein staatsrechtliches Strukturprinzip, das in der Repräsentativverfassung das Element der Rechtsstaatlichkeit zum Ausdruck bringen sollte.[25] Für Welcker

> "besteht also die vollständige Öffentlichkeit im Politischen darin, daß alle Staatsangelegenheiten als dem ganzen Staat und allen seinen Bürgern gemeinschaftlich angesehen, mithin durch, möglichste Zulassung ihres Zusehens und Zuhörens, durch öffentliche Darlegung und durch die Freiheit aller Organe der öffentlichen Meinung allgemein bekannt gemacht"[26]

---

[22]Welcker bezeichnet Mohls Schrift über "Die Verantwortlichkeit der Minister in Einherrschaften mit Volksvertretung" von 1837 als "vollständiges scharfsinniges Werk" in: Art. "Verantwortlichkeit der Fürsten und der Minister", 3. Aufl., Bd. 14, S. 341. - Große Anerkennung finden im Urteil Welckers die diesbezüglichen Abhandlungen von K.S. Zachariä und J.L. Klüber in: Art. "Verantwortlichkeit der Landstände und der Mitglieder der Landstände", 3. Aufl., Bd. 14, S. 342 - 345. S. auch Zehntner, H.: Das Staatslexikon, 1929, S. 86 - 89.

[23]Zit. n. Art. "Verantwortlichkeit der Fürsten und der Minister", 3. Aufl., Bd. 14, S. 340. Zum freien Mandat s. auch Müller, Chr.: Das imperative und freie Mandat, 1966, S. 5 - 27.

[24]Art. "Verantwortlichkeit der Landstände", 3. Aufl., Bd. 14, S. 342 - 348, wobei Welcker seine theoretische Ansicht mit zahlreichen Beispielen aus der Praxis der bairischen und badischen Verfassung stützt.

[25]Dieterich, R. (Diss.): Die Funktion der Öffentlichkeit, 1970, S. 30 - 40, 45 - 46, spricht von einem "essential" der idealtypischen liberalen Repräsentativverfassung (S. 23); Böckenförde, E.-W.: Gesetz, 1958, S. 188 - 195, betont die liberale Rechtsstaatstheorie; s. auch Achterberg, N.: Die parlamentarische Verhandlung, 1979, S. 21 - 22, der hervorhebt, daß die meisten neueren Konstitutionen des Frühkonstitutionalismus die Sitzungsöffentlichkeit bereits eingeführt haben. Publizität am Beispiel Württembergs veranschaulicht Brandt, H.: Parlamentarismus, 1987, S. 215 - 231.

[26]Zit. n. Art. "Öffentlichkeit", 3. Aufl., Bd. 10, S. 744.

werden. "Wahre, zuverlässige Öffentlichkeit" existiere erst dann, wenn sich Legislative, Exekutive und Judikative gegenseitig ergänzen und kontrollieren und damit eine "Wechselwirkung" herbeiführen. Erst die Öffentlichkeit ermögliche es, daß die "tüchtigsten, einsichtsvollsten Männer" für eine Übernahme von Aufgaben im Staat entdeckt und ausgebildet werden.[27] Neben dem volkspädagogischen Sinn der Öffentlichkeit stehe im Vordergrund

"die allein durchgreifende sichernde Controle und Garantie gegen den Misbrauch, gegen nachlässige, untreue, verfassungswidrige Anwendung der politischen Gewalt der Regenten, Stände, Beamten und Bürger."[28]

In diesem Zeitalter der an Macht gewinnenden Volksvertretung ist es überfällig, dem althergebrachten Begriff der Autorität neu zu definieren. Grundsätzlich wertneutral, habe sich, so die Erkenntnis aus dem Mittelalter, die Herrschaft der Autorität keineswegs mit Weisheit, Tugend und Glück gepaart. Die Konservativen des 19. Jahrhunderts, allen voran Friedrich Julius Stahl, pervertieren, so der Vorwurf der Liberalen Welcker und von Rochau, die Terminologie, indem sie einerseits das unsinnige Schlagwort "Autorität, nicht Majorität" propagieren, um die Restaurationspolitik mit den "abgenutzten" Begriff von göttlichem Recht und Legitimität zu stützen, und andererseits nicht müde werden, "den bittersten Hohn über papierne Verfassungen und abstracte Staatstheorien auszugießen".[29]

Obwohl Autorität als moralisches und rechtliches Grundelement im Staat neben der Freiheit nach wie vor Gültigkeit besitze, taucht anbetracht des durch den Konservativismus negativen Duktus des Begriffs bei den liberalen Theoretikern die Forderung nach einem termino-

---

[27] S. Art. "Öffentlichkeit", 3. Aufl., Bd. 10. S. 751.

[28] Zit. n. Art. "Öffentlichkeit", 3. Aufl., Bd. 10, S. 753.

[29] S. Art. "Autorität" von Welcker, 3. Aufl.,Bd. 2, S. 89 - 90 und Art. "Autorität" von A. von Rochau, 3. Aufl., Bd. 2, S. 90 - 92; zit. n. S. 91 und 92.
Daß Stahl das vielzitierte Wort "Autorität, nicht Majorität" tatsächlich nie gesagt hatte, sondern daß dieses Schlagwort vereinfachend und verkürzt nach einer Parlamentsrede Stahls publiziert wurde, dies weist Eschenburg, Th.: Über Autorität, 1976, S. 116, nach.

logischen "Ersatz für die Autorität" auf. Autorität könne kompensiert werden

"in der Vaterlandsliebe, dem Nationalsinn, dem Gemeingeist, dem bürgerlichen Ehrgefühl, dem männlichen Stolze, der Freiheitsliebe und besonders der vernünftigen, auf Gründen ruhenden Überzeugung von der Ehrenhaftigkeit, dem guten Willen und der Fähigkeit der herrschenden Politik."[30]

Eschenburg analysiert treffend den von den Liberalen vor allem im "Staatslexikon" auf reine "gesetzgebende" Autorität reduzierten Begriff, der letztlich zum Rechtspositivismus führte. Als Autorität in der Demokratie stellt er "die auf Sachverständigkeit beruhende Autorität", die von der amerikanischen Soziologie "funktionale Autorität" genannt wird, heraus und sagt:

"Funktionale Autorität beruht also u.a. auf den Bemühungen des Bewerbers, andere von seiner Sachkunde zu überzeugen und sich dadurch ihr Legitimitätseinverständnis zu schaffen."[31]

Freiheit und Gleichheit stellten für den Liberalismus des 19. Jahrhunderts zentrale Begriffe dar. Nicht zufällig gilt, dies sei hier am Rande vermerkt, die Zeit zwischen 1815 und 1848 als die "erste Blüteperiode nachkorporativen Vereinswesens"[32] in Deutschland. Schon die frühkonstitutionellen Verfassungen hatten, wenngleich der Gedanke der allgemeinen Gleichheit noch fern lag, für konkrete Bereiche den Grundsatz der Gleichheit - z.B. die Gleichheit vor dem Gesetz oder vor der Steuer

---

[30]Zit. n. Art. "Autorität", 3. Aufl., Bd. 2, S. 92.

[31]Zit. n. Eschenburg, Th.: Über Autorität, 1976, S. 168; zu Unrecht, so betont er, werde heute das Wort Autorität gemieden und durch Begriffe wie Prestige oder Image ersetzt (S. 174). Zur Autoritäts-Theorie der vormärzlichen Liberalen und heute s. in dieser Arbeit S. 206 - 213 und S. 296 - 298.

[32]Zit. n. Brandt, H.: Ansätze einer Selbstorganisation der Gesellschaft, in: Böckenförde, E.-W: (Hg.): Gesellschaftliche Strukturen als Verfassungsproblem, 1978, S. 55. S. auch Müller, F.: Korporation und Assoziation. Eine Problemgeschichte der Vereinigungsfreiheit im deutschen Vormärz, 1965, S. 282 - 313; unübertroffen Nipperdey, Th.: Verein als soziale Struktur, in: Ders.: Gesellschaft, Kultur, Theorie, 1976, S. 200 - 205, der von einer "Kryptopolitisierung" der Vereine (S. 200) spricht; Hardtwig, W.: Politische Gesellschaft und Verein, in: Birtsch, G. (Hg.): Grund- und Freiheitsrechte im Wandel, 1981, S. 353 - 358.

- verankert.[33]

Rottecks Theorie differenzierte klar zwischen äußerer und innerer Freiheit. Er erkannte die Bedeutung von Gewaltenteilung[34], Grundrechten[35] und unabhängiger Justiz sowie des Rechts der Staatsbürger, an der Ausübung der Staatsgewalt teilzunehmen. Freiheit und Gleichheit seien, so Rotteck, "die nothwendigen Fundamente oder Principien einer vernünftigen Rechtsordnung". Und: "Politische Freiheit überhaupt ist nicht denkbar ohne Publicität, und ihr Todesurtheil ist also gesprochen, wo man die Presse in Fesseln hat."[36] Die Forderung der Radikalen nach "unbedingter Gleichheit im Staate", was auch eine gleiche Güterverteilung impliziere, bezeichnet Rotteck als frevelhaft und abgeschmackt;

"das Gleichheitsprincip ist alsdann, aber auch nur alsdann befriedigt, wenn überhaupt keine Rechtsungleichheiten anerkannt oder statuirt werden, als welche auf vernünftigen Gründen beruhen und demnach von allen Staatsangehörigen ohne Ausnahme, entweder schon in ihrer Eigenschaft als Personen oder Rechtssubjecte überhaupt oder wenigstens in ihrer Eigenschaft als zur Erstrebung des Gesammtwohls verpflichtete Staatsbürger, gewollt werden können oder müssen, oder, was noch zuverlässiger ist, wozu der Gesammtwille durch das Organ einer echten und lautern Volksrepräsentation seine Zustimmung wirklich ertheilt hat."[37]

Gerade als Vordenker moderner Volksvertretungen - zwar unter eindeutiger Akzeptanz der konstitutionellen Monarchie, jedoch bei evidenter theoretisch-reformato-

[33] Kleinheyer, G.: Aspekte der Gleichheit, in: Böckenförde, E.-W. u.a. (Hg.): Von der ständischen Gesellschaft zur bürgerlichen Gleichheit, 1980, S. 17 - 31; s. auch die Beiträge der Aussprache, v.a. von E. Weis, S. 41 - 42; H. Brandt, S. 43 - 45, und R. Wahl, S. 46 - 48. Vgl. auch Willoweit, D.: Struktur und Funktion intermediärer Gewalten im Ancien Regime, in: Böckenförde, E.-W. u.a. (Hg.): Gesellschaftliche Strukturen als Verfassungsproblem, 1978, S. 26 - 27; Leisner, W.: Der Gleichheitsstaat, 1980, S. 43 - 57.

[34] Meyn, K.-U.: Kontrolle, 1982, S. 42 - 53, arbeitet die grundsätzlich mangelnde Rezeption der Gewaltenteilungslehre Montesquieus im Vormärz heraus, führt dies auf reichspublizistische Wurzeln zurück und stellt zugleich die Sonderstellung Rottecks heraus.

[35] Beachte in diesem Zusammenhang Scheuner, U.: Begriff und rechtliche Tragweite der Grundrechte, in: Böckenförde, E.-W. u.a. (Hg.): Von der ständischen Gesellschaft zur bürgerlichen Gleichheit, 1980, S. 105 - 110.

[36] Zit. n. Art. "Freiheit", 3. Aufl., Bd. 5, S. 646 und 643.

[37] Zit. n. Art. "Gleichheit", 3. Aufl., Bd. 6, S. 659. Vgl. demgegenüber die dem politisch-sozialen Bereich entnommenen, in ihren Forderungen weitaus demokratischeren Quellen des letzten Jahrzehnts des deutschen Vormärz, in: Fenske, H. (Hg.): Vormärz und Revolution, 1976; beachte die Einleitung Fenskes, S. 1 - 20.

rischer Ansätze bezüglich der realiter gegebenen Situation - stellt das Staatslexikon einen Querschnitt der Aussagen liberaler Theoretiker des Vormärz dar. Barg es freilich in Konzeption und Inhalt Mängel, die das später erschienene "Deutsche Staatswörterbuch"[38] von Bluntschli nicht mehr enthielt, so bedeutete das Staatslexikon, insbesondere vor 1848 außergewöhnlich erfolgreich, durch die "erstmalige Zusammenfassung der Weltanschauung und Staatsauffassung des vormärzlichen Liberalismus"[39] in der Zeit, in der die Liberalen noch nicht die Regierungspartei stellten, beinahe "ein politisches Orakel".[40]

---

[38] 11 Bände, 1857 - 1870, hg. von den gemäßigt Liberalen Johann Kaspar Bluntschli und Karl Ludwig Theodor Brater.

[39] So Emmy Rennau 1910 im Vorwort einer Publikation von "Dokumenten liberaler Vergangenheit", deren Heft 18 Carl von Rottecks Artikel "Freiheit" im Staatslexikon beinhaltete.
S. auch die Vergleichsstudie von Puchta, H. (Diss.): Die Entstehung politischer Ideologien im 19. Jahrhundert, dargestellt am Beispiel des Staatslexikons von Rotteck-Welcker und des Staats- und Gesellschaftslexikons von Hermann Wagener, 1972.

[40] So Robert von Mohl in: Preußische Jahrbücher, 1858, S. 249.

III. Entscheidende politische Schlagwörter im Vormärz

Im folgenden sollen einige wesentliche politische Schlagwörter[1] des deutschen Vormärz näher betrachtet werden. Verdeutlicht wird die Tatsache, daß Begriffe und mit ihnen verbunden Ideen einerseits Elemente der Tradition, andererseits Elemente des Neuen, beide vereint in einer evolutionären Metamorphose, enthalten. Im Mittelpunkt steht keine sprachphilosophische Abhandlung. Politische Schlagwörter werden im Kontext der politisch-historischen Entwicklung im Rahmen der zeitgenössischen Theorie, in der sich die Problematik und neue Betrachtungsweise eines Begriffs manifestiert, dargelegt.

1. Das repräsentative Prinzip

Die Frage nach der Repräsentativität, einem zentralen Aspekt innerhalb der Demokratietheorie, spielt für moderne Volksvertretungen eine wichtige Rolle.[2] Um diesem Gesichtspunkt gerecht zu werden, ist es erforderlich, sich mit dem Terminus gerade in seiner historisch-politischen Entwicklung auseinanderzusetzen. Das Hauptaugenmerk dieser Arbeit liegt in der Epoche des Vormärz, in der sich, wegbereitend in der politischen Theorie, das demokratische im Gegensatz zum monarchischen Prinzip immer mehr zu etablieren versuchte.

Bereits in der Antike ein bedeutender Begriff, erfuhr die Repräsentation vor allem seit dem späten Mittelalter innerhalb des politischen Denkens einen hohen Stellenwert. *Hans Boldt* weist zu Recht darauf

---

[1] Nach Ladendorf, O.: Historisches Schlagwörterbuch, 1906, Nachdruck 1968, S. XIX, sind Schlagwörtern "eine prägnante Form" sowie ein "gesteigerter Gefühlswert" zu eigen. Entsprechend dieser Definition soll hier der Terminus "Schlagwörter" verstanden werden. Zur Problematik der Ausdrücke "Begriffe" oder "Schlagwörter" s. Schulz, G.: Die Entstehung, in: Entstehung und Wandel der modernen Gesellschaft. FS Rosenberg, 1970, S. 4; ferner: Hermann, L.: Schlagwort: Qualität des Lebens, in: Die politische Meinung, 17, 1972, Nr. 145, S. 57 - 62; Bracher, K.D.: Schlüsselwörter in der Geschichte, 1978, S. 65.

[2] Einen guten Überblick über die Vielfalt des Begriffs Repräsentation verschafft Birch, A.H.: Representation, 1972, S. 13: "any exploration of the concept of representation must start by acknowledging that the concept is far from simple". Zu den zahlreichen Funktionen politischer Repräsentation s. S. 106 - 123.

hin,[3] daß in den Ständeversammlungen des frühmodernen Ständestaates zwar nicht alle Vertreter zugleich Volksvertreter waren, im Gegenteil, viele "kraft eigenen Rechtes" auf den Landtagen erschienen, daß aber immerhin eine ganze Anzahl von "Repräsentanten" - allerdings mit imperativem Mandat[4] versehen - entsandt wurde. Es ist zu betonen, daß dieser Ständestaat nicht einfach ein "Staat der Stände" war, sondern er ist durch den sich ergänzenden, nicht allein beschränkenden, aber auch nicht gleichartigen, sondern mit tiefgreifenden Divergenzen ausgestatteten Dualismus von Fürst und Ständen, durch zwei unterschiedlich legitimierte Träger der Gewalt charakterisiert.

In England und Frankreich bereits im 18. Jahrhundert durch Blackstone, Bentham, Mill, Montesquieu, Comte, Guizot oder Siéyès,[5] in Deutschland konkret ab Beginn des 19. Jahrhunderts, veränderte sich der Repräsentationsbegriff; nun sprach man von "repräsentativem Prinzip, "Repräsentativverfassung" oder "-system". *Von Beyme* bezeichnet diese Wende als die Ideologisierung des Begriffs der Repräsentation zum System, und auch

---

[3] Boldt, H.: Deutsche Verfassungsgeschichte, Bd. 1, 1984, S. 180 - 185; s. die schon "klassische" Abhandlung von H. Heller 1934 in seiner "Staatslehre", abgedruckt unter dem Titel "Geschichtliche Voraussetzungen des heutigen Staates" in: Böckenförde, E.-W. (Hg.): Staat und Gesellschaft, 1976, S. 3 - 19.

[4] Die Unverträglichkeit von Repräsentation und imperativem Mandat in modernen Volksvertretungen - so in Art. 38.1 GG - kristallisierte sich erst in der politischen Theorie des deutschen Vormärz in dieser Schärfe heraus. Die Gegensätzlichkeit beider Prinzipien war jedoch in den Staatslehren des 16. bis 18. Jahrhundert noch nicht als Problem bewußt. Vgl. Steffani, W.: Edmund Burke: Zur Vereinbarkeit von freiem Mandat und Fraktionsdisziplin, in: ZParl, 12. Jg., H. 1, 1981, S. 109 - 122; Schneider, F.: Das Rechts- und Staatsdenken Edmund Burkes, 1965, S. 82 - 83, 153 - 154. Zur Kombination von Repräsentation und freiem Mandat im Vormärz exemplarisch: Zachariä, K.S.: Vierzig Bücher vom Staate, Bd. III, 2. Aufl., 1839, S. 212; die historische Entwicklung berücksichtigend: Müller, Ch.: Das imperative und freie Mandat, 1966, S. 54 - 55. Zu Theoretikern des Vormärz, die das freie Mandat nicht bedingungslos akzeptieren - überwiegend konservative wie Vollgraff oder Haller, aber auch einige frühliberale Denker wie Rotteck und sein treuer Anhänger Murhard - s. Holey, U. (Diss.): Das Imperative Mandat im Vormärz, 1975, S. 46 - 70, 135 - 151.

[5] Ausführlich hierzu die begriffsgeschichtliche Analyse von Beyme, K. v.: Repräsentatives und parlamentarisches Regierungssystem, in: Rausch, H. (Hg.): Die geschichtlichen Grundlagen, Bd. 2, 1974, S. 396 - 400. Vgl. auch die jedoch wenig in die Tiefe gehende Darstellung von Schmid, A. (Diss.): Das Repräsentativsystem als Verfassungsprinzip, 1971, S. 27 - 36.

Rausch sieht in der Phase des Vormärz, in der sich der Umbruch von der altständisch verstandenen Repräsentation zu der "neuen", modernen Repräsentation ereignete, einen ideologischen Hintergrund.[6]

John Stuart Mill, um nur einen Theoretiker herauszugreifen, kann als herausragender "Konsument" der englischen und französischen Gedanken der ersten Hälfte des 19. Jahrhunderts bezeichnet werden. Obgleich sein Hauptwerk "Considerations on representative Government" erst 1861 erschien, charakterisiert sich Mill darin als ein Mann, der von seinen Vorstellungen her klar dem Vormärz zuzurechnen ist. Die Summe seiner Erkenntnisse spiegeln sich in diesen "Betrachtungen" wider. Mill, der große Anregungen aus der utilitaristischen Schule Benthams entnahm, spricht sich jedoch gegen das reine Mehrheitsprinzip aus. Seiner Selbsteinschätzung nach Demokrat, verwendet er diesen Begriff analog den deutschen Vormärztheoretikern in dem Sinne, daß dem Bildungsbürgertum innerhalb des Wahlaktes mehr Stimmkraft als den Ungebildeten gegeben werden müsse. Der "ideale Typus der vollkommenen Regierungsform"[7] sei das Repräsentativsystem, um das Ziel, die "Beteiligung aller an der Staatsgewalt", zu erreichen - wobei die Gebildeten wegen ihrer Fähigkeit, "das politisch Richtige" zu beurteilen, mit ruhigem "demokratischen" Gewissen bevorzugt werden.[8]

Mehr als hundert Jahre vor dem individualistisch-liberalen englischen Theoretiker Mill hatte Montesquieu in "De l'esprit des lois" dem Begriff Repräsentation zu einer Schlüsselposition verholfen, die die Amerikanische und Französische Revolution und in der Folge die Entwicklung in Deutschland maßgeblich beeinflußte. Wenngleich Montesquieu durchaus altständischem Denken ver-

---

[6] Rausch, H.: Repräsentation und Repräsentativverfassung, 1979, S. 262.

[7] Zit. n. Mill, J. St.: Betrachtungen über die repräsentative Demokratie, 1971, S. 75 - 76; s. hier auch die Einleitung von K.L. Shell, S. 12 - 16, 21.

[8] Die Grundzüge des klassisch-altliberalen Typs am Beispiel Mills stellt treffend dar: Schütt-Wetschky, E.: Grundtypen parlamentarischer Demokratie, 1984, S. 126 - 162.

haftet war, erwies er sich mit dem Begriff Repräsentation, den er in im 11. Buch, Kapitel 6 darlegte, als "Promotor" der folgenden Diskussionen, die bis heute währen. Der entscheidende Passus Montesquieus lautet:

"In einem freien Staat soll jeder Mensch, dem man eine freie Seele zugesteht, durch sich selbst regiert werden: daher müßte das Volk als Gesamtkörper die legislative Befugnis innehaben. Da dies in den großen Staaten unmöglich ist und in den kleinen Staaten vielen Nachteilen unterliegt, ist das Volk genötigt, all das, was es nicht selbst machen kann, durch seine Repräsentanten machen zu lassen."[9]

Die Ideologisierung erfolgte im beginnenden 19. Jahrhundert. Das Repräsentativsystem wurde von einigen politischen Denkern mit dem Begriff der Volkssouveränität identifiziert. Stellt Repräsentation einen "Idealtypus" dar, so ist das Repräsentativsystem als ein "epochaler 'Realtypus'" zu betrachten.[10] Prototyp des kämpferischen Denkens war Friedrich von Gentz, der mit seiner 1819 bei den Karlsbader Konferenzen vorgelegten Denkschrift den Unterschied zwischen landständischen und repräsentativen Verfassungen als unversöhnlich darstellte.[11] Doch war diese strikte Differenzierung im 19. Jahrhundert nicht gängiger Usus. Vielmehr gebrauchten vor allem Theoretiker der konstitutionellen Staatsrechtslehre, wie Klüber, Rotteck, Dahlmann oder Aretin, den Begriff der Repräsentation durchaus im Kontext des von ihnen favorisierten Regierungssystems, der konstitutionellen Monarchie. Die Wertneutralität des Terminus wurde häufig sogar in klarer Unterscheidung zur Volkssouveränität aufrechterhalten.[12]

Während also konservative Politiker und Theoretiker - z.B. Metternich oder Gentz - den sich nach dem Wiener Kongreß bildenden neuen Landständen den Repräsenta-

---

[9] Zit. n. Montesquieu: Vom Geist der Gesetze (1748), 1965, S. 215 - 216.

[10] So in Anlehnung an Max Weber Bosl, K.: Theorie, Ideologie und Struktur, in: Ders.: Die Geschichte der Repräsentation, 1974, S. 4.

[11] Denkschrift Gentz, in: Klüber/Welcker (Hg.): Wichtige Urkunden, 1944, S. 222 - 226. Ausführlich s. in dieser Arbeit S.28 - 35.

[12] Beyme, K.v.: Repräsentatives und parlamentarisches Regierungssystem, in: Rausch, H. (Hg.): Die geschichtlichen Grundlagen, Bd. 2, 1974, S. 400 - 402.

tionscharakter absprechen wollten, da sie mit der Negierung des repräsentativen Prinzips zugleich ihre strikte Ablehnung des für sie aus der mißlichen Französischen Revolution entstandenen Prinzips der Volkssouveränität verbanden, das für sie unweigerlich mit Repräsentation identisch war, betrachteten die Männer, die sich für die konstitutionelle Monarchie, für eine Beschränkung des Monarchen, einsetzten, die Stände als die "Repräsentation der Gesamtheit des Volkes".[13] Typisch für diese Haltung der Liberalen - deren politisches Spektrum, was zu beachten ist, keineswegs in sich homogen war - ist die Verwendung des Begriffs "Volksvertretung", wenn die Rede von Ständen rsp. Landständen in ihrem "modernen" Selbstverständnis war. Daß sie zugleich aber und betont daran festhielten, daß der Monarch als die personifizierte Staatsgewalt "Repräsentant" des Staates sei,[14] verdeutlicht ihre Bejahung des monarchischen Prinzips. Auch hier kommt klar zum Ausdruck, wie eminent wichtig es den Theoretikern war, zu "vermitteln", eine Brücke zwischen monarchischem und repräsentativem Prinzip zu schlagen.

Der Vermittlungscharakter offenbart sich insbesondere bei Friedrich Christoph Dahlmann, der keinen Bruch in der Entwicklung sah, sondern eine Fortbildung der alten Stände hin zur neuen Repräsentativverfassung konstatierte. Das monarchische Prinzip sehr betonend, sieht er das Ideal in einer "gemischten Verfassung", in der sich eine demokratische Komponente in Form der Repräsenta-

---

[13]Boldt, H.: Deutsche Staatslehre im Vormärz, 1975, S. 86.

[14]Boldt, H.: Deutsche Staatslehre im Vormärz, 1975, S. 86. Vgl. die Auffassung von Gall, L.: Benjamin Constant, 1963, S. 161 und 177 - 178, der in einer hervorragenden Bewertung des französischen Theoretikers zu dem Schluß kommt, daß Constants Forderung nach einer "pouvoir neutre" und dessen Ablehnung des "monarchischen Prinzips" eine realistischere Einschätzung als die die Volkssouveränität ablehnenden, repräsentatives und monarchisches Prinzip jedoch bejahenden deutschen Liberalen des Vormärz darstellte. Zu beachten ist allerdings, daß sich die historisch-politischen Gegebenheiten in Deutschland völlig anders gestalteten als in Frankreich (s. Gall, S. 179).

tion, der Volksvertretung in den Staat fügt.[15] Den Vertragscharakter der "neuen" Volksvertretung, deren Hauptzweck das "Wohl des Ganzen" sei, stellt Holstein noch vor den Karlsbader Beschlüssen fest. Und obwohl er er noch mit einem Bein in der Tradition des altständischen Staates steht, zeichnet sich bei Holstein bereits das entschieden Neue ab, das Repräsentativverfassungen bis heute charakterisiert. Bereits für Holsteins politisches Denken trifft zu, was *Hanna F. Pitkin* für moderne politische Repräsentation fordert:

"But in fact, one of the most important features of representative government is its capacity for resolving the conflicting claims of the parts, on the basis of their common interest in the welfare of the whole."[16]

Der Frühliberale Holstein erachtet die Entwicklung von den alten Ständen zur neuen Form der Repräsentation nicht als Bruch. Er erkennt klar, daß "Repräsentation Öffentlichkeit verlangt."[17] Seinen Forderungen nach Öffentlichkeit, Pressefreiheit und Gemeinwohl verleiht er Nachdruck, indem er historisch argumentiert. Eine "verschwundene Volksvertretung" müsse, so lautet sein Wunsch, wiederhergestellt werden.[18]

Zu den, wenn auch in ihrer Intensität variablen, Charakteristika der konstitutionellen Monarchie im Sinne der Theoretiker gerade des frühen Vormärz gehört folglich neben der Anerkennung des monarchischen Prinzips

---

[15]Dahlmann, F. Ch.: Ein Wort über Verfassung, in: Kieler Blätter, 1. Bd., 1815, S. 73; s. auch ders.: Die Politik, 1835, Neudruck 1968. Ausführlich zu Dahlmanns Konzeption der Repräsentation: Hartmann, V.: Repräsentation, 1979, S. 35 - 63.
Zum Konzept der "gemischten Verfassung" s. auch Sternberger, D.: Die neue Politie, in: Jahrbuch des öffentlichen Rechts der Gegenwart, Bd. 33, 1984, S. 1, 39 - 40; Ders.: Politie und Leviathan, in: Ders.: Herrschaft und Vereinbarung, 1986, S. 218 - 228.

[16]Zit. n. Pitkin, H.F.: The Concept of Representation, 1967, S. 217. S. auch Eulau, H.: Changing Views of Representation, in: Eulau, H., and Wahlke, J.C. (Ed.): The Politics of Representation, 1978, S. 36; Eulau, H., and Karps, P.D.: The Puzzle of Representation, in: ebda., S. 55 - 71, die den Zusammenhang von Repräsentation, Verantwortung und Verantwortlichkeit beleuchten; Eulau, H.. Politics, Self, and Society, 1986, S. 392 - 414; Suhr, D.: Repräsentation in Staatslehre und Sozialpsychologie, in: Der Staat, 20. Bd., 1981, S. 517 - 538.

[17]Zit. n. Rausch, H.: Repräsentation, in: Bosl, K., und Möckl, K. (Hg.): Der moderne Parlamentarismus, 1977, S. 91.

[18]Holstein, F.A.: Ueber Mittel und Wege eine verschwundene Volksvertretung wieder herzustellen, in: Kieler Blätter, 5. Bd., 1818, S. 352 - 353, 356 - 357.

und der Beschränkung der fürstlichen Gewalt durch eine Verfassung die - in irgendeiner Form existierende - "Mitwirkung gewählter Repräsentanten des Volks"[19]. Daß es nicht in der Absicht Metternichs[20] lag, bei der Formulierung des Artikels 57 WSA von 1820 zugleich der Volksvertretung Rechte einzuräumen, liegt auf der Hand, ebenso jedoch seine Überlegung, daß der noch in Karlsbad geführte harte Kurs zu keinem Sieg führen werde. Die Theorie übernahm freilich nicht seine Intention, der "Mit-Repräsentation" des Volkes strengste Fesseln anzulegen. Entgegen *Hofmanns* These,[21] daß Stahl der erste gewesen sei, der dem terminologischen Antagonismus Metternichs und Gentz' entgegengetreten sei, ist zu konstatieren, daß bereits Theoretiker vor Stahl dem monarchischen Prinzip einen anderen Bedeutungsgehalt verliehen - wenngleich Stahl mit seinem Werk "Das monarchische Prinzip" 1845 eine entschiedene Neudefinition des Begriffs anbot, die auch und gerade für Konservative annehmbar war.

Anders als in England oder Frankreich bildet sich in Deutschland nach 1815 kein vergleichbares repräsentatives Verfassungssystem heraus, da das monarchische Prinzip prävalent ist, sogar von Liberalen hochgehalten wird. *Brandt* urteilt zu Recht: "Die Politiktheorie des deutschen Vormärz hat keine geschlossene Konzeption einer parlamentarischen Repräsentation hervorgebracht; aber sie kennt Dutzende von Versuchen, altständisches Traditionsgut in neuständischer und die parlamentarische

---

[19] Dietrich, R.: Über Probleme verfassungsgeschichtlicher Forschung, in: Böckenförde, E.-W. (Hg.): Probleme des Konstitutionalismus, 1975, S. 13. - S. auch Hofmann, H.: Repräsentation, 1974, S. 421 - 422, der auf die im deutschen Konstitutionalismus typische Trennung von Staat und Gesellschaft, wobei die Volksvertretung in dieser auf den Naturrechtslehren fußenden Vorstellung dazwischen, "in der Sphäre der öffentlichen Meinung", anberaumt wird, hinweist.

[20] Vgl. hier z.B. den Schriftverkehr Metternichs mit dem badischen Minister Freiherrn von Berstett, in: Weech, F.v. (Hg.): Correspondenzen und Actenstücke zur Geschichte der Ministerialkonferenzen von Carlsbad und Wien in den Jahren 1819, 1829 und 1834, 1865, S. 45. S. auch die herbe Kritik an Österreich durch Ilse, L.F.: Geschichte der deutschen Bundesversammlung, 1861: Bd. I, S. IX; Bd. II, S. 236 - 247 und 387 - 419.

[21] Vgl. Hofmann, H.: Repräsentation, 1974, S. 419.

Repräsentation in monarchischer Richtung zu modifizieren."[22] Dem entspricht beispielsweise, daß das Wahlrecht, das die Liberalen bei der Ausgestaltung des repräsentativen Prinzips proklamieren, stets und ohne Bedenken, ohne die Spur eines Ungerechtigkeitsempfinden, ausschließlich dem Besitz- und Bildungsbürgertum zugebilligt und somit durch einen Zensus - Relikt der altständischen Tradition - der Mehrheit der Bevölkerung vorenthalten wird.[23]

Diese Haltung der Liberalen soll nicht vorgaukeln, der existierende Dualismus zwischen König und Volksvertretung sei durch ein ausgeprägtes Harmoniegefühl kompensiert worden.[24] Das Streben nach "Vermittlung" jedoch, und dies war der große Irrtum der politischen Denker, war anbetracht des unversöhnlichen Dualismus zum Scheitern verurteilt,[25] die alle Varianten ausspielenden Lösungsangebote bloße, blaße Theorie ohne politischen Realitätssinn.

Den Widerspruch verdeutlicht das in der konstitutionellen Monarchie vorhandene Phänomen von zwei völlig unterschiedlichen Repräsentanten der staatlichen Einheit: König und Volksvertretung.[26]

---

[22] Brandt, H.: Landständische Repräsentation, 1968, S. 7.

[23] S. auch Herzfeld, H.: Die moderne Welt, 1957, S. 78; Mann, G.: Deutsche Geschichte, 16. Aufl., 1982, S. 118 - 128; Grimm, D.: Deutsche Verfassungsgeschichte, 1988, S. 126 - 129.

[24] Zur dieser Annahme verleitet leicht der auch von den liberalen Theoretikern bejahte Begriff des monarchischen Prinzips. Boldt, H.: Deutsche Staatslehre im Vormärz, 1975, S. 126, spricht deshalb auch vom "Fetischcharakter" dieses Schlagworts vom monarchischen Prinzip.

[25] Boldt, H.: Deutsche Staatslehre im Vormärz, 1975, S. 126 - 127. Dem tiefen Bedürfnis, eine Balance zwischen Fürst und Volksvertretung zu ermöglichen, und den sich von altständischen Vorstellungen sehr wohl differenzierenden Überlegungen wird Scheuner, U.: Volkssouveränität und Theorie, in: Bosl, K., und Möckl, K. (Hg.): Der moderne Parlamentarismus, 1977, S. 332, nicht ganz gerecht, wenn er von einer "Reminiszenz an einen dualistischen Aufbau" spricht.

[26] Schnabel, F.: Deutsche Geschichte, Bd. 2, (1933) 1987, S. 133; Podlech, A.: Repräsentation, in: Brunner, O. u.a. (Hg.): Geschichtliche Grundbegriffe, 5. Bd., 1984, S. 535 - 539.

a. Begriffsgeschichte der Repräsentation

Bei jedem Umgang mit dem Terminus "Repräsentation" muß der Sinnzusammenhang beachtet werden. Repräsentation ist ein Begriff, der nicht für alle Zeit und an jedem Ort als identisch zu verwendendes Wort zu gebrauchen ist. Die Bedeutung ist, je nachdem, in welchem Zusammenhang von "Repräsentation" gesprochen wird, variabel.[27] Es ist festzuhalten, daß der Begriff der Repräsentation keineswegs erst seit Beginn des 19. Jahrhunderts in der Staatstheorie wesentlich ist; vielmehr kennzeichnet ihn die Verbundenheit mit einer viele Jahrhunderte langen Geschichte.[28] Repräsentation muß nicht unbedingt mit Volkssouveränität in Zusammenhang gebracht werden, ihre Legitimation ist nicht allein auf den Akt einer Wahl fixiert.[29] Repräsentation durch Wahl ist nur eine von vielen anderen Möglichkeiten, Repräsentanten zu bestellen, und findet vorwiegend in demokratischen Verfahren Anwendung. Mit Nachdruck ist jedoch herauszustellen, daß die Repräsentation selbst "weder demokratisch noch undemokratisch ist".[30] Zwischen Repräsentation und Demokratie besteht in der deutschen politischen Theorie keine Identität.

Obwohl die Wurzeln der Repräsentation in der Antike liegen, der Begriff im Mittelalter sehr bedeutend war

---

[27] Quaritsch, H.: Staat und Souveränität, Bd. 1, 1970, S. 205, betont, daß Wörter nicht als "beliebig auswechselbare und verpflanzbare Begriffssiegel gleich verstandener Inhalte" betrachtet werden können; Schulz, G.: Die Entstehung der bürgerlichen Gesellschaft, in: Enstehung und Wandel der modernen Gesellschaft. FS Rosenberg, 1970, S. 4; Sternberger, D.: Der Weg der Wörter, in: Ders.: Drei Wurzeln der Politik, 1984, S. 19 - 26.

[28] S. den Rekurs auf Antike und Mittelalter bei Kurz, H.: Volkssouveränität und Volksrepräsentation, 1965, S. 291 - 297.

[29] S. Hofmann, H.: Repräsentation, 1974, S. 28 - 29 sowie dessen Kritik an Hanns Kurz (1964) in Anm. 26, S. 37. Beachte auch Hofmanns Auseinandersetzung mit dem sprachgeschichtlichen Wortsinn von "re-praesentare", S. 32 - 34; ferner: Ludwig Schnorr von Carolsfeld: Repraesentatio. Eine Untersuchung über den Gebrauch dieses Ausdrucks in der römischen Literatur. (1939), in: Rausch, H. (Hg.): Die geschichtlichen Grundlagen, Bd. 1, 1980, S. 15 - 29.

[30] Zit. nach Rausch, H.: Repräsentation, 1979, S. 260, S. 16. Beachte ders.: Repräsentation, in: Bosl, K., und Möckl, K. (Hg.): Der moderne Parlamentarismus, 1977, S. 73, wo Rausch ausdrücklich betont, daß dieses Verständnis dem anglo-amerikanischen Repräsentationskonzept widerspricht; s. auch S. 87, 94.

und vor allem in der frühen Neuzeit und dann im 17. und 18. Jahrhundert von bedeutenden Männern wie Althusius oder Pufendorf maßgeblich reflektiert wurde,[31] konzentrierte sich die wissenschaftliche Beschäftigung mit dem Konzept der Repräsentation in Deutschland doch vorwiegend auf das 19. Jahrhundert. Obwohl der Begriff der Repräsentation sich nicht erst mit der Französischen Revolution ausbildete, ist seit dieser Zeit eine zunehmende Ideologisierung des Begriffs spürbar. Repräsentation wurde nun im deutschen Vormärz die politische Forderung des liberalen Bürgertums. Sie war Ausdruck des Streits zwischen den Liberalen, die nach politischer Freiheit strebten, und dem bestehenden Staat. Mit der einseitigen Okkupation des Begriffs der Repräsentation durch Gentz' Unterscheidung von landständischen und repräsentativen Verfassungen wurde ab 1815 eine bis heute anhaltende Debatte von politischen Theoretikern entfacht, was unter einem "Repräsentativsystem" zu verstehen sei.[32]

Seit der Französischen Revolution bis heute ist der Begriff der Repräsentation "unlösbar"[33] mit den Begriffen der Konstitution bzw. des Konstitutionalismus verknüpft. Repräsentation gilt gerade im Vormärz synonym

---

[31]Rausch, H., Repräsentation, 1979, S. 193, 198. Boldt, H.: Deutsche Verfassungsgeschichte, Bd. 1, 1984, S. 187, bezeichnet Althusius als den eigentlichen Theoretiker des Ständestaats. S. auch Hofmann, H.: Recht - Politik - Verfassung, 1986, S. 1 - 28.

[32]Rausch, H., Repräsentation, 1979, S. 17 - 18, 23, 199, 262. S. auch Hartung, F.: Herrschaftsverträge und ständischer Dualismus in deutschen Territorien, in: Rausch, H. (Hg.): Die geschichtlichen Grundlagen der modernen Volksvertretung, Bd. 2, 1974, S. 45, der den Ständen trotz ihrer Schwächen zubilligt, "durch ihre bloße Existenz" ein Gegengewicht gegen den Absolutismus darzustellen und damit "den Gedanken der Freiheit lebendig erhalten" zu haben. An dieses "Vermächtnis" habe die liberale Bewegung des 19. Jahrhunderts anknüpfen können.
Press, V.: Steuern, Kredit und Repräsentation. Zum Problem der Ständebildung ohne Adel, in: ZfhF, 2. Bd., 1975, S. 93, betont in seiner Fallstudie über Zweibrücken-Pfalz, daß das Parlamentsmodell des 19. Jahrhunderts nicht unreflektiert auf das 18. Jahrhundert übertragen werden könne.

[33]So treffend Podlech, A.: Repräsentation, in: Brunner, O. u.a. (Hg.): Geschichtliche Grundbegriffe, Bd. 5, 1984, S. 509; damit gegen die Meinung Hartmanns, V.: Repräsentation, 1979, S. 290, der aus dieser Verbindung die vormärzlichen Aussagen zur Repräsentation als "rudimentär" und "nicht eigenständig" beurteilt.

zum Begriff der Repräsentativverfassung.[34] Obgleich ein Grundbegriff der bürgerlich-liberalen und auch nationalen Bewegung, ist zu betonen, daß Repräsentation keineswegs allein ein zum Sprachschatz des Liberalismus gehörender Terminus ist.[35]

b. Repräsentationscharakter der Stände

Die Frage, ob den Ständen ein Repräsentationscharakter zukomme, beschäftigte vor allem die Forschung während der ersten Hälfte des 20. Jahrhunderts.[36] Heute steht sie nicht mehr im Kern der wissenschaftlichen Überlegungen.[37] Grundsätzlich wird Repräsentation nicht einfach mit Demokratie gleichgesetzt. Man betrachtet den als repräsentationsfähig, der hierzu auch befugt ist. Die jeweilige Befugnis ergibt sich aus der jeweiligen Gesellschaft. Das bedeutet: In der Ständegesellschaft determiniert sich der Ordo nicht durch eine Gleichberechtigung aller Bürger im Staat, sondern durch die Akzeptanz von Ständen. Deren Mitglieder konnten durch ihre rechtliche Position repräsentieren. Wenngleich also der Vertretungscharakter der Stände im allgemeinen bejaht wird, ist doch herauszuheben, daß die Stände keine Volksvertretung im modern-demokratischen Sinne

---

[34] Zum Begriff des Parlamentarismus für die ständegeschichtliche Forschung unter den Aspekten Regionalismus und "Kommunalismus" s. Gerhard, D.: Regionalismus und ständisches Wesen, in: HZ 174, 1952, S. 319 - 324 sowie jüngst Blickle, P.: Kommunalismus, Parlamentarismus, Republikanismus, in: HZ 242, 1986, S. 545 - 546, der den Begriff des Kommunalismus (S. 530) neu einführte.

[35] S. auch Schapiro, J.S.: Was ist Liberalismus?, in: Gall, L. (Hg.): Liberalismus, 3. erw. Aufl., 1985, S. 32; Podlech, A.: Repräsentation, in: Brunner, O. u.a. (Hg.): Geschichtliche Grundbegriffe, Bd. 5, 1984, S. 509. Vgl. Sternberger, D.: Die neue Politie, in: Jahrbuch des öffentlichen Rechts der Gegenwart, N.F., Bd. 33, 1984, S. 10, 39 - 40.

[36] S. z.B. Schiefer, W.: Der Repräsentantencharakter der deutschen Landstände, in: Westdeutsche Zs. f. Gesch. u. Kunst 32/1913, S. 261, 262, der die Diskussionen seiner Zeit unter G. v. Below und F. Rachfahl contra Fr. Tezner und J. Hashagen aufgriff und durch seine Betrachtung der "obrigkeitlichen" Stellung der Stände zu dem Ergebnis kam, daß "die Charakterisierung der Landstände als Vertreter des ganzen Volkes oder Landes auf die grössten, ja vielfach unüberwindlichen Schwierigkeiten stösst". (S. 331).

[37] Hierzu s. Rausch, H., Vorwort, in: Ders. (Hg.): Die geschichtlichen Grundlagen, Bd. 2, 1974, S. XIV - XV.

darstellten.[38]

aa. Vor dem Vormärz

Kurz soll auf die Stände und ihre Repräsentativität in der Zeit vor 1815 eingegangen werden. *Karl Bosl* erbrachte in einer Abhandlung über das Hochmittelalter den Nachweis, daß bereits im 10. Jahrhundert keineswegs von einer exklusiven Machtkonzentration in den Händen eines einzigen Monarchen gesprochen werden konnte. "Helfer" zur Ausübung der Regierungsgewalt waren erforderlich, Mitsprache und Mitherrschaft der "Untertanen" waren in unterschiedlichem Ausmaße üblich. Die Repräsentationsformen dieser Teilhabe an der Herrschaft sind nach *Bosl* durchaus als "repräsentative Vorformen unserer demokratischen Lebens- und Staatsordnung" zu betrachten.[39]

Mit der berühmten, wenn auch "zu voreilig formulierten" [40] und nicht haltbaren These Otto *Brunners*, daß die Landstände nicht das Land repräsentieren, weil sie das Land seien,[41] befaßte sich Gerhard *Oestreich* in einer Darstellung über die frühe Neuzeit bis zur Französischen Revolution. *Brunners* These gelte für das 14. und 15. Jahrhundert generell, bedingt jedoch nur für das 16. Jahrhundert. Im 17. und 18. Jahrhundert, so weist *Oestreich* jedoch nach, seien die Stände keineswegs mehr das Land als Vertreter des allgemeinen Interesses, sondern lediglich "Vertreter ihrer korporativen Interes-

---

[38] Buchda, G.: Reichsstände und Landstände in Deutschland im 16. und 17. Jahrhundert, in: Rausch, H. (Hg.): Die geschichtlichen Grundlagen, Bd. 2, 1974, S. 219, betont, daß die Stände durch ihre sozial einseitige Zusammensetzung nicht der gesellschaftlichen Gesamtstruktur entsprachen.

[39] So K. Bosl in seinem 1964 erstmals veröffentlichten Aufsatz: Herrscher und Beherrschte im Deutschen Reich des 10. bis 12. Jahrhundert, abgedruckt in: Rausch, H. (Hg.): Die geschichtlichen Grundlagen, Bd. 2, 1974, S. 1, 26.

[40] So treffend Rausch, H., in: Ders. (Hg.): Die geschichtlichen Grundlagen, Bd. 2, 1974, S. XIV.

[41] Brunner, O.: Land und Herrschaft, 4. Aufl., 1959.

sen".[42]

Bis zur Wende des 18. ins 19. Jahrhundert wurde die "ständische Welt" von Zeitgenossen kaum oder einzig in Details kritisch betrachtet. Das Leben innerhalb ständisch-regionaler Institutionen und Gebräuche galt als "normal" und selbstverständlich; das gesamte Umfeld der Menschen war ständisch strukturiert, und die Landtage des 18. Jahrhunderts stellten, wenngleich sie von der Ständeforschung auf grund der guten Quellenlage in den Mittelpunkt gestellt wurden, nur den "repräsentativsten Teil, sozusagen die Spitze des Eisbergs"[43] dar. Noch waren die landesherrliche Sphäre und der landständische Wirkungskreis eng mit einander verflochten - erst gegen Ende des 18. Jahrhunderts entwickelte sich mit der Zunahme erhöhter Beteiligungsansprüche von seiten der Bevölkerung eine veränderte Situation. Begriffe der Landstände im bisherigen Rahmen, wie "Vertretung" des "ganzen Landes", erfuhren zwar eine Kontinuität im Sprachgebrauch, der Gehalt dieser Termini differierte jedoch entschieden. Noch war der demokratische Ansatz nur latent vorhanden, das politische Unterbewußtsein geweckt. Die alten Landstände entsprachen in keiner Weise den Forderungen nach Beteiligung - die noch nicht explizit im Wahlakt gesehen wurde, wie dies im demokratischen Verständnis logische Konsequenz ist - und Aufweichung der bislang abgeschotteten, zwischen Privilegierten und Nichtprivilegierten unterscheidenden Gesellschaftsschichten.

Interessant für das Verständnis von Landständen während und nach dem Wiener Kongreß 1814/15 ist die Definition des Staatsrechtlers Johann Jacob Moser in seinem 50 Bände umfassenden "Teutschen Staatsrecht", die

---

[42] Oestreich, G.: Ständetum und Staatsbildung in Deutschland. (1966), in: Rausch, H. (Hg.): Die geschichtlichen Grundlagen, Bd. 2, 1974, S. 60. Oestreich, G.: Zur Vorgeschichte des Parlamentarismus, in: Ders.: Strukturprobleme, 1980, S. 265 - 271.

[43] Zit. n. Vierhaus, R.: Land, Staat und Reich in der politischen Vorstellungswelt deutscher Landstände im 18. Jahrhundert, in: HZ, 223, 1976, S. 41, s. auch S. 59 - 60. Beachte zugleich Berding, H., und Ullmann, H.-P.: Veränderungen in Deutschland an der Wende vom 18. zum 19. Jahrhundert, in: Dies. (Hg.): Deutschland, 1981, S. 11 - 40.

dieser in der zweiten Hälfte des 18. Jahrhunderts gegen Ende des alten Reiches gab. Moser vertrat die Auffassung, daß nicht irgendeine herrscherliche Bestimmung, sondern "Landesfreiheiten" und das "Herkommen"[44] und damit eine über den Fürsten stehende Quelle den Landständen ihre Rechtsstellung verliehen habe. Diese Haltung, die in sich zwischen Monarch und Ständen vermitteln will, ist typisch ab 1750: Stände werden nun als Gesamtrepräsentation des Landes betrachtet, zugleich jedoch wird die Souveränität des Fürsten betont.[45]

Daß die Stände trotz immanenter Probleme und trotz ihrer oft ineffektiven Rolle als Opposition gegen die fürstliche Macht - gerade im Absolutismus - überleben konnten, schreibt ihnen bei aller Kritik eine große historische Bedeutung zu. Die Tradition der Stände Deutschlands, die sich von der revolutionären Haltung der französischen Stände evident unterschieden, blieb bestehen und erfuhr im 19. Jahrhundert, als in Deutschland die Gedanken der Französischen Revolution, Freiheit und Gleichheit, Einzug hielten, einen Aufschwung.[46]

Festzuhalten ist, daß die Stände, frühester Ausdruck einer Mitbestimmung im Staat, trotz vieler Nachteile nicht nur als Hemmschuh der Entwicklung betrachtet werden können, sondern sehr effektiv für das Wohl von Staat und Bevölkerung wirkten; während die Stände in England den Weg zur parlamentarischen Regierung kontinuierlich durchsetzten, gelang es ihnen auf dem Kontinent trotz massiver Unterdrückungsmaßnahmen von seiten der absoluten Fürsten dennoch, den Gedanken der Mitbestim-

---

[44] S. Moser, J. J.: Neues Teutsches Staatsrecht, Bd. 13,1, 1769 (Neudruck 1967), S. 322.

[45] Moser, J.J.: Neues Teutsches Staatsrecht, Bd. 13,2, 1769, S. 840 - 844 und Bd. 13,5, 1769, S. 1300.

[46] Beachte die Kritik Carstens an Fritz Hartung, der den Ständen nur eine negative Rolle zuschrieb, während Carsten ihnen einen "Ehrenplatz in der deutschen Geschichte" zuwies: Carsten, F. L.: Die deutschen Landstände und der Aufstieg der Fürsten, in: Rausch, H. (Hg.): Die geschichtlichen Grundlagen, Bd. 2, 1974, S. 327, 339 - 340.

mung im Staat peu à peu zu realisieren.[47]

Exkurs: Repräsentation und Konsensus: Die Formel: Quod omnes tangit"

Im Zusammenhang mit dem Repräsentationscharakter der Stände spielt ideengeschichtlich eine Formel, die ihren Ursprung bereits im römischen Recht hat und die letztlich in der Konsenstheorie mündet, eine große Rolle. Die Rede ist von dem Rechtsgrundsatz "Quod omnes tangit, ab omnibus tractari et approbari debet".[48] Justinian, der die Formel gebrauchte, um seine exakt formulierten Anordnungen und Befehle offiziell zu rechtfertigen, hatte im "Quod omnes tangit" lediglich ein einfaches Verfahrensprinzip gesehen.[49] Bereits ab dem 11., vor allem aber im 12. und 13. Jahrhundert erlebte der Grundsatz des consensus in einer Entwicklung vom römischen zum kanonischen Recht sowohl an Kaiser- als auch Papsthof bis hin zu den Fürstenhäusern als "Gebot der praktischen Vernunft für alle Herren, die aufsteigen wollten",[50] eine Wiederbelebung. Auch in Bayern bildete sich in der zweiten Hälfte des 13. Jahrhunderts im Rahmen der landständischen Verfassung der Grundsatz aus, der sich zum einen auf eine Zusammenarbeit zwischen Herrschern und Beherrschten, zum anderen auf die Zustimmung der Beherrschten in Versammlungen stützte, wobei auch hier Anlaß zur tatsächlichen Durchsetzung dieser Maxime das Interesse des Herrschers und keineswegs "revolutionsartiges" Gebaren von seiten der "Untertanen"

---

[47] Boldt, H.: Deutsche Verfassungsgeschichte, Bd. 1, 1984, S. 183 und 187.

[48] Die Formel variiert grammatikalisch, wenn es heißt: "Quod omnes tangit, ab omnibus comprobetur". Inhaltlich wird häufig der Aspekt des "tractari" beiseitegelassen".

[49] S. Congar, Y. M.-J.: Quod omnes tangit. (1958), S. 180, und Marongiu, A.: Das Prinzip der Demokratie und der Zustimmung (quod omnes tangit). (1962), S. 188, beide Aufsätze abgedruckt in: Rausch, H. (Hg.): Die geschichtlichen Grundlagen, Bd. 1, 1980.

[50] Zit. n. Bosl, K.: Aus den Anfängen der landständischen Bewegung und Verfassung. Der Vilshofener Vertrag von 1293 (Niederbayern). (1966), in: Rausch, H. (Hg.): Die geschichtlichen Grundlagen, Bd. 2, 1974, S. 67.

war.[51] *Karl Bosl* stellt heraus, daß die Formel dem "'frühparlamentarischen' System der Ständebewegung", der korporativen Repräsentation der Stände, in einem Emanzipationsvorgang den Boden bereitete; die Formel implizierte jedoch nicht nur ein Recht auf Zustimmung oder Steuerbewilligung, sondern beinhaltete zugleich Verantwortung und Verpflichtung.[52]

"Quod omnes tangit" wurde bald sowohl im kirchlichen als auch im "politisch-gesellschaftlichen" Bereich Ausdruck für allgemeine Beratung und Zustimmung. Die Formel symbolisierte insbesondere ab dem 13. Jahrhundert eine konkrete "Vorstellung menschlichen Zusammenlebens und des Zeitgeistes selbst" und stellte schon fast eine "programmatische Norm" dar.[53] Da jedoch bereits im Hoch- und ausgeprägt im Spätmittelalter erkannt wurde, daß die Versammlungen, auch wenn der Grundsatz der Beteiligung und Zustimmung aller bejaht wurde, in der Praxis nicht von allen frequentiert werden konnten, ergab sich daraus die Notwendigkeit, Vertreter zu ernennen.[54] Zwei Prinzipien, die zu diesem Zeitpunkt noch nicht den Gedanken der Demokratie mit einschlossen, waren verknüpft: Konsens und Repräsentation.

Hatten sich im Mittelalter Stände als Repräsentationskörperschaften aus Korporationen innerhalb lehensstaatlicher Ordnungen entwickelt, so wandelten sich die territorialen "Verfassungen" innerhalb des Reichs im

---

[51] S. Bosl, K., Aus den Anfängen der landständischen Bewegung, in: Rausch, H. (Hg.), Bd. 2, 1974, S. 66, 68. Bemerkenswert ist, daß die Versammlungen, in denen das Consensus-Prinzip praktiziert wird, neben den Begriffen colloquium, consilium, concio, conversatio, conventus und curia ab Ende 13./Anfang 14. Jahrhundert auch als "parlamentum" bezeichnet werden (S. ebda., S. 69).

[52] Bosl, K.: Die Geschichte der Repräsentation in Bayern, 1974, S. 26, 43, 82, 109.

[53] S. Marongiu, A., Das Prinzip, a.a.O., S. 183, der betont, daß die Formel "weder eine Treibhausblüte noch ein rhetorischer Schnörkel" war, sondern "eine lebendige Wirklichkeit" darstellte. Nach Rausch, H., Repräsentation, 1979, S. 225, Anm. 102, geht die Glossierung der Formel auf Dinus Magella zurück.

[54] S. Marongiu, A., Das Prinzip, a.a.O., S. 195. Beachte, daß die Vertreter im 14. Jahrhundert als Mandatare auftraten. Grundlegend zur Konsenstheorie und zur mittelalterlichen Repräsentation auch die Arbeiten von Gaines Post (1950 und 1964), zit. in: Rausch, H., Einleitung, in: Ders. (Hg.): Die geschichtlichen Grundlagen, Bd. 1, 1980, S. 7, Anm. 16.

Zeitalter der Reformation und Gegenreformation zum neuen Staatstypus des "ständischen Territorialstaats", der zwar durch eine starke Entfaltung der landesherrlichen Macht gekennzeichnet ist, der jedoch immer noch - anders dann im Absolutismus - durch die Existenz und gewisse Rechte der Stände in Schranken gehalten wird.[55]

bb. Im Vormärz

Hatte Repräsentation bislang noch als Vertretung der Stände auf Versammlungen einen durchaus neutralen Charakter gehabt, so änderte sich dies seit Ende des 18. Jahrhunderts im Zuge des sich emanzipierenden Bürgertums: Repräsentation galt nun als Kampfbegriff in der Auseinandersetzung mit der absoluten Monarchie. Der Begriff der Repräsentation wurde politisch-polemisch ideologisiert. Der Funke, eingeleitet neben dem englischen Vorbild vor allem von Frankreich, wo z.B. Siéyès die alleinige Repräsentationsfunktion des Monarchen bestritt, sprang - wenn auch nicht in seinem revolutionären, so aber doch in seinem evolutionären Impetus - nach Deutschland über. Die gegensätzlichen Positionen in der Auffassung, was unter Repräsentation zu verstehen sei, fanden in der politischen Theorie des deutschen Vormärz ihren Ausdruck; die Verschiedenartigkeiten sind wohl durch keine Haltungen mehr bezeugt als durch die Friedrich von Gentz' und Karl von Rottecks.

Volker Hartmann unterstreicht zu Recht, daß die Verfassung im Mittelpunkt der vormärzlichen Staatslehre und politischen Theorie - in der ersten Hälfte des 19. Jahrhunderts stellten diese noch eine Einheit dar - stand. Der Begriff der Repräsentation tauchte nicht als eigenständiger Terminus auf, der Anlaß zu theoretischen Reflexionen gab, sondern verband sich stets mit Begriffen wie "Konstitution" oder "Stände". Trotz dieser sprachlichen Heteronomie ist die These *Hartmanns*, daß "Begriff und Problematik der Repräsentation als solche

---

[55] Überblick bei Forsthoff, E., Deutsche Verfassungsgeschichte, 1972[4], S. 33 - 34 sowie zum Zeitalter des Absolutismus ebda., S. 41 - 43, 60 - 64.

nicht direkt in der Fragestellung und Problemorientierung dieser Zeit liegen",[56] zu rigoristisch formuliert. Setzt man derart überstrenge, unerbittliche Maßstäbe an politische Termini an, läßt sich in letztlicher Konsequenz für keinen Begriff, weder für Verfassung noch für Volksvertretung, weder für Monarchie noch für Demokratie, eine Eigenständigkeit verifizieren, da jeder dieser Worte in einem historischen, sozialen, politischen oder juristischen Kontext[57] verwendet und auch verstanden werden muß.

bba. Der Kampf um die Repräsentativverfassung

Die ständegeschichtliche Entwicklung erfuhr in Deutschland mit dem Einwirken der Ideen von Montesquieu und Rousseau, der Theorien von Menschen- und Bürgerrechten und Staatsvertrag keinen Bruch, sondern eine trotz aller Modifikationen deutliche Kontinuität. Nicht nur im Absolutismus, sondern gerade auch im deutschen Konstitutionalismus des 19. Jahrhunderts lebte ständisches Gedankengut weiter.[58] Im Kampf für oder gegen das "Repräsentativsystem" ging es letzten Endes um die mit aller Heftigkeit gestellte Frage, wie und daß dem Bürgertum, das im Zeitverständnis das Volk schlechthin war, innerhalb einer repräsentativen Versammlung eine "Mitsprache" und damit eine politische Bedeutung ver-

[56] So Hartmann, V.: Repräsentation in der politischen Theorie und Staatslehre in Deutschland, 1979, S. 116 - 117.

[57] Die Multikausalität stellt auch Boldt, H.: Einführung in die Verfassungsgeschichte, 1984, S. 42 - 43, heraus.

[58] S. Dietrich, R.: Über Probleme verfassungsgeschichtlicher Forschung, in: Böckenförde, E.-W. (Hg.): Probleme des Konstitutionalismus, 1975, S. 9 und 19. Am realpolitischen Beispiel der Constitutions-Ergänzungs-Acte der freien Stadt Frankfurt analysiert R. Koch: "Ständische Repräsentation oder liberale Repräsentativverfassung?, in: ZfhF, 5, 1978, S. 187 - 194, diese Problematik und sieht in dem "historischen Kompromiß" ein beredtes Zeugnis, in dem die "vieldiskutierte Frage nach Kontinuität oder Bruch auf dem Weg von der ständischen Repräsentation zur parlamentrisch-repräsentativstaatlichen Versammlung, also dem Parlament im Sinne unseres heutigen Sprachgebrauches", exemplarisch aufgeworfen werde (S. 188).

schafft werden konnte.[59]

Betrachtet man den Liberalismus des deutschen Vormärz, der sich gegen die Gentzsche Betrachtungsweise von Repräsentativverfassung aufgelehnt hatte, so ist bei aller Unterschiedlichkeit, ob "historisch" oder "rationalistisch", ob "englisch" oder "französisch" orientiert, ein gemeinsamer Kontext ersichtlich: das grundsätzliche Bejahen der konstitutionellen Monarchie.[60] Weit entfernt waren die Frühliberalen von einer auch nur annähernd einheitlichen Theorie; Politik und Gesellschaft erfuhr jeder politische Denker individuell, damit aber auch erlebte sein Werk eine jeweils eigene, ja eigensinnige Ausprägung. Gemeinsam aber war ihnen die Einsicht, daß seit dem Ende des 18. Jahrhunderts ein gesellschaftlicher Umschwung erfolgte, den *Werner Conze* treffend als Dekorporierung, Disproportionierung und Entsittlichung bezeichnet.[61]

König und Volk stellten die Nation dar. Aus dieser Vorstellung resultiert der Gedanke der geteilten Souveränität, mit der zahlreiche Theoretiker den Dualismus im Staat begründen. Das Repräsentativsystem hatte die Aufgabe, durch die Verfassung eine Regelung zu schaffen, um der "Idee der Zweiheit des personellen Substrates der

---

[59]Beachte die sehr treffende, jeden Bezug zum Nationalsozialismus vermeidende Darstellung des Dozenten an der Berliner Verwaltungsakademie Reuß, H.: Zur Geschichte der Repräsentativverfassung in Deutschland, in: AöR 27, 1936, S. 2 - 6.

[60]Boldt, H.: Deutsche Staatslehre im Vormärz, 1975, S. 97. S. die sehr gute Schilderung der historischen Wurzeln des Dualismus aus dem 13. bis 16. Jahrhundert, der auf dem Wiener Kongreß mit Artikel 13 in einem Versprechen von Vertretungsinstitutionen mündete, durch Folz, R.: Die Ständeversammlungen in den deutschen Fürstentümern, in: Rausch, H. (Hg.): Die geschichtlichen Grundlagen, Bd. 2, 1974, S. 182 und 210; völlig undifferenziert und ungenau die das 19. und 20. Jahrhundert behandeln wollende Diss. von K. Mollitor: Politischer Liberalismus in Deutschland. - Eigenständige Kraft oder Allgemeingut? - , 1985, S. 12 - 14; grundsätzlich vgl. aus DDR-Sicht W. Küttler und G. Seeber: Zur Charakteristik und Typisierung des Liberalismus, in: Schmidt, S. (Hg.): Politik und Ideologie des bürgerlichen Liberalismus, 1983, S. 11 - 19.

[61]Conze, W.: Staat und Gesellschaft in der frührevolutionären Epoche Deutschlands, in: HZ, Bd. 186, 1958, S. 20 - 21. Mit Details zum Strukturwandel des öffentlichen Lebens im deutschen Vormärz befaßt sich Rosenberg, H.: Politische Denkströmungen, 1972 (Aufsatzsammlung aus den Jahren 1927-1929 zu u.a. Gervinus und Ruge).

souveränen Nation"[62] Geltung zu verschaffen. Der Kompromißcharakter ist evident.

bbb. Kompetenzen der Ständeversammlung

Die Theoretiker des Vormärz, die sich mit der Repräsentation - im Kontext der Forderung nach einer Verfassung - beschäftigten, versuchten, den Vertretungscharakter an Hand von einer oft recht unsystematischen Aufzählung der Rechte und Funktionen der Volksvertretung offenzulegen.[63] Der bürgerliche Liberalismus[64] setzte in seinen Überlegungen zur Repräsentation technische und organisatorische Methoden in den Vordergrund. Die Theoretiker nahmen sich die Wahl der Repräsentanten, die Nationalrepräsentation oder das freie Mandat zu Themen. Daß die Repräsentation immer die "Darstellung und Vergegenwärtigung des abwesenden Repräsentierten" ist, wurde im Vormärz nicht in Frage

---

[62] Zit. n. Reuß, H.: Zur Geschichte der Repräsentativverfassung in Deutschland, in: AöR, 27, 1936, S. 15; vgl. Hartmann, V.: Repräsentation, 1979, S. 124, der aus dieser Dualität folgert: "Die Eigenart des Vormärz besteht aber gerade darin, Repräsentation als neben dem Monarchen notwendiges staatliches Moment zu etablieren, ohne die Frage der Volkssouveränität zu berühren". Gerade diese Aussage, mit der Hartmann Boldt, H.: Deutsche Staatslehre im Vormärz, 1975, S. 85 - 96, sowie Brandt, H.: Landständische Repräsentation, 1968, S. 6 - 7, 254 - 266, kritisiert, ist unhaltbar. S. in dieser Arbeit im Kapitel über die Volkssouveränität S. 198 - 214.

[63] Entgegen Hartmann, V.: Repräsentation, 1979, S. 119, der betont, die Repräsentation bedeutete im Vormärz kein "eigenständiges Prinzip", ist hervorzuheben, daß die Theoretiker nach 1815 in ihren Werken neben einem "monarchischen" und einem demokratischen" sehr wohl auch ein "repräsentatives Prinzip" verankerten. S. im Staatslexikon von Rotteck und Welcker den Art. "Repräsentatives, constitutionelles und landständisches System", in: Bd. 11, 1848, S. 514 - 521, in dem der Verfasser Georg Friedrich Kolb jedes der drei genannten Prinzipien in ihrer gegenseitigen Verschränktheit erläutert. Hartmann jedoch ist zuzustimmen, wenn er anbetracht der pragmatischen Ausrichtung der politischen Konzeptionen von einer "vorwiegend untheoretischen" Handhabung des Begriffs Repräsentation ausgeht.

[64] Faber, K.-G.: Strukturprobleme des deutschen Liberalismus, in: Der Staat, 14. Bd., 1975, S. 201, betont, daß der Liberalismus zunächst als "bürgerliche Emanzipationsbewegung", dann als "gesellschafts-politischer Stabilitätsfaktor" verstanden wurde, in Deutschland im 19. Jahrhundert jedoch nie "epochenstiftend oder -bestimmend" war. Faber unterscheidet drei Spielarten des vorindustriellen Liberalismus: den bürokratischen L. schon vor 1815, den konstitutionellen L. von 1815 bis 1849 und darüber hinaus und den "Radikalismus oder demokratischen L.", der erst seit 1830 einsetzte und allmählich zu einer mit dem Konstitutionalismus konkurrierenden politischen Kraft wurde (S. 210 - 220). Aus DDR-Sicht Obermann, K.: Deutschland von 1815 bis 1849, 4. Aufl., 1976, der "drei Wellen der fortschrittlichen bürgerlichen Bewegung vor 1848" sieht.

gestellt.[65]

National- und Ständeversammlungen wurden nun bei den Vertretern des Konstitutionalismus als Repräsentanten des Volkswillens verstanden.[66] Alle Theorien waren von der Vorstellung getragen, daß Monarch und Volksvertretung - als die die Ständeversammlung angesehen wurde - politisch zusammenwirken sollten. Generell war sich die vormärzliche politische Literatur über die zu fordernden Rechte der Stände einig: Beratung und Mitwirkung bei der Gesetzgebung, Petition, Steuerbewilligung, Beschwerde und auch Ministeranklage waren die Rechte, die der Großteil anstrebte. Eine ständische Mitbeteiligung bei "grundlegenden" Entscheidungen sowie das Selbstversammlungsrecht der Stände wurden hingegen nicht von allen für erforderlich gehalten. Im großen und ganzen jedoch existierten weniger über die Rechte der Stände an sich als vielmehr über das Ausmaß und die Funktion einzelner dieser Rechte erhebliche Differenzen.[67]

Während viele Rechte einzig die Chance boten, Eingriffe von seiten der monarchischen Regierung in Freiheit und Eigentum zu verhindern, stellte die Debatte um das Initiativrecht ein Novum dar. Zu den bloßen Vertei-

---

[65] Daß diese grundsätzliche Aussage über Repräsentation und damit auch über das moderne Repräsentativsystem im Vormärz zwar "verdeckt, aber nicht aufgehoben" wurde, stellt Bosl, K.: Theorie, Ideologie und Struktur, in: Ders.: Die Geschichte der Repräsentation, 1974, S. 2 - 3 heraus. Vgl. auch Stuby, G.: Die Macht des Abgeordneten, in: Der Staat, 8. Bd., 1969, S. 322. Zur Nationalrepräsentation aus heutiger Perspektive s. Krüger, H.: Die Verfassung als Programm der Nationalen Repräsentation, in: FS für E.R. Huber, 1973, S. 95 - 116.

[66] Boldt, H.: Deutsche Staatslehre im Vormärz, 1975, 85. Der Dualismus zwischen Monarch und Ständen und damit die "Doppelrepräsentation" ist stets zu beachten.
Unter Ständen bzw. ständischer Verfassung verstand man im Vormärz nicht mehr die alte feudalständische Bedeutung, wenngleich, wie dargestellt, u.a. Gentz daran festhalten wollte, sondern sah darin einen "inhaltlich indifferenten Rahmenbegriff" und ein Synonym zur Repräsentativverfassung. S. Reuß, H.: Zur Geschichte der Repräsentativverfassung in Deutschland, in: AöR, 27, 1936, S. 9.

[67] Boldt, H.: Deutsche Staatslehre im Vormärz, 1975, S. 101 - 103. Vgl. die frappante Ähnlichkeit des Forderungskatalogs mit den Zuständigkeiten der ständischen Institutionen im 16. und 17. Jahrhundert: Beratung, Beschwerden (Gravamina), Kontrolle, Zuständigkeiten in allgemeinen und Mitregierung in bestimmten Sachbereichen wie Steuerwesen, Heer und Justiz: S. Buchda, G.: Reichsstände und Landstände in Deutschland im 16. und 17. Jahrhundert, in: Rausch, H.(Hg.): Die geschichtlichen Grundlagen, Bd. 2, 1974, S. 230 - 234.

digungsrechten der Stände gesellte sich hiermit ein aktives Recht innerhalb der Mitwirkung an der Gesetzgebung. Die Theoretiker des Vormärz waren sich der außerordentlichen Bedeutung des Initiativrechts sehr wohl bewußt.

Trotz des monarchischen Zustimmungsrechts, das dem König die Möglichkeit eines Vetos einräumte, stellte eine ständische Initiative einen wesentlichen Eingriff in den "Akt des Regierens" dar - dies war allen politischen Denkern klar. Daß mit dieser Kompetenz das ohnehin auf wackeligen Fundamenten stehende, somit "ungleichgewichtige Gleichgewicht"[68] zwischen Monarch und Ständen noch mehr ins Schwanken geraten könnte, wurde ebenfalls erkannt. Und doch, und dies ist das Entscheidende, gab es bis auf einige Ausnahmen nur wenige, z.B. Stahl, die das Initiativrecht für Stände ablehnten.[69]

Stahl, dessen politische Ideen weit über die Gentzsche Interpretation hinausreichen, wird für viele Konservative federführend. In seiner politischen Theorie arrangiert er das monarchische Prinzip mit dem Konstitutionalismus. Das Problem einer Definition der Repräsentation, die die Ständeversammlung darstellt, löst er, indem er den Repräsentationsbegriff aufsplittet. Demnach sind sowohl der Fürst als übergeordnete Instanz als auch die Volksvertretung Repräsentanten. Beide vertreten einerseits die Staatsgewalt, andererseits das - nicht souveräne - Volk.[70]

---

[68]Mit diesem scheinbar paradoxen Terminus erscheint mir das mit Äquilibrum unzureichend gekennzeichnete Verhältnis zwischen König und Volk geeignet umschrieben zu sein.

[69]Boldt, H.: Deutsche Staatslehre im Vormärz, 1975, S. 104 - 105.

[70]Stahl, F.J.: Die Philosophie des Rechts, II,2, 1878, S. 403; s. auch Grosser, D.: Grundlagen und Struktur, 1963, S. 91 - 94; Podlech, A.: Repräsentation, in: Brunner, O. u.a. (Hg.): Geschichtliche Grundbegriffe, Bd. 5, 1984, S. 540 - 541.

2. Legitimation

Grundsätzlich bezeichnet man die Rechtfertigung eines Staates bzw. der staatlichen Machtentfaltung durch höhere Werte, bestimmte Maßstäbe, allgemeinverbindliche Prinzipien als Legitimation - im Gegensatz zur Legalität, die lediglich die formelle Gesetzmäßigkeit impliziert. Der Begriff der Legitimation bedeutet je nach Staatsform und je nach Epoche Unterschiedliches. Das monarchische Legitimitätsprinzip steht dem demokratischen diametral entgegen. *Thomas Würtenberger* betont: "Die Formulierung der ethisch-rechtlichen Kategorie der Legitimität ist daher in hohem Maße zeitbedingt und relativ."[1] Wie aber entstand der moderne Legitimitätsbegriff, nach dem im demokratischen Zeitalter des 20. Jahrhunderts moderne Volksvertretungen gemessen werden müssen? Eine zentrale Stelle nimmt die Zeit des deutschen Vormärz ein. Hier gerät der Begriff, der bereits in der Antike zum üblichen Sprachgebrauch der Jurisprudenz gehörte, zum politischen Kampfbegriff.

Nach Kant definiert sich der Staat als eine "Vereinigung einer Menge von Menschen unter Rechtsgesetzen".[2] Was aber sind diese "Rechtsgesetze"? Sie bedeuteten für die liberal-konstitutionellen Theoretiker des 19. Jahrhunderts, z.B. Mohl, dem Bürger innerhalb einer Verfassung, die das höchste Ziel darstellte, Freiheitsrechte zu normieren. Damals wie heute, sowohl in monarchischen als auch in demokratischen Regierungen, besitzt das Rechtsgesetz Gültigkeit, daß eine Staatsgewalt ihre Legitimation durch die Akzeptanz und "geregelte Bevoll-

---

[1] Zit. n. Würtenberger, Th.: Legitimität, Legalität, in: Brunner, O. u.a. (Hg.): Geschichtliche Grundbegriffe, 3. Bd., 1982, S. 678. Zu Legalität, Legitimität bzw. Legitimation im Zusammenhang mit der Bundesrepublik s. Kriele, M.: Legitimitätsprobleme der Bundesrepublik, 1977; Luhmann, N.: Legitimation durch Verfahren, 1983; Habermas, J.: Legitimationsprobleme im Spätkapitalismus, 1973 Konrad-Adenauer-Stiftung (Hg.): Material zum Problem der Legitimität im Staat, 1975; Schmitt, W.O.: Der Begriff der freiheitlichen demokratischen Grundordnung, in: DÖV, 18. Jg., H. 13, 1965, S. 435 - 436; Hättich, M., und Benda, E.: Demokratie, in: Staatslexikon, hg. von der Görres-Gesellschaft, Bd. 1, 7. Aufl., 1985, Sp. 1182 - 1201. Zum Problem der "cäsaristischen Legitimität" im Bismarckreich s. Hofmann, H.: Recht - Politik - Verfassung, 1986, S. 181 - 205.

[2] Hierzu Schieder, Th.: Wandlungen des Staats in der Neuzeit, in: HZ, Bd. 216, 1973, S. 270 - 272.

mächtigung" durch die Bürger, also durch entsprechende Repräsentation erhält.

Rausch verweist auf den sozio-psychologischen Charakter der Repräsentation. Vorbedingung der Beziehung des Repräsentanten zum Repräsentierten ist eine "Übereinstimmung in Formalitäten und Überzeugungen"; der Repräsentant kann darauf nicht verzichten, denn: "Die inhaltliche Beziehung ist Voraussetzung für die Anerkennung seiner Handlungen und Entscheidungen; sie ist identisch mit seiner Legitimierung."[3]

a. Der Begriff der Legitimität bis 1814

Der politische Bedeutungsgehalt von Legitimität, der im antiken und auch mittelalterlichen Rechtsdenken in keinem Widerspruch zur Legalität stand, sondern synonym auch mit Begriffen wie "probitas", "fides" und "fidelitas" umschrieben wurde, erfährt zu Beginn der Neuzeit in Europa eine Aufspaltung. Während einerseits die Spätscholastiker die Legitimität religiös fundiert sehen, die "legitime" Staatsgewalt letztlich von Gott herleiten, wird der Begriff Legitimität andererseits von den Theoretikern des Naturrechts "säkularisiert". Hier erfolgt die Herrscherberufung durch Wahl oder Erbfolge, doch ist ein Konsens des Volkes ausschlaggebend.[4]

Seit dem Ende des 16. Jahrhunderts ist Frankreich Mittelpunkt der Ausprägung des modernen Legitimitätsbegriffs. Die politische Situation gestaltete sich völlig anders als im Deutschland, dessen Bevölkerung nach dem Westfälischen Frieden vom Heiligen Römischen Reich Deutscher Nation Frieden und Ordnung erwartete und auch bekam und keine Gedanken an Themen wie aktive Mitwirkung des Volks oder gar Recht auf Widerstand verschwendete. Deutsche Theoretiker wie Pufendorf, die sich mit solchen

---

[3] Zit. n. Rausch, H.: Repräsentation, in: Bosl, K., und Möckl, K. (Hg.): Der moderne Parlamentarismus, 1977, S. 95.

[4] Diesen "Dualismus" zwischen einer religiös begründeten und einer säkularisierten Interpretation erläutert Würtenberger, Th.: Legitimität, in: Brunner, O. u.a. (Hg.): Geschichtliche Grundbegriffe, 3. Bd., 1982, S. 684 - 688; hierzu auch Schubert, F.H.: Volkssouveränität, in: Rausch, H. (Hg.): Die geschichtlichen Grundlagen, Bd. 2, 1974, S. 294 - 296.

Fragen auseinandersetzten, erfuhren intensive Rezeptionen nicht im Heimatland, sondern im Ausland, vor allem in Frankreich.

Die Staatstheorien und politischen Ideen des Absolutismus, der Aufklärung und der Zeit der Französischen Revolution verwendeten den Begriff "légitime" in unterschiedlichster Bedeutung in ihren Konzeptionen. Bodin wurde mit seinem Werk "Six livres de la république", in dem er den Terminus "Souveränität" für die legitime Monarchie prägte, zum Theoretiker des Absolutismus, in dem der Fürst an nichts außer an göttliches Recht und Naturrecht gebunden ist.[5] In der Aufklärung erfuhr der Begriff der Legitimität im Zuge der Ideen der Staatsraison und dem sich emanzipierenden Bürgertum eine "Demokratisierung".[6] Die Forderung an den Staat, das Gemeinwohl, das "bonum commune" zu realisieren, wurde von den Aufklärungsphilosophen radikalisiert. Erst jetzt begann der Begriff der Legitimität im Zusammenhang mit dem Streben der Bürger nach Glück, Harmonie und vernunftrechtlicher Ordnung zu einem allgemeinen Terminus des politischen Sprachgebrauchs zu werden.

Mit Rousseau gelangte die theoretische Verarbeitung und Kontradiktion gegen den Absolutismus auf einen Höhepunkt. Nicht der Monarch, sondern ausschließlich die Gesetzgebung, verkörpert durch die unveräußerbare Volkssouveränität, trage die Souveränität und den Allgemeinwillen in sich, so Rousseau. Er ersetzte die Legitimation durch Gott oder das übergeordnete Naturrecht nun durch das Volk. Damit schuf er "die Basis für den langen, erbitterten Kampf zwischen der Fürsten- und der Volkssouveränität, zwischen dem monarchischen Legitimitätsprinzip und den Legitimitätstheorien der Aufklä-

---

[5] Matz, U.: Jean Bodin, in: Rausch, H. (Hg.): Politische Denker, Bd. 1, 6. Aufl., 1981, S. 125 - 132.

[6] So Würtenberger, Th.: Legitimität, in: Brunner, O. ua. (Hg.): Geschichtliche Grundbegriffe, 3. Bd., 1982, S. 691. Souveränität, Arcanum imperii und Staatsraison sind die Ausbildung des modernen Staates begleitende Formeln, wobei Stolleis betont, daß die Staatsraison als Instrument und Legitmationsformel der Macht "beunruhigend ungreifbar" war: Stolleis, M.: Arcana imperii und Ratio status, 1980, S. 5 und 34.

rung."[7] Die Konsequenz dieser Lehre war in der Revolutionszeit Frankreichs die Verwendung des Adjektivs legitim für die Volksvertretung, das rechtmäßige und einzige Repräsentationsorgan der Nation.

b. Der Wiener Kongreß und die Rolle Talleyrands

Sowohl die äußere als auch die innere Ordnung der europäischen Staaten stand auf dem Wiener Kongreß zur Neugestaltung an. Innenpolitisch und völkerrechtlich spielt nun der Begriff der Legitimität eine zentrale Rolle. Er wird zum politischen Schlagwort und zugleich Systemprinzip. Einerseits ist das Gleichgewicht der Mächte, andererseits die Rechtfertigung der Dynastien Ursache, die Legitimität in diesem Sinne zu definieren und damit der während der Revolution erstarkten Idee der Volkssouveränität einen Riegel vorzuschieben. Erst in der Restaurationsepoche erhält die Legimität endgültig den Status einer "zentralen staatstheoretisch-politischen Kategorie"[8].

Eng verbunden mit der Politisierung des Begriffs der Legitimität ist der Name Talleyrands. Der alte Staatsmann, auf dem Wiener Kongreß als Außenminister Frankreichs, jedoch schon vor 1814 und auch danach als Politiker im Dienste der jeweils wechselnden Regierungsformen, bezweckte trotz dieses vermeintlichen Widerspruchs im Innersten stets nur dies : Zum einen war er bedacht, daß Frankreich seine Großmachtstellung nicht verlöre, zum anderen hatte er das Ziel des europäischen Gleichgewichts vor Augen. Mit dem Begriff der Legimität versuchte er 1814 denn auch, einerseits die Bourbonen-

---

[7] Zit. n. Würtenberger, Th.: Legitimität, in: Brunner, O. u.a. (Hg.): Geschichtliche Grundbegriffe, 3. Bd., 1982, S. 694; s. auch Maier, H.: Jean-Jacques Rousseau, in: Rausch, H. (Hg.): Politische Denker, 2. Bd., 6. Aufl., 1981, S. 62 - 63. Mayer-Tasch, P.-C.: Hobbes und Rousseau,1976, S. 117 - 121, arbeitet heraus, daß der Ordnungsfaktor in Rousseaus Lehre alle übrigen Legitimitätsfaktoren systemtranszendent dann überlagert, wenn der "Legitimitätskern", nämlich die Übereinstimmung von Gemein- und Mehrheitswillen, entfällt.

[8] Unruh, G.-Ch.v.: Die Legitimation der hoheitlichen Gewalt als konstitutionelles Verfassungsproblem, in: Schnur, R. (Hg.): Festschrift für Ernst Forsthoff, 1972, S. 458 - 460; Würtenberger, Th.: Legitimität, in: Brunner, O. u.a. (Hg.): Geschichtliche Grundbegriffe, 3. Bd., 1982, s. 697.

herrschaft wiederherzustellen, andererseits die Basis für eine stabile Ordnung in Europa zu schaffen.

Entgegen zahlreicher Darstellungen über die Rolle Talleyrands, die zweifelsohne noch zu bewerten ist, muß hervorgehoben werden, daß er nicht der "Schöpfer" der Legitimität war. Es war sein Verdienst, diesem politischen Schlagwort gleichsam internationale Reputation zu verleihen. Er machte das Legitimitätsprinzip nicht bloß zu einem rein politischen Grundsatz, sondern zu einer verbindlichen Rechtsregel. Doch wurde Talleyrand mit Sicherheit durch politische Flugschriften aus der Zeit um 1814 beeinflußt, die - bekannt ist vor allem eine publizistische Abhandlung von Chateaubriand - die Zeit vor der Französischen Revolution und damit die Zeit der legitimen monarchischen Herrschaft verklärten und wieder herbeisehnten. Auch Constants Werk um 1814 intendierte eine Diskreditierung der der Revolution entwachsenen Staatsform. Er stellte der Erbmonarchie als der legitimen Staatsform die Usurpation - Napoleon vor Augen - entgegen. Das Streben nach Ausgleich kommt in einer Kritik an Rousseaus Volkssouveränitätsbegriff zum Ausdruck:

> "Da die Souveränität des Volkes nicht unbegrenzt ist und sein Wille nicht ausreicht, um alles, was es will, zu legitimieren, besteht auch die Autorität des Gesetzes, die nichts anderes ist als der echte oder doch als echt angenommene Ausdruck dieses Willens, nicht in uneingeschränkter Form."[9]

Zentraler Kern der politischen Lehre Constants ist nicht das Streben nach einer Theorie der Herrschaftsrechtfertigung. Er stellt nicht die Frage, welche Herrschaft, sondern die, in welcher Form diese Herrschaft legitimiert werde, und gelangt so zu einer eigenen Theorie der Freiheit, die ihre Rechtfertigung in der Beschränkung der Staatsgewalt finde.[10]

---

[9] Zit. n. Constant, B.: Grundprinzipien der Politik, in: Ders.: Werke, Bd. 4, 1972, S. 26; s. auch Würtenberger, Th.: Legitimität, in: Brunner, O. u.a. (Hg.): Geschichtliche Grundbegriffe, 3. Bd., 1982, S. 697 - 698; Walter, G.: Der Zusammenbruch, 1980, S. 110.

[10] S. Gall, L.: Einführung, in: Constant, B., Werke, Bd. III, 1972, S. 12 - 14; Gall, L.: Benjamin Constant, 1963, S. 340 - 342.

Talleyrand präsentierte den Verbündeten auf dem Wiener Kongreß durch seine Betonung des Legimitätsprinzips als Ordnungsprinzip eine stabile französische Monarchie; dahinter stand die grundsätzliche Restauration der legitimen europäischen Dynastien als Ziel, was den Vertretern auf dem Kongreß sehr entgegenkam. Trotz dieser Rückwärtsgerichtetheit verband Talleyrand das völkerrechtliche und innenpolitische Legitimitätsprinzip nicht mit der Vorstellung des Gottesgnadentums. Mit sicherem politischen Gespür für den Zeitgeist erkannte Talleyrand, der Aufklärung zugeneigt, daß das Königtum nur dann als legitim gelten konnte, wenn seine Macht beschränkt werde. Eine Beschränkung sah er in der Verankerung von Prinzipien wie legislative Mitwirkung des Parlaments, Pressefreiheit, Unabhängigkeit der Gerichte oder individuelle Freiheit in den neuen Verfassungen ermöglicht. Dieses Legitimitätsverständnis, vordergründig dem der Frühliberalen sehr ähnlich, resultiert freilich bei Talleyrand aus der nüchternen Erkenntnis, daß ein Staat nur dann seiner Ordnungsfunktion nachkommen könne, wenn das Volk zu ihm stehe.[11]

Insofern ist es auch unkorrekt, bereits zum Zeitpunkt des Wiener Kongresses von einer Absicht Talleyrands zu sprechen, mit dem Legitimitätsprinzip zugleich die Anerkennung des monarchischen Prinzipes zu forcieren. Nicht bereits 1814, sondern erst in den folgenden Jahren kann von der intendierten monarchischen Legitimität als der "großen Formel des Verfassungsprogramms" gesprochen wer-

---

[11] Ausgewählte Quellen zur diplomatischen Geschichte der Jahre 1814 und 1815, insbesondere von Talleyrand, Metternich und Hardenberg, im Anhang bei Griewank, K.: Der Wiener Kongreß, 2. Aufl., 1954 (1. Aufl., 1942), S. 387 - 406. Beachte Stein, L.v.: Das Königtum, die Republik und die Souveränität (= 3. Bd. der "Geschichte der sozialen Bewegung in Frankreich), 1. Aufl. 1850, Nachdruck 1959, S. 52 - 55. Für Stein gilt Talleyrand noch als Schöpfer der Legitimität, die der deutsche Sozialkritiker noch mit Gottesgnadentum gleichsetzt. Würtenberger, Th.: Legitimität, in: Brunner, O. u.a. (Hg.): Geschichtliche Grundbegriffe, 3. Bd., 1982, S. 699 - 701; zu Legitimität und Volkssouveränität in Frankreich s. Huber, E.R.: Nationalstaat und Verfassungsstaat, 1965, S. 89 - 91, der den Verfassungsstaat als "Gefüge überpositiver Wertprinzipien", in deren "fortschreitender Verwirklichung die Staatsordnung erst ihre substantielle Legitimität erlangt", versteht (S. 7).

den.[12] Zum "Schlagwort der Legitimisten" entwickelte sich das monarchische Prinzip erst in den Jahren zwischen 1815 bis 1819. Seine rechtliche Basis fand dieses Prinzip in der Formulierung des Artikels 57 der Wiener Schlußakte, in dem zwischen dem Legitimismus Talleyrands und Metternichs und den bereits existierenden süddeutschen Verfassungen ein für beide akzeptabler Kompromiß gefunden wurde.[13]

Heinrich Otto Meisner analysiert in seiner heute in ihrem Duktus über das monarchische Prinzip vielfach relativierbaren Studie 1913 die zwei Stadien des Legitimitätsprinzips, dessen "ursprüngliche selbständige Gestalt" zum Zeitpunkt des Wiener Kongresses und der in Paris entstandenen Heiligen Allianz in der Forderung einer "völkerrechtlichen Garantie aller in Europa bestehenden Dynastien und Staaten" kulminierte. Das zweite Stadium, das, so *Meisner,* durch die Wende weg von der neutralen völkerrechtlichen Regel hin zu einer "politischen Parteidoktrin" zur "Verfärbung und Verfälschung" des Legitimitätsprinzips geführt habe, setzt mit den innenpolitischen Schwierigkeiten der Einzelstaaten nach 1815 ein; nun wird versucht, den Fürsten Legitimität zuzuschreiben bzw. zu bestätigen, um die monarchischen Beschränkungen durch die neuen Verfassun-

---

[12] Die zeitliche Diskrepanz mißachtend: Forsthoff, E.: Deutsche Verfassungsgeschichte, 4. Aufl., 1972, S. 84 - 86; s. auch die Kritik Walters, G.: Der Zusammenbruch, 1980, S. 112 - 113, an Gauland, A.: Das Legitimitätsprinzip, 1971, S. 16, und Rie, R.: Das Legitimitätsprinzip, in: Archiv des Völkerrechts, 5. Bd., 1955/56, S. 272. Allerdings spricht Gauland nicht von einer "Intentionsidentität" von Legitimitäts- und monarchischem Prinzip, sondern erkennt - entgegen dem Walterschen Vorwurf - die Konsequenz und verfassungsrechtliche Bedeutung der "in der Lehre vom monarchischen Prinzip gipfelnden staatsrechtlichen Ausgestaltung dieses Prinzips" durch Gentz (S. 14, 29 - 30).

[13] S. Hofmann, H.H.: Adelige Herrschaft und souveräner Staat, 1962, S. 427; s. auch S. 334 - 337 und 526 - 529; Ehrle, P.M.: Volksvertretung, 1979, S. 248 - 249, der in seiner komparativistischen Studie des Verfassungsrechts herausarbeitet, daß der Grundsatz der Heiligkeit und Unverletzlichkeit und damit indirekt das Gottesgnadentum als Legitimations des monarchischen Prinzips in fast jeder Konstitution statuiert war. Zum sich vom radikalen Legitimismus unterscheidenden Legitimitätsprinzip Metternichs vgl. Huber, E.R.: Deutsche Verfassungsgeschichte, Bd. 1, 1957, S. 535 - 537; beachte jedoch, daß Huber das Metternichsche Streben nach Ordnung und Sicherheit und die daraus resultierende Betonung des Autoritäts- und Gleichgewichtsprinzips zu unkritisch reflektiert.

gen möglichst gering zu halten.[14]

Zum Zeitpunkt des Wiener Kongresses stellte die in den nächsten Jahren in den Vordergrund gerückte Aufgabe der Staatsoberhäupter, die liberal-konstitutionellen Tendenzen in den einzelnen Ländern zu bekämpfen, noch keineswegs den Auslöser für das Ja zum Legitimitätsprinzip im Sinne Talleyrands dar; diese Problematik trat erst nach 1815 in den Mittelpunkt der staatsrechtlichen Überlegungen. Vor 1815 betrachteten die Befürworter des Legitimitätsprinzips - und das waren beileibe nicht alle am Wiener Kongreß anwesenden Staaten - vor allem den völkerrechtlichen Nutzen. Tatsache ist jedoch, daß das Legitimitätsprinzip seit dem Wiener Kongreß in der politischen Theorie bei unterschiedlichster Bedeutung seinen Platz behauptet hat.[15]

Nicht theoretisch-abstrakt, sondern bewußt pragmatisch-positivistisch charakterisiert sich die Talleyrandsche Handhabung des Legitimitätsprinzips. Kriterium der Legitimität ist nach der Auslegung durch die französische Diplomatie die Fähigkeit, im Innern des Landes für Ruhe und Ordnung, für Wohlfahrt und Gesetzlichkeit zu sorgen, um so von seiten der eigenen Bevölkerung und auf internationaler Ebene Akzeptanz zu finden. Dieser rein auf den Erfolg ausgerichtete Pragmatismus, der Legitimität als politisches Instrumentarium benutzte, findet sich auch in Metternichs Denken.[16]

Der Legitimismus, von Talleyrand und mit ihm Metternich geschickt auf der politischen Bühne als Parole ausgegeben, war zunächst direkte Folge der Machtkämpfe und Produkt der Staatsraison. In der dann erfolgten Verbindung von "Thron und Altar", in der religiösen und patrimonialen Begründung der Fürstenmacht à la Maistre

---

[14] Vgl. Meisner, H.O.: Die Lehre vom monarchischen Prinzip, 1913, Neudruck 1969, S. 115 - 118.

[15] So auch Gauland, A.: Das Legitimitätsprinzip, 1971, S. 94, der der völkerrechtlichen Komponente von 1815 bis 1970 nachgeht.

[16] Botzenhart, M.: Wiener Kongreß, in: Raumer, K.v. und Botzenhart, M.: Deutsche Geschichte im 19. Jahrhundert, 1980, S. 584; zur Bedeutung des Legitimitätsprinzips im Rahmen der Sachsenfrage auf dem Wiener Kongreß s. Rie, R.: Das Legitimitätsprinzip, in: AVR, 5. Bd., 1955/56, S. 272 - 283.

oder Haller, wuchs das konservative Legitimitätsprinzip über seine "kluge Maske" hinaus und entpuppte sich retardierend als Rechtfertigung einer von Gott gewollten Ordnung und als Ablehnung des Prinzips der Volkssouveränität.[17]

Mit der Betonung des Legitimitätsprinzips auf dem Wiener Kongreß setzte unter den verschiedenen politischen Richtungen ein Streit um die Bedeutung der Legitimität ein, der unter den Schlagworten Fürsten- oder Volkssouveränität und in den zahlreichen diversen Interpretationen von landständischer oder Repräsentativverfassung geführt wurde.

Drei politische Linien, die in Deutschland zumindest der Grundtendenz nach rezipiert wurden, zeichnen sich in Frankreich ab. Während die konservativen Theoretiker wie Joseph de Maistre die Legitimität des Monarchen als Gottesgnadentum erachteten und an den Absolutismus anknüpften, nahmen frühliberale Denker wie Benjamin Constant eine Kompromißhaltung zwischen dem erbmonarchischen und dem demokratischen Legitimitätsprinzip ein. Die Liberalen negierten entschieden sowohl die reine Fürsten- als auch die radikale Volkssouveränität; die Verbindung beider führte zu einer legitimen Königsherrschaft, in der der König als neutrale Gewalt für Ordnung und Sicherheit sorgen sollte. François Guizot schließlich verkörpert die dritte politische Richtung: Als Vernunftrechtler ebenfalls auf Ausgleich bedacht, besitze jegliche politische Ordnung, ob Monarchie oder Demokratie - ja auch auf dem Weg von Revolutionen zustandegekommene Regierungen - Legitimität, wenn sie innerhalb des historischen Prozesses Kontinuität ver-

---

[17] Zum Legitimismus s. Schnabel, F.: Deutsche Geschichte, Bd. 2: Monarchie und Volkssouveränität (1933), 1987, S. 36 - 42. Zur Grundlegung des Begriffs Restauration im Sinne Gentz' und Metternichs durch K.L.v. Hallers berühmte Schrift "Restauration der Staatswissenschaft" (1816 - 1825) s. Huber, E.R.: Deutsche Verfassungsgeschichte, Bd. 1, 1957, S. 534; Schmidt-Aßmann, E.: Der Verfassungsbegriff in der deutschen Staatslehre, 1967, S. 140 - 147 und 166 - 171. S. bereits Meinecke, F.: Werke, Bd. V: Weltbürgertum und Nationalstaat, 9. Aufl., 1969 [1. Aufl., 1907], 10. Kap., S. 192 - 235, v.a. S. 209.

bürge und von den Bürgern anerkannt werde.[18] Am Beispiel der Theoretiker Frankreichs wird deutlich, daß hier - wie auch in Deutschland - das monarchische Prinzip grundsätzlich nicht attackiert wurde; Legitimität stand in keinem direkten Zusammenhang mit Demokratie. Das Prinzip der Volkssouveränität wurde nie exklusiv, sondern stets, wenn überhaupt, in Synthese mit dem monarchischen Prinzip beurteilt.

c. Der Begriff der Legitimität in der politischen Theorie Deutschlands nach 1814

Mit ein Grund für das Fehlen einer "revolutionären Spitze gegen den absoluten Staat" in Deutschland war, abgesehen von der "deutschen Mentalität", die im Unterschied zum französischen Absolutismus ausgeprägte Reformfreudigkeit des Monarchen. Die Frage nach der Funktion des Monarchen und seiner Legitimation stellte sich auf deutschem Boden erst, als die Ideen der Französischen Revolution insbesondere im Zusammenhang mit dem auch in Deutschland spürbaren gesellschaftlichen Wandel rezipiert wurden. *Würtenberger* betont zu Recht, daß die Verfassungskämpfe des deutschen Frühkonstitutionalismus nur auf dem Hintergrund der französischen politischen Geschichte verstanden werden können.[19]

Auffallend und durch ein bisheriges Unverständnis und eine Unkenntnis der französischen Politik erklärlich ist die Auffassung vieler deutscher Theoretiker, daß Talleyrand den Begriff der Legitimität im Grunde geschaffen habe. Und in der Tat verzeichnen deutsche Publikationen des 18. Jahrhunderts, vor allem Wörterbücher nur selten die Worte legal oder legitim, und wenn, dann gelten die Adjektive als Synonyma. Die Übernahme des französischen Legitimitätsbegriffes in Deutschland nach 1814 bedeutet

---

[18] Würtenberger, T.: Legitimität, in: Brunner, O. u.a. (Hg.): Geschichtliche Grundbegriffe, 3. Bd., 1982, S. 701 - 706.

[19] Die Rezeption des Legitimitätsbegriffs aus dem französischen Sprachraum sowohl von deutschen Politikern als auch Theoretikern ist anhand der Quellen nachweisbar; s. Würtenberger, Th.: Legitimität, in: Brunner, O. u.a. (Hg.): Geschichtliche Grundbegriffe, 3. Bd., 1982, S. 707 - 708.

freilich keine unreflektierte Rezeption, vielmehr entwickelte sich daraus eine eigene deutsche "neue Nuance".[20]

Welche Bedeutung man im deutschen Vormärz dem Begriff der Legitimität beimaß und mit welchen Inhalten man ihn ausfüllte, hing von der politisch-ideologischen Ausrichtung des jeweiligen Betrachters ab; die beiden antagonistischen Pole stellten auch hinsichtlich der Frage der Legitimationseinschätzung Konservativismus und Liberalismus dar. Standen die einen ganz in der Tradition der dynastischen Legitimität, gelang es den anderen, dem Begriff im Zuge ihrer Kompromißhaltung einen eigenen Inhalt zu verleihen; denn das Besitz- und Bildungsbürgertum konnte dem Begriff der Tradition als Rechtfertigungsgrund keinen Sinn mehr abgewinnen.[21] Rein demokratische, auf dem Prinzip der Volkssouveränität basierende Legitimitätsversuche des Staates waren die Ausnahme; sie waren dem Wesen des deutschen Vormärz fremd.

Im Rahmen der Befürwortung der Monarchie sind mehrere politische Richtungen, zum Teil in Analogie zur französischen Theorie, auszumachen, die die Legitimität von unterschiedlichen Ansätzen her beurteilen. *Hans Boldt* teilt die deutschen Vormärztheoretiker in vier Gruppen ein, wobei diese Schematisierung bei allem Problembewußtsein für die Mängel jeglicher Kategorisierung durchaus geglückt ist.[22]

Während der Ansatz vor allem Hallers, die Legitimation via Gottesgnadentum bzw. patrimonialer Theorie historisch zu begründen, bereits den Zeitgenossen als mißglückt und unangemessen anbetracht der gesellschaftspolitischen Entwicklung erschien, konnte die "zweck-

---

[20] Würtenberger, Th.: Legitimität, in: Brunner, O. u.a. (Hg.): Geschichtliche Grundbegriffe, 3. Bd., 1982, S. 718; beachte jedoch den verwirrenden, zum Teil mißglückten Drang Würtenbergers, die deutschen Legitimitätsvorstellungen mit brachialer Gewalt zu schematisieren.

[21] So auch Reuß, H.: Zur Geschichte der Repräsentativverfassung, in: AöR, Bd. 27, N.F., 1936, S. 14.

[22] Boldt, H.: Deutsche Staatslehre im Vormärz, 1975, S. 58 - 83. Beachte auch Boldts Darlegung des "Orientierungsinteresses" mittels Klassifikation und Typologisierung und des "Funktionsinteresses" mittels Funktionsanalyse und Modellbildung, in: Ders.: Einführung, 1984, S. 29 - 34.

rationale Begründung der Monarchie", die die Kontinuität und Stetigkeit der Staatsgeschäfte bei gleichzeitiger verfassungsrechtlicher Bindung des Königs betonte, sowohl von Konservativen als auch Liberalen, genannt seien Stahl, aber auch Dahlmann, Anklang finden.

Die Mehrzahl der konstitutionellen Theoretiker jedoch versuchte, mittels der Vertragslehre das monarchische mit dem demokratischen Prinzip zu versöhnen. Aretin, Klüber, aber auch Rotteck legitimierten die Herrschaft durch eine gegenseitige Vereinbarung zwischen König und Volk. Bluntschli schließlich betrachtete den Staat vor Fürst und Volk als souverän, so daß aus diesem Legitimationsansatz das im Vormärz vieldiskutierte Problem erwuchs, wie die Staats- mit der Fürstensouveränität in Einklang zu bringen war.

Friedrich Julius Stahl verstand unter dem Legitimitätsprinzip die Forderung, der obrigkeitlichen Gewalt Gehorsam zu leisten und göttliches Handeln in der menschlichen Ordnung zu akzeptieren.[23] Ziel des Legitimitätsprinzips nach Stahl ist es, den autoritären Staat zu unterstützen, indem es die Volkssouveränität und damit Revolutionen verhindert. Mittel hierzu neben der Wahrung des historischen Rechts ist die Verbindung mit der Gottgewolltheit, dem Gottesgnadentum, wobei dies nicht ausschließlich auf die Monarchie beschränkt Gültigkeit hat.

In seinem Plazet des monarchischen Prinzips bringt Stahl jedoch zum Ausdruck, daß die Erbmonarchie den eigentlichen Sinn des Legitimitätsbegriffs am besten zur Geltung bringe. Das Legitimitätsprinzip stelle als "wichtiger Grundsatz über das Verhältniß des Volks zum Staate" den völligen "Gegensatz gegen die Volkssouveränetät" dar:

---

[23] S. Kaufmann, E.: Studien zur Staatslehre des monarchischen Prinzipes, 1906, S. 53 - 56, 90; Ders.: Gesammelte Schriften, Bd. 3, 1960, S. 40; Riedel, J.: Gemeinwohl, in: PVS, 2.Jg., Heft 3, 1961, S. 237; Würtenberger, Th.: Legitimität, in: Brunner, O. u.a. (Hg.): Geschichtliche Grundbegriffe, 3. Bd., 1982, S. 710, 716, 728 - 730; grundlegend und kritisch Grosser, D.: Grundlagen und Struktur, 1963, S. 67 - 71, 124 - 125.

> "Es drückt aus, daß die rechtmäßige (legitime) Obrigkeit und Ordnung gottgeheiligt und das Volk an sie gebunden, ihnen unterthan ist. – Man kann aber diesen Grundsatz nach einer andern Seite auch bezeichnen als das Princip der Kontinuität (...) Dieses Princip ist nicht eine politische Maxime, wie das Princip des Konservativismus eine solche ist, sondern sie ist ein staatsrechtlicher Grundsatz."[24]

Bereits Jahrzehnte vor Stahl stellte Rotteck die Frage nach der Legitimität einer Staatsgewalt auf eine vernunftrechtliche Basis. Der Staat sei durch einen "wahren, allgemeinen Staatsvertrag" entstanden und habe den Zweck, das "naturnothwendige" Verlangen der Menschen nach Glück "durch vereinbartes Erstreben Vieler und durch wechselseitige Zwangspflicht" zu erfüllen.[25] Diesen "ersten und Hauptzweck" erreiche der Staat in der "Handhabung des Rechtsgesezes unter seinen Angehörigen", so daß die Staatsgewalt mit der Gewährung und Garantie von Rechtszustand und Sicherheit ihre Legitimität beweise.[26] Daß "von Legitimität nur im Gesetz-Staate ein Begriff möglich ist"[27], hebt der bayerische Staatsrechtler Conrad Cucumus hervor. Er unterscheidet Legitimität jedoch von reiner Legalität: Der Staat und seine Gesetze haben nach seiner Konzeption das Ziel, einen "höchsten Vernunftzweck der Menschheit und jedes Individuums in ihr"[28] zu erstreben. Der Kontext der Legitimität mit

---

[24]Zit. n. Stahl, F.J.: Die Philosophie des Rechts, II,2, 1878, S. 535 - 537.

[25]Zit. n. Rotteck, C.v.: Lehrbuch des Vernunftrechts, Bd. 2, 2. Aufl., 1840, S. 56 - 58. Betonung des Gesellschaftsvertrages als Legitimitätsbasis im Gegensatz zur Auffassung der Legitimisten s. Art. "Constitution, Constitutionelles System" von Rotteck (in der 1. Aufl. noch allein) und Welcker (2. Aufl., Bd. 3, 1846, S. 523 - 524; 3. Aufl., Bd. 4, 1860, S. 98 - 99).Zu seiner Vertragslehre s. Brandt, H.: Landständische Repräsentation, 1968, S. 257 - 259.
Auch für K.S. Zachariä stellt der Vertrag den "Rechtsgrund der Staatsgewalt" dar, s. Vierzig Bücher vom Staate, 1. Theil, 1839, S. 64, 116 - 119, 147 - 159; s. auch die "allgemeinen Maxime der Staatsklugheit" zur Legitimation des Staates, S. 238 - 246.

[26]Rotteck, C.v.: Lehrbuch des Vernunftrechts, Bd. 2, 2. Aufl., 1840, S. 62. Treffend Staatszweck und Staatssinn herausarbeitend: Jobst, H.: Die Staatslehre Karl von Rottecks, in: ZGObrh, 103/1955, S. 470, 490; zu den Aufgaben des Staates, der Postulat des Rechts und damit der reinen Vernunft, ist s. ebda., S. 475. Den Einfluß Constants auf Rotteck überbewertend: Würtenberger, Th.: Legitimität, in: Brunner, O. u.a. (Hg.): Geschichtliche Grundbegriffe, 3. Bd., 1982, S. 710; s. Rotteck, a.a.O., S. 218 - 220.

[27]Cucumus, C.: Lehrbuch des Staatsrechts der konstitutionellen Monarchie Baierns, 1825, S. 14; beachte die in Anm. 2 getroffene Unterscheidung zwischen subjektiver und objektiver Legitimität.

[28]Ebda., S. 1.

einem Gefühl von Moral ist eindeutig. Cucumus betont, daß nur die Idee des Rechts zur Idee des Staates führen könne, wobei das "Gebot der Pflicht" "Princip der sittlichen Handlung" sei.[29]

Auf einer gemeinsamen argumentativen Basis mit Rotteck befindet sich auch der liberale Vormärztheoretiker Friedrich Murhard. In der Einsicht des notwendigen Dualismus zwischen Fürst und Volk und somit des monarchischen mit dem demokratischen Prinzip und auf der Suche nach einer Lösung dieser Antithese kommt Murhard zu der Auffassung, daß nur ein auf der Volkssouveränität beruhendes Königtum legitim sei. Das Volk müsse die Herrschaft des Monarchen anerkennen:

> "In der That besteht das Wesen der Monarchie darin, daß Staat und Volk einen immerwährenden höchsten Repräsentanten in der Person des Monarchen haben; aber dieses oberste Repräsentationsrecht des monarchischen Oberhaupts erhält dadurch erst seinen ganzen Werth und zugleich seine wahre Würde, daß der Fürst dasselbe nicht etwa Kraft eigenen Rechts - gleich einem aufgedrungenen Vormund - sondern Kraft des Willens des Volks, als der Quelle aller öffentlichen Gewalt, üben will."[30]

Murhard bezeichnet die Lehre vom Gottesgnadentum und die patrimonialstaatlichen politischen Ideen Hallers als Lehren,

> "von denen sich die Staatsphilosophie und der gesunde Menschenverstand längst losgemacht haben."[31]

Ein eigenes "Programm"[32] zu "Legitimität, Legitimitätsprincip" verfaßte nach den Revolutionsereignissen Josef Held, einer der späteren Mitarbeiter des Staatslexikons. Held ist der sich nach 1848 ausprägenden liberalnationalen Strömung[33] zuzurechnen und als solcher nur noch in Ansätzen den politischen Theoretikern des Vor-

---

[29] Ebda., S. 3; zu den aus "moralischen Antrieben" nötigen Sicherungsmitteln der Verfassung S. 361.

[30] Zit. n. Murhard, F.: Die Volkssouverainität im Gegensatz der sogenannten Legitimität, 1832, S. 369.

[31] Zit. n. ebda., S. 23.

[32] So bezeichnet Held seine Schrift von 1859 im Staatslexikon in Art. "Legitimität", 3. Aufl., Bd. 9, 1864, S. 459 und 464.

[33] In seinem Programm von 1859 die Vielfalt der französischen Legitimitätsliteratur analysierend, grenzt Held den Legitimitätsbegriff im Sinne eines "deutschen" Terminus bewußt ein: S. 35, 41 - 42; zu Held als Vertreter der "Legitimität aus nationaler Tradition" s. Würtenberger, Th.: Legitimität, in: Brunner, O. u.a. (Hg.): Geschichtliche Grundbegriffe, 3. Bd., 1982, S. 727 - 728.

märz verhaftet. Interessant ist sein Fazit: Nach seiner Idee stellt sich die "wahre" Legitimität als nichts anderes als "die ununterbrochene Continuität des Rechts" dar. Als Begriff der Rechts- und Gesetzmäßigkeit bedeutet Legitimität, die nicht unbedingt allein für die Monarchie gilt, sondern seine Basis in der Verfassung des Staates findet, einen "Grundbegriff des menschlichen Geistes". Nicht das Prinzip der Volkssouveränität verleihe dem Herrscher oder der Regierung Legitimität, sondern die "vollständigste und freieste Einheit" zwischen beiden.[34]

Entschiedener noch als die liberalen Vormärztheoretiker plädiert Georg Friedrich Kolb nach den Erfahrungen von 1848 in einem Artikel für das "Staatslexikon" für den modernen Verfassungsstaat, der keine Kombination mit der althergebrachten Legitimitätstheorie des Gottesgnadentums eingehen dürfe. Die Konstitution und das Volksrecht besitzen nach seiner Meinung oberste Priorität; sie rechtfertigen den Herrschaftsanspruch eines Monarchen, nicht jedoch die unzeitgemäße Formel "von Gottes Gnaden".[35]

Schon 1818 stellt Julius Schmelzing wie Rotteck die zentrale Position der Verfassung, die sowohl vom König als auch den "Deputirten der Nation" "gemeinsam und mit beiderseitigem freien Willen" unterzeichnet ist, in den Mittelpunkt seiner Überlegungen über Landstände. Die vertragsmäßige Schaffung der Konstitution bürge für drei weitreichende, im Staatsleben notwendige Konsequenzen. Zum einen sei der Monarch geschützt, zum anderen bewahre ein Vertrag die Rechte des Volkes, und nicht zuletzt

---

[34]Held, J.: Art. "Legitimität", in: Staatslexikon, 3. Aufl., Bd. 9, 1964, S. 464, 468 - 469; Ders.: Legitimität, 1859, S. 38: "Die Legitimität aber auf der Grundlage der Volkssouveränetät ist logisch und juristisch in einer wahren Monarchie gleich unmöglich." Und S. 45 spricht er generell, ohne Bezug auf die Monarchie, daß "die Volkssouveränetätsidee, unlogisch und unhistorisch, auch praktisch nicht durchführbar" ist. Es ist bezeichnend, daß Held Mitarbeiter im Staatslexikon wurde, als die Federführung allein bei Welcker lag; s. in dieser Arbeit S. 144 - 153.

[35]Art. "Repräsentatives, constitutionelles und landständisches System" von G.F. Kolb in: Staatslexikon, 3. Aufl., Bd. 12, 1865, S. 488, 496.

sichere eine solche Verfassung die "wohlverstandene Legitimität" der monarchischen Herrschaft.[36] Mit diesen Äußerungen steht Schmelzing abermals in eklatantem Gegensatz zu einem seiner zeitgenössischen theoretischen Gegner. Denn: Wilhelm Reinhard, badischer Beamter, verficht 1817 eine Legitimitätstheorie, die in völliger Assimilation des Wiener Kongresses und der Verbindung der dortigen - völkerrechtlichen - Lehre mit der Erbmonarchie den Adel hochhält. "Legitimität ist anerkannte Erb-Souveränität", so Reinhard, der auch nach Mediatisierung dem "ehemahligen Reichs-Adel" nach wie vor eine "anerkannte Erbvollziehungsgewalt"[37] im Staate zuspricht, obwohl der Wiener Kongreß sich nicht dafür stark gemacht hatte, die Standesherren wiederherzustellen; einzig die Bundesakte hatte diesen einige Privilegien gewährt.

Mit heftigen Worten kritisiert Robert von Mohl die Legitimitätsideen der Konservativen.[38] Stahls Vorstellung vom Gottesgnadentum, das dieser an der Theokratie "vorbeischiffen" wolle, vergleicht er mit der ständischen Theorie, die das preußische Junker- und Pfaffentum zu rechtfertigen versuche.[39] Nicht der Monarch dank Gott, sondern das "gesammte Volk" besitze die Souveränität.[40] In diesem Zusammenhang wendet sich Mohl auch gegen den von den Konservativen, die damit ihre reaktionäre Legitimitätstheorie untermauern, ins Spiel gebrachte Begriff der Autorität. Mohl bestätigt die Bedeutung der Autorität, derer ein Staat bedürfe; denn

---

[36] Schmelzing, J.: Einige Betrachtungen über den Begriff und die Wirksamkeit der Landstände, 1818, S. 12.

[37] Reinhard, W.: Die Bundes-Acte über Ob, Wann und Wie? Deutscher Landstände, 1817, S. 86 - 87.

[38] Vgl. in diesem Zusammenhang: Der Konservative Karl Vollgraff argumentierte mit der "historischen Autorität", um seiner Vorstellung eines "germanisch-historischen concret-natürlichen Stände-Systems" im Gegensatz zum "künstlich erfundenen" Repräsentativsystem Legitimität zuzuweisen: Vollgraff, K.F.: Die Täuschungen des Repräsentatif-Systems, 1832, S. 94.

[39] Mohl, R.v.: Das Repräsentativsystem, seine Mängel und die Heilmittel. Politische Briefe, in: Ders.: Staatsrecht, Bd. 1, 1860, S. 447.

[40] Mohl, R.v., in ebda., S. 468.

"wenn es wirklich einer Regierung an Macht gebricht, so muss ihr das Fehlende verschafft werden. Ohne entsprechende Gewalt hat der Staat weder Sinn noch Bestand. Allein sehr einseitig und verderblich ist es, wenn über dieser Forderung die zweite, eben so wichtige, vergessen wird, dass eine Regierung auch sittliche Stützen haben muss, Liebe, Achtung, kurz Vertrauen. Mangel hieran ist ebenfalls ein grosses politisches Uebel. Niemals ist dieses deutlicher hervorgetreten als beim deutschen Bunde."[41]

Das Volk besitze das Recht, durch die Ständeversammlung innerhalb einer repräsentativen Monarchie an den Geschäften des Staates mitzuwirken. Es stehe dem Volk zu, so der Legitimationsansatz Mohls, "daß der von ihm geforderte Gehorsam gegen den Stellvertreter auch wirklich rechtlich begründet sei."[42]

---

[41] Zit. n. Mohl, R.v.: Staatsrecht, Bd. 2, 1862, S. 56.

[42] Mohl, R.v.: Encyklopädie der Staatswissenschaften, 2. Aufl., 2. Ausg., 1872, S. 208, Anm. 3. Beachte im Zusammenhang der Legitimität in Abgrenzung zur bloßen Legalität die Rolle der "Staatssittenlehre", deren Notwendigkeit auch Mohl betont, s. ders. in ebda., S. 504 - 539.

3. Das Prinzip der Volkssouveränität und die Volksrepräsentation

Zentrale Bedeutung ist den Begriffen der Volkssouveränität und der Volksrepräsentation zuzumessen. Beide Termini, bereits im Mittelalter existent und wichtig für die Staatslehre, sind mit den politischen Ideen des deutschen Vormärz eng verbunden. In dieser Epoche erfuhren sie eine Intensivierung; Vormärztheoretiker zeigen sich auch hier, analysiert man diese Termini, als Vordenker. In den theoretischen Konzepten der ersten Hälfte des 19. Jahrhunderts zeigt sich ein beginnendes Erwachen - zunächst nur mental - für die Ausprägung moderner Volksvertretungen. Einzelne Kriterien heutiger Parlamente besitzen ihre Ansätze bei oft unterschiedlichsten Denkern nach 1815.

Volksrepräsentation, nicht zugleich in einem Atemzug mit Volkssouveränität genannt, wie noch zu zeigen ist, stellt einen begriffsgeschichtlichen und staatstheoretischen Prozeß dar. Im Zusammenhang der Repräsentativverfassung wurde bereits betont, daß Volksrepräsentation im 19. Jahrhundert kein bloßer Rechtsbegriff war, sondern einen politischen Kampfbegriff darstellte.

Volkssouveränität ist ein zwar in der Antike bereits vorhandenes "Axiom", jedoch erst im Spätmittelalter in die Staatslehre dezidiert eingebundenes Prinzip, das freilich im 14. Jahrhundert erst in Ansätzen ausformuliert ist. Dennoch ist hervorzuheben, daß es "eine Brücke zwischen dem modernen Staat und dem Staat des Mittelalters und der Antike" schlägt; trotz der prozessualen Vielfalt weist die Idee der Volkssouveränität ein "starkes Moment der Kontinuität" auf.[1] Die Entwicklung führt das Prinzip der Volkssouveränität letztlich hin zur modernen Demokratie von heute.

---

[1] Schubert, F.H.: Volkssouveränität und Heiliges Römisches Reich, in: Rausch, H. (Hg.): Die geschichtichen Grundlagen, Bd. 2, 1974, S. 280 - 281; auch in: HZ 213, 1971, S. 92 - 93; zu den geschichtlichen Wurzeln s. Kurz, H., der jedoch gerade die Neuzeit bis heute als ein nahtloses Kontinuum schildert: Volkssouveränität und Volksrepräsentation, 1965, S. 23 ff., v.a. 61 - 64, 68 - 70, 77 - 80.

Es ist jedoch zu betonen, daß zunächst Volkssouveränität in keinerlei Zusammenhang mit der Demokratie stand, sondern sich innerhalb des monarchischen Umfeldes befand, das von den Theoretikern sehr wohl bejaht wurde. Die politischen liberalen Denker der ersten Hälfte des 19. Jahrhunderts empfanden diesen heute schier unverständlichen Antagonismus einer Paarung von Monarchie und Volkssouveränität nicht; einzig die Konservativen wie Gentz, die das neue Repräsentativsystem entschieden ablehnten, durchschauten ganz genau, daß die liberale Interpretation des Begriffs der landständischen Verfassung langfristig, wenn auch noch zu Beginn unbewußt, die Akzeptanz der Volkssouveränität und damit die Negierung der monarchischen Souveränität zum Hauptinhalt haben werde.

Typisch für die Haltung der deutschen Vormärzliberalen und für viele von Vorbildcharakter ist die Auffassung des französischen Theoretikers Benjamin Constant:

"Wenn man die Volkssouveränität in ihren richtigen Grenzen hält, hat man nichts mehr zu befürchten; man nimmt damit dem Absolutismus, sei es der Individuen, sei es der Repräsentativkörperschaften, die scheinbare Sanktion, die er aus einer von ihm selbst gelenkten Zustimmung ableitet, da man ihm beweisen kann, daß diese Zustimmung, selbst wenn sie ehrlich ist, nicht über die Macht verfügt, irgend etwas zu sanktionieren."[2]

a. Volkssouveränität in der Theorie vor dem 19. Jahrhundert

Mit Volkssouveränität wird der staatsrechtliche Grundsatz, daß alle Staatsgewalt vom Volke ausgehe, bezeichnet. Vertreter der Volkssouveränität im Mittelalter war der Spätscholastiker Wilhelm von Ockham, der sich gegen den absoluten Herrschaftsanspruch des Papstes, aber auch der Monarchen wandte; zu nennen sind aber auch aus der Zeit des Investiturstreits Manegold von Lauterbach und - an der Wende vom 13. zum 14. Jahrhundert - Marsilius von Padua mit seinem Werk

[2]Zit. n. Constant, B.: Grundprinzipien der Politik (1815), in: Ders.: Werke, Bd. 4, 1972, S. 30.

"Defensor Pacis".[3] An der Schwelle zur Neuzeit ist als Theoretiker der Volkssouveränität Nikolaus von Kues zu rechnen. Er berief sich auf das Naturrecht.[4]

Der bedeutendste Denker der frühen Neuzeit aber war Johannes Althusius, der sich gegen Bodins Souveränitätsbegriff, der die absolute Monarchie zur besten Staatsform erklärte, wandte und in seiner Staats- und Gesellschaftslehre gegen eine tyrannische Obrigkeit eintrat und damit zum einen das Prinzip der Volkssouveränität forderte, zum anderen, eng damit verbunden, das Widerstandsrecht des Volkes befürwortete.[5]

Die Affinität des Begriffs Volkssouveränität in dem weiten Bogen vom Mittelalter zur frühen Neuzeit bis ins 19. und 20. Jahrhundert scheint vordergründig gegeben. Und doch ist gerade an diesem Terminus zu demonstrieren, daß auf europäischer Ebene seit der zweiten Hälfte des 18. Jahrhunderts mit Rousseau,[6] doch nicht nur mit ihm allein, auf deutscher Ebene ab dem Wiener Kongreß mit dem bewußten Aufgreifen und kritischen Reflektieren des Ideenguts der Französischen Revolution eine Veränderung

---

[3] Zu den mittelalterlichen Grundlagen s. Kielmansegg, P.G.: Volkssouveränität, 1977, S. 16 - 58; zu den Anfängen der Neuzeit ders., S. 59 - 98. Zu mittelalterlichen Verfassungsfragen s. Quaritsch, H.: Staat und Souveränität, Bd. 1, 1970, S. 44 ff.

[4] Stern, K.: Grundideen europäisch-amerikanischer Verfassungsstaatlichkeit, 1984, der betont, daß der Entwicklungsprozeß moderner Verfassungen in Deutschland "unter weit stärkerer Stoßkraft der Wissenschaft" (S. 34) als in den USA erfolgte, bezeichnet Marsilius von Padua und Nikolaus von Kues als "geistige Vorausdenker" und "große Modernisten des Mittelalters" (S. 10).

[5] Vgl. in diesem Zusammenhang Mandt, H.: Tyrannislehre und Widerstandsrecht. Studien zur deutschen politischen Theorie des 19. Jahrhunderts, 1974, 3 - 7, 157 - 190, die das Verblassen dieser Lehren mit dem beginnenden 19. Jahrhundert im Vergleich zu den vorherigen Jahrhunderten aufzeigt - ein Phänomen, das den Inhalten der vormärzlichen Theorien in einer Epoche einsetzender Veränderungen und der Setzung neuer Maßstäbe anbetracht sich wandelnder gesellschaftlicher, politischer und wirtschaftlicher Verhältnisse grundsätzlich entspricht.
S. auch Hofmann, H.: Repräsentation in der Staatslehre der frühen Neuzeit - Zur Frage des Repräsentativprinzips in der Politik des Johannes Althusius, in: Ders.: Recht - Politik - Verfassung, 1986, S. 29 - 30.

[6] Beachte die hervorragende Habilitationsschrift von Kielmansegg, P.G.: Volkssouveränität, 1977, v.a. Kap. 3, S. 99 - 167: "Die Inthronisation des autonomen Individuums". Kielmansegg befaßt sich insbesondere mit Rousseau, der amerikanischen und französischen Entwicklung der Volkssouveränität, geht jedoch auf die spezifischen Aspekte der deutschen Entwicklung und deutschen politischen Theorie, womit sich diese Arbeit beschäftigt, nicht ein.

vonstatten ging, die das 18. und für Deutschland insbesondere die erste Hälfte des 19. Jahrhunderts als "Sattelzeit" offenbart.

Bereits das frühe 19. Jahrhundert und insgesamt die verfassungsgeschichtliche Forschung dieses Saeculums beschäftigte sich sehr mit der Historie des Gedankens der Volkssouveränität.[7] Es ist allerdings zu beachten, daß das Volk, wenn von ihm vor dem 18. Jahrhundert in theoretischen Abhandlungen die Rede war, nie die Summe von Individuen entsprechend der Rousseauschen Auslegung, sondern das in Korporationen gegliederte, also (alt-) ständische Volk bedeutete.

Insbesondere die Vertragslehren John Lockes, der den politisch mündigen Bürger proklamierte, und schließlich Jean-Jacques Rousseaus, der in seinem "Contrat social" die Volkssouveränitätslehre im Zusammenhang seiner Lehre von der "volonté générale" bei rigoroser Ablehnung des Gedankens einer Repräsentation dem Unterwerfungsvertrag Hobbes entgegenstellte, beeinflußten die Entwicklung des modernen Verfassungsstaates entscheidend. Die Wirkung auf den Konstitutionalismus des 19. Jahrhunderts, auf politische Theoretiker aller Richtungen, ob konservativ, liberal oder letztlich demokratisch gesinnt, war außerordentlich. Der deutsche Vormärz erlebte eine Renaissance der "klassischen Theoretiker", seine Denker rezipierten jedoch nicht nur, sondern reflektierten eigenständig und arbeiteten in Anlehnung an Vorbilder eigene

---

[7] Zu diesen zeitgebundenen Fragestellungen s. Böckenförde, E.-W.: Die deutsche verfassungsgeschichtliche Forschung im 19. Jahrhundert, 1961, v.a. Kapitel 3, S. 74 ff..

Konzepte aus.[8] Ulrich Scheuner, dessen Skepsis bezüglich einer Gleichschaltung des Verständnisses von Volkssouveränität vom Mittelalter bis ins 19. Jahrhundert zuzustimmen ist, betont:

"Um den Gedanken der Volkssouveränität, so wie er in der französischen Revolution in Erscheinung trat, zu formen, bedurfte es einer Anschauung, die das Volks als eine aus der Summe von Individuen bestehende Einheit ansieht und einen allgemeinen Willen annimmt, der sich aus ihr formt und den seine Vertreter geltend machen. Damit war die Grundlage gelegt für eine politische Theorie, die alle Gewalt auf die Einsetzung durch das Volk gründet und die auch die monarchische Autorität dem Auftrag des Volkes unterwirft."[9]

b. Im Vormärz

Konstitutionelle Staatsrechtslehrer wie Aretin, Dahlmann und vor allem Rotteck stellten im Gegensatz zu konservativen Denkern wie Gentz oder Vollgraff heraus, daß nach ihrem Verständnis die Stände die Repräsentation der Gesamtheit des Volkes seien. Diese Charakterisierung verlieh dem Begriff der Volksrepräsentation eine doppelte Bedeutung: Zum einen war die Verfassungsinstitution der Volksvertretung gemeint, zum anderen bezeichnete Volksrepräsentation "den umfassenden Tatbestand

---

[8] Zu den einzelnen Theoretikern s. Rausch, H.: Marsilius von Padua, in: Ders. (Hg.): Politische Denker I, 6. Aufl., München 1981, S. 94; Ders.: Nikolaus von Kues, in: Ebda., S. 104; Matz, U.: Jean Bodin, in: Ebda., S. 129 - 132; Maier, H.: Thomas Hobbes, in: Ebda., S. 141 - 143; Opitz, P.J.: John Locke, in: Rausch, H. (Hg.): Politische Denker II, 6. Aufl., München 1981, S. 27; Maier, H.: Jean-Jacques Rousseau, in: Ebda., S. 62 - 64; Hirschberger, J.: Kleine Philosophiegeschichte, 16. Aufl., 1980, S. 100 - 102 (zu W. v. Ockham); S. 102 - 104 (zu N. v. Kues); Winters, P.J.: Johannes Althusius, in: Stolleis, M. (Hg.): Staatsdenker im 17. und 18. Jahrhundert. Reichspublizistik, Politik, Naturrecht, 1977, S. 29 - 50; Reibstein, E.: Volkssouveränität, 1972, S. 25 - 37 (zu M.v. Padua), S. 38 - 62 (zu W.v. Ockham), S. 63 - 86 (zu N.v. Kues).
Die Rolle, die die im 17. Jahrhundert entwickelte These von der geteilten Souveränität in eine "majestas realis" und eine "majestas personalis" gerade für den deutschen Konstitutionalismus des 19. Jahrhunderts einnahm, betont Schubert, F.H.: Volkssouveränität, in: Rausch, H. (Hg.): Die geschichtlichen Grundlagen, Bd. 2, 1974, S. 313 - 314.
Im Sinne der Hegelschen Dialektik stellt H. H. Gross in seiner ideengeschichtlichen Dissertation die Volkssouveränität dem Absolutismus gegenüber: Die Volkssouveränität in These und Antithese ihrer Entwicklung. Studien zur Ideengeschichte der Volkssouveränität und ihrer Gegenkräfte, 1949, S. 4, 48.

[9] Zit. n.: Scheuner, U.: Volkssouveränität und Theorie der parlamentarischen Vertretung. Zur Theorie der Volksvertretung in Deutschland 1815 - 1848, in: Bosl, K., und Möckl, K. (Hg.): Der moderne Parlamentarismus, 1977, S. 310; s. auch S. 306 - 309.

ihres repräsentativen Seins und Wirkens für das Volk".[10] Die Idee der Volksrepräsentation des 19. Jahrhunderts charakterisiert sich allerdings nicht als parallele Idee der Volkssouveränität. Im Zeitalter der konstitutionellen Monarchie, die auch und vor allem von liberalen Theoretikern hochgehalten wurde, kristallisierte sich die Volksrepräsentationsidee als die Form, die zur Beschränkung der Fürstensouveränität gefordert wurde, heraus. Volksrepräsentation war das Konzept der Vormärztheoretiker, die ein Korrektiv zur monarchischen Gewalt, nicht jedoch eine restriktive Ersetzung des monarchischen Prinzips erstrebten. Anders als heute, bedeutete Volksrepräsentation nicht das Instrument der Volkssouveränität.

Das in der Theorie erkennbare Ziel, zwischen Fürst und Volksvertretung ein harmonisches Zusammenleben zu arrangieren, indem das monarchische Prinzip mit dem Prinzip der Volkssouveränität in Einklang gebracht wurde, darf allerdings nicht dazu führen, von einer "Verwerfung der Volkssouveränität" zu sprechen. Nicht von einem lediglich "begrenzten Anhalt", den die Idee der Volkssouveränität in der deutschen vormärzlichen politischen Theorie gewonnen habe, nicht von einem negativ verstandenen Verhalten zur Idee der Volksherrschaft, nicht von einem "Sich-Versagen" gegenüber diesem Prinzip oder einer unguten Zurückhaltung ist auszugehen.[11] Die Konstatierung eines bei den politischen Denkern existierenden Sachverhalts, der tatsächlich nicht auf einem absoluten Ja zur Volkssouveränität basiert, muß auf einen anderen Kausalzusammenhang als den des bloßen Scheiterns verweisen. Grundgedanke gerade frühliberaler Überlegungen war nicht die Formulierung monarchisches Prinzip <u>oder</u> Volkssouveränitätsprinzip. Der

---

[10] So 1953 Drath, M.: Die Entwicklung der Volksrepräsentation, in: Rausch, H. (Hg.): Zur Theorie und Geschichte der Repräsentation und Repräsentativverfassung, 1968, S. 269, 297. Schib, K. (Diss.): Die staatsrechtlichen Grundlagen der Politik Karl v. Rottecks, 1927, S. 58 - 82, v.a. 70 - 82. Hierzu auch Boldt, H.: Deutsche Staatslehre im Vormärz, 1975, S. 86.

[11] Dies aber unternimmt Scheuner, U.: Volkssouveränität und Theorie, in: Bosl, K., und Möckl, K. (Hg.): Der moderne Parlamentarismus, 1977, S. 328 - 329.

Tenor lautete vielmehr: monarchisches Prinzip und Volkssouveränitätsprinzip, und dies implizierte das Bemühen, beide doch so konträren Aspekte unter dem Deckmantel einer passenden Theorie zu einen.

Kern vieler liberaler Modelle war zwar die Verteidigung der Volksrechte, doch der Gedanke eines real durchführbaren Zusammenwirkens der im Staat dualistischen Kräfte, des Monarchen und der Volksvertretung, besaß einen noch höheren Stellenwert.[12] Vor allem in der ersten Hälfte des deutschen Vormärz war die Vorstellung einer konfliktfreien Kooperation von fürstlicher Regierung und Volksvertretung, die sich gegenseitig beschränken sollten, von Zeitgenossen mit so anschaulichen Vergleichen aus dem Eheleben, mit Begriffen wie "Flitterwochen" oder Zusammensein von "Mann und Frau" umschrieben worden. Nach 1830, als auch bei den Liberalen eine härtere Polarisierung der Meinungen auftrat, verdeutlichen weitaus negativere Metaphern die Enttäuschung über den den Dualismus nicht verhindernden Konstitutionalismus. Zeitgenossen finden Vergleiche mit einem "Kriegszustand", sprechen von einem "doppelt bespannten Wagen".[13]

Reuß beurteilt die im Vormärz kursierenden Auffassungen hinsichtlich der Dualität von Fürst und Volk und damit verbunden der Volkssouveränität und Volksrepräsentation zu Recht als "unscharf und verworren, und es wäre ein Fehler, da eine klare und wohldurchdachte Theorie zu suchen, wo sich alles in ein allgemeines Dunkel

---

[12] Diese interessante und stringente These erbringt Boldt, H.: Deutsche Staatslehre im Vormärz, 1975, S. 90 - 91; damit zeichnet er ein positiveres Bild von der Rolle der Landstände als z.B. E. Angermann oder H. Brandt: s. S. 91, Anm. 144. Den Ausgleichscharakter betont auch Schubert, F.H.: Volkssouveränität, in: Rausch, H. (Hg.): Die geschichtlichen Grundlagen, Bd. 2, 1974, S. 284; ferner: Grabitz, E.: Freiheit und Verfassungsrecht, 1976, S. 173, der zu Recht anführt, daß Volksrepräsentation sowohl in der Theorie als auch in den konstitutionellen Verfassungen des Vormärz nicht gleichbedeutend mit politischer Selbstbestimmung ist.

[13] Zu diesen zeitgenössischen Vergleichen im Detail S. Boldt, H.: Deutsche Staatslehre im Vormärz, 1975, S. 124 - 126.

auflöst."[14] Typisch für die deutsche Staatstheorie im Unterschied zur französischen ist jedoch die Tatsache, daß die von Siéyès proklamierte radikale Identifizierung von Drittem Stand und Nation mehrheitlich nicht rezipiert wurde. Vielmehr differenzierten die deutschen politischen Denker zwischen Volksrepräsentation auf der einen und Nationalrepräsentation auf der anderen Seite. Vollkommen dem der Tradition verbundenen Dualismus verhaftet, lehnten die Deutschen die radikalen, in der Französischen Revolution verwurzelten Ideen ab und proklamierten ihrerseits, daß zwar das Volk seinem Wesen nach souverän, daß aber auch der Monarch für sich souverän sei; beide Kräfte zusammen bilden nach dieser Konzeption eine in sich geschlossene Einheit und damit die souveräne Nation, den Staat.[15] Da das Volk mit seinem Repräsentativorgan, der Volksvertretung, nach dieser Einschätzung neben dem Monarchen steht, da es nicht die alleinige Souveränität besitzt, fungiert es nur als "ständische Vermittlung": *Hasso Hofmann* spricht von Rats-, Vermittlungs- oder auch Ausschuß-Repräsentation.[16]

Unter den Frühliberalen befindet sich Karl von Rotteck am intensivsten im Bannkreise der französischen Vorstellungen. Obgleich auch der "politische Professor"[17] das monarchische Prinzip bejaht, obgleich er keineswegs ein Befürworter der demokratischen Doktrin und damit einer Theorie der alleinigen Volkssouveränität ist, entwickelt er, da ihm die bloße Vermittlungsrepräsentation nicht ausreichend erscheint, eine Art "korporationstheoretischer Identitätsrepräsentation"; das im

---

[14] Reuß, H.: Zur Geschichte der Repräsentativverfassung, in: AöR, N.F. 27/1936, S. 15 [auch in: Rausch, H. (Hg.): Zur Theorie und Geschichte, 1968, S. 15].

[15] Reuß, H., a.a.O.; Hofmann, H.: Repräsentation, 1974, S. 425 - 428.

[16] Hofmann, H.: Repräsentation, 1974, S. 429. In Anlehnung an Schneider, F.: Politik und Kommunikation, 1967, S.16, kann diese nach Harmonie strebende Form der Repräsentation dem symbuleutischen Diskussionsprinzip gleichgestellt werden. Ausführlich hierzu in dieser Arbeit S. 276 - 287.

[17] Zu diesem Begriff ausführlich H. Ehmke in seiner Freiburger Antrittsvorlesung: Karl von Rotteck, der "politische Professor", 1964, S. 1 - 25.

frühen Vormärz wichtige, emotional geladene Wort "Nation" vermeidet er und versucht es beispielsweise mit "Gesammtheit der vollbürtigen Staatsangehörigen" zu umschreiben.[18] Stände, die die Volksrepräsentanten gegenüber der monarchischen Regierung sind, verdienen diese Bezeichnung nach Rotteck nur dann, wenn

"eine wahre oder doch aus natürlicher Vermuthung hervorgehende Identität der Interessen und Rechte zwischen den Ständen und den Unterthanen besteht."[19]

In demokratischen Staaten stellen nicht die Landstände, sondern ein Volksausschuß das natürliche - im Gegensatz zur künstlich eingesetzten Regierung - Repräsentativorgan dar. Jeder wahre Volksausschuß sei der

"natürliche Stellvertreter der Nation; d.h. sein Wille ist identisch, oder gilt (...)als identisch mit dem wahren Nationalwillen."[20]

Anders als Klüber, Mohl oder Zachariä, deren Ideen der Volksvertretung, die mit dem Prinzip der Volksrepräsentation zugleich die Forderung des freien Mandats der Vertreter verknüpfen, sprechen sich Rotteck und auch sein treuer "Adlatus" Murhard für ein imperatives Mandat aus.[21] Diese Haltung ist freilich nicht mit der altständisch-korporativer Vorstellungen einer Weisungsgebundenheit von Gesandten gleichzusetzen. Die Bindung des Abgeordneten an das Volk sollte, so die Absicht Rottecks, Zeichen des engen Kontaktes zwischen Repräsentant und Wählern sein; Ausdruck dieser Intention ist die

---

[18]Rotteck, K.v.: Ideen über Landstände, 1819, S. 1; S. Hofmann, H.: Repräsentation, 1974, S. 446 - 449; vgl. auch Hippel, W. v.: Zum 125. Todestag Karl von Rottecks, in: DÖV, Heft 21 - 22, 18. Jg., 1965, S. 743.
Jobst, H.: Die Staatslehre, in: ZGObrh 103/1955, S. 479, arbeitete heraus, daß die Ansicht Rottecks, "daß nur eine als gesellschaftlicher Gesamtwille sich darstellende und damit die Volkssouveränität statuierende Staatsgewalt mit der ursprünglichen Freiheit der Individuen vereinbar ist", der Philosophie Kants,, Fichtes und Rousseaus entspricht.

[19]Zit. n. K.v. Rotteck: Ideen über Landstände, 1819, in: Sammlung kleinerer Schriften, 2. Bd., 1829, S. 79.

[20]Zit.n.Rotteck, K.v.: Ideen über Landstände, 1819, in: Sammlung kleinerer Schriften, 2. Bd., 1829, S. 82; s. auch S. 81; s. auch ders.: Lehrbuch des Vernunftrechts, Bd. 2, 2. Aufl., 1840, S. 240 - 241.

[21]Z.B. Rotteck, K.v.: Ideen über Landstände, 1819. S. 9 - 11. Beachte auch den eingehenden Vergleich der Entwicklung repräsentativer Institutionen in Frankreich, England und Deutschland unter dem Aspekt einer Weisungs(un-)gebundenheit durch Müller, Ch.: Das imperative und freie Mandat, 1966, v.a. S. 50 - 77.

Hochschätzung des Gemeinwohls, das "unmoralische" Anweisungen gar nicht zulasse.[22]

Die Identitätsrepräsentation im Rotteckschen Sinne schwebt auch dem liberalen Mediziner und Autor Friedrich Hegewisch vor. Die Hauptsache, worauf es bei einer Repräsentativverfassung ankomme, bestehe "in der Identität der Ideen, des Interesses und der Gefühle der Glieder dieser das Volk vertretenden Versammlung und des Volks."[23]

Die äußerst kritische Haltung gegenüber der konstitutionellen Monarchie, die der "Republikaner" Jakob Philipp Siebenpfeiffer, der auch mit Rotteck befreundet war, einnahm, stellte im deutschen Vormärz noch nicht die Norm dar. Siebenpfeiffer, der beim Hambacher Fest 1832 eine führende Position eingenommen und im Anschluß im demokratisch gesinnten Bern einen Lehrstuhl erhalten hatte, was den Deutschen Bundestag zu einem Hör-Verbot veranlaßt hatte, war ein entschiedener Befürworter und aktiver Kämpfer für das Prinzip der Volkssouveränität. Die "Repräsentativ-Republik" bedeutete für ihn die beste Staatsform, das Volk solle das Recht freier Selbstbestimmung und Teilhabe am Staat durch eine frei erwählte Nationalversammlung besitzen.[24] Bezeichnenderweise war Siebenpfeiffer ein ehemaliger Schüler Rottecks. Gerade an der Person Siebenpfeiffers illustriert sich die Entwicklung des vormärzlichen und dann in der Revolution von 1848 aktiven Radikalismus aus dem radikalen Flügel des Liberalismus. Die Radikalen waren zunächst keine eigenständige Bewegung, ihre Trennung von den Liberalen

---

[22] Rotteck, K.v.: Ideen über Landstände, 1819, S. 11. Zu freiem und imperativem Mandat bei vormärzlichen Liberalen im Vergleich zum Vorkonstitutionalismus s. Ehrle, P.: Volksvertretung, S. 305 - 318.

[23] H-sch., F. [= F. Hegewisch]: Zur Volksvertretung ist es nicht genug, Landstände zu haben, in: Kieler Blätter, 5. Bd., 1818, S. 139. Ähnlich auch J. Schmelzing im gleichen Jahr; hierzu Kuriki, H.: Die Rolle des Allgemeinen Staatsrechts, in: AöR, 99. Bd., 1974, S. 579 - 580.

[24] Treitschke nennt ihn einen "Rabulisten des gemeinen Schlages: Deutsche Geschichte, Bd. 4, Neudr. 1981, S. 252; s. auch S. 261 - 263, 605. Brandt, H. (Hg.): Restauration und Frühliberalismus, 1979, S. 423 - 428. Zu Siebenpfeiffer, (1789-1849), den Begründer des Press- und Vaterlandsvereins 1832, s. Kimminich, O.; Deutsche Verfassungsgeschichte, 1970, S. 340 - 341.

erfolgte erst in den letzten Jahren des deutschen Vormärz.[25]

Gerade am Beispiel des Hambacher Festes wird manifest, wie sehr sich die vormärzlichen Liberalen von dieser Bewegung distanzierten, sie sogar negierten und desavouierten. Zugleich aber war der deutsche Liberalismus, so paradox dies auch klingen mag, der Gewinner dieser Auseinandersetzung der Radikalen mit der Reaktion. Als Folge der Hambacher Unruhen, die als Fanal wirkten, begannen die Liberalen trotz ihrer Unterschiedlichkeit "geistig und praktisch näher zusammenzurücken", um sich - theoretisch und als Mitglieder in einzelstaatlichen Kammern - durch maßvolles Agieren dem Ziel der deutschen Einheit zu nähern.[26]

Ein treuer zeitgenössischer Anhänger der Lehre Rottecks war der Kurhesse Friedrich Murhard, der sich in Stuttgart als eifriger Publizist, ja Vielschreiber hervortat. Er wirkte als Herausgeber der "Politischen Annalen", einer liberalen Zeitschrift, die der Historiker Ernst Ludwig Posselt ins Leben gerufen hatte. Murhards Nachfolger im Amt des Herausgebers war ab Anfang der dreißiger Jahre kein geringerer als Rotteck.[27]

---

[25] Insbesondere das Beispiel Siebenpfeiffers, von Wende, P.: Radikalismus, 1975, S. 13 selbst angeführt, widerlegt per se die Kritik Wendes an der modernen historischen Forschung, die von der "Abspaltungstheorie" ausgeht (vgl. S. 5 - 6). Unkritisch Ehrle, P.: Volksvertretung, 1979, S. 325, Anm. 291.

[26] Daß die durch Hambach entstandene Aufregung und Emotionalität "die Hege für den liberalen Teig" war, betont Klötzer, W.: Die Ausstrahlung des Hambacher Festes auf den mittelrheinischen Liberalismus, in: Stephenson, K., Scharff, A., Klötzer, W. (Hg.): Darstellungen und Quellen zur Geschichte der deutschen Einheitsbewegung, 4. Bd., 1963, S. 138, 142, 151. Zur Ignoranz des Hambacher Festes durch Liberale s. auch den Gagern-Nachlaß: Wentzcke, P., und Klötzer, W. (Hg.): Deutscher Liberalismus im Vormärz. Heinrich von Gagern. Briefe und Reden 1815 - 1848, 1959, S. 45 ff.

[27] Allgemeine politische Annalen, hg. v. F. Murhard, 12 Bde., 1821-24; Neue allgemeine politische Annalen, 1824-28; Allgemeine politische Annalen. N.F., hg. v. K. v. Rotteck, 1830-32. Treitschke, der Murhard als "schreibseligen Sonderling", der "phrasenhafte Ergüsse" von sich gegeben habe, charakterisierte, urteilte gönnerhaft, diese Zeitschrift galt unter all den in Süddeutschland "rasch ins Kraut geschossenen" Publikationen Liberaler "immerhin noch für das anständigste Blatt": Deutsche Geschichte, Nachdr. 1981, Bd. 3, S. 309; Bd. 4, S. 247; Bd. 5, S. 192. - Zu Literatur von und über Murhard s. Hofmann, H.: Repräsentation, 1974, S. 432, Anm. 105, und Brandt, H.: Landständische Repräsentation, 1968, S. 299 - 300.

Murhard, mit Klüber und vielen weiteren Frühliberalen aus der Zeit der Entstehung des Deutschen Bundes befreundet, zeichnet sich in seinen Schriften nicht durch überragende Originalität aus. Eklektizistisch operierend, sammelte er aus zahlreichen Werken seiner Zeitgenossen, aber auch aus der Antike, wie Ciceros "De re publica", Argumente, die er zu einer quasi-eigenständigen Theorie "zusammenbastelte". Sein größtes Vorbild war Karl von Rotteck, dessen Lehre er - ohne Verweis - euphorisch nachahmte.[28] Trotz oder gerade wegen dieser Plagiate fremden Gedankenguts ist den Schriften Friedrich Murhards ein Interesse im Zusammenhang mit der ideengeschichtlichen parlamentarischen Entwicklung entgegenzubringen. Denn: Trotz einer Prädominanz paraphrasierender Passagen in seinen Schriften enthält Murhards Werk wichtige Abschnitte, in denen er "mit Gespür den Bruchlinien des konstitutionell-monarchischen Systems"[29] nachging. Seine Rezeption zeitgenössischer Gedanken und seine Art, aus verschiedenen Quellen ein Konglomerat von Argumenten gegen konservative Kräfte zu erstellen, war die publizistische Manier vieler liberaler Publizisten. Ohnehin muß immer wieder betont werden, daß grundsätzliche Eigenständigkeit kaum einem theoretischen Konzept eigen war. Man denke nur an Rottecks wenn auch kritische, aber doch intensive Anlehnung an die Lehre Rousseaus.

In einem umfangreichen Werk setzte sich Murhard mit der "Volkssouverainität im Gegensatz der sogenannten Legitimität"[30] auseinander. Während es auffallend ist, daß viele liberale Autoren des deutschen Vormärz den im Mittelpunkt hitziger Debatten stehenden, oft von seinen Gegnern mißbrauchten Terminus "Volkssouveränität" mit

---

[28]Zur Kopie der Rotteckschen Doktrin s. Brandt, H.: Landständische Repräsentation, 1968, S. 267. - Gall, L.: Benjamin Constant, 1963, S. 192, bezeichnet Murhard als einen "Anhänger des 'demokratischen Prinzips' Rotteckscher Prägung".

[29]Zit. n.: Brandt, H. (Hg.): Restauration und Frühliberalismus, 1979, S. 70. Brandt nennt Murhard neben Rotteck einen der wenigen Vertreter des "wahren Konstitutionalismus", einen "enzyklopädischen Kopf" und vor allem seit der Julirevolution einen sich durch hektische Betriebsamkeit auszeichnenden "Vielschreiber".

[30]390 Seiten, Kassel 1832.

Glacéhandschuhen anfassen - sofern sie es wagen, ihn überhaupt zu verwenden - , geht Murhard damit vollkommen offen um. Seiner Meinung nach vertrage sich die Tatsache, daß der Fürst oberster Repräsentant des Volkes und Staates sei, sehr wohl mit dem Grundsatz, "daß das Volk die Quelle der von dem Monarchen ausgeübten Souverainität ist".[31]

Volkssouveränität bestehe sowohl in einer republikanischen als auch in einer monarchischen Regierungsform, betont Murhard. Entsprechend einer vertragsrechtlichen Lösung erhalte der Regent die Vollmacht aus den Händen des Volkes. Damit leite sich die höchste Gewalt vom Volke ab:

"Die letzte Quelle und Basis aller Staatsgewalt ist und bleibt immer das Volk, mag dasselbe an der Ausübung derselben in der Wirklichkeit auch Theil nehmen oder nicht."[32]

Das monarchische Prinzip bejahend, stellt es für Murhard jedoch die größte Gefahr dar, wenn das Volk selbst die Regierung in seine eigenen Hände legt. Dies führe, so prognostiziert er schwarzmalend, das bei Konservativen und Liberalen beliebte Negativbeispiel der Französischen Revolution vor Augen, "zu der schlimmsten aller Usurpationen und Thyranneien, der demagogischen im eigentlichen Sinne". Keine Autorität im Staate, weder Fürst noch Volk, können um ihrer selbst regieren; vielmehr sei die Lehre von der Volkssouveränität dann "wohlverstanden", wenn sich die vom Volk eingesetzte höchste Staatsautorität immer nur als das "Organ und Repräsentant des vernünftigen Gesammtwillens der Staatsgesellschaft" verstehe. Es sei einleuchtend, daß das Volk als große Masse die Volkssouveränität "nicht unmittelbar selbst" ausüben könne, sondern einer Vertretung bedürfe, so Murhards Plädoyer für eine Repräsentativverfassung.[33]

Diese sei auch in einer Demokratie anwendbar und

---

[31]Murhard, F.: Die Volkssouverainität, 1832, S. 368 - 369.

[32]Zit. n. ebda., S. 11; s. auch S. 28.

[33]Ebda., S. 28 - 29.

sinnvoll, folgert Murhard, da es anbetracht eines großen Staatsgebietes mit zahlreicher Bevölkerung unmöglich sei, daß das Volk direkt am Staatsgeschehen mitwirke. Das souveräne Volk werde Abgeordnete aus seiner Mitte wählen, die "im Namen der Gesammtheit handeln" und die Leitung der Staatsgewalt übernehmen. Daß eine repräsentative Verfassungsform durchaus im Einklang mit der Volkssouveränität steht, kristallisiert Murhard, der sich im Einklang mit der Theorie Benjamin Constants sieht, heraus.[34]

Ein Gedanke, den in unserem Zeitalter *Wilhelm Hennis* klar herausgearbeitet hat,[35] nimmt in Friedrich Murhards Konzeption eine zentrale Rolle ein: die Bedeutung des Amtes. Der liberale Kurhesse, der als Staatswissenschaftler die Pfade der aktiven Politik - anders als beispielsweise Rotteck - nicht betrat, konstatiert, daß jede Repräsentativverfassung in einem gewissen Sinne die Volkssouveränität voraussetze: "Sie ist ja eigentlich nichts anderes als eine übertragene Demokratie", formuliert Murhard für seine Zeit durchaus mutig. Grundzug dieser Vertretung sei es, daß das Volk "Einzelne aus seiner Mitte, physische oder moralische Personen, mit der Ausübung" der Staatsgewalt

"beauftragt. Der Begriff des Auftrages ist der erste Hauptbegriff in dieser Verfassung. Die Staatsgewalten, mithin alle Aemter, selbst das höchste, sind kein Eigenthum der damit Bekleideten, sondern nur ein Auftrag. Alle öffentliche Gewalt hat hiernach ihre Quelle im Volk, das ursprünglich den Auftrag gegeben hat."[36]

Diesen vom Volk übertragenen Auftrag, der sich in regelmäßigen Abständen wiederholen muß, hebt 1839 auch Karl Salomo Zachariä hervor. Für den Kontinent das System der konstitutionellen Monarchie hochhaltend, allerdings den Parteien eine zentrale Rolle zuweisend,

---

[34] Murhard, F.: Die Volkssouverainität, 1832, S. 38 - 40; 57. Zur uneingeschränkt positiven Haltung Murhards zur Volkssouveränität, der dennoch Liberaler und nicht Republikaner war, s. Angermann, E.: Der deutsche Frühkonstitutionalismus, in: HZ 219, 1974, S. 18 - 19.

[35] S. in dieser Arbeit S. 291 - 295.

[36] Zit. n. Murhard, F.: Die Volkssouverainität, 1832, S. 75. S. Brandt, H.: Landständische Repräsentation, 1968, S. 267 - 268. Hennis, W.: Amtsgedanke und Demokratiebegriff, in: Festgabe für Rudolf Smend, 1962, S. 51 - 70.

findet der schon vor 1815 bekannte Staatsrechtler für die repräsentative Demokratie der Vereinigten Staaten von Amerika großes Lob. Er akzeptiert die dort praktizierte Volkssouveränität, da sie - ein wesentlicher Aspekt auch seines Konstitutionalismus - mittels des Repräsentativsystems verwirklicht werde. In beiden Regierungsformen entspreche es dem Wesen der Vertretung, daß sie in ihrem innersten Wesen nach einem "Gleichgewicht" strebe.[37]

Anfechtbar erscheint hingegen dem Theoretiker Mohl der Auftragscharakter innerhalb der Demokratie. In dieser Staatsform, so kritisiert er Zachariä, herrsche eindeutig die Volkssouveränität. Die Gesamtheit des Volkes habe ihre Rechte verfassungsmäßig einer allgemeinen Volksversammlung übertragen. Es liege in dem Begriffe einer Volksherrschaft, alle Bürger zu beteiligen, wenn es darum gehe, Repräsentanten zu bestimmen. Die Wahl der Vertreter sei durch den der Demokratie immanenten Grundsatz der Rechtsgleichheit ein Recht, nicht lediglich ein Auftrag.[38]

Den Traditionen noch weit mehr als Rotteck verpflichtet, formuliert Johann Christian Freiherr von Aretin in seinem "Staatsrecht der konstitutionellen Monarchie, das nach Aretins Tode von dem Freiburger durchaus kritisch fortgesetzt wurde, was er unter Volkssouveränität versteht. Zunächst betont Aretin, daß Souveränität "gleichbedeutend mit dem Gesammtwillen" sei; die alte Auffassung, daß Souveränität mit den Befugnissen der - monarchischen - Regierung gleichzusetzen sei, bezeichnet er als "irrig", da diese Definition einen "Theil mit dem Ganzen verwechselt".[39]

---

[37] Zachariä, K.S.: Vierzig Bücher, Bd. III, 1839, S. 205 - 212.

[38] Mohl, R.v.: Encyklopädie der Staatswissenschaften, 2. Aufl., 2. Ausg., 1872, S. 339 - 340; 344, Anm. 7.

[39] Aretin, J.C.v.: Staatsrecht der konstitutionellen Monarchie, 1. Bd., 1824, S. 153; im folgenden Zitate aus S. 153 - 155. Vgl. auch die Auseinandersetzung um die Staatssouveränität zwischen Romeo Maurenbrecher und Eduard Albrecht in der zweiten Hälfte des deutschen Vormärz, die Quaritsch, H.: Staat und Souveränität, 1. Bd., 1970, S. 487 - 505, ausführlich darlegt.

Auch Aretin zählt zu den Vormärztheoretikern, die in ihre Staatslehre den Dualismus als etwas Natürliches integrieren. Wer glaube, daß "die Majestät im Volke liege, daß die höchste Regierungsgewalt von demselben, oder in seinem Namen nach Belieben und ohne Beschränkung ausgeübt werden könne," interpretiere die Volkssouveränität "im demagogischen Sinn" und stelle damit eine "gefährliche Lehre" auf. Entgegen dieser radikalen Auslegung erläutert Aretin sein Konzept, das die Volkssouveränität in das Modell eines Staatsvertrages des Volkes mit dem Fürsten einbaut. Unter dieser Bedingung besitze die Volkssouveränität einen positiven Gehalt. Gegenseitige Beschränkung der dualen Kräfte im Staat bei deutlichem Primat des Monarchen ist zentrales Anliegen. Volkssouveränität sei "die im Gesammtvereine liegende, ursprüngliche Machtvollkommenheit", so der Naturrechtler; diese werde "vertragsmäßig in die Hand des Fürsten" niedergelegt. Durch diesen Akt werde der Monarch "der Repräsentant, der sinnliche Vertreter der Souveränität", dem als solchem die Majestät zukomme. Recht bescheiden macht sich denn auch die Rolle des Volkes, des "Gesammtvereins", aus. Es besitzt durch seine Vertreter in einigen Fällen ein bloßes Zustimmungsrecht; denn der Fürst sei, so Aretins Auffassung, verpflichtet, "in den wichtigsten Regierungsangelegenheiten die Einwilligung der vom Volk erwählten Repräsentativversammlung einzuholen."

Zusammenfassend läßt sich feststellen, daß liberale Theoretiker des deutschen Vormärz durchaus und nicht zurückhaltend den Begriff der Volkssouveränität in ihre Konzeptionen einbauten. Entgegen einer radikaldemokratischen Auffassung erhob sich Volkssouveränität für sie jedoch nicht zu einem absoluten Prinzip, sondern stellte im Kontext ihres leistungsorientierten Elitedenkens und damit verbunden ihres spezifischen Gleichheitsverständnisses, die unterhalb des liberalen Freiheitsbegriffes angesiedelt wurde, mit ein "Element einer positiven, staatserhaltenden Lehre" dar.[40] Diese Haltung gründet in einem Denken, das in seiner ausgeprägten Kompromißbereitschaft gegenüber dem Fürsten und dem Verharren auf dualistischer Sichtweise die Trennung von alten ständestaatlichen Traditionen nicht vollständig vollzogen hat. Dem entspricht denn auch die Tatsache, daß trotz eines unbestreitbaren und hohen Einflusses des amerikanischen Verfassungsdenkens auf vormärzliche Theoretiker die zentralen Prinzipien der amerikanischen Verfassungswirklichkeit - wie die untrennbare Verbindung von bundesstaatlichem und Volkssouveränitätsprinzip - "in ihrem lebendigen Zusammenhang nicht wirklich verstanden wurden".[41] Die Furcht dieser sich durchaus als Elite fühlenden Denker vor einem Umsturz und einer Freisetzung des Mobs überwog, das demokratische Prinzip zwar zu bejahen, aber letzten Endes in Schranken zu halten.

Jegliche Art der Volkssouveränität verteufelt Karl Friedrich Vollgraff, der Schüler des Autors der "Restauration der Staats-Wissenschaft", Carl Ludwig von Haller. Vollgraff, Jurist aus Marburg, schließt sich dem Feudalismus-Konzept seines theoretischen "Ziehvaters" an, transformiert jedoch dessen Patrimonialismus, indem er eine Repräsentation "neuständischen" Typs hinnimmt, während Haller gegen jegliche Form einer Repräsentativverfassung polemisiert hatte.[42]

Vollgraff unterscheidet in einer Schrift, die im selben Jahr wie Murhards Werk über die Volkssouveränität erschien, zwischen "zwey Stufen" des Repräsentativsystems. Die eine bringe die Volkssouveränität "ganz rein" im Sinne Siéyès' und der französischen Nationalversammlung zum Ausdruck, die andere sei eine Art "Vermittlungs-Stufe, wo man sich bequemt, die Volks-Souverainetät mit dem Fürstenhause zu theilen", was

[40] Zum Brückenschlag liberaler Vorstellungen von Volkssouveränität, Elite, Gleichheit und Freiheit s. Klotzbach, K.: Das Eliteproblem, 1966, S. 38 - 46.

[41] Zit. n. Angermann, E.: Der deutsche Frühkonstitutionalismus und das amerikanische Vorbild, in: HZ 219, 1974, S. 25; grundsätzlich S. 16 - 32.

[42] S. Brandt, H.: Landständische Repräsentation, 1968, S. 59 - 63 und 84 - 92; Hofmann, H.: Repräsentation, 1974, S. 419 - 420.

bedeute, daß sowohl die Volksvertreter als auch der Monarch über Veto- und Initiativrecht verfügen.[43]

Nicht wie bei Vollgraff das Repräsentativsystem als solches, jedoch das Prinzip der Volkssouveränität stellt für Friedrich Julius Stahl eine "Täuschung"[44] dar. Die Irreführung ist seiner Auffassung nach in der Fehlinterpretation zu finden. Stahl konstatiert, daß der Lehre von der Volkssouveränität "eine Wahrheit zum Grunde" liege, und es sei "der Beruf der neuern Zeit", diese Wahrheit "zur Erfüllung zu bringen". Der reaktive politische Denker sah das Prinzip der Volkssouveränität darin:

"Es soll nämlich das Volk zwar nicht Souverän seyn, wohl aber Mitträger und Mitbürge des sittlichen Reichs, das der Staat ist. Das äußert sich in der Würde des Volks, welche der Fürst anerkennen muß, gleichwie das Volk die Majestät des Fürsten."[45]

Diese Stahlsche Auslegung von Volkssouveränität stellt freilich eine völlige Verkehrung und Verkennung des Prinzips dar. Seine dürftige Erklärung dieser Diskrepanz lautet, daß sich in einem dergestalten Staat Fürst und Volk "zu geistiger Einheit" zusammenschließen, die von "Einem nationalen Geist"[46] getragen werde. In dieser Einheit nehme das Volk eine weitaus höhere Stellung ein, als es sie als reiner Souverän habe.

Mit dieser Vorstellung einer einheitlichen Nationalvertretung stellt sich Stahl bewußt gegen die altständische Theorie Carl Ludwig von Hallers. Wahre Volkssouveränität äußert sich für Stahl "am meisten und vor Allem" in der "Herstellung reichsständisch-konstitutioneller Verfassung" bzw., wo diese fehle, "in der Macht

---

[43] Vollgraff, K.F.: Die Täuschungen des Repräsentatif-Systems, 1832, S. 34.

[44] Stahl, F.J.: Die Philosophie des Rechts, II,2, 1878, S. 533.

[45] Stahl, F.J.: Die Philosophie des Rechts, II,2, 1878, S. 538. In der Vorrede des erstmals 1845 publizierten Werks über "Das Monarchische Princip" führt er das "dringende Gebot" aus, "daß uns das politische System des Wesens ferne bleibe: die Volkssouveränität, die Theilung der Staatsgewalt, die Republik unter der Form der Monarchie, die Kammerherrschaft und deren Begleiterin der Kammerbestechung, der Aggragatismus entständeter, blos numerischer Volksrepräsentation" (S. IV).

[46] Stahl, F.J.: Die Philosophie des Rechts, II,2, 1878, S. 539; im folgenden S. 538 - 539.

der öffentlichen Gesittung und dem geordneten, im öffentlichen Rechtsbewußtseyn gegründeten Gang der Regierung." Das Volk besitze nach dieser ständisch-repräsentativen Konzeption das Recht, an der Gestaltung des öffentlichen Zustandes sowie an der "Verbürgung" teilzunehmen. Die Repräsentation könne, werde erst einmal die geistige Einheit im Staat als Grundprinzip des von Stahl angestrebten sittlichen Reiches realisiert, auf vielfache Möglichkeiten durchgeführt werden, je nachdem, wie es die Zeitumstände, das jeweilige Land und die Rechtmäßigkeit der Entstehung reichsständischer Verfassungen erlauben. Hallers privatrechtliche Auffassung vom Staate zerstöre jegliche Einheit; der Staat sei nur noch ein "Aggregat isolirt nebeneinanderstehender absoluter Privatrechte".[47]

Mit dieser Vorstellung stellt sich Stahl entschieden gegen liberale Theoretiker des monarchischen Konstitutionalismus wie Rotteck oder Aretin, deren Auslegung des Prinzips der Volkssouveränität auf Locke, Montesquieu, Blackstone und Delolme, aber auch auf Rousseau und Siéyès basiere. Deren Theorie nach, die das "diametrale Gegentheil" zu seiner Meinung von der Stellung des Volkes bedeute, stehe die oberste Gewalt "der Gesammtheit der Einzelnen" zu und sei, je nach politischer Ausrichtung, nur teilweise durch das konstitutionelle Prinzip "modificirt": "Das Recht aber, welches der Gesammtmasse zusteht und das deßhalb diese Repräsentation ausübt, ist kein geringeres als die Souveränetät selbst", kritisiert Stahl. Die Modifikationen, die in diesen Konstitutionalismus eingebaut seien, wie königliches Vetorecht und/oder die rein äußerliche, nur ein mechanisches Gleichgewicht darstellende Aufteilung der Gesetzgebung in zwei Kammern beinhalten in den Augen Stahls keinen Beitrag zu einer Staatsverfassung, sondern führen im Gegenteil zur Auflösung des Staates. Wie Hallers Theorie sei auch die liberale Theorie wirklich-

---

[47] Stahl, F.J.: Die Philosophie des Rechts, II,2, 1878, S. 538; 330 - 334; s. auch Grosser, D.: Grundlagen und Struktur der Staatslehre Friedrich Julius Stahls, 1963, S. 94.

keitsfremd.[48]

Das Volk wird von Stahl durchaus noch als "Unterthan" betrachtet, obgleich dieser unpopuläre Begriff bereits im Vormärz häufig durch die Worte "Bürger" oder "Staatsbürger" ersetzt wurde. Stahls Haltung positioniert das Volk in eine sowohl dem Fürsten als auch den Gesetzen und der Verfassung untergeordnete Rolle: Ein König, der sich "unter der Souveränetät des Volks" befinde, sei "ein Ungedanke". Das Volk erweise nur einem "höher Gegebenen", nicht aber eigenen Werken Ehrfurcht und Respekt, argumentiert Stahl, und deshalb könne ein Souverän "nur ein selbstbewußtes, in sich einiges Wesen", "im vollsten Sinne darum nur eine Persönlichkeit seyn."[49]

Die Volksvertretung als das Repräsentativorgan der Stände stelle nach ihrer "wahren Bedeutung" folglich alles andere als "eine Folge des Gedankens der Volkssouveränetät" dar, sondern "ist ihm grade entgegengesetzt". Im sittlichen Reich Stahlscher Idee nimmt das Volk den Part des Gehorchenden ein, während der souveräne Fürst den des Schützenden innehat. Diese Rangordnung existiert für Stahl, dessen Theorie gerade in diesem Punkt sehr widersprüchlich ist, auch, wenn die Staatsform demokratisch ist, da auch in einer von der Masse determinierten Republik eine "höhere Autorität" vorhanden sein müsse.[50]

Resümierend ist für den deutschen Vormärz festzustellen, daß der Beitrag der liberal-konstitutionellen politischen Theorie, die Entwicklung und Ausprägung des Parlamentarismus zu fördern, "zu einem gewissen Grade hoch geschätzt" werden sollte, wenngleich paradoxerweise das Festhalten am monarchischen Prinzip und damit die

---

[48] Stahl, F.J.: Die Philosophie des Rechts, II,2, 1878, S. 331 - 332; 334; 530 - 532; 535: "Volkssouveränetät ist also eine Macht des Volks, nicht den Staat zu beherrschen, sondern immerfort den Staat aufzuheben und auf's Neue zu konstituiren."

[49] Stahl, F.J.: Die Philosophie des Rechts, II,2, 1878, S. 529 - 530; 533 - 534.

[50] Stahl, F.J.: Die Philosophie des Rechts, II,2, 1878, S. 320; 463; 529 - 530. Zur Anerkennung der Republik als mögliche Form des christlich-sittlichen Staates bei gleichzeitiger Negierung, daß die Demokratie auf dem Prinzip der Volkssouveränität basiere, s. Grosser, D.: Grundlagen, 1963, S. 79 - 80 und 109.

Befürwortung einer grundsätzlichen Vorherrschaft des Monarchen gegenüber der Volksvertretung einer intensiven Weiterentwicklung des Parlamentarismus auch hemmend entgegenwirkte.[51] Gegenüber der konservativen Richtung muß dieser Effekt der vormärzlichen liberalen Theorie trotz ihres Beharrens auf dem Dualismus und damit der Gleichzeitigkeit von monarchischem und demokratischem Prinzip als fortschrittlich bezeichnet werden.

Hans Boldt betont zu Recht, daß es den vormärzlichen Liberalen "um Mitbestimmung, nicht um Überstimmung des Monarchen, um Gewaltenteilhabe via Gesetzgebung und Steuerbewilligung, nicht um Gewaltentrennung, und um einen harmonischen Ausgleich von Monarchie und bürgerlichen Interessen"[52] ging. Gleichgültig, ob die Volksrepräsentation als beratend oder an der Macht teilhabendes Organ betrachtet wurde, ist zu konstatieren, daß die politische Theorie des deutschen Vormärz, anders als die Verfassungswirklichkeit, von einem irgendwie geregelten "Vis-à-vis" von König und Volksvertretern ausging.

c. Die Bedeutung der Wahl

Die neuen Schlagwörter des frühen deutschen Vormärz, Repräsentativverfassung und Repräsentativsystem im Kontext mit Volksrepräsentation, bemüßigten die Theoretiker, die sich von den althergebrachten Vertretungsformen unterscheidenden Repräsentationsverhältnisse zu umschreiben. Qualifizierungen geschahen mit Begriffen wie

---

[51] S. auch Kuriki, H.: Die Rolle des Allgemeinen Staatsrechts, in: AöR, Bd. 99, 1974, S. 584 - 585; Hartmann, V.: Repräsentation, 1979, S. 119.

[52] Zit. n. Boldt, H.: Parlamentarismustheorie, in: Der Staat, 19. Bd., Heft 3, 1980, S. 389. Vgl. demgegenüber die dem Frühliberalismus und Konstitutionalismus überhaupt nicht gerecht werdende Arbeit von Werner Boldt (kein Zusammenhang mit Hans Boldt!): Die Anfänge des deutschen Parteiwesens, 1971, und die geradezu vernichtende Rezension hierzu von Nipperdey, Th., in: HZ 216, 1973, S. 702 - 703. Nipperdey spricht von einer "naiven", "ideologisch einseitig, im ganzen mißglückten" Arbeit, die entschieden für die Demokraten Partei nehme, von einem "Unvermögen, die verfassungstheoretischen Probleme des Konstitutionalismus zu begreifen", einer "oberflächlichen Polemik", einer "emotionalen Sympathie für Elemente direkter Demokratie", "absolut gegenwärtigen Borniertheit" und der "Verbindung von Voreingenommenheit und schlechthinniger Ignoranz auf einem besonderen Höhepunkt". Die Fehlinterpretation des Konstitutionalismus gerade an der Person Mohls kommt auch zum Ausdruck in dem Aufsatz: Boldt, W.: Konstitutionelle Monarchie oder parlamentarische Demokratie, in: HZ 216, 1973, S. 613 - 622.

Vollmacht, Auftrag, Mitbestimmung, Mitwirkung oder Teilhabe; die Modalitäten innerhalb der neuen Verfassungsmodelle wurden anhand von Fragen hinsichtlich der Wahl zu bestimmen versucht. Die Wahl als Ermittlungsverfahren der Repräsentanten stellte für die politischen Denker nicht nur ein technisches Problem dar, sondern implizierte bei Überlegungen hinsichtlich des aktiven und passiven Wahlrechts sowohl bezüglich einer ersten als auch einer zweiten Kammer die ganze Tragweite der zentralen Frage im Vormärz: Wie konnte die monarchische Gewalt beschränkt werden und wer war tatsächlich berechtigt, das Volk in seiner Gesamtheit zu vertreten?

Hermann Reuß stellt klar heraus, daß gerade die Feinde des Repräsentativsystems, z.B. Friedrich von Gentz, "aus politischem Instinkt völlig zutreffend erfaßt"[53] haben, daß zwischen Demokratie und repräsentativem System ein innerer Zusammenhang bestand. Die Gefahr, die den Konservativen sehr bewußt war, beruhte zwar noch nicht in einer klaren Bejahung des im Wortsinne verstandenen Prinzips der Volkssouveränität, doch zeichnete sich durchaus die Tendenz zur Errichtung einer vollen Souveränität des Volkes an. Der Kompromiß, den die fortschrittlichen Denker zu schließen bereit waren, war - noch - zeitbedingt, jedoch in sich nicht statisch, sondern sehr wohl dynamisch und entwicklungsfähig in Richtung "mehr Demokratie" und "weniger Monarchie", obwohl das Nein zur Monarchie noch fehlte. Das Wahlrecht, so die Einsicht der politischen Denker, stellte das einzige Mittel dar, das, obwohl es auch Mängel in sich berge, einer Verwirklichung des Prinzips der Volkssouveränität am nächsten komme.[54]

---

[53] Zit. n. Reuß, H.: Zur Geschichte der Repräsentativverfassung, in: AöR, N.F., Bd. 27, 1936, S. 24.

[54] Vgl. Boutmy, E.: Zur Frage der Volkssouveränität, 1904, wieder abgedruckt in: Kurz, H. (Hg.): Volkssouveränität und Staatssouveränität, 1970, S. 88 - 89; s. auch den Artikel "Demokratie" von Maier, H., in: Brunner/Conze/Koselleck (Hg.): Geschichtliche Grundbegriffe, Bd. 1, 1979, S. 861 - 869, und die Fortführung durch Conze, W., v.a. S. 873 - 880; während Görres oder Rotteck "demokratisches Prinzip" und konstitutionelle Monarchie verknüpfte, trennten Gentz, aber auch Schleuermacher und Hegel die beiden Prinzipien strikt voneinander.

Noch lautete im Vormärz die Forderung der Theoretiker nicht, daß eigene Volksvertreter staatliche Entscheidungen allein fällen sollten; noch hieß die kooperative Devise: Entscheidung "nicht ohne" Zustimmung eigener Repräsentanten. Noch verstanden die Staatsrechtler unter Volkssouveränität nicht die alleinige staatliche Willensbildung von unten nach oben; noch interpretierte man dieses Prinzip als die Möglichkeit, die monarchische Gewalt zu beschränken und zu kontrollieren. Noch besaß nicht die Masse des Volkes Interesse am Staat; noch strebte das Besitz- und Bildungsbürgertum, nicht aber der ungebildete und arme Teil des Volkes, zu einer Teilhabe an der Regelung öffentlicher Angelegenheiten. Noch galt nicht das allgemeine und gleiche Wahlrecht als Postulat; noch sah man in einem geregelten Zensuswahlrecht, das alle "Abhängigen" ausschloß, die Möglichkeit, Repräsentanten für das gesamte Volk zu bestimmen. Der Zensus, heute durchweg als "Bremser" und "Verhinderer" einer wahren Repräsentation des ganzen Volkes betrachtet, symbolisierte in der Entwicklungsgeschichte nach 1815 einen sehr wohl positiven Beitrag zur Volksvertretung.[55] Bildung und Besitz als Voraussetzung für das politische Recht, das aktive und passive Wahlrecht wahrzunehmen, stellten zwar ein Vorrecht im heutigen Verständnis dar, verursachte bei den Liberalen des deutschen Vormärz noch "kein schlechtes Gewissen".[56]

Im Gegenteil: Für diese "neuen bürgerlichen Elite-

[55] Hierzu Drath, M.: Die Entwicklung der Volksrepräsentation, in: Rausch, H. (Hg.): Zur Theorie und Geschichte, 1968, S. 297-298, 304-309; zum Zensuswahlrecht ausführlich Gall, L.: Benjamin Constant, 1963, S. 242 - 251; s. Artikel "Census" von Rotteck im Staatslexikon, 2. Aufl., Bd. 2, 1846, S. 145 - 160. Vgl. auch die detaillierte, vergleichende Studie über das positive Verfassungsrecht von Ehrle, P.M.: Volksvertretung, 1979, Kap. E: "Die Wahl der Volksvertretungen", S. 495 - 817. Die Kammern und das Wahlrecht untersucht am konkreten Beispiel Bayerns Hardtwig, W.: Vormärz, 1985, S. 57 - 60; s. auch Zorn, W.: Gesellschaft und Staat im Bayern des Vormärz, in: Conze, W. (Hg.): Staat und Gesellschaft im deutschen Vormärz, 2. Aufl., 1970, S. 113 - 142.

[56] Nipperdey, Th.: Deutsche Geschichte, 1983, S. 293 - 294. S. auch Bußmann, W.: Zur Geschichte des Deutschen Liberalismus im 19. Jahrhundert, in: HZ, Bd. 186, 1958, S. 534; eine unzulässige Vermengung von Theorie und Realität im Vormärz hinsichtlich des zensitären Wahlrechts unternimmt die ansonsten gute Arbeit von Scheuner, U.: Volkssouveränität und Theorie, in: Bosl, K., und Möckl, K. (Hg.): Der moderne Parlamentarismus, 1977, S. 336 - 337.

schichten"[57], die sich als Repräsentation des Volkes verstanden und in dieser Funktion mit in den Konstitutionen begründeten Erwartungshaltungen an den Staat herantraten, stellte dieses Wahlrecht trotz seiner Beschränkungen einen Fortschritt dar, wurde doch hier erstmals eine Repräsentation realisiert, die nicht überwiegend auf ständischer Grundlage basierte. In der Entwicklung hin zum demokratischen Parlamentarismus muß das zensitäre Wahlrecht als ein entscheidender Durchbruch zur Moderne betrachtet werden. Überhaupt hatte es eine Volksvertretung völlig ohne Zensus nur in einer einzigen Konstitution des "vor-vormärzlichen" Europa, die jedoch nie in Kraft getreten war, und zwar in der französischen Verfassung von 1793, gegeben.[58]

Während der französische gemäßigte liberale Theoretiker Constant[59], der, wie auch viele deutsche liberale Denker, zugleich aktiv in der Politik wirkte, in der ersten Kammer als der "Repräsentation der staatstragenden Elite" zumindest im frühen Vormärz noch recht unkritisch einen durch den König veranlaßten erblichen Pairsschub befürwortete und mit diesen Gedanken auch die deutschen Liberalen beeinflußte,[60] war für die zweite Kammer die Wahl durch das Volk ausschlaggebend. Diese Legitimation durch das Volk müsse über allen Zweifeln erhaben sein.

---

[57] Zit. n. Dilcher, G.: Zum Verhältnis von Verfassung und Verfassungstheorie im frühen Konstitutionalismus, in: Beiträge zur Rechtsgeschichte, 1979, S. 84.

[58] Weis, E.: Absolute Monarchie und Reform im Deutschland des späten 18. und des frühen 19. Jahrhunderts, in: Geschichte in der Gesellschaft, 1974, S. 458 und 461. Beachte auch Weis, E.: Reich und Territorien in den letzten Jahrzehnten des 18. Jahrhunderts, in: Berding, H., und Ullmann, H.-P. (Hg.): Deutschland, 1981, S. 43 - 64. Zum Wahlrecht in den Verfassungen und zur deutschen Wahlrechtsdiskussion vor allem durch Rotteck, Dahlmann, Hegewisch, Fries und Pölitz s. Ehrle, P.M.: Volksvertretung, 1979, S. 495, 694 - 707. S. auch Ermacora, F.: Allgemeine Staatslehre, Bd. 1, 1970, S. 112 - 123; speziell zum Rheinland s. Boberach, H.: Wahlrechtsfragen im Vormärz, 1959; zu Württemberg s. Brandt, H.: Parlamentarismus, 1987, S. 33 - 98;

[59] Zu Constant und seiner Wirkung auf die vormärzlichen Wahlrechtsideen, deren zentrales Anliegen die Bildung "liberaler Eliteparlamentarier" als Repräsentanten des "ganzen" Volkes war, s. Klotzbach, H.: Das Eliteproblem, 1966, S. 46 - 51.

[60] Ausführlich Gall, L.: Benjamin Constant, 1963, S. 229 - 233.

Eingedenk der Möglichkeiten der Regierung, die Wahlen zu beeinflussen und zu lenken, war Constant bestrebt, die Volksvertretung primär als Repräsentation des Zeitgeistes und der öffentlichen Meinung zu charakterisieren. Um das Volk nicht zum Werkzeug manipulativer Kräfte werden zu lassen, trat Constant ausdrücklich für die persönliche und direkte Wahl bzw. für ein eigenes Vorschlagrecht der Wähler ein. Alle Wahlberechtigten sollten gemeinsam, so lautete seine Empfehlung, "fünfzig Vorschläge einreichen und gleichzeitig hundert Männer wählen, die aus diesen fünfzig dann fünf Kandidaten auswählen".[61]

Sowohl in der Charte constitutionnelle von 1814 als auch in den deutschen Verfassungen - mit Ausnahme Schleswig-Holsteins - nach 1815 wurde allerdings das indirekte Wahlverfahren praktiziert. Einzig die französische Charte von 1830 rang sich ein Ja zum direkten Verfahren ab; die deutschen Staaten jedoch änderten ihre Wahltechnik während des gesamten Vormärz nicht.

Die politischen liberalen Denker der ersten Hälfte des 19. Jahrhunderts erkärten sich mit der Verfassungswirklichkeit nicht einverstanden. Viele, federführend seien Friedrich Christoph Dahlmann und Karl von Rotteck genannt, lehnten sich in ihren Plädoyers für ein direktes Wahlverfahren den Argumenten ihres französischen "Gesinnungsgenossen" an.[62] Die Unmittelbarkeit der Wahlen bedeutet für den Kieler Liberalen Hegewisch Ausdruck des Natürlichen, während die Indirektheit von Wahlen "erkünstelt" und, wie die jüngste politische französische Geschichte gezeigt habe, zum Scheitern verurteilt

---

[61]Constant, B.: Über die Wahl der Vertretungskörperschaften, in: Ders.: Werke, Bd. 4, 1972, S. 61 - 65; Gall, L.: Benjamin Constant, 1963, S. 236 - 239; Zitat S. 239. Beachte jedoch, daß Galls Behauptung, Constant lehne einen Wahlvorschlag Neckers entschieden ab, so nicht greift. Vielmehr bezeichnet Constant den Neckerschen Modus - Necker ist ja, nur am Rande bemerkt, der Vater von Constants langjähriger großer Liebe, Madame de Staël - zwar nicht als ideal, da auch mit Nachteilen behaftet, aber doch als den besten, der bislang in der Geschichte Frankreichs erprobt worden sei (S. 64).

[62]Gall, L.: Benjamin Constant, 1963, S. 240. Zum Wahlrecht Rotteckscher Theorie s. bereits die Baseler Dissertation von K. Schib: Die staatsrechtlichen Grundlagen der Politik Karl v. Rottecks, 1927, S. 83 - 88.

sei. Hegewisch durchschaute die Problematik des Wahlrechts: "Welche Bedingung festgesetzt wird, um Wähler seyn zu können, das ist der Cardinalpunct."[63]

Weder König noch Regierung noch eine gesetzliche Regelung dürfen an der Zusammensetzung des Landtages mitwirken, wenn er eine "wahre Repräsentation des Volkes" darstellen soll, fordert Rotteck. Frei und selbständig müsse sich der Landtag bilden, und so bleibe, da die grundsätzlich zu bejahende Form der Ernennung durch das Los zwar möglich, aber nur in niederen Kulturen passend sei,

> "nichts anderes übrig, als (...)Wahl, d.h. *freie* Wahl, weil eine andere ein sich selbst widersprechender Begriff, also ein *Unding* ist."[64]

Einzig eine "Volkswahl", und zwar die, "die, innerhalb des vom Gesetz gezogenen Kreises der aktiven und passiven Wahlrechte, ausschließend vom freien Willen der Wählenden abhängt",[65] sei die vernünftige Methode, den Landtag zu bilden. Die Freiheit der Wahl postuliert nicht nur die liberale Seite; auch Konservative wie Christian Friedrich Schlosser vertreten diesen Standpunkt. Eine irgendwie geregelte Beschränkung erscheint ihm notwendig. Wählt die "ungeordnete Menge" nach ihrem Gutdünken, so offenbare sich die Wahl nur als "ein leeres Blendwerk", da "gewandten Volksführern, versuchslustigen Neuerern" die Möglichkeit gegeben werde, die Wahl zu steuern.[66] Die Verschiedenheit der Stände als gottgewollte Ordnung bejahend, müsse die freie Wahl

---

[63] Zit. n. H-sch., F. [= F. Hegewisch]: Zur Volksvertretung, in: Kieler Blätter, 5. Bd., 1818, S. 161; s. auch S. 159. Vgl. auch Zachariä, K.S.: Vierzig Bücher, Bd. III, 1839, S. 252 - 253.

[64] Zit. n. Rotteck, in: Aretin/Rotteck: Staatsrecht der konstitutionellen Monarchie, 2. Bd., 2. Abth., 1828, S. 161; s. auch S. 159 - 160; 186 - 189. Ders.: Ideen über Landstände, 1819, S. 77 - 79; Ders.: Lehrbuch des Vernunftrechts, Bd. 2, 2. Aufl., 1840, S. 241 - 244; 259 - 273.

[65] Zit. n. Rotteck, K.v.: Von der Wahlfreiheit, in: Aretin/Rotteck: Staatsrecht der konstitutionellen Monarchie, 2. Bd., 2. Abth., 1828, S. 185.

[66] Schlosser, Chr. F.: Ständische Verfassung, 1817, S. 10 - 11. S. auch die Konzeption Stahls, der fordert, die Landesvertretung solle aus den "bestimmten unterschiedenen Ständen", nicht jedoch aus der "unterschiedlosen Masse des Volkes" herausgehen: Stahl, F.J.: Die Philosophie des Rechts, II,2, 1878, S. 323; s. auch Grosser, D.: Grundlagen, 1963, S. 91 - 92.

"weise geordnet und redlich vollführt" werden.[67] Mit dieser Prognose durchschaut Schlosser die Kraft der Manipulation und Demagogie, die der Masse droht. In seiner Auffassung, den drohenden Gefahren durch Wahlbeeinflussung zu begegnen, trifft sich der Konservative auf einer Linie mit Rotteck.

Wie aber lauten die Regeln des aktiven und passiven Wahlrechts? Diese Frage zu beantworten, bedeutet für Rotteck einen der wesentlichsten Aspekte. Ausführlich befaßt sich der Freiburger mit dem passiven Wahlrecht, also der Frage: "Wer ist wahlfähig?"[68] Zunächst betont er, daß es ein "Darf", nicht ein "Muß" sei, gewählt zu werden. Angelpunkt aber jeglicher Überlegung sei der Wähler:

> "Die Volksrepräsentation ist nicht für die Repräsentanten, sondern für die Repräsentirten vorhanden, und das Recht oder das Interesse der letzten ist hier immer die Hauptsache."[69]

Die Volkswahl weitet Rotteck freilich nicht in dem Sinne einer allgemeinen, gleichen Wahl aus. Er befürwortet mit Nachdruck, daß eine Ausschließung von der Wählbarkeit in gewissen Fällen vernünftig, "unbedingt und ausnahmslos gültig, und daher auch gerecht" sei. "Untauglichkeit oder Unzuverlässigkeit" sei ein Kriterium, das Recht, gewählt werden zu dürfen, zu verwirken. Unbescholtenheit und eine entsprechende "Bürgschaft" stelle für die Wählbarkeit eine Voraussetzung dar; denn die Hauptsache sei "die möglichste Sicherheit guter der Idee der lautern Volksrepräsentation entsprechenden Wahlen."[70] Dieses Ziel vor Augen, können nach Rottecks Lehre natürlich auch nicht "Weiber, Unmündige, erklärte Narren, Knechte" Volksrepräsentanten sein, da sich diese eine "Unvollbürtigkeit nach Geschlecht, Alter, Seelen-

---

[67] Schlosser, Chr. F.: Ständische Verfassung, 1817, S. 32 - 37, 57, 94 - 95. Zu Schlosser (1776 - 1861) s. den Beitrag von Wegele in: ADB, Bd. 31, 1890, S. 533 - 541.

[68] Hierzu s. Rotteck in: Aretin/Rotteck: Staatsrecht der konstitutionellen Monarchie, 2. Bd., 2. Abth., 1828, S. 161 - 171.

[69] Zit. a.a.O., S. 162 - 163.

[70] Zit. n. Rotteck, in: Aretin/Rotteck: Staatsrecht der konstitutionellen Monarchie, 2. Bd., 2. Abth., 1828, S. 167.

beschaffenheit oder Unfreiheit" auszeichnen. Die Mittelklasse - Constant nennt sie "classe intermédiaire" - solle nach Meinung auch der deutschen Liberalen die tragende Rolle zwischen den Gegensätzen im Staat, zwischen den Armen und Reichen, zwischen dem Volk insgesamt und dem König, spielen.[71]

In der Absicht, "gute Wahlen" zu erhalten, charakterisiert Robert von Mohl Jahrzehnte nach Rotteck das "richtige" aktive Wahlrecht als "eines nur an Befähigte zu ertheilenden Auftrages". Diese Art, Repräsentanten auszuwählen, verspreche "Verständniß, Eifer, aufrichtigen Willen", sagt Mohl, der einen unmittelbaren Zusammenhang mit dem Postulat freier Wahlen herstellt:

> "Je mehr man sich bemüht hat, einsichtsvolle Wähler zu erhalten, desto freiere Wahlen können ihnen überlassen werden."[72]

Beeinflußt von der politischen Realität, die Mohl als aktiver Politiker erlebte und mitzugestalten versuchte, lehnte er als Wissenschaftler zeit seines Lebens das allgemeine Wahlrecht ab. Bereits in seinem Aufsatz "Constitutionelle Erfahrungen"[73] von 1845, in dem er sich mit der konkreten Situation in seiner Heimat Württemberg auseinandersetzte, brachte er seine Bedenken zum Ausdruck. Es sei nicht richtig, nach räumlicher Ausdehnung und Bevölkerungszahl zu wählen. Ein "tüchtiges Ständemitglied", fordert Mohl, müsse an geistigen Eigenschaften "Einsicht, Kenntnisse und Erfahrung, sowie Gesinnung" besitzen; aber auch der Wähler bedürfe "guten Willens, Einsicht und Unabhängigkeit", damit ein guter Kandidat gewählt werden könne:

---

[71] Gall, L.: Benjamin Constant, 1963, S. 247.

[72] Mohl, R.v.: Encyklopädie der Staatswissenschaften, 2. Aufl., 2. Ausg., 1872, S. 239 - 241. In diesem Punkt ist Mohls Theorie absolut identisch mit der Rottecks, obgleich Mohl dem Frühliberalen nicht unkritisch begegnet; s. Mohl, R.v.: Die Geschichte und Literatur, Bd. 2, 1856, S. 561 - 577.

[73] Mohl, R.: Constitutionelle Erfahrungen. Ein Beitrag zur Verfassungspolitik, in: Tübinger ZfgSt, Bd. 2, 1845, S. 191 - 233; auch in: Staatsrecht, Völkerrecht und Politik, Bd. I, 1860, S. 322 - 366.

"Eine der wesentlichsten Aufgaben eines Wahlgesetzes in der constitutionellen Monarchie ist es desshalb, das aktive Wahlrecht so zu ordnen, dass wenigstens die Wahrscheinlichkeit des Vorhandenseins jener Eigenschaften bei den Wahlberechtigten besteht."[74]

Der Nachweis einer "noch so geringen, direkten Steuer" sei nicht ausreichend, um die aktive Wahlberechtigung zu erhalten, so Mohl, der zumindest in diesem Punkt eindeutig auf der Linie der von ihm ansonsten kritisierten Liberalen wie Rotteck steht.[75] Zeit seines Lebens befürwortete Mohl ein "gemäßigt zensitäres"[76] parlamentarisches System. Dabei komme es nicht darauf an, daß die Ständeversammlung von einer hohen Zahl von Vertretern bestückt werde, im Gegenteil:

"Verlangt man dagegen aber, dass jeder Abgeordnete ein Mann sei, welcher mit selbstständigem Urtheile die höchsten Angelegenheiten des Vaterlandes aufzufassen und mit erprobter Pflichttreue seiner Ueberzeugung zu folgen vermöge; förchtet man sich vor beherrschenden Stimmführern, welchen eine blind ergebene Schaar urtheils- und willenloser Anhänger folgt, in so ferne alsdann nicht Umsicht, sondern Einseitigkeit, nicht Vaterlandsliebe, sondern Parteigeist zu erwarten steht; ist man damit nicht zufrieden, wenn sich nur am Ende eine Stimmenmehrheit für irgend eine Ansicht ausspricht, sondern verlangt man, dass das Wahre und Rechte siege und nur wirkliche Einsicht entscheide: dann wird man zu dem Satze gelangen, dass eine kleinere, aber ausgewähltere Anzahl von Volksvertretern bei weitem wünschenswerther sei."[77]

Intelligenz und Unabhängigkeit der Abgeordneten sind zwei entscheidende Kriterien Mohls, der durchaus einer Elite das Wort spricht, indem der einer "von den Auserwählten des Volkes" gebildeten Ständeversammlung gegenüber "blos Gewählten" eindeutig den Vorzug gibt.[78] Argumente für einen geeigneten Abgeordneten sind geistige Befähigung, Tauglichkeit und allgemeines Interesse

---

[74] Zit. n.: Staatsrecht, Bd. I, 1860, S. 335.

[75] S. Staatsrecht, Bd. I, 1860, S. 336; zu Mohls Kritik an Rotteck s. Boldt, H.: Deutsche Staatslehre im Vormärz, 1975, S. 257.

[76] S. Beyme, K.v.: Einleitung, in: Ders. (Hg.): Robert von Mohl, 1966, S. XXXVII.
Beachte Mohl, R.v.: Staatsrecht, Bd. III, 1869, S. 25 - 31: Zu diesem Zeitpunkt scheint sich Mohl bereits resigniert mit der Tatsache des allgemeinen Wahlrechts abgefunden zu haben ("Das System besteht einmal, und auch auf ein Wiederaufgeben ist zunächst so wenig zu rechnen", S. 27). Deshalb "bleibt vielmehr nur übrig" (S. 27), zu versuchen, "die gesammte Bevölkerung intellektuell zur Ausübung ihres Wahlrechtes befähigter zu machen, als sie es jetzt noch ist und sein kann"(S. 29). Größere Einsichten aller verspricht sich Mohl deshalb "durch Verbesserung des allgemeinen Unterrichtes" (S. 31).

[77] Zit. n. Mohl, R.v.: Staatsrecht, Bd. I, 1860, S. 338.

[78] S. Mohl, R.v.: Staatsrecht, Bd. I, 1860, S. 340.

- die einzelnen gesellschaftlichen Bedürfnisse seien zu vertreten. Als Kritikpunkt gegen "Volkswahlen" spricht Mohl an,

"dass die bei allgemeinen Wahlen unvermeidlichen Berührungen mit den untersten Bildungsschichten gar manchen feiner besaiteten Mann von der Bewerbung zurückhält und das Gelingen lärmender und gemeiner Demagogen wahrscheinlicher macht."[79]

Repräsentation ist für Mohl nicht allein via Wahlen möglich:

"Wahl ist nicht die einzige mögliche Art der Bezeichnung zum Vertreter; es können auch die ohnedem bestehenden Vorstände eines Kreises beauftragt sein, wenn ihre Bestellung Einsicht, Eifer und Unabhängigkeit erwarten lässt."[80]

Mohl anerkennt durchaus, daß Repräsentation sowohl in Monarchien als auch - das Exempel der Vereinigten Staaten von Amerika und die Argumentation von Tocqueville hinterließen auch bei ihm Eindruck - bedingt in Demokratien möglich ist. Bleibt die repräsentative Demokratie jedoch die Ausnahme, stellt die repräsentative Monarchie die zweckmäßige Norm dar.[81]

Nach den Ereignissen der Französischen Revolution waren es in Deutschland die Liberalen, vor allem dann die Mitarbeiter des Rotteck-Welckerschen Staatslexikons, die den Begriff des "Staatsbürgers"[82] aufnahmen. Ihre Definitionen lassen die Entwicklung des Terminus, der heute ausdrücklich in demokratischen Verfassungen genannt ist, deutlich werden.[83] In der liberalen Theorie des Vormärz, die die konstitutionelle Monarchie bejaht und heute als Zwischenform zwischen ständisch-absolutem und demokratisch-republikanischem Regierungssystem eingeschätzt wird, bedeutet es eine Selbstverständlichkeit, die politische Wahlfähigkeit von besonderen Voraussetzungen - in der Regel "irgendeiner Art von Census" -

---

[79]Zit. n. Mohl, R.v.: Staatsrecht, Bd. II, 1862, S. 21 - 22.

[80]Zit. n. Mohl, R.v.: Staatsrecht, Bd. I, 1860, S. 416; s. auch S. 12.

[81]Staatsrecht, Bd. I, 1860, S. 19 - 20 und 28 - 31.

[82]Zum Ursprung des Wortes vor 1806 sowie zur Funktion im 19. und 20. Jahrhundert: Weinacht, P.-L.: Staat, 1968, S. 193, 218 - 223.

[83]Z.B. Bayerische Verfassung, Art. 4 und Art. 11.5.

abhängig zu machen.[84]

Die höchste Aufgabe des Staates sei "das wahre Gesammtwohl oder Gemeinwohl, das Wohl des Ganzen und aller seiner Glieder, die salus publica", betont Welcker, der damit drei Forderungen verbindet. Das Gemeinwohl müsse gepaart mit Tugend sein, es habe im Einklang mit dem Recht zu erfolgen und solle schließlich in einer "allgemein freien staatsbürgerlichen Repräsentativverfassung" wurzeln.[85] Der "Volksabgeordnete im Sinne des constitutionellen oder Repräsentativsystems" habe nach dieser Theorie das Recht und die Pflicht, bei Abstimmungen "nach völlig freiem Ermessen" zu votieren, wenn er dies "mit gutem Gewissen" tun könne.[86]

Deshalb lehnen es die Theoretiker des Staatslexikons auch ab, die Mitglieder der Volksvertretung innerhalb eines konstitutionellen Systems als "Mandatare der Wähler oder 'Committenten'" zu bezeichnen:

> "denn der Volksvertreter ist weder mit einem Auftrag entsendet, welcher dem Widerruf der Repräsentirten unterliegt; noch ist er hingewiesen auf Weisungen, Aufträge und Instructionen derselben. Sobald sein Name aus der Wahlurne hervorgetreten ist, erscheint er als Vertreter der ganzen Staatsbürgerschaft seines Landes, der aus eigenem Rechte und solange die Wahl überhaupt Wirksamkeit äußert, lediglich nach seiner freien Überzeugung handelt."[87]

Rotteck verlangt zum einen Vertrauen und Hochachtung des Wahlkollegiums, das verständig und sorgfältig arbeite, zum anderen fordert er an persönlichen Bürgschaften von den zu Wählenden selbst "ein reiferes

---

[84] S. Art. "Staatsbürger" von Josef Held, 3. Aufl., Bd. 13, S. 568 - 576, v.a. S. 574 - 575. Beachte auch den wichtigen Art. "Census" von Rotteck, 2. Aufl., Bd. 2, S. 145 - 160, den Welcker in der 3. Aufl., Bd. 3, S. 415 - 427 mit Zusätzen bedachte.

[85] S. Art. "Gesammtwohl", 3. Aufl., Bd. 6, S. 398 - 401. Beachte heute Art. 3 BV, der diese Gedanken normativ verankert.

[86] Zit. aus Art. "Abgeordnete" von Rotteck und Welcker, 3. Aufl., Bd. 1, S. 31 und 36. Zu beachten ist jedoch, daß dem Volksvertreter sowohl die allgemeine als auch die spezielle, d.h. die die Interessen der "großen Gesammtheit" des Volkes und die der ihn wählenden Gruppe betreffende, Repräsentation zustehe (S. 35). Beachte in diesem Zusammenhang die grundlegende Arbeit von Schütt-Wetschky, E.: Grundtypen parlamentarischer Demokratie, 1984, S. 163, 221 - 240, in der die Problematik von Fraktionszwang und Fraktionsdisziplin in ihrer Orientierung am "klassisch-altliberalen Typ" und am "Gruppentyp", der Rousseau verhaftet ist, untersucht wird.

[87] Zit. n. Art. "Mandat" des seit der 1. Aufl. mitarbeitenden Darmstädter Hofgerichtsadvokaten und Abgeordneten Philipp Bopp, 3. Aufl., Bd. 9, S. 705; beachte auch Art. "Landtag" von Karl Biedermann, 3. Aufl., Bd. 9, S. 430.

Alter" und "ueberhaupt Selbständigkeit der bürgerlichen Stellung". Ob nun das vollendete 30. oder 40. Lebensjahr vorgeschrieben werde hinter dieser Überlegung stehe, so Rotteck, daß ein höheres Alter

"die Vermuthung auch reiferer Einsicht und Erfahrung, nicht minder jene der größern Besonnenheit und Ruhe begründet."[88]

Intensiv setzt sich Rotteck schließlich mit dem aktiven Wahlrecht auseinander, also der "mehr politischen", weniger rechtlich-natürlichen Frage: "Wer hat das Wahlrecht, d.h. eine zählende Wahlstimme?"[89]

Die Ausschließung "aller minder zuverlässigen Klassen", vor allem der Armen, bei der Bildung der Wahlkollegien sei erforderlich. Dieses "aristokratische Prinzip" bezeichnet Rotteck als unumgänglich, damit "bei der Wahl selbst das Demokratische gefahrlos walten, d.h. damit jeder persönlich Würdige gewählt werden könne, in was irgend für einer Klasse er sich finde."

Hegewisch schlägt in dieselbe Kerbe, wenn er zur Verwirklichung einer "gleichmäßigen Repräsentation" neben einer freien Presse ein den besonderen Verhältnissen des Landes angemessenes Gesetz fordert, das bestimmt, welche "auserlesenen activen Bürger" Wähler sein können.[90]

Rotteck erkennt, daß die Bildung von Wahlkollegien ein großes Problem darstellt. Jedes dieser Kollegien solle aus "möglichst homogenen Gliedern" bestehen, und eine Kategorisierung sei einzig "in thunlichster Vereinfachung oder Generalisirung" durchzuführen. Eine Klassi-

---

[88] Zit. n. Rotteck, in: Aretin/Rotteck: Staatsrecht der konstitutionellen Monarchie, 2. Bd., 2. Abth., 1828, S. 169. Weitere persönliche Bürgschaften sind für Rotteck der "Stand der Verheirathung", der ein engeres Band an das Vaterland und damit an das öffentliche Wohl knüpfe, und "Vermögen, zumal Grundvermögen, überhaupt aus der direkten Steuersumme erkennbares". Dieser Grund, der zugleich das Zensuswahlrecht als Maßstab des aktiven Wahlrechtes einleitet, sei bereits in der Bürgschaft der "Selbständigkeit" verankert. Diese Bürgschaften haben auch bei der Bestimmung des aktiven Wahlrechtes Geltung (S. 172 - 173).

[89] Rotteck, in: Aretin/Rotteck: Staatsrecht der konstitutionellen Monarchie, 2. Bd., 2. Abth., 1828, S. 171 - 192. Hier auch Rottecks beinahe schon berühmter Vergleich mit einer Aktiengesellschaft (S. 173).

[90] H-sch., F. [= F. Hegewisch]: Zur Volksvertretung ist es nicht genug, Landstände zu haben, in: Kieler Blätter, 5. Bd., 1818, S. 155.

fizierung sei auf natürlichste Art und Weise die Einteilung "nach dem Vermögen", "nach den Hauptklassen der Beschäftigung" oder "nach zweckmäßig gezeichneten Bezirken". Besitz, Beruf und Wohnort kristallisieren sich demnach als etwaige zwar simplifizierende, aber realitätsnahe Schemata heraus, da eine "bis ins Einzelne gehende Beachtung solcher tausendfach verschiedenen und komplizirten Interessen" von "unübersteiglicher Schwierigkeit" wäre.[91]

Nach diesen Reflexionen spricht Rotteck den "großen Besitzern, zumal Grundbesitzern", den "kleinern Besitzern", den "Lokal- und Provinzialinteressen", den Schulen, der Wissenschaft und der Kirche das Recht der Repräsentation zu. Der Mehrheitsbeschluß, den ein Landtag zu fällen habe, müsse stets dem "Gesammtwillen" entsprechen.

Dies ist der Grund, weshalb Rotteck einerseits ganze soziale Klassen vom aktiven Wahlrecht ausschließen will, dies ist auch der Grund, weshalb er andererseits vorhandene wirtschaftliche Ungleichheiten auch auf die Wahlberechtigten transferiert.

In seiner Polemik gegen die liberal-konstitutionelle Theorie eines Rotteck oder Aretin scheut sich Stahl nicht, die Modelle seiner andersdenkenden Gegner unabhängig von sowieso vorhandenen Differenzen zu seiner eigenen Lehre überzeichnet und übertrieben darzustellen, um seinen Ansichten Nachdruck zu verleihen. Stahl schildert die Haltung der Liberal-Konstitutionellen als die Theorie, nach der

---

[91] Zit. n. Rotteck, in: Aretin/Rotteck: Staatsrecht der konstitutionellen Monarchie, 2. Bd., 2. Abth., 1828, S. 178; zur Anvertrauung der Wahl an die "Zuverlässigeren und Besseren" s. S. 189 - 190. S. auch Jobst, H.: Die Staatslehre Karl von Rottecks, in: ZGObrh, 103/1955, S. 489 - 490.

"die repräsentirende Versammlung Volksvertretung im Sinne der Stellvertretung [ist], d.i. die Rechte, die an sich der Gesammtmasse zustehen, an ihrer Statt ausübend, sie bildet sich daher aus der unterschiedlosen Gesammtmasse, alle Staatsangehörigen haben gleiches Wahlrecht und gleiche Wählbarkeit, es wird nach bloß numerischen Abtheilungen ohne Rücksicht auf Standesklassen gewählt, und die Gewählten in Eine Versammlung mit Abstimmung nach Köpfen vereinigt."[92]

Noch war es aber nicht soweit. Die Stahlsche Darlegung liberaler Theorie verdeutlicht die Horrorvision, deren Verwirklichung die Konservativen - Denker und Politiker - bei einem Übergreifen und Sich-Durchsetzen dieser fortschrittlichen Ideen befürchteten, und erklärt die unkorrekte Wiedergabe des liberalen Gedankengutes. Darüber hinaus enthüllt die übersensible, gegenüber liberalem Denken kontraproduktive Reaktion der Konservativen eine im Unterbewußtsein getätigte Vorhersage tatsächlich eingetretener Zukunft, die freilich erst im 20. Jahrhundert in dem geschilderten Ausmaß zu Geltung kam.

Die Liberalen des 19. Jahrhunderts bestritten durchaus, und zwar mit in ihren Augen schlagkräftigen Argumenten, das Prinzip völliger Gleichheit bei den Wahlen. Liberale Vormärz-Theoretiker mißbilligten absolute Gleichheit[93] und Freiheit sowohl hinsichtlich des aktiven als auch des passiven Wahlrechts. Die Rücksichtnahme auf exponierte Gruppen innerhalb der Gesellschaft, das Besitz- und Bildungsbürgertum, wird vereinfachend kommentiert, wenn daraus "undemokratisches" Verhalten geschlossen werden sollte. Im 19. Jahrhundert gab diese Vorstellung einen nicht geringen Fortschritt im Vergleich zum Ist-Zustand wieder.

---

[92] Zit. n. Stahl, F.J.: Die Philosophie des Rechts, II,2, 1878, S. 331 - 332. - Die überspitzte Ideologiekritik Stahls und seine zugleich scharfsinnige Analyse der Gefahren, die die "Moderne" bringe, ist typisch für die realitätsbewußte Haltung des Konservativismus im Gegensatz zu den ideenverhafteten Liberalen; s. Nipperdey, Th.: Deutsche Geschichte, 1983, S. 313 - 319. Daß die bei Rotteck noch "gebändigte" demokratische Richtung in den vierziger Jahren vorangetrieben wurde, demonstriert nachdrücklich der Artikel von G.F. Kolb im Staatslexikon: "Repräsentatives, constitutionelles und landständisches System", Bd. 11, 1848, S. 514 - 521; auch in Bd. 12, 1865, S. 488 - 496.

[93] Interessant zur verfassungsrechtlichen Handhabung der nicht als allgemeingültiger Grundsatz behandelten Gleichheit der Untertanenrechte und der in eklatantem Gegensatz hierzu stehenden ebenfalls ungleichen Verankerung politischer Mitwirkungsrechte der Landstände s. Kleinheyer, G.: Aspekte der Gleichheit, in: Böckenförde, E.-W. et al. (Hg.): Von der ständischen Gesellschaft zur bürgerlichen Gleichheit, 1980, S. 17 - 30.

Stahl selbst konnte und wollte allerdings auch nicht die Gegebenheiten seiner Zeit ignorieren. Die Bestimmung der Landesvertretung durch "die Abordnung, die periodischen Wahlen", billigte er als Zugeständnis an die "neuere Zeit", obgleich Wahlen "unläugbar ihre großen Gefahren" hätten. Der Konservative bilanziert: "Aufregung, Umtriebe, Erhebung über die Obrigkeit". Dies zu verhindern, verlangt er "Sicherungen und Ermäßigungen". Entsprechend seiner Intention, das monarchische Prinzip durch nichts zu diminuieren, beinhaltet sein Maßnahmenkatalog "längere Wahlperioden, öffentliche Stimmgebung, solide Wahlkörper, Verleihung eines Theils der Wahlrechte an gegebene Stellungen". Zu seinen proklamierten Gegenmaßnahmen, die zwar unnatürlich, aber "nicht grundsätzlich verwerflich" seien, zählt auch das indirekte Wahlverfahren.[94]

Neues Element der Vertretung in beiden Häusern, so Stahl in seinen Reflexionen über das Zweikammersystem, sei "die Abordnung, die periodischen Wahlen". Die Wahl - Ausnahmen seien nach wie vor bei der Erbaristokratie gegeben - trete an die Stelle der herkömmlichen feudalen Kooptation. Strikt abgelehnt wird aber das allgemeine Wahlrecht. Die antikonservativen Zeichen der Zeit, die für das Wahlrecht sprechen, richtig deutend, sucht Stahl Argumente, um politisch-gesellschaftliche Umstrukturierungen zu vermeiden. Seine theoretische Darstellung fußt auf der Grundlage, daß das Wahlrecht ein "Recht des Berufes" und kein "angebliches Urrecht des Menschen" sei. Eine "Theilnahme an der Vertretung" und generell eine "Theilnahme an Herrschaft und obrigkeitlicher Gewalt" sei nur dem gegeben, der innerhalb des Volkes in seiner Gesamtheit "eine Bedeutung" habe und "eine Gewähr für dasselbe bietet."[95]

---

[94] Stahl, F.J.: Die Philosophie des Rechts, II,2, 1878, S. 348 - 350. Zum auch von Stahl befürworteten Prinzip der Öffentlichkeit, die er als moralischen Impuls und Richtschnur betrachtet, s. ebda., S. 351 - 353.

[95] Stahl, F.J.: Die Philosophie des Rechts, II,2, 1878, S. 325 - 326.

Das Prinzip der Öffentlichkeit und Transparenz sowie solide Wahlkörper charakterisieren Forderungen, die Stahl mit den Liberalen gemein hat. Völlige Diskrepanz beider theoretischen Seiten offenbart jedoch der übrige Teil der Stahlschen Sicherungsvorkehrungen - Sicherungen nicht zugunsten des Volkes, nicht im Sinne des "Gesammtwillens" à la Rotteck, sondern im Dienste des Monarchen.

Aus heutiger Sicht selbstverständlich ist das demokratische Wahlen auszeichnende formale Prinzip einer Wahlentscheidung auf Zeit für eine bestimmte Periode. Im deutschen Vormärz, in der Theorie des Konstitutionalismus, war dieser Aspekt noch keine "Binsenwahrheit". Die Erneuerung der Wahl nahm in beinahe jeder staatsrechtlichen Abhandlung nach 1815 einen breiten Raum ein. Rotteck konstatiert:

> "Die Idee der lautern und wahren Repräsentation verträgt sich nicht mit ständiger oder unwiderruflicher Vollmacht, sie fordert vielmehr eine oft wiederkehrende Erneuerung."[96]

Das Thema, das in dieser unterschiedlichen Wahlordnung angesprochen ist, beherrschte den Vormärz in der Terminologie von "Partial- oder Integralerneuerung". Die Antworten der Liberalen zeugen von keiner Einheitlichkeit. Während sich Benjamin Constant, entgegen der Regelung in der Charte von 1814, für eine Integralerneuerung aussprach,[97] waren Karl von Rotteck und mit ihm viele der frühliberalen Theoretiker einer Partialerneuerung insbesondere bei dem "Institut der Wahlmänner", bei dem jedesmal auch die Wähler erneuert werden, nicht abgeneigt. Die Aufgabe der landständischen Verfassung bestehe nach Rotteck darin, "der Volksgesinnung und dem Volkswillen in jedem Moment einen möglichst getreuen Ausdruck zu geben":

---

[96]Zit. n. Rotteck, K.v., in: Aretin/Rotteck: Staatsrecht der konstitutionellen Monarchie, 2. Bd., 2. Abth., 1828, S. 192. Ebenso H-sch., F. [= F. Hegewisch]: Zur Volksvertretung, in: Kieler Blätter, 5. Bd., 1818, S. 162 - 163.

[97]Constant, B., in: Ders.: Werke, Bd. 4, 1972, S. 74 - 75.

"Eine in *kurzer Frist* geschehene, doch jedesmalig nur *theilweise* Erneuerung der Wahlkammer wird in der Regel die Vortheile des Wechsels mit jenen der Stätigkeit vereinbaren, und demnach allen Interessen entsprechend seyn."[98]

Keine große Gefahr sah Rotteck hingegen bei der Anwendung des Prinzips der Integralerneuerung, wenn die Abgeordneten von "Urwählern" gewählt werden, obgleich anzunehmen sei, daß dann keine großen Veränderungen eintreten würden, vielmehr der neugewählte Landtag "nur eine Verlängerung der alten Vollmacht" sei. Mögliche Probleme, die bei einer Integralerneuerung der zweiten Kammer auftreten können, verringern sich bereits "durch das Vorhandenseyn einer ständigen ersten Kammer", betont Rotteck, der mit dieser Aussage zum Ausdruck bringt, wie wichtig es sei, daß sich in einem Zweikammersystem beide Häuser durch Andersartigkeit bestimmen.

In der konstitutionellen Monarchie, die sich aus monarchischem und repräsentativem Prinzip zusammensetze, entspreche es - damit widerspricht der "Außenseiter" Karl Salomo Zachariä Rotteck, ohne ihn dezidiert zu nennen - dem Interesse des "demokratischen Bestandtheiles der Verfassung", wenn die zweite Kammer nach dem Prinzip der "Ganzerneuerung" gewählt werde. Eine Teilerneuerung führe unweigerlich zur Bildung eines Korporationsgeistes, prognostiziert Zachariä. Er unterstellt, daß eine "theilweise Erneuerung" letztlich keine echte Repräsentation des Volkes als Ganzes darstelle:

Denn die Abgeordneten der einen Reihe sind zu einer andern Zeit, - von andern Individuen, unter anderen Umständen, bei einem andern Stande der öffentlichen Meinung - gewählt worden, als die einer andern Reihe."[99]

Das Wahlrecht kristallisierte sich zu einer der "Schicksalsfragen des Liberalismus" heraus, wie *Thomas*

---

[98]Zit. n. Rotteck, in: Aretin/Rotteck: Staatsrecht der konstitutionellen Monarchie, 2. Bd., 2. Abth., 1828, S. 192 - 193. S. auch ders.: Lehrbuch des Vernunftrechts, Bd. 2, 2. Aufl., 1840, S. 278 - 281. - Vgl. Kaufmann, E.: Zur Problematik des Volkswillens (1931), in: Ders.: Gesammelte Schriften, Bd. 3, 1960, S. 272 - 281, der anbetracht des Nationalsozialismus zu dem Ergebnis kommt: "Dies ist das erste Gesetz der Bildung des Volkswillens: Je unmittelbarer das Volk als Vielheit sich äußern will, um so einflußloser wird es auf den Inhalt dessen, was wirklich geschieht" (S. 278). - Nipperdey, Th.: Deutsche Geschichte, 1983, S. 294, hebt hervor, daß die Liberalen mit der "Zwischenschaltung" von Wahlmännern die Auswahl "vernünftiger" Repräsentanten garantieren wollten.

[99]Zit. n. K.S. Zachariä: Vierzig Bücher, Bd. III, 1839, S. 253.

Nipperdey konstatiert.[100] Vor allem in den politischen Ideen der Frühliberalen wie Rotteck, der die Epoche maßgeblich beeinflußte, war es natürlich und vernünftig, die Forderung nach einem Rechts- und Verfassungsstaat nicht im Einklang mit einer Forderung des allgemeinen Wahlrechts zu verbinden. Die liberalen Denker betrachteten sich als Vertreter einer Verfassungsbewegung, der sich Prinzipien wie das der Volkssouveränität oder des allgemeinen Wahlrechts bei-, notfalls sogar unterzuordnen hatten. Das Zensuswahlrecht galt als Fortschritt. Kooperation, nicht Konfrontation, so lautete die Parole.

[100] Nipperdey, Th.: Deutsche Geschichte, 1983, S. 289, 294, 297; vgl. auch Raschke, J.: Mehrheitswahlrecht, in: Steffani, W. (Hg.). Parlamentarismus ohne Transparenz, 1971, S. 192, der eine etwaige Einführung des Mehrheitswahlrechts heute von dem des liberal-repräsentativen Parlamentarismus abgrenzt. S. schon Smend, R.: Maßstäbe des parlamentarischen Wahlrechts in der deutschen Staatstheorie des 19. Jahrhunderts, in: Ders.: Staatsrechtliche Abhandlungen, 2. Aufl., 1968, S. 20 - 21.

4. Das Zweikammersystem

Nach wie vor umstritten ist in der modernen Literatur die Frage, was eine "echte Zweite Kammer" darstelle. Ausgehend von der Bundesrepublik Deutschland und ihren einzelnen Ländern, besteht keine Einigkeit, ob der Bundesrat oder der Bayerische Senat als "Unikum" einzig innerhalb der Bayerischen Verfassung eine "echte Zweite Kammer" ist. Einige Aussagen hinsichtlich des Bayerischen Senats mögen die mangelnde einheitliche Beurteilung zeigen. Senatspräsident Dr. Hans *Weiß* spricht von einer "Zweiten Kammer eigener Prägung",[1] der Staatsrechtsprofessor Dr. Günter *Dürig* verwendet ausdrücklich diesen Terminus.[2] Anders jedoch die Einschätzung des Politologen Theo *Stammen* oder des jetzigen Präsidenten des Bundesverfassungsgerichts, Roman *Herzog:* Sie sehen, was den Bayerischen Senat betrifft, ein Zweikammersystem nicht gegeben.[3] Es stellt sich die grundsätzliche Frage, welche Kriterien ein Zweikammersystem ausmachen.

Eine ideengeschichtliche Analyse vor allem aus der Zeit des deutschen Vormärz soll auf die Grundbedeutung des politisch-historischen Begriffs des Zweikammersystems verweisen. Wie beurteilten politische Denker nach 1815 das Zweikammersystem? Welche Wert - oder Mißschätzung erfuhr die Aufteilung des Parlamentes in zwei Kammern gerade in einer Zeit des Neubeginns, die doch von Kontinuität gekennzeichnet war? Welcher Argumentationslinien bedienten sich die politischen Denker?

---

[1] Weiß, H.: Der Bayerische Senat - der Weg eines neuen Verfassungsorgans, in: Auftrag, Bewährung, Ausblick, 1986, S. 42.

[2] Dürig, G.: Die Zweite Kammer im modernen Staat. 20 Jahre Bayerischer Senat, in: Ders.: Gesammelte Schriften, hg. von Schmitt Glaeser, W., und Häberle, P., 1984, S. 331 - 342.

[3] Stammen, T.: Zweikammersystem, in: Röhring, H.-H., und Sontheimer, K. (Hg.): Handbuch des deutschen Parlamentarismus, 1970, S. 547; Herzog, R.: Zweikammersystem, in: Evangelisches Staatslexikon, 1966, Sp. 2589.

a. Einflüsse und politische Handhabung

aa. Englischer Parlamentarismus, Französische Charte und deutsche Tradition

Für die Verfassungsgebung der süddeutschen Staaten nach 1815 stellte die französische Charte Constitutionnelle von 1814 eines der zentralen Vorbilder dar.[4] Diese Modellverfassung Frankreichs führte das Zweikammersystem sowohl in der Praxis als auch in der Theorie auf dem europäischen Kontinent ein. Daß die Charte "von jedem vernünftigen Staatsbürger in Europa" "wie das Ein mal Eins" "gekannt und geschätzt zu werden verdient", betonte bereits 1818 der Frühliberale Franz Hegewisch aus Schleswig-Holstein, der die Verwirklichung einer "wahren Volksvertretung" auch für seine Heimat herbeisehnte.[5]

Die Theorie dieses Systems einer Parlamentsaufteilung, die im 17. Jahrhundert in England entstanden war, hatte zunächst lediglich in Nordamerika praktischen Einfluß erlangt. Es ist das Verdienst *Otto Hintzes,* herausgearbeitet zu haben, daß sich das ständische Verfassungssystem, dessen zwei Haupttypen, das in England ausgebildete Zweikammersystem und das vor allem in Frankreich vertretene Dreikuriensystem, entwicklungsgeschichtlich untereinander zusammenhängen, "bei aller Gegensätzlichkeit doch zugleich ein Entwicklungsstadium des modernen Staates, einen allgemeinen Übergangszustand zu dem modernen Konstitutionalismus bedeutet."[6]

Erst die Konsequenzen der Französischen Revolution bereiteten in Deutschland den Boden; die klassischen

---

[4] S. die Ausführungen im Kapitel "Wiener Schlußakte" dieser Arbeit, S. 49 - 53.

[5] H-sch., F. [= F.H. Hegewisch]: Zur Volksvertretung ist es nicht genug, Landstände zu haben, in: Kieler Blätter, 5. Bd., 1818, S. 164.

[6] Hintze, O.: Typologie der ständischen Verfassungen des Abendlandes (1930), in: Ders.: Staat und Verfassung. Gesammelte Abhandlungen, Bd. 1, 1960, S. 124 - 125, 139.

Schriften von Montesquieu und DeLolme[7] erfuhren eine tiefgreifende Assimilation durch deutsche Staatsrechtler und politische Denker.[8] Die Kernaussage der französischen Charte zum Zweikammersystem findet sich in Artikel 15:

"La puissance législative s'exerce collectivement par le Roi, la chambre des pairs, et la chambre des députés des départements."[9]

Vergleicht man die Bayerische Verfassung vom 26. Mai 1818 mit der Charte gerade in den Aspekten, die das Zweikammersystem tangieren, so kristallisieren sich deutliche Parallelen, zum Teil wortwörtliche Formulierungen im Verfassungstext heraus. [10]

In den meisten konstitutionellen Verfassungen nach dem Wiener Kongreß erfuhr die Gesetzgebung eine Teilung in zwei Körperschaften. Der politische Zusammenhang ist im monarchischen Prinzip zu suchen. Insbesondere in den süddeutschen Staaten stellte die verfassungsrechtliche Verankerung des Zweikammersystems eine "konstitutionelle Abfindung der Machtansprüche" des mediatisierten Reichsadels dar. Der Monarch konnte mit dieser Norm ehemals privilegierte und auch nach 1815 mit Sonderrechten ausgestattete Kreise der Bevölkerung an die Krone binden und somit das monarchische Prinzip auch legislativ unterstützen.' Im Rahmem des Dualismus zwischen dem Fürsten und der Volksvertretung sollte so die zusätzliche Kammer die Dominanz des Königs stärken und bewah-

---

[7]Jean Louis Delolme, gebürtiger Genfer, lebte in England im Exil, wo er 1771 sein Buch "Constitution de l'Angleterre" veröffentlichte und gleichzeitig selbst eine deutsche Übersetzung herausgab. Vor allem nach 1815 erfuhr sein Werk in Deutschland große Aufmerksamkeit: S. Schnabel, F.: Deutsche Geschichte, 2. Bd., 1933 (1987), S. 176.

[8]S. Stammen, T.: Zweikammersystem, in: Röhring, H.-H., und Sontheimer, K. (Hg.): Handbuch des deutschen Parlamentarismus, 1970, S. 544.

[9]Die Verfassung der Charte Constitutionnelle von 1814 in: Duguit, L. et Monnier, H. (Ed.): Les Constitutions et les principales lois politique de la France, 4. ed., 1925, S. 183 - 190.

[10]S. BV von 1818, Titel VI, § 1, 2, 9, 18 - 19; Titel II, § 40 - 53, 56; auszugsweise abgedruckt in: Hildebrandt, H. (Hg.): Die deutschen Verfassungen, 1985, S. 9 - 12 und 28 - 33.

ren helfen.[11]

bb. Verfassungsrecht

Zunächst ist zu betonen, daß die Unterscheidung in erste und zweite Kammer begrifflich unsicher gehandhabt wird. Beide Kammern zusammen werden meist als das Parlament, zum Teil auch als Volksvertretung bezeichnet. Die eine trägt dabei die Namen Unterhaus, Volksversammlung, Ständeversammlung, Repräsentativversammlung, Kammer der Abgeordneten, Versammlung der Landesdeputierten oder auch Volksvertretung, die andere je nach innerer Ausrichtung die Namen Oberhaus, Senat, Kammer der Reichsräte, Kammer der Standesherren, Herrenband, Herrenstand, Adelskammer oder Pairskammer. Während der Sprachgebrauch des 19. Jahrhunderts, ausgehend von der historischen Entwicklung, die Volksvertretung als zweite, die Adelskammer als erste Kammer betitelt, ist die "Numerierung", die durchaus eine Wertigkeit beider Häuser beinhaltet, in der modernen Literatur dem heutigen politikwissenschaftlichen Verständnis nach genau umgekehrt.

Trotz der häufig mißachteten Tatsache, daß die Funktionen der zweiten Kammer neben dem legislativen auch im exekutiven Bereich liegt, ist doch zu betonen, daß die Gesetzgebungs-Sphäre im Mittelpunkt der Bedeutung steht.[12]

Die Gründe derjenigen Einzelstaaten Deutschlands, die sich in ihren Konstitutionen für das Zweikammersystem aussprachen, waren eindeutig praktisch-politischer Art; innenpolitische Erwägungen standen im Vordergrund. Der am Staatsleben beteiligte Adel sollte vermittelnd,

---

[11] Hierzu Gall, L.: Benjamin Constant, 1963, S. 206; Ehrle, P.M.: Volksvertretung, 1979, S. 330 - 331, 339 - 340. Das Zweikammersystem befürwortet auch der englische Theoretiker Mill, J. St.: Betrachtungen (1861), 1971, S. 201 - 208.

[12] Auf diese "exekutive Nähe" verweist Schwarz-Liebermann von Wahlendorf, H.A.: Struktur und Funktion der sogenannten Zweiten Kammer, 1958, S. VI und 174; s. auch S. 162. Beachte den aktuellsten Stand der Forschung in dem herausragenden Werk von W. Mößle, der aus juristischer Perspektive den "Regierungsfunktionen des Parlaments", 1986, v.a. Kapitel 1 und 2, nachgeht, ohne - und dies zeichnet die Qualität dieses Buches aus - die vordemokratische politisch-historische Entwicklung des Parlamentarismus außer acht zu lassen.

integrativ und staatserhaltend wirken; eine Zusammenarbeit des Adels mit dem Bürgertum war im Sinne des Fürsten zu vermeiden. Das "geschichtliche Wachstum und die geschichtliche Bedeutung der Stände" sollte, so hob der Freiherr vom Stein in seiner Denkschrift "Über die Herrenbank" 1816 heraus, gewürdigt werden.[13]

Die Einbindung von Gruppen, deren Widerstand gegen den Staat zu befürchten war, in die Macht stellt einen gelungenen Schachzug des Monarchen dar; etwaige Gefahrenmomente wurden damit geschickt umgepolt.

Ohne im Detail auf die verfassungsrechtliche Struktur und Funktion der einzelstaatlichen Zweikammersysteme, die in sich stark variierten, einzugehen,[14] sei exemplarisch die konkrete Zusammensetzung der beiden Kammern Bayerns nach der Verfassung von 1818 erläutert, da hier "eine allgemeine, aber in zwei Kammern abgetheilte Ständeversammlung"[15] bestand.

Die "Kammer der Reichsräthe", wie in Bayern die erste Kammer genannt wurde, ist

> "zusammengesetzt aus den volljährigen Prinzen des Königlichen Hauses, aus den Kronbeamten des Reichs, aus den beiden Erzbischöfen, aus den Häuptern der ehemals reichsständischen - fürstlichen und gräflichen Familien als erblichen Reichsräthen, aus einem vom Könige ernannten Bischofe und dem jedesmaligen Präsidenten des protestantischen General-Consistoriums, sodann aus denjenigen Personen, welche der König entweder wegen ausgezeichneter, dem Staate geleisteter Dienste, oder wegen ihrer Geburt, oder irhes Vermögens zu Mitgliedern dieser Kammer entweder erblich oder lebenslänglich besonders ernennt. Die Zahl der lebenslänglichen Reichsräthe aber kann den dritten Theil der erblichen nicht übersteigen."

---

[13]Hierzu Ehrle, P.M.: Volksvertretung, 1979, S. 331.

[14]Eine vergleichende Untersuchung des positiven Verfassungsrechts aller deutschen Staaten unternahm in aller Breite Ehrle, P.M.: Volksvertretung, 1979; s. v.a. zur Zusammensetzung der Volksvertretungen in Landtagen mit Zweikammersystem S. 329 - 450. Zu Württemberg s. Brandt, H.: Parlamentarismus, 1987, S. 271 - 322.

[15]Zit. n. Cucumus, C.: Lehrbuch des Staatsrechts der konstitutionellen Monarchie Baierns, 1825, S. 308; hieraus und S. 309 auch die folgenden Zitate; vgl. auch die Darstellungen bei Schmelzing, J.: Staatsrecht des Königreichs Baiern, 1. Theil, 1820, S. 436 - 476; Schunck, F.C.K.: Staatsrecht des Königreichs Baiern, 1. Bd., 1824; s. auch Hildebrandt, H. (Hg.): Die deutschen Verfassungen, 1985, S. 28 - 30.

Demgegenüber befinden sich, so die Bayerische Verfassung, in der zweiten Kammer, der aus Wahlen[16] im Sechsjahresrhythmus hervorgehenden "Kammer der Abgeordneten", Grundbesitzer mit und ohne Gerichtsbarkeit sowie Vertreter der Universitäten, der katholischen und evangelischen Kirche, der Städte und Märkte.

Anzumerken bleibt, daß beispielsweise in anderen Verfassungen einerseits Universitätsvertreter, Städte und Landgemeinden auch in der ersten Kammer zu finden, andererseits Beamte und vom Landesherrn ernannte Mitglieder sowie niederer Grundadel und die Ritterschaft in der zweiten Kammer repräsentant waren.[17]

Interessant hinsichtlich moderner Volkvertretungen im 20. Jahrhundert sind die jeweiligen Voraussetzungen einer Zugehörigkeit zu einer der beiden Kammern in der Handhabung des 19. Jahrhunderts. Denn die einzelnen Bedingungen erfuhren, wie noch zu zeigen ist, eine umgekehrte Relevanz. Die 1818er Verfassung legte für ihre Dauer von einhundert Jahren fest, daß die Kriterien eines Eintritts in die erste Kammer neben der Bestimmung, das 25. Lebensjahr - mit Ausnahme des Prinzen, der 21 Jahre alt sein mußte - vollendet zu haben, die Geburt, die königliche Ernennung oder die Bekleidung eines bestimmten Amtes waren. Ein Abgeordneter der zweiten Kammer mußte "das dreißigste Lebensjahr zurückgelegt" haben, einer der "drei christlichen Confessionen" angehören und darüber hinaus - ein im Vormärz durchgehend aktuelles Thema, das großenteils bejaht wurde - entsprechend dem Zensuswahlrecht ein bestimmtes Vermögen besitzen, das ihm seinen "unabhängigen Unterhalt sichert".[18]

Summarisch ist festzuhalten, daß die erste Kammer das altständische Prinzip der politischen Berechtigung durch

---

[16]Zur Wahl der Volksvertretung s. den ausführlichen empirisch-systematischen Teil der die Forschungslücke über die Geschichte des deutschen Wahlrechts schließenden Arbeit von Ehrle, P.M.: Volksvertretung, 1979, S. 495 - 817.

[17]Vgl. die komparatistische Auswertung durch Ehrle, P.M.: Volksvertretung, 1979, S. 364 - 450.

[18]S. Cucumus, C.: Lehrbuch, 1825, S. 312 - 313.

Geburt aufrechterhielt, während in der zweiten Kammer der Ansatz zu moderner, parlamentarischer Repräsentation, die großenteils aber funktionsständisch gegliedert war, gelegt wurde. Vor allem in der zweiten Kammer war der Anteil des Bürgertum sehr stark. Die frühkonstitutionellen Staaten intendierten mit der Schaffung des Zweikammersystems die Bewahrung ihrer eigenen Souveränität unter Mitwirkung der Bürger am Staat. Die Integration der Gesamtinteressen sollte den Übergang von der ständischen zur "neuen" Gesellschaft verwirklichen, die zwar elitär gestaltet war, jedoch immerhin die Beteiligung von mehr Personenkreisen beinhaltete.

b. Das Zweikammersystem in den politischen Ideen des Vormärz

Nicht zuzustimmen ist der Einschätzung von Udo *Bermbach,* der behauptet, die Ablehnung einer zweiten Kammer sei für den deutschen Frühliberalismus "weitgehend üblich" gewesen. In der Logik *Bermbachs* "handelt es sich dort, wo eine erste Kammer akzeptiert wird, zumeist um einen temporären Kompromiß, der die prinzipielle Gegnerschaft zu dieser Institution nicht wesentlich berühren konnte."[19]

Diese Argumentation stellt eine wissenschaftlich nicht haltbare Simplifizierung dar. Mögen *Bermbachs* Thesen auf Karl von Rotteck zutreffen - obgleich, wie in dieser Arbeit dargelegt wurde, dieser Liberale in seiner Haltung zum Zweikammersystem eine Sonderstellung einnimmt -, so entbehren sie einer allgemein gültigen Aussage für den vormärzlichen Liberalismus. Der Kompromißcharakter, der in den Schriften gerade der liberalen Theoretiker zum Ausdruck kommt, resultiert nicht aus einer negativ verstandenen Verlegenheitslösung. Er stellte ein tatsächliches Bedürfnis dar.

---

[19]Zit. n. Bermbach, U.: Über Landstände, in: Sprache und Politik, 1968, S. 258. Der in Anm. 89 angeführte Beleg bei Jobst, H.: Die Staatslehre, in: ZGObrh 103/ 1955, S. 489, entbehrt jeglicher Grundlage; vermutlich will Bermbach seine These mit Jobst, S. 483, untermauern, was jedoch eine Fehlinterpretation der auf Rotteck ausgelegten Studie bedeutet.

Eine relative Homogenität in der Beweisführung bei zugleich unterschiedlicher Intention ist sowohl bei liberalen als auch bei konservativen Befürwortern des Zweikammersystems auffallend. Gründe wie Erhaltung und Dauer traditioneller Elemente sowie die mäßigende Funktion innerhalb der Legislative mit der Absicht einer guten Gesetzgebung stehen im Mittelpunkt der Argumente.

In diesem Zusammenhang ist herauszustellen, daß sich das Ja gerade der Liberalen zur Theorie des Zweikammersystems mit der liberalen Elitevorstellung verknüpfte. Unter Elite verstanden die politischen Denker, die "fortschrittlich" sein wollten, eine Verbindung von althergebrachten, sich durch Besitz kennzeichnenden ständischen Eliten, die man nicht rigoros verprellen wollte, und der neuen, auf Leistung und Bildung bezogenen Elite. Daß der Liberalismus des 19. Jahrhunderts und schon der Frühliberalismus des deutschen Vormärz trotz seiner vielfältigsten Ausprägungen und Richtungen insgesamt als eine "Ideologie der Mitte", die nach Harmonie strebt, zu betrachten ist, erweist sich gerade in der Kombination von Zweikammersystem und Elitegedanke.[20]

aa. Argumente für das Zweikammersystem

Der theoretische "Vater" jeglicher Argumentation für das Zweikammersystem ist Montesquieu. Im elften Buch seines Hauptwerks "Esprit des Lois", das nach zwanzigjähriger Arbeit 1748 erstmals erschienen war, hatte er sich für die Repräsentation durch zwei Kammern ausgesprochen. "Die legislative Körperschaft setzt sich aus zwei Teilen zusammen", so beschrieb Montesquieu die "Grundverfassung". "Durch ihr wechselseitiges Verhinderungsrecht" werde die eine Kammer die andere "an die Kette legen". Nach Montesquieu soll folglich das Zweikammersystem sowohl ein Gleichgewicht der Gewalten und damit Ruhe und Ordnung im Staate herstellen als auch für eine moderate, gute Gesetzgebung sorgen. In der ersten Kammer, im Gegensatz zur gewählten Körperschaft der

[20] Ausführlich hierzu: Klotzbach, K.: Das Eliteproblem im politischen Liberalismus, 1966, S. 58 - 60, 199.

Volksvertreter Adelskörperschaft genannt, befinden sich nach Montesquieus im Vergleich zum Gesamtwerk recht kurzen Ausführung über das Zweikammersystem Leute, "die durch Geburt, Reichtum oder Auszeichnungen hervorragen". Deren Andersartigkeit habe der Staat zu respektieren; ihre Teilnahme an der Legislative müsse daher "ihrer anderweitigen Vorrangstellung innerhalb des Staates angemessen sein."[21]

Montesquieu, der die erste Kammer auch "Senat" bezeichnet, betont, daß Alter, Tugend, Würde und Verdienste den Zutritt zu dieser Institution gewähren. Ausgehend von diesen Eigenschaften, sieht er die Kompetenz dieser Körperschaft zum einen im traditionalen Element, indem sich der Senat "an die alten Einrichtungen anlehnen", zum anderen im ethischen Element, indem der Senat "sozusagen Wächter der Sitten" sein solle.[22]

Unterschiedliche Antriebskräfte führten viele konservative und liberale Theoretiker des Vormärz zu einer wenn auch differenziert begründeten Bejahung des "Bikameralismus". *Foehr* spricht von allgemeinen und besonderen Zielen, die die Befürworter des Zweikammersystems verfolgen. Während zum einen die Teilung des legislativen Körpers primäre Bedeutung habe und sich die Gründe in drei Gruppen schematisieren lassen - Verbürgung einer guten Gesetzgebung, Sicherung von Ordnung und Ruhe im Staat, Erhaltung der nationalen Tradition - schematisieren lassen, stehe zum anderen die Gestaltung, die Zusammensetzung des Oberhauses im Vordergrund.[23]

Damit formuliert *Foehr,* was bei jeder wissenschaftlichen Auseinandersetzung um das Zweikammersystem bis heute im Mittelpunkt steht: die Fragen nach Funktion und Struktur der zweiten Kammer.

---

[21] Montesquieu: Vom Geist der Gesetze. Eingel., Ausgew. und übers. von K. Weigand, Stuttgart 1965, XI. Buch, 6. Kap. S. 217, 223.

[22] Montesquieu: Vom Geist der Gesetze, 1965, V. Buch, 7. Kap., S. 145 - 146.

[23] Foehr, E. (Diss.): Die Rechtfertigung des Zweikammersystems, 1914, S. 12 - 13.

aaa. Erhaltung, Kontinuität, Dauer, Tradition

Wenngleich ein direkter Einfluß im allgemein stets sehr schwer nachweisbar ist, kann doch mit Robert von Mohl festgestellt werden, daß die Lehre Benjamin Constants von der Volksvertretung, vor allem die Unterscheidung in "représentation de la durée" und "représentation de l'opinion publique", die Vorstellung der deutschen Liberalen "entscheidend geprägt" hat.[24] Es ist jedoch zu beachten, daß Constants eindeutiges Ja zu einer ersten Kammer lediglich eine unmittelbare und euphorische Reaktion auf die französische Charte Constitutionnelle von 1814 darstellte, an deren Formulierung er maßgeblich beteiligt war. *Lothar Gall* betont, Constant habe "in keiner Frage seine Meinung so oft geändert wie in der, ob eine Erste Kammer im konstitutionellen Staat überhaupt notwendig sei."[25]

Constants Argumentation um 1815 offenbarte bei ihm, dem französischen Liberalen, einen eindeutigen konservativen Zug - konservativ im eigentlichen Wortsinne. Nicht als sich ergänzende Häuser, sondern als Ausdruck des Gegensatzes zwischen dem monarchischen und dem demokratischen Prinzip betrachtete Constant die beiden Kammern. Der "Kampf der konservativen und der progressiven Gesinnung", so seine Folgerung, spiele sich "mit größerem Nutzen zwischen zwei Kammern als im Schoß einer einzigen ab":

> "Es gibt dann keine Minderheit, die auf Eroberung des entscheidenden Einflusses aus ist; ihre heftigen Vorstöße innerhalb der Kammer, von der sie ein Teil ist, scheitern an der Ruhe des anderen Teils, der die Beschlüsse entweder annimmt oder zurückweist; Vorstöße gegen die Ordnung oder Drohung bieten keine Möglichkeit zur Beherrschung einer Mehrheit mehr, die man erschreckt, sondern Anlaß für den Verlust von Ansehen und Vertrauen".[26]

[24] Hierzu Gall, L.: Benjamin Constant, 1963, S. 222; s. v.a. das 3. Kap.: Tradition und Fortschritt im nationalen Verfassungsstaat: das Zweikammersystem, S. 207 - 254; allerdings irrtümliche Einschätzung der Person Mohls, S. 225. Vgl. in dieser Arbeit das eigene Kapitel zu Mohl S. 130 - 143. Zu Constants Wirkung auf die deutschen Theoretiker s. Scheuner, U.: Volkssouveränität und Theorie der parlamentarischen Vertretung, in: Bosl, K. (Hg.): Der moderne Parlamentarismus, 1977, S. 338.

[25] Zit. n. Gall, L.: Benjamin Constant, 1963, S. 227.

[26] Zit. n. Constant, B.: Grundprinzipien der Politik (1815), in: Ders.: Werke, Bd. 4, 1972, S. 75.

Zwei in ihrer Argumentation typische Vertreter des konservativen Lagers seien herausgestellt: der Staatsrechtsprofessor in Marburg, Karl Friedrich Vollgraff, sowie der Würzburger Rechtsphilosoph und spätere preussische Politiker, Friedrich Julius Stahl.

In seiner scharfen Polemik assoziiert Vollgraff das das Volk täuschende Repräsentativsystem mit dem Einkammersystem. "Repräsentatif-System und Verfassung", deren Basis für ihn einzig in der Volkssouveränität liege, "supponiren also das Dasein eines homogenen Volkes". Das "fingirte ganze Volk" habe, veranschaulicht Vollgraff, nach dieser von ihm attackierten Vorstellung "auch nur ein fingirtes identisches Interesse". Ein "consequentes Kriterium" der Repräsentativversammlungen sei es darum,

> "dass sie, weil sie ja nur ein und dasselbe homogene souveraine Volk darstellen sollen, auch nur eine homogene ungetheilte Kammer oder Versammlung bilden".[27]

Durch "Zauberschlag", durch "einen Federzug" werde das natürliche System der natürlichen "Stände-Verschiedenheit" zerstört. Mit diesen Metaphern will Vollgraff die "Rückwärts"-Gerichtetheit der Anhänger des Repräsentativsystems verdeutlichen. Seiner Idee nach verwirkliche sich die Heterogenität der Menschen allein im Zweikammersystem. Es bleibt jedoch in seiner Konzeption völlig in der vorrevolutionären Ausrichtung der Provinzialstände verhaftet.[28]

Den Entwicklungen der Zeit angepaßter ist demgegenüber die politische Theorie Stahls. Er spricht sich für eine in zwei Häuser gegliederte Repräsentation aus. Beide Kammern sollen seiner Idee nach eine ständische Grundlage haben. Zu Recht hebt *Dieter Grosser* hervor, "mit welcher Naivität Stahl in dem Bestreben, eine konservative Mehrheit in der Landesvertretung zu sichern,"[29] argumentierte.

---

[27]Zit. n. Vollgraff, K.F.: Die Täuschungen des Repräsentatif-Systems, 1832, S. 42; obige Zitate S. 34, 36, 38.

[28]Vollgraff, K.F.: Die Täuschungen, 1832, S. 35 und 44 - 45.

[29]Zit. n. Grosser, D.: Grundlagen und Struktur der Staatslehre Friedrich Julius Stahls, 1963, S. 93.

"Macht und Ansehen" sind Stahls Beurteilungsmaßstäbe für eine Zugehörigkeit zur ersten Kammer. Hierzu zählt er neben Erb- und Grundadel das Großbürgertum, Vertreter der Universitäten sowie der katholischen und evangelischen Kirche. Die "ständische Qualität"[30] der zweiten Kammer komme dadurch zum Ausdruck, daß nur die Ständemitglieder aus der Gesellschaft gewählt werden können, die sich durch zwei Eigenschaften auszeichnen: Entsprechender Besitz sichere ihre Unabhängigkeit, die Bewahrung des Existierenden sei ihre Absicht.[31]

Stahl grenzt seinen Standpunkt gegenüber der liberal-konstitutionellen Theorie ab. Diese befürworte die "Abtheilung in zwei Kammern" "nur äußerlich, um ein mechanisches Gegengewicht, ein Equilibrium zu erhalten."[32] Für Stahl ist die Separierung in zwei Häuser durch die "verschiedenen Stände" und die "innere Verschiedenheit der Elemente" bedingt. Trotzdem lehnt er eine partikularistische ständische Vertretung ab. Wesentlich seien bei einer "durchgreifenden verfassungsmäßigen Sonderung" nicht die "specifischen Sonderinteressen", sondern das "allgemeine politische Interesse". Entscheidendes Kennzeichen des Zweikammersystems seiner Façon sei, wie er es auch an der englischen Verfassung realisiert sieht,

> "daß diese aus Ständen und Korporationen gegliederte Repräsentation dennoch zusammen Eine vollständige und ungetheilte Nationalrepräsentation ist."[33]

Das Parlament stellt nach Stahls Theorie "eine höhere nationale einheitliche Institution" dar; die Existenz des Zweikammersystems verkörpert den "Fortschritt zum staatlichen Charakter".[34]

Stahls Eintreten für das Zweikammersystem charakterisiert ihn als unumwundenen Verfechter der konservativen Herrschaft, die durch ein Primat von Adel und Grundbe-

---

[30] So Stahl, F.J.: Die Philosophie des Rechts, II,2, 1878, S. 324.

[31] Hierzu Stahl, F.J.: Die Philosophie des Rechts, II,2, 1878, S. 431 - 445; s. auch Foehr, E. (Diss): Die Rechtfertigung des Zweikammersystems, 1914, S. 30 - 35.

[32] Stahl, F.J.: Die Philosophie des Rechts, II,2, 1878, S. 332.

[33] Zit. n. Stahl, F.J.: Die Philosophie des Rechts, II,2, 1878, S. 344; s. auch S. 346 - 347.

[34] Stahl, F.J.: Die Philosophie des Rechts, II,2, 1878, S. 345.

sitz garantiert werden könne.

Sowohl in Stahls als auch in Vollgraffs theoretischer Konzeption steht das Erhaltungsprinzip[35] im Zentrum ihrer Argumentation.

aab. Vervollkommnung, gute Gesetzgebung, Mäßigung

Das Vervollkommnungsprinzip leitet das Plädoyer eines heute recht unbekannten Frühliberalen für das Zweikammersystem. Franz Hegewisch, Arzt und Professor an der Universität in Kiel, ist zu den Theoretikern zu rechnen, die sich bereits im frühen Vormärz nicht eines lauen Kompromisses wegen, sondern auf Grund einer positiven Bejahung eines "mittleren Weges" für die Teilung der Ständeversammlung in zwei Kammern ausgesprochen hat. Eine Eigenheit Hegewischs ist es, die Vertreter beider Häuser als "Senatoren" oder "Räthe" zu betiteln.

Für ihn liegt der Sinn des Zweikammersystems in der gesteigerten Qualität der Parlamentsbeschlüsse. "Daß zweimal berathschlagt" werde, sei im Alltagsleben als auch auf der politischen Bühne "vorzüglich". Die Erfahrungen aus der Geschichte haben gezeigt, daß das Einkammersystem "zu häufig" durch "leidenschaftliche Beschlüsse" zur "Richtschnur verderblicher Handlungen" geworden sei.[36] Hegewisch betont schon 1815:[37]

---

[35]"Das Erhaltungsprinzip und das Vervollkommnungsprinzip sind die beiden Pole, um die sich die ganze Rechtfertigung des Zweikammersystems dreht," wobei verschiedene Gesichtspunkte innerhalb der einzelnen Prinzipien zum Tragen kommen; dies konstatiert Foehr, E. (Diss.), 1914, S. 12.

[36]H-sch., F. [F.H. Hegewisch]: Repräsentation des Bauernstandes, in: Kieler Blätter, 1. Bd., 1815, S. 109, 111.

[37]Zit. n. H-sch., F. [= F.H. Hegewisch]: Repräsentation, in: Kieler Blätter, 1. Bd., 1815, S. 105; s. auch ders.: Landesälteste, in: Ebda., S. 305 - 306, 349.
Franz Hermann Hegewisch war Arzt in Kiel, sehr interessiert an der politichen Entwicklung seiner Zeit, und durch zahlreiche Verbindungen zu politischen Denkern vor allem aus dem norddeutschen Raum in Schleswig-Holstein - so war er der Schwager Dahlmanns - Verfasser einiger, z.T. anonymer oder unter einem Pseudonym erscheinenden Schriften. Treitschke schildert den Sohn des Historikers Dietrich Hermann Hegewisch als einen "geistsprühenden Heißsporn", der "beim Adel und Bürgertum gleich angesehen" war. S. Treitschke, H.: Deutsche Geschichte, Neuausg. 1981, 2. Bd., S. 111, 3. Bd., S. 595, 4.Bd., S. 173, 5. Bd., S. 500; hier auch zu den "Kieler Blättern".

"Was ist der Zweck einer sogenannten Ständischen Verfassung, einer Repräsentativverfassung, einer Theilung der legislativen Gewalt zwischen dem Oberhaupt des Staats und Senatoren? Der Zweck ist kein anderer und kann kein anderer seyn, als dieser: gute Gesetze zu schaffen."

Deshalb ist es für Hegewisch, der sich im Jahr des Wiener Kongresses bereits für eine Ministerverantwortlichkeit ausspricht, undenkbar, daß der Repräsentationsgedanke mit der Vertretung von Sonderinteressen besonderer Stände gleichgesetzt wird. Die Vervollkommnung im legislativen Bereich durch die Teilung in zwei Kammern bedingt darüber hinaus, daß den Abgeordneten keine "bindenden Instructionen" vorgehalten werden dürfen. Hegewisch sieht die Aufgabe der Versammlung nicht als "proponirende und protestirende", sondern als "erwägende" und "beschließende".[38]

Noch nicht dem "neuständischen"[39] Denken im Sinne *Brandts* verhaftet, stellt das Konzept der Bestellung der Senatoren - Hegewisch differenziert 1815 noch nicht zwischen beiden Kammern - einen Modus der Mitte dar. In die Ständeversammlung sollen sich Männer mit und ohne Besitz versammeln, so daß die Elemente des Bestehenden und der Veränderung in ihrem natürlichen "Gegenstreben" vertreten seien. Der Unabhängigkeit wegen bejaht er ein Zensuswahlrecht. Obschon ein Teil der Senatoren sich auf erbliches Recht stützen könne, müsse doch, so Hegewisch, die Mehrzahl der Vertreter vom Volk gewählt werden.[40]

Drei Jahre später konkretisiert Hegewisch seine Idee des Zweikammersystems. Interessant ist, daß er das Beispiel Englands verwendet, um darzulegen, daß nur das Unterhaus der eine, "repräsentirende Körper" sei, während das nicht über- oder untergeordnete, sondern sich "neben" dem gewählten Abgeordnetenkammer befindliche Oberhaus - er nennt es Senat - keinen Repräsentativcharakter habe. Funktion des Senates, in dem neben den

---

[38] H-sch., F. [= F.H. Hegewisch]: Repräsentation, in: Kieler Blätter, 1. Bd., 1815, S. 102, 104, 107.

[39] Brandt, H.: Landständische Repräsentation, 1968, S. 184.

[40] H-sch., F. [= F.H. Hegewisch]: Repräsentation, in: Kieler Blätter, 1. Bd., 1815, S. 108 - 110; s. auch ders.: Zur Volksvertretung, in: Ebda., 5. Bd., 1818, S. 161.

Mediatisierten die aus den Rittergutsbesitzern Gewählten sowie Geistliche und Gelehrte sitzen, sei seine "hemmende Kraft", die die Qualität der Beschlüsse des Unterhauses entschieden anhebe.[41]

Zur Eigenschaft der finanziellen Unabhängigkeit gesellen sich weitere wichtige Auswahlkriterien als Vorbedingung zur Wahl der Senatoren. Der Kieler Theoretiker, der das englische Beispiel würdigt, aber nicht blindlings nachahmen will,[42] fordert "Kenntniß des Landes, Verstand, guten und festen Willen", um dem Ziel, gute Gesetze zu schaffen, möglichst nahe zu kommen. Kern der Aussage Hegewischs ist es, bei einer grundsätzlichen Akzeptanz der Vorherrschaft des Fürsten, "dem Volk das Recht der Mitberathung durch Abgeordnete" zu gewähren.[43]

Karl Salomo Zachariä, der liberale Konstitutionalist, der sich trotz seiner bereits herausgestellten Rolle als theoretischer Außenseiter wie die Mehrzahl seiner liberalen Zeitgenossen klar für das monarchische Prinzip ausspricht, ist ein entschiedener Befürworter des Zweikammersystems. Dieses grundsätzliche Ja macht Zachariä zunächst frei vom Aspekt der Struktur einer zweiten Kammer. Damit unterscheidet er sich von den Theoretikern, die dem Zweikammersystem einzig unter der Voraussetzung eine Berechtigung zusprechen, wenn ein bestimmter innerer Aufbau gegeben sei. Zachariäs Konzeption löst sich von solch einengenden Kriterien:

---

[41] H-sch., F. [= F.H. Hegewisch]: Zur Volksvertretung ist es nicht genug, Landstände zu haben, in: Kieler Blätter, 5. Bd., 1818, S. 156 - 158.

[42] H-sch., F. [= F.H. Hegewisch]: Landesälteste, in: Kieler Blätter, 1. Bd., S. 318 - 332.

[43] H-sch., F. [= F.H. Hegewisch]: Repräsentation, in: Kieler Blätter, 1. Bd., 1815, S. 106, 122. S. auch ders.: Landesälteste, in: Ebda., S. 306 - 307, wo er als Voraussetzungen für Sitz und Stimme in der Versammlung Eigentum, ererbtes Eigentum und "Zeugnisse für die Tüchtigkeit eines Mannes, Rather und Vertreter zu seyn," nennt.
Vgl. gegenüber diesen 1815 bis 1818 publizierten, im Grundton optimistischen Aufsätzen das unter dem Pseudonym Franz Baltisch - vermutlich wählte er diesen Namen wegen der Balten in seiner Heimat an der Ostsee - 1832 erschienene, wegen der fürstlichen nichteingehaltenen Verfassungsversprechungen pessimistische Buch "Politische Freiheit", v.a. S. 3, 9 - 10.

> "Man hat die Frage: Soll der Reichstag aus einer Kammer oder soll er aus zwei Kammern bestehn? so aufzustellen und zu erörtern, daß man einstweilen gänzlich von der Zusammensetzung absieht, welche, wenn man sich für das System zweier Kammern erklärt, der I. Kammer zu geben ist.
> Die Frage so gestellt ist schlechthin zum Vortheile des Systemes zweier Kammern zu entscheiden."[44]

Die Entscheidung für das Zweikammersystem bedeutet für Zachariä keine Äußerung, die allein in einer Monarchie Gültigkeit besitze. Ist der Hauptzweck des Repräsentativsystems nach seiner Idee die "Mäßigung der Demokratie", so entspricht diesem Zweck "unmittelbar das System zweier Kammern". Umgekehrt aber gelte diese Beweisführung zugleich für die repräsentative Demokratie; auch sie benötige ein mäßigendes Element, das trefflich durch die Aufteilung der Gesetzgebung in zwei Häuser realisiert werde.[45]

Auf welche Art und Weise die Frage der Zusammensetzung der ersten Kammer letztlich beantwortet werde, hängt nach Zachariä vom "gesammten Zustand der bürgerlichen Gesellschaft" ab. Ein Blick auf die Gesetzgebungen seiner Zeit erlaubt dem Staatsrechtler eine Kategorisierung in drei Klassen. Zum einen sei das Recht, in der ersten Kammer Sitz und Stimme zu haben, ein erbliches Recht. Zum anderen setze sich die erste Kammer aus Mitgliedern zusammen, die der König "auf ihre Lebenszeit ernennt". Und schließlich könne - nach dem drittmöglichen Modus - das Volk "eben so die Mitglieder der I. wie die der II. Kammer" wählen. Daß bei dieser Regelung "mehrere Modifikationen" gegeben sein können, stellt Zachariä heraus: "Es können z.B. für die eine und die andere Kammer die Bedingungen der Wählbarkeit dieselben seyn ... oder nicht." Die erste Kammer zeige darüber hinaus eine spezielle Struktur, wenn die in ihr versammelten Männer nach den Merkmalen von "Talenten und Einsichten" zusammengesetzt werden.[46]

---

[44] Zit. n. Zachariä, K.S.: Vierzig Bücher vom Staate, 3. Theil, 19. Buch, 1839, S. 248.

[45] Ebda., S. 249.

[46] Ebda., S. 249 -251.

Im Vordergrund jeglicher Entscheidung über die Struktur der ersten Kammer stehe die Frage, konstatiert Zachariä, welchem der sich gegenüberstehenden Prinzipien, dem monarchischen oder dem demokratischen, der größere Einfluß eingeräumt werde. Herauszuheben ist die Erkenntnis des Theoretikers, daß diese im Sprachgebrauch Zachariäs und des Vormärz üblicherweise betitelte erste Kammer gegenüber der zweiten Kammer von einer Andersartigkeit gekennzeichnet sein solle. Sie solle sinnvollerweise - ein Gedanke, der in der Diskussion um das Zweikammersystem in der Folgezeit ausgebaut wird - "etwas anderes" repräsentieren. Ihre Funktion liege in der Position des Gegengewichts. Ihre Kraft stecke in der Rolle einer mäßigenden Instanz.[47]

Das Anderssein, die Betrachtung von einem anderen Standpunkte aus zum Zwecke einer Modifikation und damit die Verbesserung der Gesetzgebung sind neben der "grösseren Unabhängigkeit von bloss örtlichen und augenblicklichen Einflüssen und Umständen" auch für Robert von Mohl ausschlaggebende Aspekte, das Zweikammersystem zu favorisieren. Jede Entscheidung gewinne an "Reife und Umsicht", wenn in zwei verschiedenen Versammlungen, "welche Leidenschaften, Vorurtheile, Einflüsse nicht gemeinschaftlich haben",[48] eine doppelte Beratung erfolge. Für Mohl, den Liberalen, ist die Unterscheidung zwischen einer reinen Adelskammer und der "Abtheilung der Einen Wahl-Versammlung in zwei Abtheilungen" evident, also des einen von zwei Häusern im Rahmen der nach bestimmten Modi gewählten Volksvertretung. Die Bejahung des Zweikammersystems unter dem Aspekt der geteilten Volksvertretung beinhalte keineswegs eine Billigung

---

[47]Vgl. auch Schwarz-Liebermann, H.A.: Struktur und Funktion, 1958, S. 162 - 165.

[48]S. Mohl, R.v.: Das Staatsrecht des Königreiches Württemberg, 2. Aufl., 1. Bd., 1840, S. 540; Mohl mutmaßt bei der Beschreibung dieser Konstitution, daß auch der Aspekt, daß "das aristokratische Interesse vom demokratischen nicht so leicht überwältigt werde," für die Einführung zweier Kammern zentrale Bedeutung hatte.
S. auch Mohl, R.v.: Staatsrecht, Völkerrecht und Politik, Bd. II, 1862, S. 27.

einer eigens konstituierten Adelskammer.[49]

Der Schädlichkeit einer ersten Kammer, der "die richtigen Bestandtheile fehlen", eingedenk, fordert Mohl, daß sich die erste Kammer nicht allein aus Adeligen und Geistlichen rekrutiere. "Geistige Befähigung" und "Unabhängigkeit der Stellung" seien wichtige Auswahlkriterien, um die Wahrung des Volksinteresses zu ermöglichen. Interessant gerade im Hinblick auf zweikammrige moderne Volksvertretungen des 20. Jahrhunderts ist Mohls weiterer Vorschlag: In der ersten Kammer bestehe die Möglichkeit, "höhere staatsmännische Erfahrungen heranzuziehen und die Anschauungen von Männern zu verwerthen, welche sich Volkswahlen nicht unterziehen wollen oder können." Und: Es sei ein großer Gewinn für die erste Kammer,

> "wenn die Vorstände bedeutender Handels- oder Gewerbe-Gremien und die (angenommenermassen gewählten) Vorstände der ersten Städte des Landes Sitz und Stimme verfassungsmäßig erhalten."[50]

Mohl, der die Andersartigkeit der ersten - heute als zweite bezeichneten - Kammer gegenüber der anderen Kammer positiv hervorhebt, spricht der ersten, nicht von allen wahlfähigen Bürgern gewählten Kammer das Recht zu, "keine Rücksicht auf Wähler zu nehmen, oder wenigstens nur auf Wähler ihrer Art". Dieser Unterschied gegenüber der von allen wahlfähigen Bürgern gewählten zweiten Kammer sei nicht nur legitim, sondern von großem Vorteil:

---

[49] Mohl, R.v.: Das Staatsrecht des Königreiches, 2. Aufl., 1840, S. 543, Anm. 3.

[50] Zit. n. Mohl, R.v.: Staatsrecht, Völkerrecht und Politik, Bd. II, 1862, S. 28; s. auch S. 27. Beachte Mohls Kritik an der Theorie seines Zeitgenossen Karl Levita gerade hinsichtlich des Aspektes einer Berücksichtigung der Gemeinden als Vertretung, in: Staatsrecht, Völkerrecht und Politik, Bd. 1, 1860, S. 447 - 449. Lediglich erwähnt, obgleich grundsätzlich von großer Bedeutung, ist die Befürwortung des Zweikammersystems durch Dahlmann, der sein Plädoyer aus dem Bundesstaatsprinzip ableitet. Hierzu s. Siemann, W.: Die Frankfurter Nationalversammlung, 1976, S. 197 - 199.

"dass die fehlende Nothwendigkeit, der öffentlichen Meinung Rechnung zu tragen, ihre üble Seite hat, soll nicht geläugnet sein; allein es gibt auch gar manche Fälle, in welchen es für das wahre Staatswohl höchst erwünscht ist, wenn die Mitglieder einer entscheidenden Versammlung keine persönlichen Nachtheile von der Aufrechterhaltung einer zwar im Augenblicke impopulären aber an sich richtigen Massregel zu befürchten haben."[51]

Wie Mohl ein liberaler Theoretiker des Vormärz, schrieb August Winter sein Hauptwerk erst unter dem Eindruck der Ereignisse von 1848/49, motiviert durch die vom Konstitutionalismus nicht gelösten Probleme und dadurch verursachten Enttäuschungen. Winter schildert "das traurige Bild des konstitutionellen Zweikammerwesens in Deutschland, daß jede der beiden Kammern nach einem andern Pole zerrte, und beide sich daher nicht nur gegen Übereilungen, sondern überhaupt im Wege standen". Wichtig sei nicht, so Winter, daß "zwei Kammern da sind, sondern daß die zwei rechten Kammern da sind, d.h. die aus den rechten Elementen gebildeten". Rechte Kammern zeichnen sich dadurch aus, daß sie nicht gegeneinander antreten, sondern zueinander gehören und "die Aufgabe der Volksvertretung zusammen zu lösen im Stande sind." Einzig unter dieser Voraussetzung sei ein Zweikammersystem sinnvoll.[52]

August Winters unmißverständliche Plazet für die Aufteilung der Legislative in zwei Häuser resultiert aus dem Bestreben nach guter Gesetzgebung. Beide Organe, die in seiner Konzeption "Kammer der Staatsmänner" und "Kammer der Volksmänner" genannt werden, seien gleichrangig; keine stehe über der anderen, im Gegenteil: Sie sind "gleich nothwendig, gleich an Werth, an Ansehn, an Geltung, jede die unerläßliche Ergänzung der andern." Während die "Kammer der Volksmänner" die Aufgabe habe, dafür zu sorgen, daß die Behandlung der Staatsangelegenheiten "in Übereinstimmung mit dem Volksleben, mit den Volkswünschen, mit der Volksüberzeugung, mit dem Volkswillen, im Geiste des Volks" erfolge, sei es die Aufgabe

---

[51] Zit. n. Mohl, R.v.: Staatsrecht, Völkerrecht und Politik, 2. Bd., 1862, S. 27; s. auch ders.: Encyklopädie der Staatswissenschaften, 2. Aufl., 2. Ausg., 1872, S. 373 und 376, Anm. 8.

[52] Winter, A.: Die Volksvertretung in Deutschlands Zukunft, 1852, S. 280 - 281.

der "Kammer der Staatsmänner", sicherzustellen,

"daß die Behandlung der Staatssachen in Übereinstimmung mit den Ansichten der im Staatswesen Erfahrenen, nach den Fordrungen der Staatskunde, der Staatsweisheit, im staatsmännischen Geiste erfolge."[53]

Für Winter, der den Staat als Organismus betrachtet, ist es "das Verkehrteste, was sich denken läßt"[54], wenn, wie es die Liberal-Konstitutionellen forderten, die Vertretung in eine konservative und eine liberale oder, in anderen Begriffen, in eine aristokratische und eine demokratische Kammer aufgeteilt werde. Der zeitüblichen liberalen Auffassung folgend, daß ein Repräsentant unabhängig zu sein habe und damit dem "Grundsatz der unentgeltlichen Amtsführung"[55] entsprechen müsse, attestiert Winter dem "grundbesitzenden Stand" eine Machtposition innerhalb des Staates. Das "Gesetz der organischen Weiterführung des Staatsbaus" fordernd, stellen die Grundbesitzer eine "lebendige" Macht dar. Ein Sitz in der Kammer der Staatsmänner stehe somit dem Grundbesitzer nicht automatisch zu; er muß ihn sich "verdienen".[56]

Wurden früher, so belegt Winter seine Auswahlkriterien für Mitglieder der ersten Kammer historisch, Grafen und Fürsten von berufs wegen - nicht wegen ihrer Geburt - "als Sachverständige, als Staatsmänner berufen", so finden sich auch jetzt in den Stadt- und Gauvertretungen, aus denen auch die Vertreter für die zweite Kammer gewählt werden, staatskundige Vertreter, die als Mitglieder der ersten Kammer vom Volk anerkannt werden. Die "Grafen und Fürsten" des 19. Jahrhunderts seien dem Volk nicht von oben aufgesetzt; sie seien vielmehr "in den lebendigen Volksorganismus eingetreten" und wirken als "die hervorragendsten politischen Glieder des Volkskörpers": "Unsre Grafen und Fürsten sind Mitschaffende der Gesellschaft", würdigt Winter ihre Tätigkeit. Sowohl die erste als auch die zweite Kammer seien Bestandteile des

[53]Zit. n. ebda., S. 284.

[54]Ebda., S. 288.

[55]Ebda., S. 296.

[56]Ebda., S. 293 und 298.

"organischen Volksstaates". Auch die erste Kammer müsse sich dem "Prinzip lebendiger Organisation des Staats" öffnen, sie dürfe nicht in Althergebrachtem erstarren:

"Bürgschaft für Volksfreiheit in den ersten Kammern, das allein ist der Preis, um den sich Bürgschaft für Staatsordnung in den zweiten Kammern erkaufen läßt."[57]

Erfahrung und Sachkenntnis sind Eigenschaften, die nach Winters Theorie die Mitglieder der ersten Kammer kennzeichnen. Über Staatsweisheit verfüge man nicht, weil man in der ersten Kammer sitze, konstatiert der Liberale, sondern weil man sich in einer Stellung befinde, die "besondre Staatseinsicht verbürgt, kommt man in die erste Kammer."[58]

Vergleicht man die politischen Ideen Mohls mit denen Winters, zeigen sich viele Parallelen. Mohl selbst bescheinigte diesem in einer Art von Rezension, die Frage des Zweikammersystems "am eingehendsten und meiner Meinung nach am geistreichsten behandelt"[59] zu haben. Ein entscheidener Unterschied von langfristiger Tragweite ist jedoch herauszuheben. Beide Autoren fordern die Anerkennung verschiedener gesellschaftlicher Kreise. Während Mohl den Mittelpunkt aller Auswahlkriterien im Gemeinwohl, "im gemeinschaftlichen Interesse" zu finden glaubte, nimmt in Winters Theorie der Beruf, die Beschäftigung diese Rolle ein.

---

[57]Zit. n. ebda., S. 303 - 304; obige Zitate S. 301 - 304, 309.

[58]Ebda., S. 306.

[59]So Mohl in seinem Aufsatz: "Das Repräsentativsystem, seine Mängel und die Heilmittel", abgedruckt in: Ders.: Staatsrecht, Völkerrecht und Politik, 1. Bd., 1860, S. 449; zum folgenden s. S. 449 - 451.

bb. Argumente gegen das Zweikammersystem

Zeit seines Lebens sprach sich der englische Philosoph und Jurist Jeremy Bentham gegen das Zweikammersystem in jeglicher Form aus. Seine Haltung war von politischen Erlebnissen in Europa gerade in der Zeit des Vormärz geprägt; Korruptionserfahrungen von seiten der Repräsentanten vor allem auf seiten der Aristokratie bestärkten ihn in seinem rigorosen Unikameralismus.

Der liberale Theoretiker führte eine ganze Reihe von Argumenten ins Feld, um die Nachteile einer Teilung der Legislative aufzuzeigen. Recht geringschätzig gegenüber der Tradition, bezichtigte Bentham die Existenz zweier Kammern eines "authority-begotten and blind custom-begotten prejudice". Soziale Unterschiede würden gefördert, Privilegien einer äußerst geringen Gruppe der Gesellschaft wären vorherrschend. Eine Nachahmung des englischen Beispiels sei nicht empfehlenswert. Bikameralismus stehe Überlegungen entgegen, die die allgemeine Wohlfahrt im Auge haben; das Gemeinwohl, das "general interest", werde verletzt. Der Utilitarist Bentham erblickte im Zweikammersystem keinerlei Nutzen.[1]

In Deutschland fanden sich bereits im frühen Vormärz Stimmen, die ihre Gegnerschaft gegen die Parlamentsaufteilung kundtaten. Die Argumentationen lagen auf einer Linie; inwieweit Benthams Lehre rezipiert wurde bzw. dieser von deutschen Frühliberalen inspiriert wurde, ist schwer nachzuweisen; das Grundmuster der angeführten Aspekte jedoch ist nahezu identisch. Daß Benthams Schrift "Taktik oder Theorie des Geschäftsganges in deliberativen Volksversammlungen" 1817 in einer liberalen Buchbesprechung mit den Worten gewürdigt wurde: "Uns

---

[1] S. Rockow, L.: Bentham on the Theory of Second Chambers, in: APSR, 22/1928, S. 576 - 590, v.a. S. 578 - 579. Für Rockow habe Bentham zwar durch sein Verhaftetsein im Zeitgeschehen viele Argumente übersehen, die für die Einführung des Zweikammersystems sprechen würden. Rockow jedoch negiert, daß ein "restatement of bicameralism" im 20. Jahrhundert Sinn mache. Es sei mit den Grundsätzen der Demokratie nicht vereinbar und entbehre, so seine Meinung, jeglicher Legitimation, da es lediglich Eigentum weniger gegen die Masse schütze und nicht dem Ziel der "human welfare" diene (S. 589 - 590). - Zu Benthams oberstem Grundsatz der Nützlichkeit s. die kritische Würdigung durch Mohl, R.v.: Die Geschichte und Literatur der Staatswissenschaften, B. III, 1858, S. 590 - 635, v.a. S. 604 - 607.

Deutschen können besonders dergleichen Schriften nicht genug empfohlen werden", ist beredtes Zeichen eines Einflusses Benthams sowohl auf die politische Theorie als auch auf die konstitutionelle Entwicklung.[2]

Der Frage: "Sollen die Repräsentanten aller Stände nur eine oder zwei sogenannte Kammern bilden?" ging bereits 1816 der Leipziger Rechtsprofessor Wilhelm Traugott Krug nach. Seine Analyse erbrachte ein klares Nein. Anbetracht der Zustände in England, wo das Zweikammersystem nicht nur "reine Vortheile" demonstriere, sei es nicht sinnvoll, dieses System auf Deutschland zu übertragen, ja, es schade nur, da es Einzelinteressen zum Zuge kommen lasse:

"Die Vereinigung aller Volksvertreter in Eine Kammer gewährt dagegen den wesentlichen Vortheil, daß die verschiedenen Stände sich nicht wie orientalische Kasten von einander absondern, sondern als Glieder einer und derselben großen Familie ansehn lernen, daß sie bei Besorgung ihrer besondern Interessen den Blick mehr auf das Allgemeine und Gemeinschaftliche zu richten genöthigt sind, und daß sie immerfort Gelegenheit haben, jeden Gegenstand auf das vielseitigste zu betrachten und ihre Ideen darüber gegenseitig auszutauschen."[3]

Nach Krug zeichnet sich das Zweikammersystem als Hemmnis innerhalb der Diskussion im Parlament aus. Sebald Brendel, Staatsrechtler und Kollege Krugs, kommt in einer historisch-empirischen Vergleichsstudie zum selben Ergebnis. Das Argument einer doppelten Beratung zählt für Brendel ebenso wenig wie das einer Zunahme an Reife, das von den Befürwortern des Zweikammersystems angeführt wird. Das größte Problem, das sich Brendel stellt, sei die "Art der Ausführung". Diese strukturellen Schwierigkeiten - sowohl was die Zusammensetzung als auch die Organisation einer geteilten Vertretung betreffe - seien unlösbar. Brendel, gegen die Übermacht demokratischer Elemente und gegen die althergebrachte Vormacht des Adels eingestellt, kristallisiert heraus,

---

[2]Prof. Pfaff: Etwas über Benthams Taktik oder Theorie des Geschäftsganges in deliberativen Volksversammlungen, mit besonderer Rücksicht auf den neuen württembergischen Verfassungsentwurf, in: Kieler Blätter, 4. Bd., 1817, S. 180.

[3]Zit. n. Krug, W.T.: Das Repräsentativsystem, 1816, S. 62 - 63; s. auch S. 60 - 61. Zu Krug (1770 - 1842) s. den Beitrag von Prantl in: ADB, Bd. 17, 1883, S. 220 - 222.

daß es die Aufgabe der Staatskunst[4] sei,

> "die verschiedenen Strebungen der Menschen, und der verschiedenen Klassen, worin sich die Gesellschaft getheilt hat, zur selbstbewußten und harmonischen Einheit zu verbinden. (...) Eine offene einzige Landesversammlung ist ganz geeignet(,) das Band der verschiedenen Stände unter sich, und an die gemeinsame Regierung immer fester zu knüpfen."[5]

Historische Beispiele - das englische Ober- und Unterhaus oder umgekehrt das 1791 in Frankreich gescheiterte Einkammersystem - seien denkbar ungeeignet, das Thema "richtig" zu beurteilen. Ein Beweis könne nach Brendel einzig eine Untersuchung der realexistierenden Zeitumstände erbringen.[6]

Er baut seine Ablehnung des Zweikammersystems an der Vorstellung auf, daß eine Pairskammer, in der einzig der Adel - auf Grund erblichen Rechtes oder durch lebenslängliche Ernennung - sitze, wider das Vernunftrecht und verderblich sei. Verstehe man unter den Mitgliedern eines Senats, wie Brendel das Oberhaus auch betitelt, allerdings eine Volksrepräsentation, so müssen die Vertreter vom Volke gewählt sein. Damit aber, so kontert Brendel in einem Atemzug gegen das allgemeine Wahlrecht, entstünde eine "privilegierte Kopf-Repräsentation", die den "lebendigen Staaten-Verein", das Stre-ben nach "Kultur und Humanität" störe. Weder Geburt noch Reichtum und Besitz noch Unabhängigkeit seien Kriterien, die allein "Kräftigkeit des Geistes und Reinheit der Gesinnung" garantieren können. Diese dem bloßen Zufall entlehnten Unterscheidungsgründe hemmen vielmehr die "politische Vervollkommnung der Bürger" und schaden "der

---

[4]Unter Staatskunst bzw. Staatsklugheitslehre versteht man seit Ende des 18. Jahrhunderts die Politik; hierzu Maier, H.: Die ältere deutsche Staats- und Verwaltungslehre, 2. Aufl., 1980, S. 219.

[5]Zit. n. Brendel, S.: Die Geschichte, das Wesen und der Werth der National-Repräsentation, 2. Abt. [= 2. Bd.], 1817, S. 322 - 323; s. auch S. 298 - 299.

[6]Ebda., S. 300 - 304; beachte die herbe Kritik an Englands parlamentarischem System.

allgemeinen Wohlfahrt, konstatiert Brendel.[7] Argumentative Parallelen zu Bentham sind evident.

Die "bürgerliche gleiche Repräsentation" werde neben der "öffentlichen Sittlichkeit" verletzt, bejahe man die Idee einer Pairskammer. Die von anderen Theoretikern genannte positive Eigenschaft der Ersten Kammer, als Vermittlerin zwischen der Zweiten Kammer und dem König zu wirken, sei nach Brendel hinfällig, da diese intermediäre Funktion nur die Institution erfüllen könne, deren "höhere, und uneigennützige Intelligenz und Stellung" anerkannt sei. Das Volk aber mißtraue einer Pairskammer, zumal diese stets sich aus Gründen reinen "Privat-Interesses" "gegen eine beständige und immer fortschreitende Reform der Verfassung" im Sinne einer Verbesserung des Repräsentativsystems auflehnen werde.[8]

Krugs und Brendels Ablehnung des Zweikammersystems resultiert aus einem Streben nach Harmonie in Einheit. Es gelingt beiden nicht, sich von politischen Gegebenheiten, die ihr Negativbild prägten, zu lösen. Während Brendel jedoch seine Argumente allein in seinem Nein zur Pairskammer findet, stellt sich für Krug die Frage nach der Erblichkeit oder Wählbarkeit der Repräsentanten gar nicht. Sie sei "minder bedeutend", nehme auch für die seiner Theorie nach einzige Kammer keine entscheidende Rolle ein. Lapidar meint Krug, ausgeprägtem Problembewußtsein fremd, er bevorzuge eine Vermengung beider Rekrutierungsmodi, da dies zu einem Mehr an Beständigkeit und Ansehen auf seiten der Stände führe.[9]

---

[7] Brendel, S.: Die Geschichte, 2. Abt., 1817, S. 306 - 310, 316 - 317. Beachte das Lob, das Rotteck, der dem Adel ebensolche Antipathie wie Brendel entgegenbringt, dieser Schrift ausspricht: Rotteck, K.v., in: Aretin/Rotteck: Staatsrecht der konstitutionellen Monarchie, 2. Bd., 1828, S. 202, Anm. 1; demgegenüber die Kritik an Brendels Theorie durch Mohl, R.v.: Die Geschichte und Literatur der Staatswissenschaften, Bd. 2, 1856, S. 327.

[8] Brendel, S.: Die Geschichte, 2. Abt., 1817, S. 314 - 315; s. auch 310 - 313.

[9] Krug, W.T.: Das Repräsentativsystem, 1816, S. 64, Anm. *.

cc. Skeptische Stimmen

cca. Die Sonderstellung Karl von Rottecks

In der Literatur wird Karl von Rotteck als klarer Gegner des Zweikammersystems dargestellt. Diese Auffassung ist so nicht haltbar.

ccaa. Ablehnung der Adelskammer

Rotteck kann nicht als grundsätzlicher Gegner des Zweikammersystems bezeichnet werden. Er war jedoch entschiedener Gegner einer Adelskammer. Auf diese Unterscheidung legt Rotteck selbst großen Wert:

> "Von dem Zweikammersystem der nordamerikanischen Freistaaten (Theilung des Kongresses in einen Senat, und in ein Haus der Repräsentanten, beide jedoch durch Wahl gebildet), oder von einem solchen, wie unter der Direktorialverfassung im republikanischen Frankreich bestand (Rath der Jungen und Rath der Alten, beide gleichmäßig durch periodische Wahlen berufen) reden wir also nicht. Prinzip und Zweck solcher Theilungen des gesetzgebenden Körpers in Freistaaten sind wesentlich von der Einsetzung der Adelskammer, und in einem monarchischen Staat, unterschieden."[10]

Kriterien, die eine positive Haltung gegenüber dem Zweikammersystem evozieren, sind also die Bildung beider Kammern durch eine Form von Wahlen, wobei - ein wesentlicher Aspekt für das demokratische 20. Jahrhundert - Rotteck die Aufteilung der Legislative innerhalb von Republiken, nicht aber innerhalb von Monarchien befürwortet.

Schon in seiner frühen und über die Landesgrenzen hinaus populären Schrift "Ideen über Landstände" betont Rotteck diese Differenzierung. Er geht der Frage nach, ob die Stände in einer Versammlung vereint oder in mehrere Kammern geteilt sein sollen. Diese Frage bedeute etwas ganz anderes als die Frage: "Soll bei den Ständen eine gesonderte Adelskammer seyn?" Rotteck stellt heraus, daß man sehr wohl eine Teilung der Ständeversammlung in mehrere Kammern "begehren oder zulassen und gleichwohl die Adelskammer verwerfen" könne.[11]

---

[10] Zit. n. Rotteck, K.v., in: Aretin/Rotteck: Staatsrecht der konstitutionellen Monarchie, 2. Bd., 2. Abt., 1828, S. 202, Anm. 1.

[11] Rotteck, K.v.: Ideen über Landstände, 1819, S. 64; abgedruckt auch in: Ders.: Sammlung kleinerer Schriften, 2. Bd., 1829, Kap. III, S. 126.

Eine Teilung der Gesetzgebung in zwei Häuser ist, so erkennt Rotteck, häufig eine Notwendigkeit, wenngleich die Separierung grundsätzlich als "Abweichung von dem, was natürlich ist" anzusehen sei. Der wesentliche Charakter der Landstände liege darin, "natürliches Organ des Gesammtwillens" zu sein; daher betrachtet Rotteck die Existenz zweier Kammern als eine "rein künstliche Einsetzung". Diese Erkenntnis des Naturrechtlers mit einer kompromißlosen Ablehnung des Zweikammersystems gleichzusetzen, bedeutet eine Verkennung der Lehre Rottecks, der konstatiert:

"Eine Trennung in verschiedene Körper kann, wo sie als Recht gefordert wird, nicht allgemeinen Rechtes, sie kann nur Folge besonderer historisch begründeter Rechte seyn; aber sie kann auch eine Einsetzung politischer Klugheit, und hier entweder abgeleitet aus allgemeinen Prinzipien oder aus bloßer Erfahrung seyn."[12]

In Rottecks Darstellung über das Zweikammersystem nehmen die Argumente, die Ausnahmen zulassen, ebenso breiten Raum ein wie die der Negierung von Adelskammern. Damit erweist sich Rottecks Theorie als durchaus pragmatisch-orientiert.

Dem "reinen Repräsentativsystem" sei die Idee von zwei Kammern fremd, da wider die Natur. Seine Antipathie gegen das Zweikammersystem bringt er mit kräftigen Worten zum Ausdruck. Die konstitutionelle Monarchie, für die der Frühliberale eintritt, kenne nur ein einziges Volk, "nämlich die Gesammtheit aller Unterthanen oder Bürger", damit aber auch nur einen einzigen Ausschuß, eine Vertretung. Das "Wesen" der landständischen Verfassung erhalte, so Rotteck im "Staatsrecht der konstitutionellen Monarchie", durch eine Spaltung der Repräsentation in zwei Kammern sogleich den Anstrich des "Unlauteren". Ja, die Teilung bedeute sogar eine Fiktion, denn: "Wie kann die Kammer der Privilegirten eine echte Repräsentantin des Volkes seyn?"[13]

Rotteck kennzeichnet die Adelskammer als politische, nicht jedoch als natürliche Macht; sie stelle zwar eine

---

[12]Zit. n. Rotteck, K.v.: Ideen über Landstände, 1819, S. 64.

[13]Rotteck, K.v., in: Aretin/Rotteck: Staatsrecht, 2. Bd., 1828, S. 197 - 198.

zwischen Monarch und Volk "hineingeschobene Mittelmacht", nicht aber vermittelnde Instanz dar; sie charakterisiere sich nicht, wie ihre Befürworter meinen, durch Mäßigkeit, sondern sei schlichtweg eine "Bevormundung des Königs und des Volks".

Diesem "Rundumschlag" folgt - und diese Seite seiner Theorie bleibt kontinuierlich unbeachtet - sofort eine Rotteck als realitätsbezogenen politischen Denker auszeichnende Schilderung in den Fällen, in denen das "reine" Staatsrecht der konstitutionellen Monarchie nicht vorherrscht:

"So unläugbar dieses alles ist, so bleiben dennoch Voraussetzungen gedenkbar, unter welchen die Adelskammer nützlich oder nothwendig seyn kann."[14]

Welche Bedingungen müssen vorherrschen, um eine Adelskammer zu akzeptieren? Rotteck veranschaulicht an vier extremen Exempeln, die, wie er betont, nur "außerordentliche Verhältnisse und Lagen" darstellen, diese Situation; sie seien nötig, um als "Schutzmittel gegen noch Böseres" zu dienen.

Zum einen sei ein Reichsrat als Ausdruck des aristokratischen Prinzips erforderlich, wenn der König, also das monarchische Prinzip, in der Verfassung durch eine übermächtige Volksrepräsentation in seinen Rechten geschmälert sei. Zum anderen könne eine erste Kammer, der dann freilich ein repräsentativer Charakter abgesprochen werden müsse, als Werkzeug des Königs dienen; vom Monarchen, der die Zusammensetzung bestimmt, abhängig, spräche diese erste Kammer bei mißliebigen Beschlüssen der Volksvertreter - anstelle des Königs - ein direktes Veto aus. Schließlich sei eine erste Kammer als "aufgeklärtere und selbständigere Vormünderin" zu akzeptieren, wenn ein politisch unmündiges Volk einem absolutistischen Fürsten gegenüberstehe. Zuletzt sei der Fall denkbar, daß eine Adelskammer einen Hort der Zuflucht und Hoffnung für das Volk dann darstellen könne, wenn entweder Regierung oder eine bestimmte Partei mittels

[14] Rotteck, K.v., in: Aretin/Rotteck: Staatsrecht, 2. Bd., 1828, S. 199; zum folgenden S. 198 - 203; s. auch Ders.: Ideen über Landstände, 1819, S. 67 - 69 (auch in: Sammlung kleinerer Schriften, 2. Bd., 1829, S. 129 - 130).

Wahlmanipulationen Volksvertreter hervorbringe, die sich als Feinde und Unterdrücker des Volkes erwiesen.

Fazit: Rotteck ist dem Zweikammersystem gegenüber kritisch eingestellt. Spricht er ihm im Rahmen einer Republik seine Berechtigung zu, stellt es innerhalb der konstitutionellen Monarchie gleichsam eine Notlösung für außergewöhnliche Situationen dar, wenn der Idealfall - verfassungsmäßig gesichertes monarchisches Prinzip bei gleichzeitiger Repräsentanz des mündigen Volkes in der einen Volksvertretung - nicht gegeben ist.

ccab. (Fehl-)Beurteilung Rottecks in der Literatur

So wie es eine Verkürzung der Tatsachen darstellt, Rotteck als unkritischen Rezeptor der Ideen Jean-Jacques Rousseaus darzustellen, so bedeutet die These, Rotteck sei strikter Gegner des Zweikammersystems, eine unwissenschaftliche, da einseitige Extraktion seiner Lehre.

Daher ist *Hans Boldt* nicht zuzustimmen, wenn er lapidar formuliert, Rotteck sei "konsequent gegen das Zweikammersystem" eingetreten. Diese Einschätzung findet sich bereits bei *Hartwig Brandt*. Die den realen Zeitumständen angepaßte Kompromißbereitschaft Rottecks interpretiert *Udo Bermbach* zu negativ.[15]

Einer objektiven Einschätzung der Theorie Rottecks gerechter wird die frühe Dissertation von *Eugen Foehr*. Er betont zu Recht, daß der badische Liberale "freilich zunächst an eine Adelskammer" denke, wenn er das Zweikammersystem verwerfe. Unter diesem Aspekt Anhänger des Einkammersystems, differenziert *Foehr* sehr wohl zwischen der radikalen Doktrin eines Rousseau und der gemäßigten Theorie Rottecks, der das Volk nicht nur als quantitativen Begriff betrachte, sondern "auch seine qualitativen und sozialen Unterschiede" berücksichtige.[16]

---

[15]Boldt, H.: Deutsche Staatslehre im Vormärz, 1975, S. 94, Anm. 158; Brandt, H.: Landständische Repräsentation, 1968, S. 261 - 263; Bermbach, U.: Über Landstände, in: Sprache und Politik, 1968, S. 258.

[16]Foehr, E. (Diss.): Die Rechtfertigung des Zweikammersystems, 1914, S. 15, 18 - 19, 23.

Hervorzuheben ist die knappe, jedoch treffende Darstellung des Historikers *Lothar Gall*. Es ist zu einfach, Rotteck als Gegner des Bikameralismus zu bezeichnen. Er gehört zu den kritischen liberalen Theoretikern. *Gall* erläutert die Antipathie Rottecks gegen eine Pairskammer, die sich in dessen Schriften sogar steigere, und spricht von einem "geradezu krankhaften Haß gegen den Adel".[17] Der Constant-Biograph versteigt sich jedoch nicht zu der Behauptung, Rotteck habe das Zweikammersystem grundlegend negiert.

ccb. Kritische Haltung im "Staatslexikon"

Kritisch-skeptisch äußern sich die Mitarbeiter des von Rotteck und Welcker herausgegebenen "Staatslexikons" in der Frage des Ein- oder Zweikammersystems. Als typisch kann die Haltung des Theoretikers Karl Biedermann bezeichnet werden. Nüchtern die Vorzüge einer zweigeteilten Legislative aufzählend, nennt er die "zwiefache Berathung" in getrennten, unabhängig voneinander tagenden Körperschaften. Das Anders-Sein beider Kammern in Bildung und Zusammensetzung stelle ein wichtiges Kriterium dar, um damit "verschiedenen politischen Standpuncten ihre Vertretung und Berücksichtigung zu sichern". Während die zweite Kammer die Gesamtheit der Staatsbürger darstelle, bringe die erste Kammer "ein besonderes Element des Staatslebens" zur Geltung. Der Autor, der erst nach Rottecks Tod Mitarbeiter am "Staatslexikon" wurde, sieht den Zweck des Zweikammersystems in der

"Herstellung des richtigen Gleichgewichts zwischen den beiden natürlichen Grundrichtungen alles Staatslebens, der erhaltenden und der fortbildenden".[18]

Dieser Dualismus beider Häuser, durch den eine fortschrittlich-bewegliche und eine konservativ-stabile Grundhaltung kombiniert werden, sei zugleich von einem "wichtigen Vortheil" und einer "großen Schwierigkeit" geprägt. Die Gefahren dieser disharmonischen Prinzipien

[17] Gall, L.: Benjamin Constant, 1963, S. 234.

[18] S. Art. "Landtag" von K. Biedermann, in: Staatslexikon, 3. Aufl., Bd. 9, S. 422.

erkennend, sucht der liberale Biedermann nach Lösungen. Seiner Meinung nach stelle das englische Oberhaus als geschichtlich entstandene erste Kammer kein Modell der Nachahmung für die Staaten des Festlandes dar. Die Experimente, den Adel mit einer eigenen Kammer in die Gesetzgebung einzubauen, hätten sich, so demonstriert Biedermann an den Beispielen deutscher Staaten und Frankreichs, als mangelhaft erwiesen, da der Effekt einzig das Übergewicht des aristokratischen Elementes im Staat bestärkte.

Die Ereignisse von 1848 bereits im Auge, erinnert der Mitarbeiter Welckers an weitere Lösungsansätze europäischer Staaten; denn:

> "Bei dem Mangel einer für diesen Zweck tauglichen Geburts- und Besitzaristokratie hat man in vielen Ländern auf andere Weise ein conservatives Element für die Erste Kammer zu schaffen versucht."[19]

Während der belgische, portugiesische oder holländische Senat von den gleichen Wählern wie die der Zweiten Kammer, jedoch auf doppelt so lange Zeit, gewählt werde und die Senatoren sich durch ein höheres Alter und höheren Zensus ausweisen müssen, wähle in Norwegen die Zweite Kammer einen Teil der Ersten, und in den Vereinigten Staaten setze sich der Senat aus Vertretern der gesetzgebenden Versammlungen der Einzelstaaten zusammen.

In den deutschen Staaten bestückten zumeist neben Vertretern des Grundadels Vertreter der großen Städte, Universitäten und Geistlichkeit mit vom König nach freiem Ermessen ernannten Mitgliedern die Erste Kammer, um in dieser Struktur eine Mäßigung gegenüber der und Wechselwirkung zur Zweiten Kammer zu erreichen. All diese Variationen einer Zusammensetzung der Ersten Kammer seien je nach Land, je nach Geschichte, vorhandenen Elementen, Sitte und öffentlicher Meinung zu handhaben; von diesen Faktoren sei die Handhabung abhängig, so die Auffassung des liberalen Denkers Biedermann:

---

[19] Art. "Landtag", 3. Aufl., 9. Bd., S. 423.

"Ganz bestimmte Grundsätze lassen sich für die Bildung einer Ersten Kammer oder eines conservativen Factors in der Landesvertretung nicht wohl aufstellen".[20]

Zusammenfassend zeigt sich, daß politische Denker des deutschen Vormärz das Problem des Zweikammersystems reflektierten. Kaum einer beabsichtigte, das Oberhaus in seiner althergebrachten Form aus der Zeit des Ständestaates aufrechtzuerhalten. Trotz der Verbundenheit mit dem monarchischen Prinzip spürten die Theoretiker nach 1815 das Erfordernis einer Veränderung, die auch und gerade hinsichtlich der Funktion und der Struktur der ehemaligen Pairskammer nicht haltmachen durfte. Waren Vormärztheoretikern mehrheitlich ohnehin radikaldemokratische Überlegungen fremd, so erkannten sie, daß die Andersartigkeit der einen gegenüber der anderen Kammer einen entscheidenden Qualitätsvorteil im Rahmen des - modern formuliert - politischen Willensbildungsprozesses bedeutete.

---

[20] Art. "Landtag", 3. Aufl., 9. Bd., S. 424. Vgl. auch die kritische, wenn auch gemäßigtere Haltung Welckers gegenüber einer Ersten Kammer, in: Art. "Stand", 3. Aufl., Bd. 13, S. 720.

IV. Die Wirkungen des Ideengutes des deutschen Vormärz auf die Parlamentarismus-Diskussion im 20. Jahrhundert (Ausblick)

Eine Widerspiegelung vormärzlicher politischer Gedanken vermittelt ein Überblick über die Parlamentarismus-Diskussion im 20. Jahrhundert. Unter Parlamentarismus-Diskussion soll hier nicht allein die Auseinandersetzung um "das Parlament" verstanden werden, sondern das gesamte Umfeld innerhalb des politischen Systems, das mitbestimmend für die Debatte des Regierungssystems ist, eingeschlossen sein.

Der deutsche Vormärz als eine Übergangsperiode wird in der Literatur vorwiegend - und natürlich auch mit Recht - unter dem Aspekt von Kontinuität und Wandel vom 18. ins 19. Jahrhundert betrachtet.[1] Eine historisch-politische Beschäftigung mit dem deutschen Parlamentarismus und vor allem dem parlamentarischen Regierungssystem setzt - bis auf wenige Ausnahmen - gleichsam einem Deus ex machina mit dem Revolutionsjahr 1848 ein, um daraus Wurzeln für die Erste und Zweite Republik Deutschlands zu finden.[2] Beide Ansatzpunkte sind in sich richtig, doch stellen sie im Gesamtzusammenhang eine Verkürzung der realpolitischen, insbesondere aber der ideengeschichtlichen Gegebenheiten dar. Diese Arbeit nun

---

[1] S. insbesondere den bis heute unübertroffenen Sammelband von K. Bosl und K. Möckl (Hg.): Der moderne Parlamentarismus und seine Grundlagen in der ständischen Repräsentation, 1977, vor allem die Beiträge von R. Vierhaus: Von der altständischen zur Repräsentativverfassung, S. 177 - 194, U. Scheuner: Volkssouveränität und Theorie der parlamentarischen Vertretung, S. 297 - 340, und Löwenthal, R.: Kontinuität und Diskontinuität, S. 341 - 356.

[2] Vgl. Botzenhart, M.: Deutscher Parlamentarismus in der Revolutionszeit 1848 - 1850, 1977, v. a. S. 21 - 90; Ders.: Das preußische Parlament, in: Ritter, G.A. (Hg.): Regierung, Bürokratie und Parlament, 1983, S. 14 - 40. Zeh, W.: Parlamentarismus, 1978, S. 37 - 47. Auch Wasser, H.: Parlamentarismuskritik vom Kaiserreich zur Bundesrepublik, 1974, S. 10, versteht unter Verkennung bzw. Mißachtung der vormärzlichen politischen Theorie in seiner grundsätzlich sehr guten Arbeit frühere Epochen, so den Vormärz, lediglich als "Entwicklungsetappen". Zumindest die zweite Hälfte des deutschen Vormärz nicht nur unter dem Aspekt der Schaffung von Voraussetzungen und Grundlagen für den Parlamentarismus von 1848 berücksichtigend: Boldt, H.: Parlamentarismustheorie. Bemerkungen zu ihrer Geschichte in Deutschland, in: Der Staat, Bd. 19, H. 3, 1980, S. 385. S. ferner Maunz, Th.: Deutsches Staatsrecht, 23. Aufl., 1980, S. 69 - 71. Knapp, aber treffend die Darstellung der Parlamentsgeschichte bei Achterberg, N.: Grundzüge des Parlamentsrechts, 1971, S. 11 - 14; Ders.: Parlamentsrecht, 1984, S. 16 - 24.

intendiert, die Wirkungen des politischen Ideengutes des deutschen Vormärz auf die Parlamentarismus-Diskussion im 20. Jahrhundert aufzuzeigen. Die Grundthese lautet, daß Theoretiker der Zeit bereits ab dem Wiener Kongreß und schon vor der deutschen Revolution 1848 als Vordenker moderner Volksvertretungen anzusehen sind.

1. Parlament - Parlamentarismus - parlamentarisches System

a. Begriff, Wesen und Theorie des Parlamentarismus

Zunächst ist der Begriff Parlamentarismus zu erklären.[3] Mit diesem Ziel verbindet sich bereits eines der Hauptprobleme der Parlamentarismus-Forschung. Parlamentarismus tritt in einem permanenten pragmatischen und funktionalen Wandel auf. Diese Vielfalt an Ausformungen erlaubt es nicht, Parlamentarismus begrifflich eindeutig zu bestimmen oder eine homogene Doktrin zu erstellen.[4]

In der Forschung wird zwischen einem modernen Parlamentarismusbegriff in engerem und allgemeinerem Sinne differenziert. Steht Parlamentarismus im engeren Sinne gleichbedeutend für parlamentarisches Regierungssystem, kennzeichnet also ein bestimmtes System von "checks and balances" zwischen Regierung und Parlament, so wird unter Parlamentarismus im allgemeineren Sinne jede Form repräsentativer Regierungssysteme, in denen ein aus freien Wahlen hervorgegangenes, mit bestimmten Rechten

---

[3] S. Karl Loewenstein: Zum Begriff des Parlamentarismus, in: Kluxen, K. (Hg.): Parlamentarismus, 2. Aufl., 1969, S. 65 - 69 (5. Aufl., 1980). Zur Entstehung des Begriffs "parlamentarische Regierung" auf dem Kontinent s. Beyme, K.v.: Die parlamentarischen Regierungssysteme, 2. Aufl., 1973, S. 29 - 32. Nicht verständlich sind die Bedenken von Schütt-Wetschky, E.: Grundtypen, 1984, S. 38 - 39, gegen den Begriff des Parlamentarismus, der "undeutlich und deshalb nur wenig zweckmäßig" sei. Er stützt sich auf eine Äußerung von W. Hennis: Richtlinienkompetenz, 1964, S. 40, die einzig die Bundesrepublik, nicht aber grundsätzlich politische Ideengeschichte betraf. Schütt-Wetschky erkennt zwar das Problem des epochalen Wandels, entzieht sich jedoch der daraus resultierenden Aufgabe, Parlamentarismus innerhalb eines bestimmten Zusammenhanges eindeutig festzulegen. Beachte in diesem Zusammenhang die hervorragende Einleitung von R. Koselleck in; Brunner/Conze/Koselleck (Hg.): Geschichtliche Grundbegriffe, Bd. 1, 1979, S. XIII - XXVII.

[4] Hierzu: Kluxen, K.: Einführung, in: Ders. (Hg.): Parlamentarismus, 2. Aufl., 1969, S. 17 - 18; s. auch die Beiträge in diesem Sammelband von E. Barker, C. Schmitt, R. Thoma und M. Weber.

versehenes Parlament besteht, verstanden.[5] In Anlehnung an die Definition im allgemeineren Sinne, jedoch unter Berücksichtigung der Tatsachen, daß einerseits Repräsentation bis und noch während des deutschen Vormärz noch keineswegs selbstverständlich mit dem Begriff der Demokratie gepaart wurde, daß andererseits aber der Begriff des parlamentarischen Prinzips in der politischen Theorie nach 1815 sehr wohl geläufig war, soll hier unter Parlamentarismus das politische System verstanden werden, in dem das Volk via Parlament, also durch eine Volksvertretung, repräsentiert wird.

Der in dieser Arbeit zugrundegelegte Begriff Parlamentarismus korreliert mit der Verwendung des Begriffs durch *Gerhard A. Ritter*. Er verbindet mit Parlamentarismus noch kein parlamentarisches Regierungssystem, handelt damit aber auch nicht allein das Parlament ab. Vielmehr sollen "die Repräsentativkörperschaften in ihrer Funktion als Vermittler zwischen Regierung und Volk, ihrer Stellung zu anderen politischen und sozialen Kräften und Institutionenen, also ihre Rolle im Rahmen des Verfassungs- und Gesellschaftssystems der jeweiligen Zeit zum Gegenstand der Untersuchung gemacht werden."[6]

Die von mir bewußt vorgenommene terminologische Fixierung und zugleich Generalisierung rechtfertigt sich umso mehr, als in den turbulenten Jahren von 1848 und 1849 und noch deutlicher im Vormärz "die theoretische Diskussion um den Parlamentarismus und seine Entwicklung

---

[5] So H.-H. Röhring: Parlamentarismus, Parlamentarisches Regierungssystem, in: Ders. und Sontheimer, K. (Hg.): Handbuch des deutschen Parlamentarismus, 1970, S. 343; s. auch Wasser, H.: Parlamentarismuskritik, 1974, S. 11; Badura, P.: Die parlamentarische Demokratie, in: Isensee, J., und Kirchhof, P. (Hg.): Handbuch des Staatsrechts, Bd. I, 1987, S. 953 - 986.

[6] Zit. n. Ritter, G.A.: Entwicklungsprobleme des deutschen Parlamentarismus, in: Ders. (Hg.): Gesellschaft, Parlament und Regierung, 1974, S. 11, Anm.*.
Angesichts der semasiologischen Vielfalt ist es jedoch mehr als bedenklich, den Begriff Parlamentarismus für die Verfassungswirklichkeit (!) des deutschen Vormärz zu verwenden. Hierfür keinerlei Problembewußtsein besitzt die bei E.R. Huber angefertigte Dissertation von H. Kramer: Fraktionsbindungen in den deutschen Volksvertretungen 1819 - 1849, 1968, S. u.a. 11 - 15. Vgl. außerdem Maunz, Th. (Mit-Hg.): Staatslehre/Verfassungsgeschichte, 1975, S. 41 - 52, 71 - 83; Kopp, H.W.: Parlamente, 1966, S. 74 - 78, 244; s. auch die Beiträge von P.-L. Weinacht, W. Lipp und H. Oberreuter in: Weinacht, P.-L. (Hg.): Parlamentarismus begreifen, 1985.

in der Praxis für *keine* der politischen Kräfte und Parteien ein Anliegen ersten Ranges oder vordringlicher Bedeutung gewesen ist".[7]

Als typische Charakteristika eines Parlamentes, das aus einer oder zwei Kammern bestehen kann, werden für demokratische Staaten genannt: seine verfassungsmäßige Verankerung als Organ der Repräsentation, seine Bildung zur Volksvertretung und damit seine demokratische Legitimation durch Volkswahlen, deren Grundlage das Prinzip der Volkssouveränität darstellt, das freie Mandat seiner Mitglieder, gewisse Schutzrechte der Abgeordneten wie Immunität und Indemnität, im Rahmen seiner Kompetenzen vor allem die Mitwirkung oder alleinige Ausübung der Gesetzgebung, deren Regelung sowohl durch das Prinzip der horizontalen und vertikalen Gewaltenteilung als auch durch das System des Gleichgewichts zwischen Legislative und Exekutive determiniert wird, und das Prinzip der Öffentlichkeit.[8]

Fragen, die diese Aspekte betreffen, bestimmen die Parlamentarismus-Diskussion des 20. Jahrhunderts. Das heutige parlamentarische Regierungssystem wird hinterfragt, indem die Forschung - die hier bereits auf eine breite, bis heute aktuelle wissenschaftliche Kontroverse während der Weimarer Republik zurückgreift - sich explizit mit Einzelproblemen des politischen Systems, wie mit den Themen Repräsentation, Legitimation, Volkssouveränität, Rechtsstaatlichkeit und Pluralismus, mit Rekrutierungsfragen im Zusammenhang mit dem Wahlrecht, der Führungsauslese und dem Mehrheitsprinzip, mit Transpa-

---

[7] Zit. n. Botzenhart, M.: Deutscher Parlamentarismus in der Revolutionszeit 1848 - 1850, 1977, S. 790 (Hervorhebung nicht im Original). Beachte Fairlie, J.A.: Das Wesen politischer Repräsentation, in: Rausch, H. (Hg.): Zur Theorie und Geschichte, 1968, S. 72, der hervorhebt, daß es heute zwar am geeignetsten, nicht jedoch notwendig sei, einen Repräsentanten via Wahlen zu bestimmen.

[8] Vgl. z.B. die Handbuch- und Lexikonbeiträge: Rausch, H.: Parlament, in: Röhring/Sontheimer (Hg.): Handbuch des deutschen Parlamentarismus, 1970, S. 322 - 325; Herder-Lexikon Politik, 1981, S. 158; Fuchs/Raab: dtv-Wörterbuch zur Geschichte, Bd. 2, 1983, S. 596 - 598. S. die Beiträge von K.v. Beyme, E. Friesenhahn, D. Sternberger, G. Leibholz und U. Scheuner in: Kluxen, K. (Hg.): Parlamentarismus, 2. Aufl., 1969; Glum, F.: Das parlamentarische Regierungssystem, 2. Aufl., 1965, S. 51 - 70, 135 - 160 und 161 - 182; Hofmann, H.: Recht - Politik - Verfassung, 1986, S. 249 - 260.

renz und Öffentlichkeit beschäftigt.

Die Parallele ist evident. Wie ausführlich dargelegt wurde, stellen gerade diese Themen entscheidende, ja zentrale Aspekte innerhalb der politischen Theorie - dezidiert noch nicht in der Verfassungswirklichkeit[9] - des deutschen Vormärz dar. Aber: Bedeutet der begriffliche Parallelismus auch eine inhaltliche Übereinstimmung? Anhand so herausragender historisch-politischer Begriffe nach 1815 wie Repräsentation, Legitimation, Volkssouveränität und Zweikammersystem konnte bereits demonstriert werden, daß der Vormärz gegenüber dem 18. Jahrhundert einen begriffsgeschichtlichen Wandel mit sich brachte, der in Deutschland gut zwei Jahrzehnte nach der als kontinentalem und weltweitem Katalysator fungierenden Französischen Revolution einsetzte.

b. Parlamentarismus-Kritik

Kritik am Parlamentarismus ist kein Phänomen, das erst in den sechziger Jahren des 20. Jahrhunderts als Kritik am parlamentarischen Regierungssystem der Bundesrepublik Deutschland einsetzte. Vielmehr konnte *Hartmut Wasser* überzeugend nachweisen, daß "die Parlamentsverdrossenheit so alt ist wie die Institution des Parlamentarismus, daß die Geschichte des Parlamentarismus zugleich als Geschichte seiner steten Infragestellung erscheint."[10]

Kritik am Parlamentarismus ist auch kein Phänomen, das von einer einzigen politischen Richtung ausgeht. Kritische Argumentationen finden sich im Gegenteil sozusagen links und rechts, wenn man dem üblichen groben Einteilungsraster folgen will. Insbesondere im Zusammen-

[9] Zur Verfassungstheorie s. den hervorragenden Sammelband von Friedrich, M. (Hg.): Verfassung, 1978, v.a. die Beiträge von K. Hesse, R. Schnur und W. Hennis; s. auch Friedrich, C.J.: Der Verfassungsstaat der Neuzeit, 1953, S. 30 - 39, 341 - 346.

[10] Zit. n. Wasser, H.: Parlamentarismuskritik vom Kaiserreich zur Bundesrepublik, 1974, S. 5, 9 - 10. Dies gilt auch, wie in dieser Arbeit nachgewiesen wurde, für die Zeit des Vormärz als der "Entwicklungsetappe von Parlamentarismus und Parlamentarismus-Kritik" (so Wasser, H., S. 10). Selbstkritik übt 1861 der Konservative Ilse, L.F.: Geschichte der deutschen Bundesversammlung, Bd. I, 1861, S. III - XV, der verspätet sein Ja zum parlamentarischen Prinzip abgibt.

hang mit der Infragestellung des Parteienstaates wird in der Bundesrepublik Parlamentarismus-Kritik geübt.[11]

Die Linken interpretieren Demokratie in ideologisch-demagogischer Simplifizierung der Lehren Rousseaus oder Marx' als die "Selbstregulierung der Massen" und betrachten den Parlamentarismus als "antiproletarisches Repressionsinstrument" im Dienste des organisierten Kapitalismus.[12] Gewisse Konstruktivität erfährt ihre Kritik in der Propagierung des Rätemodells.[13] Gefordert wird u.a. eine "Demokratie im substantiellen Sinn", d.h. die unmittelbare Demokratie, deren Voraussetzungen "mündige Bürger, die diesen Prozeß begreifen", also gesteigerte Partizipationsmöglichkeiten, sowie die "Publizität des politischen Prozesses" seien. Um einen größeren Einfluß des Parlaments müsse gekämpft werden.[14] Der ideologische und zugleich utopische Grundzug linker Kritik kommt in einer jüngst geäußerten Auffassung zutage, die, ausgehend von der Parteispendenaffaire und einer Bewertung der "Grünen", zu einem typischen Fazit über die "Geschichte des bürgerlichen Parlamentarismus" gelangt: Sie sei "deshalb zugleich immer die Geschichte der Versuche gewesen, die Mehrheit der Bevölkerung von realer Einflußnahme auf staatliche Machtinstitutionen fernzuhalten und die stets klassenmäßig im Sinne der

---

[11] Hier sei nur an die Vielzahl von Schriften von Gerhard Leibholz erinnert.

[12] Ausführlich hierzu: Wasser, H.: Aktualität der Parlamentarismus-Kritik?, in: Politische Bildung, 16. Jg., H. 1, 1983, S. 21 - 22, S. 32, Anm. 11; Ders.: Parlamentarismuskritik, 1974, S. 122; Lenk, K.: Wie demokratisch ist der Parlamentarismus?, 1972, 44 - 62.

[13] Gute Darstellung dieses Modells durch Bermbach, U.: Rätegedanke versus Parlamentarismus?, in: Steffani, W. (Hg.): Parlamentarismus ohne Transparenz, 1971, S. 245 - 265; Schneider, F.: Parlamentarismus und Antiparlamentarismus, in: Reinisch, L. (Hg.): Politische Wissenschaft heute, 1971, S. 75 - 77.

[14] So Euchner, W.: Zur Lage des Parlamentarismus, in: Schäfer, G., und Nedelmann, C. (Hg.): Der CDU-Staat 1, 2. Aufl., 1969, S. 128; s. auch Agnoli, J. u.a.: Krise des Parlamentarismus?, in: Demokratie und Recht, 15. Jg., H. 1, 1987, S. 29 - 51; Alemann, U. (Hg.): Neokorporatismus, 1981; ders. (Hg.): Partizipation, 1975; ders.: Parteiensysteme im Parlamentarismus, 1973; Habermas, J.: Strukturwandel der Öffentlichkeit, 17. Aufl., 1987, S. 233 - 250. Das Scheitern der als Ideal gedachten Forderung nach aktiver und ständiger politischer Teilnahme des Bürgers stellt Grosser, D.: Linksradikale Demokratiekritik und politische Bildung, in: Aus Politik und Zeitgeschichte, B 22/70 vom 30. Mai 1970, S. 15, heraus.

Herrschenden definierte 'Funktionsfähigkeit' des Parlaments zu sichern."[15]

Die Rechten kritisieren den Parlamentarismus, da er zu einem "Verfall staatlicher Kompetenz" führe. Sie lehnen daher einen pluralistisch organisierten Parlamentarismus ab, da er den Staat in seiner Effizienz hindere. Rechtskonservative Alternativmodelle sind ständestaatliche Konzepte, aber auch "technokratische Ordnungsvorstellungen".[16]

"Systemimmanente Parlamentarismus-Kritik"[17] hat im allgemeinen "vermeintliche oder wirkliche Unzulänglichkeiten der Parlamente bei der Bewältigung ihrer verfassungsrechtlich fixierten Funktionen" zum Thema. Zu dieser systemkonformen Kritik gehören die Ansätze einer Parlamentsreform. Darunter versteht man bei Akzeptanz der repräsentativen Demokratie als Ordnungsstruktur die Suche nach einer "Antwort auf die Dynamik interdependenter Evolution in allen Bereichen des gesellschaftlichen Lebens".[18] Es war *Ernst Fraenkel,* der herausarbeitete, daß der Pluralismus "die Staatstheorie des Reformismus" ist. In einer pluralistischen Demokratie, die sich als sozialer Rechtsstaat manifestieren muß, drängt die "Gretchenfrage", wie einerseits Partikularinteressen, die in Verbänden kollektiv zur Geltung gelangen, akzeptiert und andererseits das Gemeinwohl gefördert werden können.[19] Eine immanente Spannung zwischen einem

---

[15]Zit. n. Kutscha, M.: Volkssouveränität oder Sicherheitsstaat? Gegenwärtige Tendenzen im Parlamentarismus der Bundesrepublik, in: Blätter für deutsche und internationale Politik, 31. Jg., H. 5, 1986, S. 567.

[16]Zur "Prinzipien-Kritik von rechts" s. Wasser, H.: Aktualität, in: Politische Bildung, H. 1, 1983, S. 23 - 24; ders.: Parlamentarismuskritik, 1974, S. 118 - 122.

[17]Hierzu: Wasser, H.: Aktualität, in: Politische Bildung, H. 1, 1983, S. 24 - 31; das folgende Zitat auf S. 24; s. auch ders.: Parlamentarismuskritik, 1974, S. 115 - 118.

[18]Zit. n. Rausch, H., und Oberreuter, H.: Parlamentsreform in der Dunkelkammer?, in: Steffani, W. (Hg.): Parlamentarismus ohne Transparenz, 1971, S. 142.

[19]Fraenkel, E.: Strukturanalyse der modernen Demokratie, in: Esche, F., und Grube, F. (Hg.): Ernst Fraenkel: Reformismus und Pluralismus, 1973, S. 426 - 430; ders.: Möglichkeiten und Grenzen politischer Mitarbeit der Bürger, in: ebda., S. 389 - 403.

"Gelten-Lassen" und der Selbstverwirklichung möglichst vieler umfaßt folglich den Pluralismus, der im Staat der Verwirklichung der Freiheitsrechte der Gemeinschaft und vor allem der Minderheiten, des Außenseiters verpflichtet ist.[20]

Auch das Modell der pluralistischen Demokratie, deren Kennzeichen die Repräsentativität und die Ablehnung aller totalitärer Elemente ist, birgt Probleme in sich. Die wohl größte Schwierigkeit liegt in der Frage, wie die individuellen Forderungen nach Selbstbestimmung am besten zu verwirklichen sind. Dabei zeigt sich, daß der Wunsch nach kontinuierlicher hoher Partizipation aller Bürger realitätsfremd ist. Demokratisierung politischer "Subsysteme" und damit Partizipation vieler oder gar aller löst nicht das Problem, daß unterschiedliche Themen in unterschiedlichen Kreisen der Bevölkerung eine unterschiedliche Betroffenheit und damit aktive Teilnahme hervorrufen, daß "Nichtbetroffensein" politische Apathie hervorruft, daß der Durchschnittsbürger in der Regel nicht nach dem Gemeinwohl, sondern nach seinen persönlichen Interessen handelt, daß er Engagement und zeitlichen Einsatz demnach nur bietet, wenn das "cui bono?" zu seinen Gunsten ausfällt.[21]

Wird Selbstbestimmung als Absolutum angestrebt, wird notwendige politische Partizipation ideologisiert, so fehlt der für die pluralistische Demokratie charakteristische Minderheitenschutz. Der "eine" Wille des Volks, der nach der Identitätslehre zu ermitteln ist, stellt letztlich nur eine mit ungleich höherem Risiko behaftete Abwandlung der Repräsentationsidee der mittelbaren

[20] Zacher, H.F.: Freiheitliche Demokratie, 1969, S. 125 - 130. S. auch Ryffel, H.: Pluralismus und Staat, in: Staatsorganisation und Staatsfunktionen im Wandel. FS Eichenberger, 1982, S. 59 - 70; Kaase, M.: Systemakzeptanz in den westlichen Demokratien, in: Matz, U. (Hg.): Aktuelle Herausforderungen, 1985, S. 99 - 105, der makro- und mikropolitisch die Legitimität der politischen Ordnung der Bundesrepublik untersucht.

[21] Daß eine Theorie der Demokratisierung auch bestimmte angebotene Partizipationsmöglichkeiten "unterhalb eines zu definierenden Wirkungsgrades" ablehnen muß, betont Vilmar, F.: Partizipation, in: Mick, W. (Hg.): Handlexikon, 1986, S. 342; zum Effizienzproblem bei "Binnenkonstitutionalisierungen" s. Grosser, D.: Demokratietheorie in der Sackgasse?, in: Öffentliches Recht und Politik. Festschrift für Hans Ulrich Scupin, hg. v. N. Achterberg, 1973, S. 118 - 119.

Demokratie dar.[22] Zudem wird das durch die parlamentarische Parteiendemokratie verwirklichte Gleichheitsprinzip aller Bürger pervertiert. Politische Partizipation sei ausbaufähig, so betonen auch systemimmanente Parlamentarismus-Kritiker. Eine "bejahende Hinwendung" zur res publica, die Liebe zur Bundesrepublik, die von einem unsicheren Selbstverständnis und einem Wertwandel vor allem auf seiten der Jugend gehandicapt ist, wird gefordert.[23] Erinnert wird an die in einigen Landesverfassungen[24] gebotenen Möglichkeiten von Volksentscheid und Volksbegehren - partizipatorische Mittel, die innerhalb der Rechtsordnung auf Bundesebene zu diskutieren sind.[25] Daß Partizipation trotz ihrer demokratischen Dimension grundsätzlich keine Legitimationsfunktion besitzt, stellt *Walter Schmitt Glaeser* in einer Offenlegung des problematischen Prozesses der zunehmenden Verselbständigung der Verwaltung gegenüber dem durch die Volkswahl demokratisch legitimierten Parlament und der Regierung heraus.[26]

Parlamentarismus ist in vielfältigen Ausgestaltungen

---

[22] Gegen den vulgärdemokratischen Ansatz, der in die Anarchie drifte, s. Hofmann, R.: Demokratie zwischen Repräsentation und Anarchie, in: ZfP, 31. Jg., H. 2, 1984, S. 128 - 131; s. auch Leisner, W.: Demokratie. Selbstzerstörung einer Staatsform, 1979, S. 60 - 87, 237 - 241; Sontheimer, K.: Der demokratische Prozeß in den Parteien, in: Parteien, Wahlrecht, Demokratie, 1967, S. 80 - 82; gegen die Repräsentativität: Leibholz, G.: Parteien und Wahlrecht in der modernen Demokratie, in: Ebda., S. 40 - 60.

[23] Z.B. Sontheimer, K.: Der unbehagliche Bürger. Vom deutschen Umgang mit der Demokratie, 1980, S. 12 - 19, 55, 72. Vgl. ferner Noack, P.: Ist die Demokratie noch regierbar?, o.J. [1980], S. 222 - 244.

[24] So in Bayern, Hessen, Nordrhein-Westfalen und Rheinland-Pfalz.

[25] Beachte z.B. die Vorschläge des Präsidenten des Braunschweiger Oberlandesgerichts, Wassermann, R.: Von der parlamentarischen zur Demonstrations- und Widerstandsdemokratie?, in: ZfP, 31. Jg., H. 1, 1984, S. 8 - 10. S. auch den Appell von Ritter, G.A.: Der Antiparlamentarismus und Antipluralismus der Rechts- und Linksradikalen, in: Ders. (Sammlung): Arbeiterbewegung, Parteien und Parlamentarismus, 1976, S. 290, die Defensivposition, in die system-immanente Kritiker sich von Linken und Rechten drängen ließ, aufzugeben. Die repräsentative, pluralistische und freiheitlich-rechtsstaatliche Demokratie sei nicht "mit schlechtem Gewissen" zu entschuldigen; vielmehr seien Erscheinungen dieses Systems im Rahmen des vollzogenen Strukturwandels der Demokratie als "notwendige Bestandteile des demokratischen Prozesses" zu erklären.

[26] Schmitt Glaeser, W.: Partizipation an Verwaltungsentscheidungen, in: VVDStL, Heft 31, 1973, S. 212 - 213, 220.

möglich. Die Geschichte des parlamentarischen Systems zeigt, daß sowohl die Zeit der Dominanz liberaler Ideen als auch die Zeit des Emporkommens moderner Massenparteien trotz eines Strukturwandels auf der Vorstellung der Repräsentation gründen.[27] Es ist bezeichnend, daß sich das Staatslexikon von Rotteck und Welcker schon früh mit dem Begriff und der Existenz von "politischen Parteien" auseinandersetzte, ohne allerdings in einer staatsrechtlichen Theorie der Parteien zu münden.[28]

Definiert man politische Partei als "eine Gruppe von Staatsbürgern eines Landes, die durch ihren Zusammenschluß bestimmte politische Ziele erreichen wollen" und eine "Mitwirkung bei der politischen Willensbildung anstreben",[29] so erweist sich der deutsche Vormärz für eine Entwicklung politischer Parteien als nicht gerade förderlich. Anders als politische Theoretiker die Wirklichkeit einschätzten, sah die Realität dergestalt aus, daß die Abgeordneten, vor allem die Liberalen, primär als Opposition gegen den Staat zu agieren hatten; eine aktive Beteiligung am politischen Willensbildungsprozeß war in der Ära Metternich nur Wunschdenken. Dessenungeachtet beginnt die Parteigeschichte als Teil der parlamentarischen Entwicklung nicht erst mit der deutschen Revolution von 1848, sondern wurzelt in der

---

[27] Scheuner, U.: Entwicklungslinien des parlamentarischen Regierungssystems, in: FS Arndt, 1969, S. 390 - 396, stellt entgegen der plebiszitär-identitären Auffassung von Leibholz, der der Parteiendemokratie den repräsentativen Charakter abspricht, heraus, daß das heutige parlamentarische System, im Detail sowohl die moderne Wahl als auch der Abgeordnetenstatus der mit Vertrauens- und Kontrollauftrag der Repräsentierten ausgestatteten Repräsentanten, Kennzeichen repräsentativer Demokratie ist. S. auch ders.: Das parlamentarische Regierungssystem, in: Stammen, T. (Hg.): Strukturwandel, 1967, S. 296 - 312.

[28] S. den Artikel "Parteien" von "G." im Staatslexikon, Bd. 10, 1848, S. 479 - 496 sowie Bd. 11, 1864, S. 311 - 327. Beachte auch den Artikel "Association" von Welcker, Bd. 1, 1845, S. 723 - 747 sowie Bd. 1, 1856, S. 758 - 787, v.a. S. 785 - 787. Schieder, Th.: Die Theorie der Partei im älteren deutschen Liberalismus, in: Aus Geschichte und Politik. FS Ludwig Bergsträsser, 1954, S. 186 - 187, bezeichnet den Liberalen Abt als den Verfasser des "Parteien"-Beitrags.

[29] S. das klassische, von W. Mommsen in 11. Aufl. völlig überarbeitete Werk von L. Bergsträsser: Geschichte der politischen Parteien in Deutschland, 1965, S. 13, 49 - 51.

politischen Theorie nach 1815.[30]

Die pluralistische Auffassung, die impliziert, daß Parteien zur Kanalisierung der politischen Willensströmungen in der Bevölkerung unerläßlich sind, schließt sich eng an englische Theorien von der repräsentativen Funktion des Parlaments an.[31] Der Einfluß gerade Montesquieus und seiner Vorstellung von Repräsentation auf die Entwicklung des deutschen Parlamentarismus und die Ausformung im Grundgesetz ist offensichtlich.[32]

An dieser Stelle sei betont, daß, obwohl der englische Parlamentarismus eine der Quellen des deutschen Parlamentarismus gerade im 19. Jahrhundert darstellt,[33] diese Wurzel von den deutschen Theoretikern idealisiert rezipiert wurde. Die Idee des Parlamentarismus in Deutschland basiert jedoch nur zu einem Teil im englischen Modell; intensiverer und obendrein direkter Motor des deutschen Parlamentarismus war der politische Rationalismus der Aufklärung, die die Fortschrittsgläubigkeit

---

[30] Die Rolle des vormärzlichen Liberalismus beachten nicht oder nur negativ: Ziebura, G.: Anfänge des duetschen Parlamentarismus, in: Faktoren der politischen Entscheidung. Festgabe Fraenkel, 1963, S. 186 - 192, und Apel, H.: Der deutsche Parlamentarismus, 1968. Vgl. hingegen: Tormin, W.: Geschichte der deutschen Parteien seit 1848, 1966, S. 16 - 18, der sich immerhin mit der "Vorgeschichte" befaßt, Haungs, P.: Parteiendemokratie, 1980, S. 63 - 73, und die Referate von R. Löwenthal und W. Remmers, gehalten vor dem Bergedorfer Gesprächskreis (Hg.): Repräsentieren die Parteien unsere Gesellschaft, 1982.

[31] Insbesondere sei die klassische Schrift von Walter Bagehot: The English Constitution, 1867, genannt. - Nicht haltbar ist in diesem Zusammenhang der Vorwurf gegenüber E. Fraenkel und weiteren systemimmanenten Parlamentarismus-Kritikern, sie übersähen die "Entleerung des Parlamentarismus", orientierten sich einseitig am von Bagehot genannten Aufgabenkatalog des Parlaments und besäßen anbetracht eines "unverwüstlichen Optimismus" keinen Realitätssinn: so Euchner, W.: Zur Lage des Parlamentarismus, in: Schäfer, G., und Nedelmann, C. (Hg.): Der CSU-Staat 1, 2. Aufl., 1969, S. 106 - 107, 116, 128.

[32] S. Montesquieu: Vom Geist der Gesetze, XI. Buch, 6. Kap., S. 212 - 226 (1963 hg. v. K. Wiegand). Heydte, F.A.v.d.: Parlamentarismus, in: Vom Bonner Grundgesetz. Festschrift zum 75. Geburtstag von Hans Nawiasky, hg. von Th. Maunz, 1956, S. 326, betont, daß im deutschen politischen Denken Montesquieus Theorien, im französischen politischen Denken hingegen Rousseaus Ideen stärker nachwirkten.

[33] Beachte die bei E. Fraenkel geschriebenen Dissertation von Lamer, R.J.: Der englische Parlamentarismus in der deutschen politischen Theorie, 1963. Die Arbeit leidet allerdings unter dem schon beinahe "üblichen" Manko, daß nicht der deutsche Vormärz und seine Theorie, sondern erst die zweite Hälfte des 19. Jahrhunderts als "Vorgeschichte" des deutschen Parlamentarismus betrachtet wird.

forcierte.[34] Nach Meinung *Steffanis* kennzeichnet gerade die Verbindung der Institutionen des englischen Parlamentarismus mit einem rousseauschen Demokratieverständnis die Problemgeschichte des kontinentalen Parlamentarismus.[35]

Grundsätzlich ist zu betonen, daß der "klassische" Parlamentarismus, den man in England zu sehen glaubte, nie der englischen Verfassungswirklichkeit entsprach.[36] Als entscheidende Strukturdifferenzen in der parlamentarischen Entwicklung Englands und Deutschlands sind vor allem die jeweiligen Bewertungen, der spezifische Stellenwert von Parlament und Verwaltung zu nennen, wodurch die Demokratisierung beider Systeme unterschiedlich erfolgte.[37] Trotz der Variablen, die ein Vergleich beider Systeme auch in ihrem historischen Kontext darlegt, lassen sich selbstverständlich wenn nicht Konstanten, so doch parallele Erscheinungen des deutschen und britischen Parlamentarismus aufzeigen. Hier sei lediglich die gleichgerichtete Entwicklung der englischen Kabinettsstruktur und der deutschen "Möglichkeit einer Kanzlerdemokratie", dann nämlich, wenn der Bundeskanzler die Richtlinienkompetenz nach Artikel 65 GG voll ausschöpft, genannt.[38]

Eine abschließende Feststellung zur hier nur kursorisch dargelegten Parlamentarismus-Kritik muß lauten, daß - und dies erwies sich auch in der in dieser Arbeit dargestellten Analyse der politischen Theorie des

---

[34] Schneider, F.: Parlamentarismus und Antiparlamentarismus, in: Reinisch, L. (Hg.): Politische Wissenschaft heute, 1971, S. 69 - 70.

[35] Steffani, W.: Die Republik der Landesfürsten, in: Ritter, G.A. (Hg.): Regierung, Bürokratie und Parlament, 1983, S. 184.

[36] Lamer, R.J.: Der englische Parlamentarismus, 1963, S. 110 - 124.

[37] Hierzu Steffani, W.: Der parlamentarische Bundesstaat, in: ZParl, H. 2, 1985, S. 219 - 221; Kluxen, K.: Geschichte und Problematik des Parlamentarismus, 1983, 175 - 178; ders.: Britischer und deutscher Parlamentarismus, in: Birke, A.M., und Kluxen, K. (Hg.): Deutscher und britischer Parlamentarismus, 1985, S. 21 - 44; Ritter, G.A.: Deutscher und britischer Parlamentarismus, in: Ders. (Sammlung): Arbeiterbewegung, Parteien und Parlamentarismus, 1976, S. 190 - 221.

[38] Zur britischen Entwicklung: Schneider, F.: Kabinettsreform und Machtverteilung in England, in: ZfP, 12, 1965, S. 40 - 56; zur Bundesrepublik: Ellwein, Th.: Das Regierungssystem, 4. Aufl., 1977, S. 311 - 317.

deutschen Vormärz - Kritik stets sowohl Destruktion des Parlamentarismus als auch Konsolidierung des Parlamentarismus war und ist. *Dieter Grosser* stellte die Wandelbarkeit und den tatsächlichen Wandel von Normen des 19. Jahrhundert zu heute im Hinblick auf grundlegende Änderungen der sozialen und wirtschaftlichen Verhältnisse heraus und forderte deshalb zu Recht, davon abzukommen, einer "sicheren, absoluten und zugleich ausreichend konkreten Fundamentalnorm" nachzuhängen. Ein starres Verhaften am status quo führe zu einem gesteigerten Krisenempfinden. Wünschbar wäre hingegen die Verknüpfung von auf jeweilige Einzelfälle anwendbaren Normen mit empirischen Analysen.[39]

---

[39] Grosser, D.: Demokratietheorie in der Sackgasse?, in: Öffentliches Recht und Politik. Festschrift für Hans Ulrich Scupin, hg. v. N. Achterberg, 1973, S. 112 - 113. Zur Beweglichkeit des parlamentarischen Systems s. auch Scheuner, U.: Die Lage des parlamentarischen Regierungssystems, in: Ders.: Staatstheorie und Staatsrecht. Gesammelte Schriften, 1978, S. 367 - 371.

2. Diskussions- und Öffentlichkeitsprinzip

Aus dem umfangreichen Themenbereich, der die Parlamentstheorie umfaßt, seien neben dem überaus wichtigen Prinzip der Repräsentation an dieser Stelle vor allem das Prinzip der Diskussion und damit eng verbunden das Prinzip der Öffentlichkeit und Evidenz ausführlich beleuchtet. In der demokratietheoretischen Konzeption nimmt Öffentlichkeit zum einen als normativ-analytischer Begriff, zum anderen als empirisch-analytischer Begriff eine aus der Parlamentarismus-Diskussion nicht wegzudenkende Rolle ein. Die Fragen, "wie die verfassungsmäßige Garantie der öffentlichen Meinungsbildung umzusetzen ist in eine verfassungskonforme Struktur demokratischer Öffentlichkeit", und "inwiefern Öffentlichkeit und in diesem Zusammenhang das Mediensystem tatsächlich den Erfordernissen demokratischer Meinungsbildung gerecht wird", stehen im Zentrum.[1]

"Öffentliche Meinung" als Begriff für die vorherrschende Meinung innerhalb einer bestimmten Gruppe oder generell innerhalb der Bevölkerung und "Öffentlichkeit"[2] als Begriff, der seit dem 18. Jahrhundert synonym für Publizität stand, avancierten mit und nach der Französischen Revolution, während der deutschen Befreiungskriege und - trotz drastischer Zensurmaßnahmen und Restauration in Deutschland - und nach 1815 zu politi-

---

[1] Zit. n. Weiss, H.-J.: Öffentlichkeit, in: Sontheimer/Röhring (Hg.): Handbuch des politischen Systems, 2. Aufl., 1978, S. 422. Beachte Art. 5, 42.1, 52.3 GG; Art. 22, 111, 111a BV.

[2] Hierzu ausführlich: Schneider, F.: Pressefreiheit und politische Öffentlichkeit. Studien zur politischen Geschichte Deutschlands bis 1848, 1966, Kap. II - VII, v.a. S. 92 - 94; zur Pressefreiheit als Schlagwort und pars pro toto der Öffentlichkeit, sowie gerade an diesem Exempel so direkten Verbindung des Vormärz zu heute s. ebda., S. 236 und 240. Vgl. aus soziologischer Sicht aus der Schule J. Agnolis die Analyse des Typs "bürgerliche Öffentlichkeit" durch Habermas, J.: Strukturwandel der Öffentlichkeit, 1962, S. 112 - 171. Zur Kritik an Habermas grundsätzlich: Jäger, W.: Öffentlichkeit und Parlamentarismus, 1973, v.a. S. 32 - 50; s. auch Schneider, F., ebda., S. 12 - 13, 91 - 92. Jäger, der Schneiders Werk und dessen Kritik an Habersmas begrüßt (S. 41 - 42), steht jedoch dessen Identifizierung von Presse und öffentlicher Meinung im Hinblick auf das ungelöste Problem des Meinungsbildungsprozesses kritisch gegenüber (S. 22).
Vgl. jedoch den gemäßigt liberalen J.C.v. Aretin: Staatsrecht der konstitutionellen Monarchie, 1. Bd., 1824, S. 167, der den Kontext von "Preßfreiheit" und "öffentlicher Meinung" postuliert.

schen Schlagwörtern. Gerade an diesen Begriffen offenbart sich überdeutlich die Diskrepanz von politischer Theorie und Realität des Vormärz. Beeinflußte das Ideengut des Vormärz heutige Vorstellungen von Öffentlichkeit und Diskussion?

Franz Schneider betont:

"Das Diskussionsprinzip wird in der Demokratie letztlich nur durch das Öffentlichkeits- oder Evidenzprinzip sinnvoll. Historisch gesehen ist das Öffentlichkeitsprinzip eine Antwort auf das Arkanverhalten des Absolutismus. Der Glaube, daß Publizität den Weg zur Gerechtigkeit und Wahrheit ebne, verbrüderte im Liberalismus den Parlamentarismus mit der Pressefreiheit."[3]

Es stellt sich nun die Frage, ob das Diskussionsprinzip in seinem Kontext zum Öffentlichkeitsprinzip als kommunikativer Grundsatz der Volksvertretung bereits in der politischen Theorie des deutschen Vormärz verankert war. Wurde das Parlament als Diskussionszirkel betrachtet? Stellte das Parlament das "zentrale Diskussionsforum der Nation" dar? Ermittelte das Parlament durch Diskussion "die Wahrheit"? Bildete das Parlament "den politischen Willen des Volkes qua Diskussion"?

All diese Fragen werden von *Hans Boldt* mit einem klaren Nein beantwortet. Er stellt dagegen - in Anlehnung an *Kelsen* trotz Kritik an dessen Absolutheitsanspruch - die parlamentarische Debatte als "Mittel der Kompromißfindung" heraus. Zugleich fordert er eine gemeinsame Betrachtung der beiden Institutionen Parlament und Regierung, da im parlamentarischen System beide Elemente in einem - variablen und unauflöslichen - Spannungsverhältnis stehen.[4]

Aber: Erweist sich nicht auch diese Betrachtungsweise als ein Blick durch "die Brille von heute"? Das parlamentarische Prinzip bedeutete, wie in dieser Arbeit gezeigt wurde, im Verständnis vormärzlicher Theoretiker noch keineswegs die im 20. Jahrhundert gängige Definition, wie sie dem parlamentarischen Regierungssystem der Bundesrepublik gleichkommt. Und: Stellt es nicht eine Verkürzung der vormärzlichen Konzeptionen dar, Aussagen

---

[3]Zit. n. Schneider, F.: Politik und Kommunikation, 1967, S. 34.

[4]Boldt, H.: Parlamentarismustheorie, in: Der Staat, 19. Bd., H. 3, 1980, S. 409 - 412.

über das Parlament lediglich in dessen Gegenpart zur monarchischen Regierung, nicht aber in dessen Bezug als Repräsentationsorgan des Volkes selbst zu betrachten?

Im folgenden sollen vormärzliche Theoretiker in ihren Parlaments-Konzepten zu Öffentlichkeits- und Diskussionsprinzip näher betrachtet werden - eine Aufgabe, die weder *Hans Boldt* noch *Jürgen Habermas* befriedigend gelöst haben.[5] Keineswegs bezogen die politischen Denker ihre Aussagen bezüglich des Öffentlichkeitsprinzips einzig auf die Publizität von Gerichtsverhandlungen; die Öffentlichkeit des Parlaments wurde sehr wohl reflektiert.[6]

In einem Vergleich von repräsentativer Demokratie und konstitutioneller Monarchie betont Karl Salomo Zachariä, daß beide Formen politischer Systeme eine "Herrschaft der öffentlichen Meinung" darstellen; denn jede Repräsentativverfassung sei ein Synonym zu "Herrschaft der öffentlichen Meinung". Diese jedoch sei nicht gleichbedeutend mit der "Meinung der Mehrheit".[7]

---

[5]Während H. Boldt: Parlamentarismustheorie, in: Der Staat, 19. Bd., 1980, S. 409, Aussagen von Mohl, Rotteck und Heinrich v. Gagern einzig im Zusammenhang mit der Kompromißhaltung würdigt, findet bei Habermas, Strukturwandel, 1987, S. 246 nur Welcker als Vertreter einer "kühneren liberalen Theorie der schmächtigen konstitutionellen Praxis" (S. 328) blasse Wertschätzung; ansonsten findet eine Differenzierung in Vormärz und Post-1848-Phase nicht statt. J.K. Bluntschli wird in einem Atemzug mit Welcker genannt (S. 328 - 330), um in einer Kritik an dessen "Staatswörterbuch" von 1871 Welcker als vormärzliche Ausnahme zu deklarieren. Kritik an der politischen Theoriengeschichte Habermas' übt Gerstenberger, H.: Materialistische Ansätze in der Analyse politischer Ideen, in: Bermbach, U. (Hg.): Politische Theoriengeschichte, 1984, S. 177 - 178.
Enttäuschend auch die lapidare Anlehnung Klotzbachs, K.: Das Eliteproblem, 1966, S. 52, an die Auffassung von parlamentarischer Diskussion im Liberalismus durch C. Schmitt: Die geistesgeschichtliche Lage des heutigen Parlamentarismus, 1923, S. 20 - 39. Zur Vergröberung und Bagatellisierung des komplexen Diskussionsbegriffes und der daraus gefolgerten These einer Krise des Parlaments durch Schmitt s. Schneider, F.: Diskussion und Evidenz, in: Aus Politik und Zeitgeschichte, 18. Jg., B 6/ 68 vom 7. Februar 1968, S. 9.

[6]Irrtümlich Hett, H.-J.: Die Öffentlichkeit, 1987, S. 57.

[7]Zachariä, K.S.: Vierzig Bücher, Bd. III, 1839, S. 208, 213 - 214. S. auch Mohl, R.v.: Staatsrecht, Bd. I, 1860, Nachdruck 1962, S. 24, der besonders die Chance eines Abgeordneten würdigt, Anschauungen, Pläne und "jeden beliebigen Tadel öffentlich auszusprechen", ohne durch diese "demokratischen Bestrebungen" innerhalb des Repräsentativsystems der Monarchie zu schaden.
S. auch Biedermann, K.: Art. "Öffentliche Meinung, in: Staatslexikon, Bd. 10, 3. Aufl., S. 738 - 742; ders.: Art. "Landtag", Bd. 9, 3. Aufl., S. 429.

Öffentliche Meinung[8] demonstriert sich, anders als in der altständischen Theorie, innerhalb des Parlamentes, da dieses nach Auffassung Liberaler, genannt sei nur Mohl, sich aus gewählten Repräsentanten zusammensetze, die "nicht Vertreter eines Wahlbezirkes, sondern des ganzen Landes (d.h. Volkes)"[9] seien.

Es ist Zachariä, der die Bedeutung der Diskussionsformen in der Volksvertretung hervorhebt. Es sei Sache der parlamentarischen Geschäftsordnung, so der Staatsrechtler, die Öffentlichkeit der Abstimmung, die grundsätzliche "Publicität der Verhandlung", aber auch durch bestimmte Kompetenzzuweisungen an den Vorsitzenden der Volksvertretung die Einhaltung eines zumindest gewissen Maßes an "Anstand" bei den Beratungen zu fixieren. Auch habe die Geschäftsordnung im Zweikammersystem die Art und Weise festzusetzen,

"wie die eine Kammer mit der andern und wie die Regierung mit den Kammern in Verkehr zu treten hat. Sie hat hierbei denjenigen Formen den Vorzug zu geben, welche die gegenseitigen Mittheilungen möglichst erleichtern. Es verdient z.B. die in Großbritannien bestehende Einrichtung, daß beide Häuser, wenn sie über die Bestimmungen eines Gesetzentwurfes getheilter Meinung sind, zur Beseitigung dieses Zwiespaltes durch Bevollmächtigte ihres Mittels zusammentreten, allgemein nachgeahmt zu werden. Dasselbe gilt von der Regel des französischen Verfassungsrechts".[10]

Unter Berücksichtigung des Dualismus von monarchischer Regierung und Volksrepräsentation und der von

---

[8] Zum "re-agierenden" Habitus der öffentlichen Meinung s. Landshut, S.: Volkssouveränität und öffentliche Meinung, in: Gegenwartsprobleme. Festschrift für Rudolf Laun, 1953, S. 582 - 583.

[9] Zit. n. Mohl, R.v.: Das Repräsentativsystem, seine Mängel und die Heilmittel, in: Ders.: Staatsrecht, Bd. I, 1860, Nachdruck 1962, S. 406; s. auch Rotteck, C.v.: Ideen über Landstände, 1819, in: Ders.: Sammlung kleinerer Schriften, 2. Bd., 1829, S. 81, 84 und 91: "Die Landstände sind wirklich das Volk im kleinen".

[10] Zit. n. Zachariä, K.S.: Vierzig Bücher, Bd. III, 1839, S. 260 - 261. Unter Hinweis darauf, daß es eine "eigene parlamentarische Sprache" gebe, und wie wichtig die "Wort- und Redeformen" zur Erhaltung einer Verfassung beitragen, stellt Zachariä heraus: "Das Uebrige muß sie [die Geschäftsordnung] den Mitgliedern der Kammern überlassen, welche nicht übersehen werden, daß besonders der unter ihnen herrschende Ton die Gesammtheit und die Einzelnen in den Augen des Volks hebt oder herabsetzt" (S. 259 - 260). S. auch Rotteck, K.v., in: Aretin/Rotteck: Staatsrecht der konstitutionellen Monarchie, 2. Bd., 2. Abth., 1828, S. 10, 156, 203 - 205, der neben "vollster Publicität" "edle Rede" der Repräsentanten fordert.
Anders der Konservative Stahl, der zwar dem Prinzip der Öffentlichkeit einen "moralischen Impuls" zuspricht, dessen Gefahren jedoch höher einschätzt, in: Die Philosophie des Rechts, II,2, 1878, S. 351 - 352.

Vormärztheoretikern noch durchaus akzeptierten Präponderanz des Fürsten offenbart sich hier eine, wenn auch nur in Ansätzen ausformulierte, Verknüpfung des Diskussions- mit dem Öffentlichkeitsprinzip. Das Ideal der Zachariäschen Theorie zielt nicht auf eine kampfbetonte Diskussion einzelner Abgeordneter zur Durchsetzung ihres Standpunktes - ob nun intrakameral, interkameral[11] oder außerhalb der Kammer, wenn mit der Regierung zu disputieren ist. Es kennzeichnet auch nicht das Bild einer Diskussionsebene, in der die Beteiligten auf grund bereits im Vorfeld verhärteter Fronten lediglich ihre Argumente vor dem anderen deklarieren. Zachariäs Vorstellung, wie miteinander gesprochen werden solle, ist unter dem von *Franz Schneider* aufgezeigten "symbuleutischen Diskussionstyp" einzureihen. *Schneider* definiert diesen Typ:

"Die symbuleutische Diskussion meint ein wechselweises lautes Denken der Beteiligten auf ein bestimmtes, gemeinsam zu erreichendes Ergebnis zu. Die Einzeläußerung legt dabei keine Betonung auf Individualität, sondern versteht sich als Beitrag zu einer Lösung, die nach Überzeugung der Beteiligten als eine gemeinsame akzentuiert ist."[12]

Die zielgerichtete Beratung charakterisiert das gemeinsame Sprechen und Denken der Institutionen. In der Prononzierung des symbuleutischen Diskussionstyps durch Zachariä kristallisiert sich, wie bereits in dieser Arbeit hervorgehoben, die positive Einstellung gerade liberaler vormärzlicher Theoretiker zur Regierung, zum monarchischen Prinzip heraus. "Symbulie beruht auf Vertrauen",[13] und vor allem die politischen Denker der ersten Hälfte des deutschen Vormärz schenkten dem Für-

---

[11]Diese Begriffe verwende ich in Analogie zu K. Loewensteins Termini der Intra-Organ- und Inter-Organ-Kontrollen, in: Verfassungslehre, 2. Aufl., 1969, S. 167 und 188.

[12]Zit. n. Schneider, F.: Politik und Kommunikation, 1967, S. 16; s. auch ders.: Diskussion und Evidenz im parlamentarischen Regierungssystem, in: Aus Politik und Zeitgeschichte, B 6/68 vom 7. Februar 1968, S. 6.

[13]So Schneider, F.: Politik und Kommunikation, 1967, S. 30.

sten noch ein beinahe naives Vertrauen.[14] Zum Ausdruck kommt dies auch bei dem Kieler Hegewisch, der meint, der Fürst sei "glücklich", wenn er "dem Volk das Recht der Mitberathung durch Abgeordnete gewährt." Die Beratung der Gesetze im Parlament bewirke, so Hegewisch - womit eindeutig *Boldts* These, wonach Diskussion nicht die Funktion der Ermittlung von Wahrheit habe, widerlegt ist - daß "gute" Gesetze verabschiedet werden. Gute Gesetze aber entstehen durch die gemeinsame Diskussion, deren Ziel es ist, der Wahrheit zumindest näherzukommen.[15] Zugleich ist ein zweiter Punkt herauszuheben: Nicht allein die Garantie von Wahrheit und Gerechtigkeit verbunden mit dem Ziel, durch "gute" Gesetze eine notwendige Einigkeit im Volk herzustellen, ist ausschlaggebend für vormärzliche Theoretiker, sich für das Prinzip der Öffentlichkeit auszusprechen,[16] sondern auch pragmatische Beweggründe veranlassen sie zu dieser Forderung. Im Verständnis vor allem liberaler Denker erfüllt die Öffentlichkeit die Funktionen, einen Kontext zwischen öffentlicher Meinung und den Repräsentanten herzustellen sowie durch eine durch Publizität bewirkte

---

[14] R.v. Mohl verlangt vom Staat "Auctorität", aber: "Allein sehr einseitig und verderblich ist es, wenn über dieser Forderung die zweite, eben so wichtige, vergessen wird, dass eine Regierung auch sittliche Stützen haben muss, Liebe, Achtung, kurz *Vertrauen*." S. Staatsrecht, Bd. II, 1862, Nachdruck 1962, S. 56. Wichtig in diesem Zusammenhang auch die "Staats-Sittenlehre" der Vormärz-Theoretiker, so Mohl, der als Grundlage des menschlichen Zusammenlebens die sittliche Aufgabe der Verfassung proklamiert in: Encyklopädie der Staatswissenschaften, 2. Aufl., 2. Ausg., 1872, S. 517.

[15] So urteilt H-sch, F. [= Hegewisch]: Repräsentation des Bauernstandes, in: Kieler Blätter, 1. Bd., 1815, S. 122; s. auch ders.: Landesälteste, in: ebda., S. 349; ders.: Zur Volksvertretung, in: ebda., 5. Bd., 1818, S. 142. S. auch Welcker, K.v.: Art. "Öffentlichkeit, in: Staatslexikon, Bd. 10, 1848, S. 246 - 283; ders.: Art. "Abstimmung", Bd. 1, 1845, S. 162 - 164.

[16] Dies jedoch behauptete C. Schmitt: Die geistesgeschichtliche Lage, 1923, der den Liberalismus des 19. Jahrhunderts einzig als "metaphysisches System" (S. 23) betrachtet; s. auch S. 35: "Das Parlament aber ist der Platz, wo man deliberiert, d.h. in einem diskursiven Vorgang, durch die Erörterung von Argument und Gegenargument, die relative Wahrheit gewinnt." Die Interpretation liberalen Gedankenguts durch C. Schmitt führte zu einer z.T. bis heute spürbaren Diskreditierung, dem Vorwurf der Weltfremdheit ausgesetzten liberalen Staatsrechtslehre. Vgl. auch Hett, H.-J.: Die Öffentlichkeit, 1987, S. 123.

Mitwirkung Kontrolle auszuüben.[17]

Bezeichnend gerade für die Entwicklung der Diskussionstypen innerhalb des Parlaments[18] ist, daß Karl von Rotteck, der unter den Frühliberalen eine radikale Position einnimmt, in seiner Theorie des Landtags eine Diskussionsform propagiert, die bereits dem agonalen Typ[19] näher steht als dem versöhnlicheren symbuleutischen Typ. Der "redliche Repräsentant" habe sich zum einen öffentlich vor dem Volk für Geschehenes zu rechtfertigen, zum anderen führt Rotteck als Argument für das Prinzip der Publizität an, daß dadurch mittelmäßige Bewerber um ein hohes Staatsamt nicht zum Zuge kommen könne. Die Besten nur seien als Abgeordnete geeignet:

> "denn nur Geisteskraft mag mit Ehre den Kampf in öffentlichen Disskussionen bestehen."[20]

Entgegen *Hans Boldts* Einschätzung, daß die politische Theorie zwischen 1815 und 1848 das Parlament einzig als Kontroll- oder Mitbestimmungsorgan betrachtet, ist zu konstatieren, daß die Volksvertretung zugleich als Diskussionsorgan verstanden wurde. Ein "Nicht nur, sondern auch" ist *Boldt* entgegenzusetzen[21].

Natürlich lag es dem dualistischen Denken der Zeit nahe, besonders die Kontrolle gegenüber der Regierung

---

[17] Hett, H.-J.: Die Öffentlichkeit, 1987, S. 52 - 53. Der dogmengeschichtliche Abriß dieser juristischen Kieler Dissertation ist leider zu oberflächlich gestaltet; die Heranziehung von Quellen von Welcker bis Bluntschli erscheint unsystematisch, deren Auswertung ungenau; eine Differenzierung zwischen erster und zweiter Hälfte der politischen Theoretiker des 19. Jahrhunderts wird nicht getroffen, worunter der Wert mancher auf das 20. Jahrhundert gemünzter Thesen leidet; s. 55 - 74.

[18] S. die Herausarbeitung der Entwickung vom symbuleutischen zum agonalen und heute deklaratorischen Diskussionstyp am Beispiel der Geschichte des englischen Unterhauses bei Schneider, F.: Politik und Kommunikation, 1967, S. 17 - 20.

[19] Der agonale Diskussionstyp charakterisiert die kampfbetonte Diskussion nach Art eines Wettbewerbs, bei der der individuelle Redner versucht, senen Standpunkt gegen andere durch argumentatives Überzeugen des Gegners durchzusetzen: s. Schneider, F.: Politik und Kommunikation, 1967, S. 16.

[20] Rotteck, K.v., in: Aretin/Rotteck: Staatsrecht der konstitutionellen Monarchie, 2. Bd., 2. Abth., 1828, S. 205.

[21] ...wenngleich Boldt natürlich zuzustimmen ist, daß es noch keine "angeblich verbreitete Theorie der politischen Willensbildung per parlamentarischer Plenardiskussion" gab: Parlamentarismustheorie, in: Der Staat, 19. Bd., 1980, S. 410, Anm. 58. Dies soll ja auch gar nicht behauptet werden, sondern vielmehr die Vordenkerrolle der Vormärz-Theoretiker aufgezeigt werden.

"zum Schutze der Regierten"[22] durch die Repräsentanten herauszustellen. Die Ständeversammlung als "Organ des Volkes", so formuliert Mohl die gegenseitige Gesprächsabsicht und -forderung sowie die auf Harmonie abzielende Akzeptanz durch den Monarchen, "muß als solches von der Regirung angehört und beachtet werden".[23]

Wie Robert von Mohl erlebte auch Lorenz von Stein, 1815 geboren, die Revolution von 1848 und ihre Folgen. Seine Publikationen[24] sind geprägt von den Eindrücken des liberalen und radikalen Vormärz und den durch die Revolution evident gewordenen sozialen Bewegungen in der Gesellschaft. In der Befürwortung des Wahlzensus als positives Mittel, den Bürger zum Staatsbürger innerhalb einer "staatsbürgerlichen Gesellschaft" aufsteigen zu lassen, stand er Vormärztheoretikern wie Rotteck nahe. Das Prinzip der Öffentlichkeit bedeutete für Stein - und auch hier ist er den politischen Denkern des Vormärz einzureihen - kein singuläres Phänomen, sondern er ordnete es der dominanten Idee der Verfassung bei. Das Ziel seiner realsozialen Analysen war es, aufzuzeigen, daß die Öffentlichkeit "aus dem gesellschaftlichen Prozeß herauswächst und ihn gleichzeitig bedingt."[25] Lorenz von Stein erkannte, was bis heute Gültigkeit hat: Öffentlichkeit erhielt - entwicklungsgeschichtlich ausgelöst durch die Französische Revolution und ihre Folgen, ideengeschichtlich durch die Ideologisierung des Repräsentativsystems - den Rang eines Legitimationsmit-

---

[22] So Mohl, R.v.: Staatsrecht, Bd. I, 1860, Nachdruck 1962, S. 26; ders.: Das Staatsrecht des Königreiches Württemberg, 2. Aufl., 1. Bd., 1840, S. 533 und 691.

[23] Zit. n. Mohl, R.v.: Das Staatsrecht des Königreiches Württemberg, 2. Aufl., 1. Bd., 1840, S. 535 (Unterstreichung nicht im Original).

[24] S. v.a. Stein, L.v.: Geschichte der sozialen Bewegung in Frankreich, 3 Bd., Neudruck 1959 (1. Bearbeitung 1842).

[25] Zit. n. Ronneberger, F.: Die Bedeutung der Öffentlichkeit bei Lorenz von Stein, in: Staat und Gesellschaft, 1978, S. 373.

tels im Staat.[26]

Unter den Begriffen Transparenz und Evidenz manifestieren sich in der heutigen politikwissenschaftlichen Diskussion eben die Forderungen, denen die politische Theorie des deutschen Vormärz einen Grundstein gelegt hat. Für den Parlamentarismus der Bundesrepublik bedeutet Transparenz die Offenlegung des politischen Prozesses, "die Durchschaubarkeit und damit potentielle Kontrollierbarkeit parlamentarischer Aktivität".[27] Wichtige Aufgaben der modernen Volksvertretung haben sich von der parlamentarischen Vollversammlung in andere, kleinere und überschaubarere Diskussionskreise oft außerhalb des Parlaments verlagert; der Bundestag selbst besitzt nur noch deklaratorischen Charakter.[28]

Kontrolle und das Prinzip der Öffentlichkeit und Diskussion stehen auch heute, wenngleich unter gewandelten Vorzeichen, im Mittelpunkt von Überlegungen zum Strukturwandel des parlamentarischen Systems. Anders als in der vormärzlichen Theorie, die, ausgehend von dem bestehenden Dualismus zwischen Fürst und Ständen, von einer Kontrolle der Regierung durch die Volksvertretung ausgingen, ist es heute die Pflicht der parlamentarischen Opposition, die Funktion öffentlicher Kritik und Kontrolle von Regierung und Parlamentsmehrheit wahrzu-

---

[26] Vgl. auch Ronneberger, F.: Legitimation durch Information, 1977, S. 14. Realisierte im Vormärz und nach 1848 die Presse die Öffentlichkeit, so bewirkt dies heute im kommunikativen Zeitalter ein extensives System der Massenmedien: S. Ders.: Die Bedeutung der Öffentlichkeit, in: Staat und Gesellschaft, 1978, S. 378 - 379.
Beachte außerdem das Kapitel "John Stuart Mill - Diskussionsfreiheit und Diskussionsbereitschaft" in: Voegelin, E.: Anamnesis. Zur Theorie der Geschichte und Politik 1966, S. 239 - 253.

[27] Zit. n. Schmieg, G.: Transparenz, in: Röhring/Sontheimer (Hg.): Handbuch des deutschen Parlamentarismus, 1970, S. 464; beachte auch Smend, R.: Zum Problem des Öffentlichen und der Öffentlichkeit (1954), in: Ders.: Staatsrechtliche Abhandlungen, 2. Aufl., 1968, S. 462 - 474; außerdem Marcic, R.: Die Öffentlichkeit als Prinzip der Demokratie, in: FS Arndt, 1969, S. 267 - 292; Meyn, H.: Zur Transparenz der politischen Ordnung, in: Aus Politik und Zeitgeschichte, 18. Jg., B 40/68 vom 5. Oktober 1968, S. 21 - 30; Hett, H.-J.: Die Öffentlichkeit, 1987, S. 24.

[28] Zur Praxis der Verlagerung und letztlich positiven Bewertung dieses Diskussionswandels, der den Parlamentarismus nur beseitigt, wenn er in völligen "Diskussionsschwund" ausartet, s.: Schneider, F.: Politik und Kommunikation, 1967, S. 23 und 44.

nehmen.[29] Nach wie vor ist es die zentrale Aufgabe des Parlaments, sich vor dem Volk zu rechtfertigen. Den grundlegenden Zusammenhang von repräsentativem politischem System und Öffentlichkeit verdeutlicht *Hanna F. Pitkin:*

"The concept of representation thus is a continuing tension between ideal and achievement. This tension should lead us neither to abandon the ideal, retreating to an operational definition that accepts whatever those usually designated as representatives do; nur to abandon its institutionalization and withdraw from political reality. Rather, it should present a continuing but not hopeless challenge: to construct institutions and train individuals in such a way that they engage in the pursuit of the public interest, the genuine representation of the public; and, at the same time, to remain critical of those institutions and that training, so that they are always open to further interpretation and reform."[30]

Die periodisch wiederkehrende Wahl der Volksvertretungen stellt den Kern der demokratischen Legitimation dar. Öffentlichkeit hingegen dient nicht einer direkten Entscheidungsteilhabe. Sie fördert im Rahmen eines repräsentativen Systems vielmehr die Transparenz im Dienste des Rechtfertigungszwanges und macht Entscheidungen interpretationsfähig.[31] In diesem Zusammenhang ist die Forderung nach innerparteilicher Demokratie zu nennen. Gerade Parteien als "Mitwirker" bei der politischen Willensbildung des Volkes setzen sich der Kritik aus, wenn sie dem verfassungsmäßig verankerten Auftrag, daß ihre innere Ordnung "demokratischen Grundsätzen entsprechen" muß,[32] und dem Prinzip des freien Mandates, wonach die - von den Parteien gestellten - Abgeordneten

---

[29] Hierzu Steffani, W.: Parlamentarische Demokratie, in: Ders. (Hg.): Parlamentarismus ohne Transparenz, 1971, S. 36; beachte auch die immer erforderlichere Kontrolle der Verwaltung durch das gesamte Parlament und durch die Regierung. Vgl. Dieterich, R. (Diss.): Die Funktion der Öffentlichkeit, 1970, S. 51 - 83; s. schließlich die umfangreiche Studie zum Deutschen Bundestag: Kißler, L.: Die Öffentlichkeit, 1976, v.a. S. 54 - 58; den "liberalen Öffentlichkeitsoptimismus" des 19. Jahrhunderts beurteilt Kißler jedoch zu negativ: S. 60; s. ferner 129 - 134, 301 - 304.

[30] Zit. n. Pitkin, H.F.: The Concept of Representation, 1967, S. 240.

[31] Hierzu Kriele, M.: Das demokratische Prinzip im Grundgesetz, in: VVDStRL, Heft 29, 1971, S. 67, 82 - 83.

[32] Art. 21.1 GG.

nicht weisungsgebunden sein dürfen,[33] nicht genau nachkommen.[34]

Moderne Volksvertretungen, deren Grundlage eine innere Übereinstimmung der demokratischen Ordnung durch das Volk ist, sind mit dem Prinzip der Öffentlichkeit unweigerlich verbunden. Argumente, weshalb Entscheidungen so und nicht anders getroffen wurden, müssen kundgetan werden; Andersdenkende müssen ihren Unmut artikulieren dürfen und zugleich eine reelle Chance auf mögliche Besserung erhalten.[35] Kontrolle ist eine Aufgabe, die trotz aller außerparlamentarischen Kritik, wie sie vor allem durch die Massenmedien verstärkt praktiziert wird, von der parlamentarischen Opposition wahrgenommen werden muß.

Denn: Obwohl heute die politische Diskussion in einem äußerst weitgesteckten Raum stattfindet, obwohl selbst Regierungschefs eher den Medien Entschlüsse anvertrauen als zuerst dem Parlament, darf der kritische und zugleich kooperative Aspekt parlamentarischer Oppositionsarbeit nicht von einer überbordenden "außerhalb des Verfassungslebens stehenden Kritik" gelähmt werden.[36]

Eine von *Steffanis* Hauptthesen moderner Parlamentarismus-Theorie lautet:

---

[33] Art. 38.1 GG. Zum freien Mandat und seiner grundsätzlichen Problematik unter dem Gesichtspunkt eines Spannungsverhältnisses zwischen Art. 21 und Art. 38 GG s. Rausch, H.: Parlament und Regierung in der Bundesrepublik, 6. Aufl., 1981, 91 - 92, der in Anlehnung an W. Hennis das freie Mandat gerade in der Parteiendemokratie befürwortet; anders Rucht, D.: Parlament und Regierung, in: Laufer, H.: Verfassungsreform in der Bundesrepublik Deutschland?, 1979, S. 53 - 59, der, G. Leibholz folgend, das freie Mandat als "Institution aus der liberalen Ära des Honoratiorenparlaments" als unzeitgemäß abqualifiziert.

[34] Gegen strenge Parteidisziplin Bull, H.P.: Demokratie - nur im geheimen?, in: ZRP, 4. Jg., H. 9, 1971, S. 198.

[35] Kriele, M.: Das demokratische Prinzip im Grundgesetz, in: VVDStRL, Heft 29, 1971, S. 65 - 66.

[36] Diese Gefahr vor allem im Zusammenhang mit Koalitionsregierungen verdeutlicht Scheuner, U.: Entwicklungslinien des parlamentarischen Regierungssystems in der Gegenwart, in: FS Arndt, 1969, S. 399 - 402; Zitat S. 401.

"Nur wenn das Parlament in ständiger Kommunikation mit den Wählern, Massenmedien und Verbänden steht, können Parlament und Regierung ihre wichtigste Systemfunktion erfüllen: demokratische Richtungsbestimmung und Kontrolle staatlichen Handelns zu sichern und damit zur demokratischen Legitimation staatlichen Handelns beizutragen."[37]

[37]Zit. n.: Steffani, W.: Parlamentarische Demokratie, in: Ders. (Hg.): Parlamentarismus ohne Transparenz, 1971, S. 38.

3. Repräsentation und repräsentative Demokratie

Repräsentation im demokratischen Verfassungsstaat wird, so läßt sich gegen die Identitätslehre à la Rousseau oder Leibholz anführen, nicht allein hochgehalten, weil die Unmöglichkeit, daß das Volk überall in allen Funktionen präsent sein kann, evident ist, sondern "weil nur unter der Bedingung der Repräsentation die Institutionen und die dialektischen Verfahrensregeln funktionieren können, die die Bedingung für Frieden, Freiheit und Gerechtigkeit sind.[1] Die repräsentative Demokratie besitzt nicht ein "demokratisches Mehr", das ihr einen Vorzug gegenüber der plebiszitären, unmittelbaren Demokratie verleihen würde; die repräsentative Demokratie stellt vielmehr "die eigentliche Form der Demokratie" dar.[2] *Eric Voegelin* bezeichnet Repräsentation als "das Zentralproblem einer Theorie der Politik". Repräsentation sei die Form, "durch die eine politische Geschichte Existenz für ihr Handeln in der Geschichte gewinnt".[3]

Das Repräsentationsorgan des Volkes ist das Parlament als Ort der Begründung und Darstellung der politischen Einheit des Volkes. Historisch fortentwickelt aus den alten ständischen Korporationen, bedeutet der Grundsatz

---

[1] Zit. n. Kriele, M.: Einführung, 1975, S. 241; s. auch ders., S. 292 - 293 zur deutschen Verfassungsentwicklung im 18./19. Jahrhundert, die in der politischen Wirklichkeit bis 1918 lediglich einige demokratische Elemente mit dem monarchischen Element verband; vgl. Arnim, H.H.v.: Gemeinwohl, 1977, S. 391 - 395, der die historisch bedingten Aversionen gegen das Repräsentationsprinzip einer - überspitzt dargestellten - undemokratischen Repräsentationsidee des Liberalismus zuschreibt, ohne die Besonderheit des ideengeschichtlichen deutschen Vormärz zu berücksichtigen. Anders als Kriele urteilt Alemann, U.v.: Partizipation, 1975, S. 20 - 23; Ders.: Funktionswandel der Interessenverbände?, in: Politische Bildung, 16. Jg., H. 1, 1983, S. 73 - 86; Ders.: Organisierte Interessen, 1987, S. 152 - 158.

[2] So Böckenförde, E.-W.: Mittelbare/repräsentative Demokratie als eigentliche Form der Demokratie, in: Staatsorganisation und Staatsfunktionen im Wandel, Festschrift Eichenberger, 1982, S. 301 - 303. Er kritisiert zwar M. Krieles "emphatische Begründung und Verteidigung" der Demokratie, zumal diese der Tradition der Staatstheorie und politischen Philosophie nicht entspricht, korrespondiert jedoch im Ergebnis. S. auch Böckenförde, E.-W.: Demokratie als Verfassungsprinzip, in: Isensee, J., und Kirchhof, P. (Hg.): Handbuch des Staatsrechts, Bd. I, 1987, S. 887 - 952.

[3] Aus ontologischer Sicht das Wesen der Repräsentation reflektierend: Voegelin, E.: Die Neue Wissenschaft, 3. Aufl., 1977, S. 16, 52 - 83.

der Repräsentation innerhalb des Parlamentarismus die Vertretungsform, die dem Staat mittels einer "geregelten Bevollmächtigung durch die Bürger" Legitimität verschafft.[4] So wie sich sagen läßt, daß Repräsentation und Demokratie nicht von Anfang an identisch waren,[5] ist zugleich hervorzuheben, daß das repräsentative Prinzip "mit der Entwicklung der demokratischen Staatsform unmittelbar von Anfang an verknüpft"[6] ist.

Martin Drath verweist auf die Komplexität des Begriffs "Volksrepräsentation" in der liberalen Theorie des deutschen Vormärz, die nicht allein den normativ-juristischen Gehalt des Terminus sah, sondern ihn als politischen Kampfbegriff verwendete. Als solcher stand Volksrepräsentation einerseits für die Umschreibung der Volksvertretung als konstitutionelle Institution, andererseits als "umfassender Tatbestand ihres repräsentativen Seins und Wirkens für das Volk".[7] Die Abgeordneten wurden in dieser "vital-realistischen" Betrachtungsweise als Vertreter des ganzen Volkes angesehen. Ganz anders heute: Artikel 38 des Bonner Grundgesetzes folgt zwar dem Wortlaut nach dieser historischen Formel, doch muß sich heute diese angedeutete Komplexität kritischen Zweifeln aussetzen, geht man von der Vorstellungswelt des 19. Jahrhunderts aus. Akzeptanz findet der Begriff der Volksrepräsentation jedoch heute, versteht man ihn als einen offenen, dynamischen, prozessualen,

---

[4] Schieder, Th.: Wandlungen des Staats, in: HZ 216, 1973, S. 271; hierzu auch Beyme, K.v.: Die verfassunggebende Gewalt des Volkes. Demokratische Doktrin und politische Wirklichkeit, 1968.

[5] S. in dieser Arbeit S. 162 - 164. Kritisch gegen H. Rausch: Achterberg, N.: Parlamentsrecht, 1984, S. 77.

[6] Zit. n. Scheuner, U.: Das repräsentative Prinzip in der modernen Demokratie, in: Verfassungsrecht und Verfassungswirklichkeit. Festschrift für Hans Huber, 1961, S. 226; s. auch ders.: Zur Entwicklung des Parlaments unter der Ordnung des Grundgesetzes, in: Ritter, G.A. (Hg.): Gesellschaft, Parlament und Regierung, 1974, S. 433 - 437. Scheuner hebt in Abgrenzung zu G. Leibholz hervor, daß die Verfassungsväter auch der Parteiorganisation einen repräsentativen Zug zuwiesen, daß das Ja zum Repräsentativprinzip im Grundgesetz nicht als eine bloße Reduplikation der liberalen Ideen des 19. Jahrhunderts, sondern entwicklungsgeschichtlich zu verstehen ist.

[7] Zit. n. Drath, M.: Die Entwicklung der Volksrepräsentation, in: Rausch, H. (Hg.): Zur Theorie und Geschichte, 1968, S. 269, s.a. S. 273. Vgl. auch Grebing, H.: Volksrepräsentation und identitäre Demokratie, in: PVS, 13. Jg., H. 2, 1972, S. 162 - 180.

"idealtypischen Funktionsbegriff", dessen Modalitäten sich im Laufe der Zeit wandeln können und müssen.[8]

In einem glänzenden Aufsatz stellt *Ulrich Scheuner* im Zusammenhang mit den Auswirkungen des modernen Parteienstaates auf repräsentative Einrichtungen heraus, daß einerseits der liberale Repräsentationsbegriff von heutigen Vorstellungen weit abweicht und als "zeitgebundene Auffassung von Repräsentation" betrachtet werden muß, andererseits aber die folgende Frage zu stellen ist:

> "Bleibt nicht der Kern repräsentativer Erscheinungen dort erhalten, wo die Fundierung der Staatsleitung auf den Konsens des Volkes, auf Auftrag und Kontrolle besteht, die Entschließungen der Vertretung Verpflichtungskraft für das Ganze haben und sie und ihre Mitglieder durch zureichende Vorgänge zu ihrer Stellung legitimiert werden? Legt man diese für längere Zeiträume gültige Definition zugrunde, so hat das Parteiwesen seine Grundlagen [die der Repräsentation, Anm.d.Verf.] nicht aufgehoben."[9]

a. Amtsprinzip

Die Frage nach der besten Organisation innerhalb eines Verfassungsstaates stößt unweigerlich auf Reflexionen über die Repräsentation als Methode, das Volk durch gewählte Vertreter an der staatlichen Willensbildung teilhaben zu lassen. Ohne die sich mit dieser Thematik intensiv beschäftigende Forschungslage zu repetieren, sei darauf hingewiesen, daß die moderne Diskussion über "Repräsentation" nach dem Ende des Ersten Weltkrieges von Männern wie *Carl Schmitt, Gerhard Leibholz, Rudolf Smend, Hans Kelsen oder Hans J. Wolff*

---

[8] Drath, M.: Die Entwicklung, in: Rausch, H. (Hg.): Zur Theorie, 1968, S. 288 - 296.

[9] Zit. n. Scheuner, U.: Das repräsentative Prinzip, in: Verfassungsrecht. Festschrift für Hans Huber, 1961, S. 239. Irrtümlich Hennis, W.: Richtlinienkompetenz, 1964, S. 42, der glaubt, Scheuner habe den liberalen Repräsentationsbegriff "in seinen geistesgeschichtlichen Wurzeln bündig widerlegt". Vielmehr konstatierte Scheuner ein Phänomen, das Jahre später Koselleck, R.: Einleitung, in: Brunner/Conze/Koselleck (Hg.): Geschichtliche Grundbegriffe, 1. Bd., 1979, S. XVI, die "Verzeitlichung der kategorialen Bedeutungsgehalte" genannt hat. S. auch Achterberg, N.: Parlamentsrecht, 1984, S. 91.

angefacht wurde.[10] Ihre Äußerungen zu Verfassung, Parteienstaat, Integration und Vertretung spalteten schon zum Zeitpunkt der Erstpublikationen ihrer Werke Wissenschaftler in zwei sich heftigst kritisierende Lager, und der Meinungsbruch bzw. die Reflexion dieser Theorien hat sich bis heute nicht gelegt.[11]

Peter Graf Kielmansegg befaßte sich eingehend mit dem der repräsentativen Demokratie anhaftenden "hartnäckigen Zweifel", daß diese Organisationsform lediglich die "zweitbeste" Lösung, somit eine Notlösung innerhalb der Demokratie darstelle, eine technische Hilfskonstruktion, die nicht über das eigentlich ideale Ziel der direkten Demokratie hinwegtäuschen könne. Er griff die These *Siegfried Landshuts* auf, wonach Demokratie und Repräsentation absolut unvereinbare Prinzipien, eine Verbindung beider demnach einer "Quadratur des Zirkels"[12] gleichkomme.

Mit Hilfe der Aussagen von Montesquieu, Mill, Siéyès und der amerikanischen Autoren des "Federalist", der "Protagonisten der repräsentativen Demokratie" im 18. und 19. Jahrhundert, gelangt *Kielmansegg* zu dem Ergeb-

---

[10] Schmitt, C.: Verfassungslehre, 1928, Neudruck 1954; Leibholz, G.: Das Wesen der Repräsentation, 1929, 3. Aufl. 1966; Smend, R.: Verfassung und Verfassungsrecht, 1928; Ders.: Staatsrechtliche Abhandlungen, 2. Aufl., 1968, S. 19 . 38, 326 - 345, 346 - 362; Kelsen, H.: Vom Wesen und Wert der Demokratie, 2. Aufl., 1929; Wolff, H.J.: Theorie der Vertretung, 1933/34.

[11] Genannt seien lediglich: Köttgen, A.: Besprechung von G. Leibholz (1930), in: Rausch, H. (Hg.): Zur Theorie und Geschichte, 1968, S. 74 - 104; dort auch zwei Kurzbeiträge von Leibholz über "Parlamentarische Repräsentation" (S. 222 - 234) und "Parteienstaat und repräsentative Demokratie" (S. 235 - 259); Kaiser, J.H.: Die Dialektik der Repräsentation, in: Festschrift für Carl Schmitt, 1959, S. 71 - 80, wieder abgedruckt in Rausch, H. (Hg.): Zur Theorie, 1968, S. 470 - 481. Kritiklos den Lehren Schmitts und Leibholz' folgend: Hamid, A.: Das Prinzip der Gewaltenteilung, 1957, v. a. S. 133 - 149.
Erfreulich kritisch distanziert die Fehler der Lehren des Rechtspositivismus und der "Geisteswissenschaftlichkeit" Weimars darlegend: Hartmann, V.: Repräsentation in der politischen Theorie und Staatslehre, 1979, S. 129 - 171 und 172 - 286.

[12] Landshut, S.: Der politische Begriff der Repräsentation (1964), wieder abgedruckt in: Rausch, H. (Hg.): Zur Theorie und Geschichte der Repräsentation, 1968, S. 490; Kielmanseggg, P.G.: "Die Quadratur des Zirkels". Überlegungen zum Charakter der repräsentativen Demokratie, in: Matz, U. (Hg.): Aktuelle Herausforderungen, 1985, S. 11.
Im Gesamtduktus völlig anders als S. Landshut, J. Habermas und J. Agnoli populärwissenschaftlich paraphrasierend, als Beispiel des Ausflusses von 1968: Wuermeling, H.L.: Werden wir falsch repräsentiert? Sinn und Widersinn des heutigen Parlamentarismus, 1971, S. 52 - 55.

nis, daß die Vorzüge der Repräsentation zweifach gesehen wurden: Einerseits stand das rein technische Argument im Mittelpunkt, daß innerhalb einer Massengesellschaft dies die beste Form der Organisation sei, andererseits wurden die Auswahl der Besten und die Gemeinwohlorientierung der Repräsentanten als "Plus" der repräsentativen Verfassungsform angeführt. In Anlehnung an *Wilhelm Hennis* und unter Negierung der Selbstbestimmungstheorie des Volks, die *Jürgen Habermas* proklamiert, postuliert *Kielmansegg*, daß sich die repräsentative Demokratie als eine Synthese von Demokratie und Ämterverfassung erweise.[13]

Diese prinzipiell zu bejahende Konklusion ist so neu nicht. *Kielmansegg* bemüht an deutschen Vorkämpfern des Repräsentativsystems einzig den dem ausgehenden 18. Jahrhundert zuzurechnenden Kant,[14] um die Absurdität einer Identitätskrise der repräsentativen Demokratie und das sich nicht aufhebende, sondern sich gegenseitig befruchtende Spannungsverhältnis zwischen Demokratie- und Amtsprinzip auch aus der politisch-historischen Theorie zu beweisen.

Wenngleich ihre Popularität, die sie unter Zeitgenossen erfuhren, nicht bis heute anhielt, so muß doch herausgestellt werden, daß neben den "ganz großen Denkern" Europas und Amerikas auch politische Theoretiker

---

[13] Kielmansegg, P.G.: "Die Quadratur", in: Matz, U. (Hg.): Aktuelle Herausforderungen, 1985, S. 13 - 17, 21 - 26. Damit widerspricht er der These von der "gemischten Verfassung", die Dolf Sternberger: Nicht alle Staatsgewalt geht vom Volke aus, 1971, S. 119, aufstellte, aber auch dem von Ernst Fraenkel betonten Gedanken, daß der demokratische Verfassungsstaat eine Mischung der sich eigentlich entgegenstehenden repräsentativen und plebiszitären Prinzipien darstelle. S. Fraenkel, E.: Die repräsentative und plebiszitäre Komponente im demokratischen Verfassungsstaat, 1958, 58 S.; wieder abgedruckt in: Rausch, H. (Hg.): Zur Theorie und Geschichte der Repräsentation, 1968, S. 330 - 385. Beachte jedoch, daß sich Kielmansegg in der Argumentationsstruktur sehr eng an Sternberger, D.: Ursprung der repräsentativen Demokratie, 1970, S. 1 - 18, v. a. S. 17, anlehnt.
S. auch Hereth, M.: Politik zwischen Parteiendemokratie, konstitutionellem Cäsarismus und Amtspflichten, in: ZfP, 28. Jg., H. 4, 1981, S. 373 - 380. Daß die Demokratie als komplexes Gebilde aus einer Vielzahl von Prinzipien zusammengesetzt wird, sich insbesondere als "Ämterordnung" darstellt, ist auch zentraler Kern bei Hofmann, R.: Demokratie zwischen Repräsentation und Anarchie, in: ZfP, 31. Jg., H. 2, 1984, S. 124 - 125 und 129 - 130.

[14] Kielmansegg, P.G.: "Die Quadratur", in: Matz, U. (Hg.): Aktuelle Herausforderungen, 1985, S. 16.

des deutschen Vormärz für eine Kombination dieser beiden Prinzipien zur Verwirklichung der Repräsentativverfassung eintraten. Genannt seien Friedrich Murhard und Karl Salomo Zachariä. Sie befürworteten eine Synthese des Prinzips der Volkssouveränität und des Repräsentativprinzips und betrachteten ihren Ansatz sowohl für Monarchien als auch für Demokratien als anwendbar.[15] Als einseitig und nur gültig für die Verfassungswirklichkeit ist somit *Siegfried Landshuts* Meinung anzusehen, wonach das ganze 19. Jahrhundert das Problem der Unvereinbarkeit der Volkssouveränität mit der Repräsentativversammlung nicht zu lösen vermocht habe.[16] Im Gegenteil, bereits der vormärzlichen politischen Theorie war das Problem sehr wohl bewußt; Lösungsmöglichkeiten wurden von seiten der Liberalen durchdacht und nach ihrer Praktikabilität durchleuchtet.[17]

Repräsentative Demokratie ist Symbiose von Amtsprinzip und demokratischem Prinzip, aber: *Josef Isensee* betont zu Recht die Einseitigkeit dieser "monostrukturellen Deutung". Er kristallisiert, indem er den Doppelcharakter des Parlaments als einerseits Amts-, andererseits Konkurrenzdemokratie historisch und juristisch analysiert, die Vielzahl der Prinzipien, z.B. das Verfassungsprinzip, das Prinzip der Gewaltenteilung, der

---

[15] Zachariä, K.S.: Vierzig Bücher, Bd. III, 1839, S. 205 - 212; Murhard, F.: Die Volkssouverainität, 1832, S. 75. S. bereits die Ausführungen in dieser Arbeit S. 203 - 207, wo vor allem Zachariäs Streben nach Gleichgewicht betont wird.
Die Erkenntnis aus der Geschichte, daß "das heute herrschende Verständnis von Repräsentation als "Volks"-Vertretung oder von der Repräsentation als Vehikel der Demokratie" "vor der historischen Untersuchung und Anschauung nicht bestehen" könne, läßt D. Sternberger: Ursprung, 1970, S. 8 - 9, die "repräsentative Demokratie" als keinen historischen, sondern einen dogmatischen Begriff" erscheinen.

[16] Landshut, S.: Der politische Begriff der Repräsentation, in: Rausch, H. (Hg.): Zur Theorie und Geschichte, 1968, S. 485. Vgl. demgegenüber Hättich, M.: Demokratie als Herrschaftsordnung, 1967, S. 139 - 143; Ders.: Grundbegriffe, 1969, S. 73 - 82.

[17] Beachte die Studie von Grawert, R.: Staatsamt und Volksvertretung, in: Staat und Gesellschaft, hg. v. R. Schnur, 1978, S. 245 - 271, in der Grawert in detaillierter Quellenauswertung der Schriften von Lorenz von Stein (1815 - 1890) der Frage nachgeht, ob der Amtsstatus der Repräsentanten im demokratischen Staat letztlich eine Fehlspekulation sei, da bei v. Stein Amt und Mandat noch zwei verschiedene, unverträgliche, einerseits die Bürokratie, andererseits das Parlament umschreibende Institutionen darstellten.

liberalen und demokratischen Freiheitsidee oder des modernen Staates, heraus, die in ihren pluralen Struktursynthesen zur Konstituierung der parlamentarischen Demokratie beitragen.[18] Diese Kombination nicht nur zweier Prinzipien als Strukturmerkmal der Repräsentativverfassung manifestiert sich, wie in dieser Arbeit bereits an einigen Exempeln statuiert, in der politischen Theorie des Vormärz. Zum Prinzip der Verfassung als zentrales Anliegen der Zeit gesellen sich umfangreiche Reflexionen über das durch die Konstitution und die Volksvertretung eingebundene Volkssouveränitätsprinzip oder Möglichkeiten eines ausbalancierten Gewaltenteilungsprinzips.

b. Legitimität und Autorität

Das Ideengut des deutschen Vormärz findet in der politologischen Debatte von heute seinen Niederschlag insbesondere, wenn die Frage nach der Legitimation von Macht gestellt wird. Ausgehend vom Wiener Kongreß, wurde das gesamte 19. Jahrhundert von "Krisen um die Legitimität erschüttert".[19]

Die Legitimitätsfrage als die Frage nach der Rechtfertigung der Staatsgewalt wirft zugleich die Frage nach der Souveränität auf.[20] Eng damit verbunden ist die quer durch alle Epochen gehende zentrale Forderung, die Macht

---

[18] Isensee, J.: Demokratie - verfassungsrechtlich gezähmte Utopie, in: Matz, U. (Hg.): Aktuelle Herausforderungen, 1985, S. 46, 50. S. auch Schneider, F./Törne, M.v.: Proporzkommunikation und Demokratieverhältnis, in: Wirtschaftliche Entwicklungslinien und gesellschaftlicher Wandel, 1983, S. 268 - 269, 283 - 284; Saladin, P.: Verantwortung als Staatsprinzip, 1984, S. 172, der die Repräsentation als konkrete Verantwortlichkeit der mit freiem Mandat versehenen Abgeordneten betont und feststellt: Parlamentarische Repräsentation "verbündet sich mit Gewaltenteilung, ja sie schafft ein Stück Gewaltenteilung, sie fügt sich als essentielles Element in das für den modernen Rechtsstaat zu fordernde komplexe, weitverzweigte, alle erhebliche Macht erfassende 'System' der wechselseitigen checks and balances ein."

[19] Zit. n. Gablentz, O.H.v.d.: Autorität und Legitimität im heutigen Staat (1958), in: Ders.: Der Kampf um die rechte Ordnung, 1964, S. 99.

[20] Die Schlüsselfunktion der beiden Begriffe Legitimität und Souveränität für die Entwicklung und Ausprägung des demokratischen Verfassungsstaates stellt Kriele, M.: Einführung in die Staatslehre. Die geschichtlichen Legitimitätsgrundlagen, 1975, S. 19 - 22, heraus; s. auch ders.: Legitimitätsprobleme, 1977; Steffani, W.: Pluralistische Demokratie, 1980, S. 101 - 104, 149 - 151; Zippelius, R.: Allgemeine Staatslehre, 8. Aufl., 1982, S. 163 - 178.

zu kontrollieren.[21] Sie kulminiert in der Entwicklung des Rechtsstaatsprinzips, das der Souveränität durch die Befürwortung eines überpositiven Rechtes Barrieren aufstellt und sie damit einer Kontrolle zuführt.[22]

In der Suche nach der "richtigen" Legitimität, die für das Selbstbewußtsein eines Staates und das Vertrauen des Volkes in den Staat von so eminenter Bedeutung ist, kristallisierte sich für die politischen Denker des Vormärz die herausragende Rolle der Autorität im Gegensatz zur bloßen "potestas" als der reinen Macht heraus.[23] Dieses Streben kennzeichnet auch die Parlamentarismus-Debatte des ausgehenden 20. Jahrhunderts, in der vielfach einer Legitimitätskrise des bestehenden politischen Systems das Wort geredet wird.

Mit "auctoritas" assoziiert man, der Übersetzung aus dem Lateinischen folgend, Ansehen; der Begriff ist personenbezogen und stellt ein charismatisches Element dar. Gewalt, Macht oder Herrschaft werden mit "potestas" in Verbindung gebracht; in demokratischen Verfassungen stellt "potestas" das demokratische Element dar. Trotz dieser Differenzierung ist Autorität der Demokratie nicht fremd und darf es auch nicht sein.

"Zur Autorität bedarf es höherer Einsicht und tieferer Weisheit; potestas ist lediglich eine handelnde Funktion der auctoritas", stellt *Theodor Eschenburg* fest. Er betont, nachdem er den Ideologiecharakter des

---

[21] Zur Machtkontrolle, der Bedeutung der Identifikation und damit Teilhabe an der Macht s. Leder, K.B.: Von Gottes- oder Menschengnaden?, in: SZ, Nr. 197, vom 29./30. August 1987, S. 107.

[22] Zum Prinzip der inneren Souveneränität s. Bleckmann, A.: Zur Entwicklung des modernen Souveränitätsdenkens, in: Aus Politik und Zeitgeschichte, B 43/85 vom 26. Oktober 1985, S. 3 - 6; zur Rechtsstaatsidee als Ergebnis der naturrechtlichen Staatslehre: Bucher, E.: Rechtsstaatlichkeit und Demokratie, in: Aus Politik und Zeitgeschichte, B 21/65 vom 26. Mai 1965, S. 3 - 9. Beachte auch Mayer-Tasch, P.C.: Europäische Verfassungshomogenität als politisches Erbe, in: Ders. (Hg.): Die Verfassungen der nichtkommunistischen Staaten Europas, 2. Aufl., 1975, S. 24 - 27.

[23] Vgl. z.B. Art. "Autorität" von Welcker, in: Staatslexikon, 3. Aufl., Bd. 2, S. 89 - 90. S. in dieser Arbeit die Ausführungen auf S. 150 - 151.
Beachte auch Würtenberger, Th.: Die Legalität, in: Gegenwartsprobleme. FS Rudolf Laun, 1953, S. 612 - 622; Wagner, H.. Herrschaft: Antworten der politischen Philosophie, in: Konrad-Adenauer-Stiftung (Hg.): Politische Herrschaft, Bd. 5, 1983, S. 9 - 93.

Begriffs der Autorität seit der Zeit des Wiener Kongresses analysiert hat, die in demokratischen Volksvertretungen wesensnotwendige Verbindung des Autoritäts- mit dem Majoritätsprinzip.[24] In ihr verknüpft sich das Prinzip einer Akzeptanz, die nicht entsprechend der demokratischen Legitimation auf Wahlen beruht, sondern einer stillschweigenden Anerkennung.[25]

Böckenförde umschreibt diesen Vorgang mit "demokratischer Autorisation". Diese Ermächtigung der Repräsentanten durch die Repräsentierten, diese Rückkoppelungen und Verantwortlichkeitsbeziehungen seien wesensnotwendige Strukturelemente "realisierter Demokratie". Nicht utopisch-idealistische Gedankengebäude, sondern realitätsbezogene Überlegungen, Demokratie zu verwirklichen, weisen letztlich und ausschließlich auf die repräsentative Demokratie hin. Die erst jüngst getroffene Einsicht, daß nicht allein organisatorische, technische Bedingungen zur Realisierung einer praktikablen repräsentativen Demokratie, sondern zugleich "ethisch-normative Orientierungen, Verformungen und Realisationen" nötig sind, erinnert an die politische Theorie des 19. Jahrhunderts, die sich schon vor 1848 intensiv mit der Staatsformen-, der Staatszweck- und Staatssittenlehre auseinandergesetzt hatte.[26]

---

[24] Zit. n. Eschenburg, Th.: Über Autorität, 1976, S. 83. Der Politologe kommt über die Darlegung der Autorität im Streit zwischen Konservativen wie Stahl, die Autorität und Legitimität als kongruent betrachteten (S. 114), und Liberalen wie Rotteck und dann sog. Radikalen des Vormärz, die Autorität den Gesetzen zusprachen (S. 120), zu folgendem Ergebnis: Im demokratischen Staat schafft Majorität Autorität, obwohl der Begriff Autorität zu Unrecht heute negativ behaftet ist (S. 160, 173 - 174). Vgl. trotz der klaren Befürwortung der repräsentativen Demokratie die argumentative Parallele zu vormärzlichen Theoretikern bei Zorn, R.: Autorität und Verantwortung in der Demokratie, 1960, S. 102 - 106. Er plädiert für eine bessere, z.B. stufenweise Führungsauslese, da der größte Fehler beim Übergang von der Honoratioren-Demokratie zur Leistungsdemokratie das rein quantitative Massenwahlrecht sei.

[25] Kessel, W.: Auctoritas und potestas als Ordnungsgrundlagen der Demokratie, in: ARSP, Bd. 45, 1959, Nachdruck 1985, S. 216, 232 - 233; er legt am Beispiel der Parteien dar, daß ihnen mittels Art. 21 GG potestas gegeben sei, auctoritas jedoch jede eine Partei konstituierende Person erst beweisen müsse. S. auch Kriele, M.: Einführung, 1975, S. 22 - 25, 241.

[26] Hierzu Böckenförde, E.-W.: Mittelbare/repräsentative Demokratie als eigentliche Form der Demokratie, in: Staatsorganisation und Staatsfunktionen im Wandel. FS Eichenberger, 1982, S. 315 - 317, 326. S. auch die Beiträge von P. Haungs, E. Faul, M. Gralher und W. Hennis in: Haungs, P. (Hg.): Res Publica, 1977.

Robert von Mohl hatte der Konstitution eine sittliche Aufgabe abverlangt. Es sei

"nicht blos Forderung des Rechtes und der Klugheit, sondern auch der reinen Sittlichkeit, nach der relativen und nicht nach der absoluten Güte einer Verfassung zu streben".[27]

Diese Auffassung war lange - die Verfassungspraxis der konstitutionellen Monarchie hatte die Entwicklung eingeleitet - vom Positivismus, der die "radikale Alternative 'Recht' (Gesetz) oder 'Macht' (Politik) aufgestellt"[28] hatte, überdeckt, ja, einer Beachtung für nicht mehr wert betrachtet worden. Umso erfreulicher ist es, wenn *Böckenförde* an die Gültigkeit von Lehren anknüpft, die Theoretiker des deutschen Vormärz in Anbindung an die ältere deutsche Staatslehre und entgegen der politischen Praxis der Zeit nach 1815 forderten.[29] Hierher gehört der Rekurs auf den in der politischen Theorie des Vormärz noch nicht in materielles und formelles Gesetz getrennten, als Einheit betrachteten Rechtsstaatsbegriff, den ein Staat, der auf Freiheit und Selbstverwirklichung der Menschen bedacht ist, verkörpern muß, ebenso wie das Bewußtsein, das "spezifische Humanum" der Individuen zu wecken.[30]

Sowohl während der Epoche des deutschen Vormärz als auch heute werden Forderungen laut, die Macht des

---

[27]Zit. n. Mohl, R.v.: Encyklopädie der Staatswissenschaften, 2. Aufl., 2. Ausg., 1872, S. 517. Zur Staatszwecklehre s. auch Zachariä, K.S: Vierzig Bücher vom Staate, 1. Theil: Vorschule der Staatswissenschaft, 1. Bd., 5. Buch, 1839, S. 147 - 168; zur Staatsklugheit s. ebda., 2. Theil: Allgemeine politische Naturlehre, 2. Bd., 14. Buch, S. 238 - 260.

[28]So Boldt, H.: Deutsche Staatslehre im Vormärz, 1975, S. 138; s. auch S. 302.

[29]Hans Maier: Die ältere deutsche Staats- und Verwaltungslehre, 2. Aufl., 1980, S. 293 - 296, wies in einem Exkurs darauf hin, daß alle großen deutschen Staatslehrer der Neuzeit "an den sittlichen Zweck des Staates" immer gedacht haben. Daß die Beziehungen zur älteren Lehre in der zweiten Hälfte des 20. Jahrhunderts, sieht man von der Allgemeinen Staatslehre von Hans Nawiasky (Bd. I 1945; Bd. II 1955; Bd. III 1956) ab, nur sehr distanziert gepflegt würden, stellten in den sechziger Jahren noch heraus: Hespe, K.: Zur Entwicklung der Staatszwecklehre, 1964, S. 9 - 14, 68, 76; Badura, P.: Die Methoden der neueren allgemeinen Staatslehre, 1959, S. 223 - 224, der vor allem die Anknüpfung der amerikanischen "political science" an die politischen Theoretiker des deutschen Vormärz hervorhebt. S. auch Scheuner, U.: Staatszielbestimmungen, in: Schnur, R. (Hg.): FS Forsthoff, 1972, S. 340 - 346.

[30]Böckenförde, E.-W.: Der Staat als sittlicher Staat, 1978, S. 20, Anm. 20, und S. 33.

Parlamentes zu stärken. Entsprang dieser Wunsch das gesamte 19. Jahrhundert hindurch dem existierenden Dualismus zwischen königlicher Regierung und Volksvertretung, besteht dieser Legitimationsgegensatz von monarchischem Prinzip einerseits, demokratischem Prinzip andererseits, heute nicht mehr. Obwohl also das Bild des Parlamentes als einer "Gegenmacht" dem politischen Regierungssystem nach 1918 nicht mehr gleichkommt, kann dem Parlament ein Zuwachs an Demokratie zu einer Stärkung seiner Legitimation führen. Diese "Demokratisierung" bedeutet im parlamentarischen System des 20. Jahrhunderts freilich nicht eine grundsätzliche Steigerung der Position der Volksvertretung, sondern der parlamentarischen Opposition.[31]

c. Elite

Die Auswahl der Besten als Repräsentanten des Volkes beschäftigte die Theoretiker des deutschen Vormärz. Sie fanden einen Weg, indem sie - für die Zeit nach 1815 durchaus fortschrittlich - im Einklang mit ihren Idealen von Besitz und Bildung das Zensuswahlrecht proklamierten.[32] Damit erhob sich im Gegensatz zum altständischen Selektionsmechanismus, der rein Geburt als Kriterium zuließ, ein neues, bürgerliches Elitebewußtsein. Wenngleich keineswegs in der Intensität, die eine unter demokratischen Aspekten vonnöten sind, doch immerhin innovatorisch stimulierend bewirkten die Vormärztheoretiker ein Umdenken.

Innerhalb des heutigen parlamentarischen, aber auch des präsidentiellen Regierungssystems, in denen die Akzeptanz der repräsentativen Demokratie außer Frage

---

[31] Hierzu ausführlich Quaritsch, H.: Demokratisierung, in: Demokratisierung. Ein Cappenberger Gespräch, 1976, S. 25 - 39. Aus verfassungsrechtlicher Sicht s. Denninger, E., in: ebda., S. 45 - 68.

[32] S. Art. Census von K.v. Rotteck, in: Staatslexikon, 2. Aufl., Bd. 2, 1846, S. 145 - 160; Zachariä, K.S.: Vierzig Bücher, Bd. III, 1839, S. 234. Vgl. im Unterschied zu den Liberalen die extreme Auffassung des Konservativen Stahl zur Repräsentativversammlung als dem Ort der Auserlesenen, die er selbst als "Elite", jedoch darunter nicht eine wertneutrale, sondern seinem "vorbürgerlichen" Gesellschaftsbild adäquate privilegierte geschlossene Führungsschicht verstehend, bezeichnete: Stahl, F.J.: Die Philosophie des Rechts, II,2, 1878, S. 317 - 318 und 481.

steht, tritt das Problem der - nunmehr demokratischen - Elite abermals in Erscheinung. Ein eigener Zweig der deutschen Parlamentarismus-Diskussion befaßt sich mit der Elitenforschung.[33] Dabei ist grundsätzlich festzustellen, daß, wenn sich dieser Zweig der Politikwissenschaft mit dem geschichtlichen Hintergrund beschäftigt, erst die zweite Hälfte des 19. Jahrhunderts in ihre Analysen miteinbezieht.[34] Auch in diesem Bereich offenbart sich die Tendenz, daß vielfach das Revolutionsjahr von 1848 als "der" Einschnitt und "die" Phase eines Innovationsschubs innerhalb der Entwicklung hin zur Demokratie gilt. Umso mehr ist darauf hinzuweisen, daß die Reflexionen der Theoretiker des deutschen Vormärz hinsichtlich der Rekrutierung von Repräsentanten keineswegs ein starres Verhaftetsein in altständischen Relikten bedeutete.

Das Elitendenken dieser "bürgerlichen" Schichten symbolisiert einen tiefen Wandel, der die Ausweitung von Führungspositionen auf eine breitere Schicht - wenn auch noch nicht auf die gesamte Bevölkerung - andeutet: die deutschen Vormärztheoretiker als Auslöser der "Satelzeit".

Wichtigstes Charakteristikum einer demokratischen Elite stellt die Transparenz, die Offenheit, dar; Aus-

---

[33] Gute Darstellungen des Forschungsstandes durch: Herzog, D.: Politische Führungsgruppen, 1982, v.a. S. 1 - 11, 102 - 113; Lenk, K.: "Elite" - Begriff oder Phänomen?, in: Aus Politik und Zeitgeschichte, B 42/82 vom 23. Oktober 1982, S. 27 - 37; ferner: Beyme, K.v.: Die politische Elite, 2. Aufl., 1974, v.a. S. 194 - 215 sowie zur im Vergleich zu England anderen Rolle des Adels in Deutschland aus historischer Sicht S. 189; Röhrich, W.: Eliten, in: Mickel, W.W. (Hg.): Handlexikon zur Politikwissenschaft, 1986, S. 89 - 93; Röhrich, W.: Politik, 1978, S. 141 - 148; Prosenc, M.: Führungsauslese (Elitenbildung), in: Röhring/Sontheimer (Hg.): Handbuch des deutschen Parlamentarismus, 1970, S. 152 - 154; Wiesendahl, E.: Moderne Demokratietheorie, 1981, S. 70 - 75.

[34] Z.B. die Studie von Knoll, J.H.: Führungsauslese in Liberalismus und Demokratie, 1957, der die Zeit des deutschen Vormärz lediglich als "Frühzeit des Liberalismus" streift, viele vormärzliche Liberale nicht erwähnt oder nur tangiert, statt dessen aber in eben diesem Kapitel unverständlicherweise dem Konservativen Stahl ein eigenes Unterkapitel widmet (S 31 - 47); vgl. auch Knolls Aufsätze zur gleichen Thematik: Politische Führungsauslese in der Gegenwart, in: Politische Studien, 12. Jg., Heft 133, 1961, S. 288 - 294, und: Elitebildung in der modernen Massengesellschaft, in: Die neue Ordnung in Kirche, Staat, Gesellschaft, Kultur, Heft 5, 1966; das 19. Jahrhundert in seiner Gesamtheit behandelt Klotzbach, K.: Das Eliteproblem im politischen Liberalismus, 1966.

grenzungskriterien von heute können nicht mehr Besitz oder Bildung sein, sondern Leistung, also eine Bewertung nach dem Maßstab der Funktionalität.[35] Daß "eine Demokratisierung und Egalisierung der Auswahl von funktionalen Delegationseliten eine der wirksamsten Methoden zur Bekämpfung des Einflusses unlegitimierter und unkontrollierter Macht der Oligopole darstellt"[36], betont *Klaus von Beyme* in seiner Analyse heutiger Elitenforschung im Zeichen der Demokratie. Damit gelingt *von Beyme* im Rahmen einer Bejahung der Pluralismustheorie[37] und der Einsicht des repräsentativen Charakters der Demokratie eine Vereinbarkeit von Demokratie und Elite - ein Problem, das gerade die erste Hälfte des 20. Jahrhunderts beschäftigte. Hervorgehoben aus der Reihe "klassischer" Elitetheoretiker sei *Robert Michels*, dessen These des "ehernen Gesetzes der Oligarchie", also der zwangsläufigen Verselbständigung von Führungsgruppen in der modernen Demokratie, einem auf Rousseau basieren-

---

[35] Zu den Termini "Wertelite" und "Funktionselite" s. Waldmann, P.: Elitenherrschaft in einer pluralistischen Demokratie?, in: Bekker, J. (Hg.): Dreißig Jahre Bundesrepublik, 1980, S. 169. Vgl. bereits 1958 Gablentz, O.H.v.d.: Autorität und Legitimität, in: Ders.: Der Kampf um die richtige Ordnung, 1964, S. 96 - 98, der von einer "Funktionselite" in Anlehnung an Otto Stammer spricht. Daß Legitimation nicht allein nach unmittelbar-demokratischen Kriterien, sondern zunehmend nach Leistung zu eruieren ist, betont Simson, W.v.: Das demokratische Prinzip im Grundgesetz, in: VVDStRL, Heft 29, 1971, S. 20, 25.

[36] Zit. n. Beyme, K.v.: Die politische Elite, 2. Aufl., 1974, S. 221; nicht haltbar jedoch v. Beymes rigorose Negierung des - nach seinen Worten - "altliberalen Eliteprädikats" in: Die politische Elite, 2. Aufl., 1974, S. 117, das er obendrein irrtümlich, sich auf Knoll, 1957, S. 170, stützend, im deutschen Liberalismus der zweiten Hälfte des 19. Jahrhunderts vorzufinden glaubt.

[37] Beachte Quaritsch, H.: Zur Entstehung der Theorie des Pluralismus, in: Der Staat, Bd. 19, H. 1, 1980, S. 29 - 56; Wiesendahl, E.: Moderne Demokratietheorie, 1981, S. 79 - 90; Ryffel, H.: Pluralismus und Staat, in: Staatsorganisation und Staatsfunktionen im Wandel. FS Eichenberger, 1982, S. 59 - 70; Arnim, H.H.v.: Staatslehre, 1984, S. 103 - 123; Mößle, W.: Regierungsfunktionen des Parlaments, 1986, S. 10 - 22.

den Demokratiebegriff entsprang.[38]

Zugleich sei betont, daß einer Reduktion auf bloße Funktionseliten auch Gefahren entgegenstehen. Wie lösen rein "technokratische Leistungseliten" kulturelle und soziale Aufgaben, derer sich Führungsgruppen ebenso zu stellen haben?

Es war *Max Weber,* der in seiner grundlegenden Unterscheidung von Verantwortungsethik contra bloßer Gesinnungsethik in seinem Vortrag "Politik als Beruf" als Auslesekriterien drei Qualitäten eines Politikers anführte: zum einen "Leidenschaft" - im Sinne von Sachlichkeit, nicht als "sterile Aufgeregtheit", zum anderen "Verantwortungsgefühl" und schließlich "Augenmaß" als die "Fähigkeit, die Realitäten mit innerer Sammlung und Ruhe auf sich wirken zu lassen".[39]

Das Defizit der Funktionseliten verdeutlicht zu Recht *Peter Waldmann,* obgleich seiner Ansicht, daß die Forderung nach Eliten ihre "historische Wurzel in der Angst des Bürgertums des späten 19. Jahrhunderts"[40] habe, widersprochen werden muß. Verständnis, "Lauterkeit", "reife Einsicht und Erfahrung", "Besonnenheit und Ruhe", "ein enges Band an das Vaterland und damit an das öffentliche Wohl" werden von Vormärztheoretikern parallel zu ihren "gängigen" Auswahlkriterien, Besitz und Bildung", in einem Atemzug genannt.[41]

---

[38] S. Michels, R.: Zur Soziologie des Parteiwesens in der modernen Demokratie, Neudruck der 2. Aufl. (1925; 1. Aufl., 1911), 1957. Michels ist einer der wenigen, die sich zumindest peripher mit dem deutschen Vormärz im Zusammenhang mit dem in den ersten beiden Jahrzehnten des 20. Jahrhunderts großen Thema des Gegensatzpaares Masse - Eliten auseinandersetzen, so zu Karl von Rotteck, s. 9; s. auch das Nachwort zur Neuausgabe von W. Conze, S. 379 - 380, 388; Abosch, H.: Robert Michels - ein Klassiker?, in: SZ, Nr. 138 vom 20./21. Juni 1987, S. 101.
"Klassische" Elitentheoretiker der Zeit Michels aus nichtdeutschem Raume waren u.a. Gaetano Mosca und Vilfredo Pareto; der italienische Faschismus schien auch Michels die "relativ beste verfassungspolitische Lösung" der Gegenwart (W. Conze im Nachwort, S. 387), so daß der Kölner die Konsequenz seiner Theorie zog und bereits 1907 nach Italien ging.

[39] Weber, M.: Politik als Beruf, 1919, S. 49 - 50.

[40] S. Waldmann, P.: Elitenherrschaft, in: Becker, J. (Hg.): Dreißig Jahre, 1980, S. 181 - 184.

[41] So K.v. Rotteck im Zusammenhang mit der Bestimmung des passiven und auch aktiven Wahlrechts, in: Aretin/Rotteck: Staatsrecht der konstitutionellen Monarchie, 2. Bd., 2. Abth., 1828, S. 169 - 173.

In der Vormärz-Theorie zeichnet sich ab, was heute der Ausdruck "Konsensus-Elite"[42] als Postulat einer repräsentativen Demokratie umschreibt. In ihrem Selbstverständnis fühlten sich die politischen Denker des deutschen Vormärz,[43] die ja nicht selten auch in der Verfassungswirklichkeit als Vertreter in einer der beiden Kammern praktisch wirkten, als Repräsentanten des "ganzen Volkes". Ihre Ideen und ihr Handeln, so das hehre Ziel, sollte im Sinne aller sein. Dieser Vorstellung entsprach denn auch der Gedanke eines vorhandenen "consensus omnium".[44] In diesem Zusammenhang soll auf ein Problem der Wertordnung eines Staates aufmerksam gemacht werden, auf das zu Recht *Günther Maluschke* verweist: Es gibt keine objektiven Kriterien, einen grundsätzlichen Konsens - oder auch Dissens - hinsichtlich der Werte, die in einem Staate Gültigkeit haben, zu

---

[42] Hierzu ausführlich Field, G.L., and Higley, J.: The states of national elites and the stability, 1982; dt. Ausgabe: Eliten und Liberalismus. Ein neues Modell zur geschichtlichen Entwicklung, 1983, v.a. S. 31, 51, 83 - 87, 130 - 132; s. auch Bachrach, P.: Die Theorie demokratischer Elitenherrschaft, 1970, S. 119 und 125, der für ein Überleben der Demokratie den Eliten die "Unterstützung des Volkes", die Partizipation der Mehrheit rät. - Völlig konträr ist Robert Michels Konsensustheorie, wonach der Führer seine Herrschaft durch die Zustimmung der Massen legitimiert, d.h. die Idee der Repräsentation zugunsten des plebiszitären Gedankens vollkommen vernachlässigt wird: hierzu Pfetsch, F.: Robert Michels als Elitentheoretiker, in: PVS, 7. Jg., H. 2, 1966, S. 209 - 210.
Zum Begriff Konsens als Schlüsselwort in der Geschichte s. Eisel, S.: Konsens im Konflikt, in: Aus Politik und Zeitgeschichte, B. 10/86 vom 8. März 1986, S. 4 - 5.

[43] Drath, M.: Die Entwicklung, in: Rausch, H. (Hg.): Zur Theorie, 1968, S. 301, 305, 312, 317, irrt, wenn er den "modernen Begriff" Elite für den deutschen Vormärz als nicht treffenden Terminus bezeichnet; denn gerade politische Theoretiker nach 1815 operierten, wie in dieser Arbeit gezeigt wird, mit diesem Wort.

[44] Vgl. die dem linken Flügel der Parlamentarismuskritik zugehörige Darstellung von Karsch, F. und Schmiederer, U.: Der Funktionswandel der Legislative, in: Abendroth, W., und Lenk, K. (Hg.): Einführung, 6. Aufl., 1982, S. 191; Kritik am Mehrheitsprinzip und Forderung einer Umorientierung des Konsens, ausgehend von dem "Problem der dissentierenden ökologischen Minderheit" und dem seiner Meinung nach gravierenden "Mangel der Markttheorie der Demokratie, durch Fetscher, I.: Wieviel Konsens gehört zur Demokratie?, in: Guggenberger/Offe (Hg.): An den Grenzen der Mehrheitsdemokratie, 1984, S. 198, 202, 206. S. auch die Untersuchung des Sternberger-Schülers über das bundesrepublikanische Regierungssystem: Wildenmann, R.: Macht und Konsens als Problem, 2. Aufl., 1967, S. 73 ff.; aus konservativer Sicht Friedl, G.A.: Von Konsens und Selbständigkeit, in: Politische Studien, 38. Jg., Heft 291, 1987, S. 28 - 29.
Zur Geschichte des Konsensus in Mittelalter und früher Neuzeit als Grundsatz "Quod omnes tangit, ab omnibus tractari et approbari debet" s. Wyduckel, D.: Princeps legibus solutus, 1979, S. 155 - 163; zu dieser Formel s. auch in dieser Arbeit S. 168 - 170.

bestimmen. Der Begriff "Verfassungsloyalität" impliziert die notwendige Bereitschaft der Bürger, Rechte und Pflichten im Staat zu erfüllen, und beschreibt ein "äußeres" Aktionsfeld, während - subjektiver - Konsens als "innere" Einstellung variabel sein kann.[45]

Zu allen Zeiten, nicht nur, aber doch sehr intensiv im Vormärz spielte der Aspekt des "auxilium et consilium" eine bedeutende Rolle. (Ab-)Hilfe durch Beratung erblickten politische Theoretiker nach 1815 in der Existenz einer Volksrepräsentation, die der königlichen Regierung gegenübergestellt werden müsse. Beratung heute impliziert freilich nicht mehr die Chance des Volkes, durch Repräsentanten im Staat mitzuwirken. In der parlamentarischen Massendemokratie stehen Berater sowohl der Exekutive, als auch der Legislative zur Seite. Diese "funktionale Autorität"[46] wirft eine Vielzahl von verfassungsrechtlichen Problemen auf. Berater als Personen, die Fachwissen jeglicher Richtung verkörpern, stellen heute eine "notwendige Folge der Komplexität und Interdependenz aller gesellschaftlichen Verhältnisse und der Verpflichtung des Staates zu einer umfassenden sozialen Gestaltung"[47] dar.

War eine Teilnahme und Teilhabe an der Politik, sei es als Berater der königlichen Regierung, sei es als mit aktivem und passivem Wahlrecht versehener "Staatsbürger", im Vormärz und darüber hinaus von Besitz und Bildung abhängig - was von der politischen Theorie ausdrücklich favorisiert wurde - , so ist diese privilegienverhaftete Ausgrenzung der Masse der Bevölkerung im

---

[45]Beachte Maluschke, G.: Das Menschenbild und das Problem der "Werte" in der Sicht der Politischen Philosophie, in: Aus Politik und Zeitgeschichte, B 28/87 vom 11. Juli 1987, S. 12 - 13; Eisel, S.: Konsens im Konflikt, in: Aus Poltik und Zeitgeschichte, B 10/6 vom 8. März 1986, S. 14 - 15;s. auch Niebuhr, R.: Consensus in einer demokratischen Gesellschaft, in: PVS, 2. Jg., H. 3, 1961, S. 202 - 222.

[46]Hierzu Eschenburg, Th.: Über Autorität, 1976, S. 168. S. die Ausführungen in dieser Arbeit S. 150 - 151.

[47]Zit. n. Brohm, W.: Sachverständige und Politik, in: Schnur, R. (Hg.): Festschrift für Ernst Forsthoff zum 70. Geburtstag, 1972, S. 37, der deshalb für die Interessenverbände ein das Petitionsrecht überhöhendes "Gesetzespostulationsrecht" fordert (S. 72).

demokratischen 20. Jahrhundert nicht mehr haltbar. Das Bestreben gerade linker Parlamentarismus-Kritiker nach gesteigerter Partizipation aller muß jedoch als illusorisches Wunschdenken negiert werden. Ausgehend von einem idealisierten Bürgerbild, wird die "Vorstellung von einem stets politisch interessierten, engagierten und allseits partizipationsbereiten Bürger"[48] proklamiert, das der Realität, wie empirische Untersuchungen offenbaren, keineswegs entspricht. Weniger eine blindlings durchgeführte Steigerung der Partizipationsmöglichkeiten aller, die dann letztlich doch nur von wenigen genutzt werden, als vielmehr die Ankoppelung der breiten Interessen an ein "insitutionalisiertes Konsultationsnetz" verspricht eine Praktikabilität "responsiver Demokratie".[49]

d. Mehrheitsprinzip und Volkssouveränität

Die demokratische Elitentheorie, der Aspekt des "consensus omnium" im Rahmen der heutigen Parlamentarismus-Diskussion stehen unter einer Grundprämisse: der Akzeptanz des Mehrheitsprinzips.[50] Im repräsentativen Regierungssystem gilt die Wahl als das Mittel schlechthin, das Prinzip der Volkssouveränität zu verwirklichen. Die Ermittlung der politischen Willensbildung durch Wahlen erfordert einen Bewertungsmaßstab des Wahlausgangs: das Mehrheitsprinzip. Die Mehrheit, ermittelt in einer Gruppe von Stimmberechtigten, unter denen Gleichheit besteht, bietet "die größere Gewähr für die Richtigkeit der gefundenen Entscheidungen".[51] Entscheidet also der letztlich größere Teil einer Gruppe, also die "pars maior", so ist die Sicherheit am größten, daß

---

[48] Zit. n. Sarcinelli, U.: Politikvermittlung in der Demokratie, in: Aus Politik und Zeitgeschichte, B 50/84 vom 15. Dezember 1984, S. 11.

[49] Hierzu Uppendahl, H.: Repräsentation und Responsivität, in: ZParl, 12. Jg., H. 1, 1981, S. 134.

[50] Daß das Mehrheitsprinzip nicht allein im politischen Raum, sondern auch im gesellschaftlichen, wie in Vereinen, Körperschaften etc., geltende Entscheidungsregel ist, stellt Dreier, H.: Das Majoritätsprinzip, in: ZParl, H. 1, 1986, S. 99, heraus.

[51] Zit. n. Achterberg, N.: Die parlamentarische Verhandlung, 1979, S. 40 - 42.

dieser zugleich die "pars sanior" ist.

Es stellt innerhalb des Demokratieprinzips[52] hinsichtlich der Verwirklichung der staatlichen Willensbildung die "formal-prozedurale Komponente"[53] dar. Da in modernen Massengesellschaften eine Mitbestimmung aller "von der Natur her" idealistisch und unrealistisch ist, erweist sich das Mehrheitsprinzip, vorformuliert bereits in den vormärzlichen politischen Theorien gerade der Frühliberalen,[54] in repräsentativen Demokratien als das bestmögliche Hilfsmittel, die größtmögliche Zahl entsprechend des Prinzips der Gleichheit an politischen Entscheidungsprozessen mitwirken zu lassen bzw. in regelmäßigen Abständen Entscheidungen auf Repräsentanten zu transferieren.[55]

---

[52] Beachte Art. 20.1 und 20.2 GG sowie die Homogenitätsvorschrift für die Länder in Art. 28.1 (1. Satz) GG; s.a. Art. 2, 4, 5, 11.4 BV.

[53] Arnim, H.H.v.: Gemeinwohl und Gruppeninteressen, 1977, S. 43 - 46, gesellt dieser als dem Gebot der gleichen Mitwirkung aller via Wahlen die "materiell-inhaltliche Komponente" hinzu, die er als die "angemessene Berücksichtigung aller Interessen" definiert; sie sei bei den Ergebnissen der staatlichen Willensbildung zu beachten.
S. auch Herzog, R.: Demokratie und Gleichheit heute, in: DVBl, 85. Jg., H. 18, 1970, S. 713 - 716; Benda, E.: Konsens und Mehrheitsprinzip im Grundgesetz, in: Hattenhauer, H., und Kaltefleiter, W. (Hg.): Mehrheitsprinzip, 1986, S. 62.

[54] Es ist jedoch zu betonen, daß das Mehrheitsprinzip keineswegs allein der Demokratie oder demokratischem Gedankengut verhaftet ist; im Gegenteil, es blickt auf eine vordemokratische Tradition, deren Wurzeln bis in die griechische und römische Antike reichen. Hierzu detailliert Jäger, W.: Mehrheit, Minderheit, Majorität, Minorität, in: Brunner/Conze/Koselleck (Hg.): Geschichtliche Grundbegriffe, Bd. 3, 1982, S. 1023 - 1062; zur historischen Entwicklung s. auch Dreier, H.: Das Majoritätsprinzip, in: ZParl, H. 1, 1986, S. 94 - 101. Zu wenig differenziert behandelt Hattenhauer, H.: Zur Geschichte von Konsens- und Mehrheitsprinzip, in: Ders. und Kaltefleiter, W. (Hg.): Mehrheitsprinzip, Konsens und Verfassung, 1986, S. 15 - 20, die Grundlegung des Mehrheitsprinzips im 19. Jahrhundert.

[55] Dies widerspricht z.B. entschieden der Rousseau folgenden Auffassung G. Leibholz': Das Wesen der Repräsentation, 1929, S. 175; s. auch 3. Aufl., 1966, S. 224 - 226, der in seiner rigorosen Gegenüberstellung von parteienstaatlicher Demokratie und (überholter) liberal-repräsentativer parlamentarischer Demokratie eine plebiszitär-identitären Staatsform fordert und daher folgert: "Es ist kein Zufall, daß die weitgehende politische Entliberalisierung heute insoweit auch zu einer Desillusionierung dieser Komponente der Rechtfertigung des Mehrheitsprinzips geführt hat" (S. 224).
Zur Widerlegung der Leibholzschen Position, die dieser u.a. auch darstellt in den Aufsätzen: "Parteienstaat und repräsentative Demokratie", S. 248, und "Parlamentarische Repräsentation", S. 233 - 234, beide in: Rausch, H. (Hg.): Zur Theorie und Geschichte der Repräsentation, 1968. S. in dieser Arbeit die Kapitel über "Das repräsentative Prinzip" und "Das Prinzip der Volkssouveränität", S. 154 - 175 und S. 193 - 230.

Trotz offensichtlicher Defizite[56] stellt das demokratische Mehrheitsprinzip, das historisch die traditionale Legitimation staatlicher Herrschaft beendete, das Mittel zur Entscheidungsfindung dar. Probleme und damit Begrenzungen des Mehrheitsprinzips treten gerade am Ende des 20. Jahrhunderts im Rahmen des Themas Ökologie und Umweltschutz auf. Die die Schwierigkeiten andeutenden Stichworte lauten "Irreversibilität politischer Entscheidungen", die zugleich über die Landes- und Staatengrenzen hinweg nicht allein die eigene Nation betreffen können, und mangelnder "Basiskonsens". Trotzdem zeigt sich, daß es zum Mehrheitsprinzip keine brauchbare Alternative gibt. Daher hat das Grundgesetz die Aufgabe zu tragen, als Dokument einen Konsens aller Bürger zu fixieren.[57] Dieser "Basis- oder Grundkonsens" bedeutet, daß in der Bevölkerung ein "breiter Fundus weithin akzeptierter Werte, Normen, Ziele" existiert.[58] Daß ein stärkeres Selbstbewußtsein der Abgeordneten die Gefährdungen des Verfassungskonsenses abbauen könne, da die "Ermutigung zum politischen Gestaltungswillen" das "wesentlichste Element des Parlamentarismus" sei, stellt

[56] Obwohl das Mehrheitsprinzip in seinem Grundsatz nicht in Zweifel gezogen wird, erfährt es heute gerade im Zusammenhang mit der Debatte um ein Widerstandsrecht eine kritische Beleuchtung; s. Guggenberger, B.: Wo die Macht der Mehrheit endet, in: Meyer, Th., Miller, S., Strasser, J. (Hg.): Widerstandsrecht in der Demokratie, 1984, S. 123 - 130; Offe, C.: Politische Legitimation durch Mehrheitsentscheidung?, in: Ebda., S. 101 - 103; kritische Reflexion in dem Sammelband Guggenberger, B., und Offe, Claus (Hg.): An den Grenzen der Mehrheitsdemokratie, 1984, v. a. die linksliberalen Beiträge von H.J. Varain, C. Gusy, C. Offe, B. Guggenberger, aber auch die Kritik des Neokonservativen Müller-Plantenberg.

[57] Kielmansegg, P.G.: Demokratieprinzip und Regierbarkeit, in: Hennis, W., Kielmansegg, und Matz, U. (Hg.): Regierbarkeit, Bd. 1, 1977, S. 119 - 120; neuerdings auch Sahner, H.: Wer fordert die parlamentarische Mehrheitsdemokratie heraus?, in: ZParl, H. 4, 1984, S. 571 - 576; Dreier, H.: Das Majoritätsprinzip, in: ZParl, H. 1, 1986, S. 114 - 118. Sahner und Dreier stehen dem Sammelband Guggenberger, B., und Offe, C. (Hg.): An den Grenzen, 1984, sehr kritisch gegenüber.

[58] Zit. n. Sahner, H.: Sozialer Wandel und Konsens - Zur Legitimitätsproblematik des Mehrheitsprinzips, in: Hattenhauer, H., und Kaltefleiter, W. (Hg.): Mehrheitsprinzip, 1986, S. 93. S. auch Benda, E.: Konsens und Mehrheiitsprinzip im Grundgesetz, in: ebda., S. 76 - 77, der trotz des Vorhandenseins eines "Grenzbereichs von Recht und Politik" das Mehrheitsprinzip als "nicht ersetzbare Methode" des Entscheidungsfindungsprozesses bezeichnet.

Ernst Benda heraus.[59]

Damit Volkssouveränität und Demokratie nicht bloße Fiktion, sondern den sozialpolitischen Gegebenheiten angepaßte Realität sind, hat sich das Mehrheitsprinzip bezüglich der Minorität als "intertemporärer Kompromiß"[60] zu erweisen; Kontrolle durch öffentliche Kritik muß ebenso existieren wie die Chance der Opposition, mitzuarbeiten. Denn:

> "Wo keine *Identität* von "Herrschern" und "Beherrschten", also keine wirkliche "Selbstregierung der Regierten" mehr möglich ist, soll wenigstens eine *Identifikation* der letzten mit den ersten möglich sein."

Kontrolle erweist sich demnach bilateral. Zum einen bedeutet sie die nachträgliche Überprüfung, zum anderen eine zeitgleiche Überwachung der Vorgänge im Staat, wodurch eine Mitwirkung ermöglicht wird. Die Ausübung von Kontrolle steht somit in einem direkten Zusammenhang mit Verantwortung.[61] Dieser Kontext wird erst in jüngster Zeit wieder betont; er war durch die Lehren *Carl Schmitts* und *Gerhard Leibholz'* "verschüttet" worden. Seine Wurzeln jedoch liegen in der deutschen Theorie des Vormärz.[62]

---

[59] Benda, E.: Zukunftsfragen der Parlamentarischen Demokratie, in: ZParl, 9. Jg., H. 4, 1978, S. 520 - 521. Die realitätsbezogene Ermittlung des Gesamtwillens durch Aktion, nicht allein Re-Aktion der Abgeordneten, bringt in den Anfängen des Konstitutionalismus schon Rotteck, C.v.: Lehrbuch des Vernunftrechts, Bd. I, 2. Aufl., 1840, S. 282, zum Ausdruck.

[60] Drath, M.: Die Entwicklung, in: Rausch, H. (Hg.): Zur Theorie, 1968, S. 295; s. auch folgendes Zitat auf S. 296. Beachte ferner Hättich, M.: Begriff und Formen der Demokratie, 1966, S. 19 - 36; 50 - 54.

[61] Ritter, G.A.: Die Kontrolle staatlicher Macht, in: Ders. (Sammlung): Arbeiterbewegung, Parteien und Parlamentarismus, 1976, S. 225 - 226 und S. 374, Anm. 13, wo sich Ritter ausdrücklich auf U. Scheuner bezieht; Meyn, K.-U.: Kontrolle als Verfassungsprinzip, 1982, S. 179 ff.; Pennock, J.R.: Democratic Political Theory, 1979, S. 260 - 268.

[62] Zu Begriff und Funktion der Kontrolle in der Lehre von C. Schmitt, R. Smend, H. Heller, G. Leibholz und U. Scheuner s. Meyn, K.-U.: Kontrolle als Verfassungsprinzip, 1982, S. 119 - 177. Grundlegend: Saladin, P.: Verantwortung als Staatsprinzip. Ein neuer Schlüssel zur Lehre vom modernen Rechtsstaat, 1984, S. 56 (Bezug auf Rotteck und Welcker) - 59.
Vgl. auch Welckers Beiträge "Verantwortlichkeit der Fürsten und der Minister" sowie "Verantwortlichkeit der Landstände und der Mitglieder der Landstände", in: Staatslexikon, Bd. 12, 1848, S. 709 - 711 und 711 - 726; ferner: Zachariä, K.S.: Vierzig Bücher vom Staate, Bd. III, 1839, S. 212, der Verantwortung von allen, die vom Volk mit der Ausübung eines Rechts beauftragt wurden, fordert, Repräsentanten jedoch ausschließt.

Die politische Ideengeschichte nach 1815 hielt an der verfassungsrechtlichen Verantwortungslosigkeit des Monarchen fort und unterzog einzig die Minister der Kontrolle des Volkes. Mit dem Fehlen der Verantwortung wurde schließlich das Königtum in der Moderne im Zeichen demokratischer Verfassungsstaaten immer mehr der Macht im Staate verlustig. Macht legitimierte sich durch das Vertrauen und zugleich die Kontrollmöglichkeit des Volkes als oberstem Souverän.[63] Maßstab jeglicher Kontrolle und Verantwortung und damit aller Rechte und Pflichten ist das Gemeinwohl; Öffentlichkeit als "Lebenselement demokratischen Verfassungslebens" ist unabdingbar.[64]

Seine Rechtfertigungsbasis erfährt das Mehrheitsprinzip im politischen Recht der Minderheit;[65] aber auch die generelle Garantie von Grund- und Freiheitsrechten sind Faktoren, die ausschlaggebend sind, damit das Mehrheitsprinzip funktionieren kann. [66] Als Entscheidungsregel innerhalb einer pluralistischen Gesellschaft ist es nicht auf Richtigkeit und damit Unrichtigkeit der Minderheit, sondern lediglich auf die kollektive Feststellung einer quanitativen Mehrheit ausgerichtet. Zu den unbestreitbaren Vorzügen des Mehrheitsprinzips gegenüber anderen Entscheidungsregeln zählen neben der "Schnelligkeit und Eindeutigkeit" geringe Kosten, ein

---

[63] Zu dieser Entwicklung Scheuner, U.: Verantwortung und Kontrolle in der demokratischen Verfassungsordnung, in: Ders.: Staatstheorie und Staatsrecht. Gesammelte Schriften, 1978, S. 301 - 302. Beachte in diesem Zusammenhang auch die Rede von Guardini, R.: Freiheit, 1960, S. 17 - 21.

[64] Ebda., S. 305 - 306.; im folgenden analysiert Scheuner die tiefschneidenden Veränderungen von Kontrolle und Verantwortung durch das veränderte Bild des Parlamentes, das im parlamentarischen Regierungssystem nicht mehr als kontrollierendes Verfassungsorgan einer agierenden Regierung - wo noch die ältere Vorstellung von Parlamentarismus - gegenübersteht (S. 311). S. auch ders.: Die Lage des parlamentarischen Regierungssystems, in: ebda., S. 366 - 367.

[65] Gusy, C.: Konsensprinzip oder Demokratie. Zur Auseinandersetzung um das Mehrheitsprinzip, in: ZfP, 32. Jg., H. 2, 1985, S. 136; 146 - 149; noch immer eine hervorragende Darstellung der Geschichte des Mehrheitsprinzips durch: Scheuner, U.: Das Mehrheitsprinzip in der Demokratie, 1973, S. 13 ff., S. 40 - 42; ferner: Heun, W.: Das Mehrheitsprinzip, 1983, 175 - 180.

[66] Vgl. Eisel, S.: Plädoyer für die Mehrheitsregel, in: ZParl, H. 4, 1985, S. 576 - 580; Saretzki, T.: Mehrheitsprinzip und Grundkonsens, in: ZParl, H. 2, 1985, S. 256 - 261.

"hohes Maß an Praktikabilität" und damit verbunden eine "relativ hohe Befolgungssicherheit".[67] Voraussetzung, daß das durch dieses Prinzip festgestellte Ergebnis als legitim erachtet wird, ist ein "gemeinsamer verfassungsmäßig verankerter Minimalkonsens".[68] Gerade von seiten linker Parlamentarismus-Kritiker wird zugleich der Vorwurf erhoben, daß das Mehrheitsprinzip bestehende Herrschaftsstrukturen absichere. Indem jedoch der Minderheit durch die Möglichkeit eines Machtwechsels die Gelegenheit, selbst Herrschaft auszuüben, nicht vorenthalten, sondern sogar verfassungsmäßig garantiert wird, muß das Majoritätsprinzip insbesondere als Schutzmechanismus betrachtet werden. Es schützt die jeweilige Mehrheit vor einer Diktatur der Minderheit. Obwohl eine Manipulation der Mehrheit nie auszuschließen ist, muß diese Regel als unverzichtbar gelten: "niemand kann verbindlich entscheiden, welche Minderheitenmeinung denn nun stärkere, welche schwächere Gewichtung verdient."[69]

Obwohl die politische Theorie des deutschen Vormärz in ihrem ungenierten, aus den Zeitumständen erklärlichen Ja zum Zensuswahlrecht der Forderung des Mehrheitsprinzips noch nicht die Dimension des Egalitären, die der modernen Demokratie inne ist, einverleibte, ist zu konstatieren, daß zum einen die Verknüpfung dieses Prinzips mit dem Prinzip der Repräsentation damals wie heute ein entscheidendes Merkmal ist, daß zum anderen Grundlagen liberaler Denker nach 1815 im modernen demokratischen Staat von heute integriert und ausgebaut

---

[67] So Dreier, H.: Das Majoritätsprinzip, in: ZParl, H. 1, 1986, S. 111 - 112.

[68] Diese Modifikation des Mehrheitsprinzips fordert Saretzki, Th.: Das Mehrheitsprinzip - demokratisches Entscheidungsverfahren ohne Alternative?, in: Gegenwartskunde, 33. Jg., H. 2, 1984, S. 266; ein Votum für die Bewahrung des ursprünglichen Sinnes von Vertrags- und Konsensgedanke gibt Zippelius, R.: Zur Rechtfertigung des Mehrheitsprinzips in der Demokratie, in: aus Politik und Zeitgeschichte, B 42/87 vom 17. Oktober 1987, S. 10, ab.

[69] Zit. n. Hartwich, H.-H., und Wewer, G.: Die Bundesrepublik Deutschland in den achtziger Jahren, in: Politische Bildung, 16. Jg., H. 1, 1983, S. 7. S. auch Sahner, H.: Sozialer Wandel und Konsens - Zur Legitimitätsproblematik des Mehrheitsprinzips, in: Hattenhauer, H., und Kaltefleiter, W. (Hg.): Mehrheitsprinzip, 1986, S. 95, der darauf verweist, daß das Vetorecht als Instrument des Minderheitenschutzes zu einem Mittel der Erpressung der Mehrheit pervertieren kann.

sind.[70]

Das Prinzip der Volkssouveränität[71] findet seine Legitimität in der Anerkennung seiner Rechtmäßigkeit durch das Volk selbst. Das Mehrheitsprinzip stellt dabei das Ordnungsprinzip dar, das den Willen des Volkes in Form einer Übereinstimmung evident macht. Es erfuhr mit der Durchsetzung des Prinzips der Volkssouveränität eine außerordentliche Bedeutungssteigerung und bildet von den Faktoren demokratischer Legitimität das "ganz zentrale" Element.[72] *Hanns Kurz* spricht zu Recht von einer "limitierten Repräsentation",[73] d.h. das Prinzip der Volkssouveränität ist nur realisierbar, wenn es mit dem Prinzip der Repräsentation vereinbar ist. Diese beiden Prinzipien in einem Kontext zu sehen und insbesondere das Prinzip der Volkssouveränität dadurch praktikabel zu machen, wird in den politischen Theorien des deutschen Vormärz deutlich.

Peter Graf Kielmansegg wies nach, daß die Volkssouveränität als "Formel der Verkündigung einer prinzipiellen Alternative zum monarchisch-aristokratisch verfaßten Staat" "ihre geschichtliche Aufgabe" als Kampfbegriff besaß.[74] Volkssouveränität war angetreten, ältere Legitimitätsvorstellungen zu ersetzen. Heute ist dieser Konflikt beendet. Alle modernen Staaten - auch und

---

[70] Scheuner, U.: Das Mehrheitsprinzip, 1973, S. 62; s. auch den Standardaufsatz von Giercke, O.v.: Über die Geschichte des Mehrheitsprinzips, wieder abgedruckt in: Guggenberger/Offe (Hg.): An den Grenzen der Mehrheitsdemokratie, 1984, S. 22 - 38; beachte auch die beiden Aufsätze in: Isensee, J., und Kirchhof, P. (Hg.): Handbuch des Staatsrechts, Bd. II, 1987, von: Böckenförde, E.-W.: Demokratische Willensbildung und Repräsention, S. 29 - 48, und: Schmitt Glaeser, W.: Die grundrechtliche Freiheit des Bürgers zur Mitwirkung an der Willensbildung, v.a. S. 62 - 68.

[71] S. die Beiträge von X.S. Combothecra, H.J. Laski, H. Kelsen, U. Scheuner, Th. Maunz und W. Thieme in dem von H. Kurz herausgegebenen Sammelband: Volkssouveränität und Staatssouveränität, 1970.

[72] Dreier, H.: Das Majoritätsprinzip, in: ZParl, H. 1, 1986, S. 100. S. auch Kielmansegg, P.G.: Volkssouveränität, 1977, S. 246, der betont, daß Volkssouveränität notwendigerweise auf die Mehrheitsregel, die jedoch gerade von keiner sog. "prästabilierten Harmonie", sondern von einem Spannungsverhältnis gekennzeichnet ist und damit einen Machtwechsel von ehedem Minderheiten zu Mehrheiten zuläßt.

[73] Kurz, H.: Volkssouveränität, 1965, S. 329.

[74] Zit. n. Kielmansegg, P.G.: Volkssouveränität, 1977, S. 247; zum folgenden s. 247 - 268.

gerade Diktaturen heften sich das Prinzip der Volkssouveränität zumindest verfassungsmäßig ans Revers - begründen heute ihre Legitimität demokratisch. Daher gelten Volkssouveränität und das damit implizierte Mehrheitsprinzip als zwei von vielen Faktoren innerhalb komplexer Demokratietheorien.[75]

---

[75]Ausführlich: Kielmansegg, P.G.: Volkssouveränität, 1977, S. 247 - 268. Zu den zahlreichen Voraussetzungen einer Realisierung des "Organisationsprinzips Demokratie" s. auch Kaltefleiter, W.: Die Grenzen der Demokratie, in: Hattenhauer, H., und Kaltefleiter, W. (Hg.): Mehrheitsprinzip, 1986, S. 140 - 143.

C. Schlußbetrachtungen

Können Theoretiker des deutschen Vormärz als Vordenker moderner Volksvertretungen angesehen werden? Die Antwort hängt von den Erwartungen ab, die der Betrachter an den Begriff "Vordenker" knüpft. Versteht man die Vordenkerrolle unter der Prämisse der Kongruenz und zeitverschobenen Parallelität, so kann die Eingangsthese nicht bejaht werden.

Unter dem Begriff "Vordenker" soll hier jedoch nicht ein "identischer Vorläufer" aufgefaßt werden. Gemeint ist vielmehr ein "Vor-Denken", aber noch nicht abgeschlossenes "Zu-Ende-Denken". Vordenken soll Vorausdenken bedeuten. Der Vordenker nimmt damit die Rolle desjenigen ein, der eine Thematik und Problematik einleitend und zugleich hinführend reflektiert. Ansätze parlamentarischen Denkens finden sich in der Tat in den politischen Theorien des deutschen Vormärz. Der "parlamentarische Keim" erwacht peu à peu. Er ist nicht bei jedem Staatsrechtler - der Großteil der Theoretiker war Jurist - nach 1815 "aufgegangen", und bei den "Empfänglichen" beileibe nicht in gleicher Intensität.

Richard Löwenthal stellt fünf Prinzipien, die einen "prinzipiellen Wandel" vom ständischen zur parlamentarischen System aufzeigen, nur zwei Prinzipien, die einer Kontinuität entsprechen, gegenüber.[1] Überträgt man sein Einteilungsschema auf die Theorie des deutschen Vormärz und moderne Volksvertretungen nach dem Zweiten Weltkrieg, ergibt sich unter Beiziehung der in dieser Arbeit erfolgten Analyse eine Modifizierung seiner Kategorisie-

[1] Löwenthal, R.: Kontinuität und Diskontinuität, in: Bosl, K., und Möckl, K. (Hg.): Der moderne Parlamentarismus, 1977, S. 346 - 351; kurze Kritik an Löwenthals Verneinung, daß es überhaupt einen deutschen Beitrag zur Entwicklung des Parlamentarismus gegeben habe, in gleichen Sammelband bei Rausch, H.: Repräsentation, in: ebda., S. 78.
Bosl, K.: Die Geschichte der Repräsentation, 1974, S. 236, betont, "daß die Kontinuität in der Repräsentationsgeschichte stärker ist als die Zaesur zwischen ständischem und modernem Repräsentativsystem."
S. auch Oestreich, G.: Zur Vorgeschichte des Parlamentarismus, in: Ders.: Strukturprobleme, 1980, S. 271. In dieser Abhandlung, die zugleich Besprechung des Sammelbandes von Bosl/Möckl ist, appelliert Oestreich daran, bei der Betrachtung verschiedener Formen von Repräsentation weniger von Kontinuität und Diskontinuität als vielmehr von "Repräsentationstraditionen" zu sprechen.

rung.

Es ist zuzustimmen: Das Prinzip der Repräsentation und das Prinzip des institutionellen Pluaralismus[2] stellen Merkmale der Kontinuität dar. Aber: Diese beiden und die der Diskontinuität unterworfenen fünf Prinzipien erweisen sich bei genauer Betrachtung als Zwischenglieder. Diskontinutität und Kontinuität sind jeweils partiell aufzuzeigen. Und gerade an diesen Prinzipien, die sich als "missing links" herausstellen, bestätigt sich die als evolutionshistorische These gedachte Eingangsfrage.

Einerseits dem 18. Jahrhundert noch eng verbunden, treten in den politischen Konzepten der Vormärztheoretiker bereits neue Gedankengänge auf, die richtungsweisend für die Entwicklung des Parlamentarismus - de facto in Deutschland erst ab 1918 - sind. Nicht der Vormärz an sich, aber Theoretiker dieser Epoche offenbaren sich als Wegbahner eines politischen Systems, das erst hundert Jahre später realisiert wurde. In diesem Sinne kann der deutsche Vormärz, wie einleitend dargelegt wurde, als eine "Sattelzeit"[3] gesehen werden. *Ulrich Scheuner* formuliert grundlegend, was insbesondere für die politische Ideengeschichte des Vormärz in bezug auf moderne Volksvertretungen Gültigkeit besitzt:[4]

"Jedes politische System steht in der Geschichte und vermag sich daher von seinen Grundlagen aus im Laufe der Zeit zu wandeln, sich veränderten sozialen Bedingungen anzupassen und auch zu erneuern. Neben grundlegenden und daher auch beständigen Formen und Prinzipien weist es veränderliche Züge auf. Wir kennen diese Möglichkeit der Fortbildung, der veränderten Deutung und Anpassung bei den großen Formprinzipien der politischen Theorie, der Gewaltenteilung, der Repräsentation oder Kontrolle."

---

[2]Darunter versteht Löwenthal, a.a.O., S. 346 - 347, die Legitimität der Teilinteressen, also das bewußte Hervorheben der Gemeinwohlorientiertheit. Gemeinwohl bedeutet dabei nicht die Fiktion des unteilbaren Gesamtwillens (so Rousseau und seine Anhänger), sondern die objektiv auszumachende Realität des hypothetischen Volkswillens.

[3]Nach Koselleck, R.: Einleitung, in: Brunner/Conze/Koselleck (Hg.): Geschichtliche Grundbegriffe, Bd. 1, 1979, S. XV. Ausführlich s. in dieser Arbeit S. 11 und S. 11, Anm. 18.

[4]Zitat aus: Scheuner, U.: Entwicklungslinien des parlamentarischen Regierungssystems, in: FS Arndt, 1969, S. 387. Beachte grundsätzlich Gebhardt, J.: Über das Studium der politischen Ideen, in: Bermbach, U. (Hg.): Politische Theoriengeschichte, 1984, S. 126 - 136.

Partielle Kontinuität ist, um einige Merkmale, die hier untersucht wurden, näher zu beleuchten, am Prinzip der Repräsentation sichtbar. Stand Repräsentation in der Theorie des Vormärz noch unter dem harmoniesuchenden Bewußtsein des bestehenden Dualismus von Fürst und Volksvertretung, so besteht die konsensorientierte Auffassung von Repräsentation auch im parlamentarischen Regierungssystem der Bundesrepublik Deutschland weiter. Das Prinzip der Volkssouveränität, schon im vormärzlichen theoretischen Denken betont und zugleich "abgeschwächt" durch das Mehrheitsprinzip und das Zensuswahlrecht, führte auf diesem nicht revolutionären, sondern evolutionären Wege zur heutigen alleinigen Abstimmung nach Köpfen. Eine Zwischenposition nimmt die politische Theorie der Epoche von 1815 bis 1848 auch ein, untersucht man das ständestaatliche Prinzip der zivilrechtlichen Standesunterschiede. Zwar stand gerade liberalen Denkern die Freiheit stets näher als die Gleichheit, doch wurden mit dem Aufkommen des "Staatsbürgers", des Besitz- und Bildungsbürgertums und der Veränderung im Adelsstand die Weichen für das in der Demokratie geltende Gleichheitsprinzip gelegt. Das Prinzip der Verantwortlichkeit der Regierung und Minister war - genannt sei vor allem Mohl - in der Theorie des Vormärz, insbesondere nach 1830, ein intensiv reflektiertes Thema. In diesen Zusammenhang gehören denn auch die Abhandlungen über Parteien (so Zachariä), das Plädoyer für ein freies Mandat der Abgeordneten und die Forderung nach dem Prinzip der Öffentlichkeit.

Während die Ständeversammlungen insbesondere der süddeutschen Staaten im deutschen Vormärz durch ihre Forderung nach Mitbestimmung und Herrschaftsteilhabe nur - aber zugleich auch immerhin - eine "funktionale, wenn auch keine institutionelle Brücke"[5] zu modernen Volksvertretungen schlagen konnten, legte die politische

[5] So Bradler, G., und Quarthal, F.: Einführung, in: Blickle, P. u.a.: Von der Ständeversammlung zum demokratischen Parlament, 1982, S. 16; s. auch Wahl, R.: Die Entwicklung des deutschen Verfassungsstaates, in: Isensee, J., und Kirchhof, P. (Hg.): Handbuch des Staatsrechts, Bd. I, 1987, S. 28 - 30.

Theorie nach 1815 die Grundlagen elementarer Aspekte moderner Parlamente. Diese Fundamente erfuhren im Zusammenspiel mit der Verwirklichung des demokratischen Prinzips in der Weimarer Reichsverfassung und insbesondere im Bonner Grundgesetz ihre konsequente Ausformung. Der politischen Theorie des Vormärz gebührt deshalb eine Pilotfunktion innerhalb der Entwicklung parlamentarischer Verhältnisse in Deutschland.

QUELLEN- UND LITERATURVERZEICHNIS

Vorbemerkung: Das Schriftgut gliedert sich in ein Quellen- und ein (Sekundär-)Literaturverzeichnis. Trotz des Schwerpunktes in dieser Arbeit auf der Zeit des deutschen Vormärz ist das Quellenverzeichnis u.a. in "Abhandlungen aus der Zeit des 19. Jahrhunderts" eingeteilt, da eine rigorose Zäsur der zeitgenössischen Literatur mit dem Jahr 1848 de facto nicht haltbar und auch nicht möglich ist. Im übrigen sei darauf hingewiesen, daß die in dieser Arbeit erfolgten Zitate aus Quellen der im Original verwendeten Orthographie folgen.

D. QUELLENVERZEICHNIS

1. Biographien

Allgemeine Deutsche Biographie. Auf Veranlassung und mit Unterstützung seiner Majestät des Königs von Bayern Maximilian II; hg. durch die historische Commission bei der Königl. Akademie der Wissenschaften, 44 Bde., Neudruck der 1. Aufl. von 1876 - 1898, 2., unveränd. Aufl., Berlin 1968 - 1971.

Neue Deutsche Biographie. Hg. von der historischen Kommission bei der Bayerischen Akademie der Wissenschaften, Berlin 1964.

2. Quellensammlungen, Aufsatzbände, Periodika

Allgemeine politische Annalen. In Verbindung mit einer Gesellschaft von Gelehrten hg. v. Friedrich Murhard, 12 Bde., Stuttgart/Tübingen 1821 - 1824; Neue allgemeine politische Annalen, 1824 - 1828;
Allgemeine politische Annalen. Neueste Folge, hg. v. Karl von Rotteck, München (Stuttgart/ Tübingen) 1830 - 1832.

Batscha, Zwi, und Garber, Jörn (Hg.): Von der ständischen zur bürgerlichen Gesellschaft. Politisch-soziale Theorien im Deutschland der zweiten Hälfte des 18. Jahrhunderts, Frankfurt/M. 1981.

Beyme, Klaus von (Hg.): Robert von Mohl. Politische Schriften. Eine Auswahl (= Klassiker der Politik, Bd. 3), Köln/Opladen 1966.

Brandt, Hartwig (Hg.): Restauration und Frühliberalismus 1814 - 1840 (= Quellen zum politischen Denken der Deutschen im 19. und 20. Jahrhundert. Freiherr vom Stein-Gedächtnisausgabe. Hg. von Rudolf Buchner und Winfried Baumgart, Bd. III), Darmstadt 1979.

Briefe Steins an Mohl, in: Staat und Gesellschaft. Studien über Lorenz von Stein, hg. von Roman Schnur, Berlin 1978, S. 545 - 560.

Burke, Edmund: Betrachtungen über die französische Revolution. In der deutschen Übertragung von Friedrich Gentz. Bearbeitet und mit einem Nachwort von Lore Ises. Einleitung von Dieter Henrich, Frankfurt/M. 1967.

Constant, Benjamin: Werke in vier Bänden, hg. von Axel Blaeschke und Lothar Gall, Berlin 1970 und 1972.
Bd. 3 und 4: Politische Schriften, ausgewählt und eingeleitet von Lothar Gall, Berlin 1972.

Dürig, Günter, und Rudolf, Walter (Hg.): Texte zur deutschen Verfassungsgeschichte vornehmlich für den Studiengebrauch, 2. erw. Aufl., München 1979.

Duguit, Leon et Monnier, Henry (Ed.): Les Constitutions et les principales lois politiques de la France depuis 1789, 4. ed., Paris 1925 [Charte Constitutionnelle du 4 Juin 1814: S. 183 - 190].

Eckardt, Hans von (Hg.): Friedrich von Gentz. Staatsschriften und Briefe. 1. Bd.: Friedrich von Gentz in der Zeit deutscher Not. 1799 - 1813; 2. Bd.: Friedrich von Gentz und die deutsche Freiheit. Schriften und Briefe aus den Jahren 1815 - 1832, München 1921.

Fenske, Hans (Hg.): Vormärz und Revolution 1840 - 1849 (= Quellen zum politischen Denken der Deutschen im 19. und 20. Jahrhundert, hg. von Rudolf Buchner, Bd. IV), Darmstadt 1976.

Fricker, Carl Victor (Hg.): Die Verfassungs-Urkunde für das Königreich Württemberg vom 25. Sept. 1819 mit dem offiziellen Auslegungs-Material, Tübingen 1865.

Huber, Ernst Rudolf (Hg.): Dokumente zur deutschen Verfassungsgeschichte. Bd. 1: Deutsche Verfassungsdokumente 1803 - 1850 (= 2. erw. Aufl. der "Quellen zum Staatsrecht der Neuzeit), Stuttgart 1961.

Irmer, Franz (Hg.): Gott alles in allem! Eine Auswahl aus dem Schrifttum von Friedrich Julius Stahl, Berlin 1926.

Kieler Blätter. Vaterländische Zeitschrift, hg. von einer Gesellschaft von Kieler Professoren [u.a. Dahlmann/Welcker], 1. - 5. Bd., 1815 - 1818.

Klüber, Johann Ludwig (Hg.): Acten des Wiener Congresses in den Jahren 1814 und 1815.
Bd. 1, Heft 1 - 4,
Bd. 2, Heft 5 - 8, Erlangen 1815.

Klüber, Johann Ludwig, und Welcker, Carl (Hg.): Wichtige Urkunden für den Rechtszustand der deutschen Nation. Mit eigenhändigen Anmerkungen von Johann Ludwig Klüber. Aus dessen Papieren mitgetheilt und erläutert von Carl Welcker,[2. unveränd. Aufl., Mannheim 1845.] Mannheim 1844.

Mendelssohn-Bartholdy, Karl (Hg.): Briefe von Friedrich von Gentz an Pilat. Ein Beitrag zur Geschichte Deutschlands im XIX. Jahrhundert, 2 Bde., Leipzig 1868.

Meyer, Philipp Anton Guido von (Hg.): Staats-Acten für Geschichte und öffentliches Recht des Deutschen Bundes (Corpus Juris Confoederationis Germanicae), Theil 2, 2. Aufl., Frankfurt am Main 1833.

Montesquieu: Vom Geist der Gesetze. Eingeleitet, ausgewählt und übersetzt von Kurt Weigand, Stuttgart 1965.

Moser, Johann Jacob: Neues Teutsches Staatsrecht, Bd. 13: Von der Teutschen Reichs-Stände Landen, deren Landständen, Unterthanen Landes-Freyheiten, Beschwerden, Schulden und Zusammenkünfften, Franckfurt und Leipzig 1769 (Neudruck Osnabrück 1969).

Moser, Johann Jacob: Teutsches Staats-Recht, Th. 5, 2. Aufl., Franckfurt und Leipzig 1752.

Neue Jahrbücher der Geschichte und Politik. Begründet von Karl Heinrich Pölitz. In Verbindung mit mehrern gelehrten Männern gegenwärtig herausgegeben von Friedrich Bülau, 6. Jg., 2 Bd., Leipzig 1843.

Pölitz, Karl Heinrich Ludwig und [für Bd. 4.1] Bülau, Friedrich (Hg.): Die europäischen Verfassungen seit dem Jahre 1789 bis auf die neueste Zeit. Mit geschichtlichen Erläuterungen und Einleitungen, Bd. 1,1 bis 4,1, 2., neugeord., bericht. und erg. Aufl., Leipzig 1832 - 1847: 1. Bd., die gesammten Verfassungen des teutschen Staatenbundes enthaltend, 1. und 2. Abth., Leipzig 1832.

Schlesier, Gustav (Hg.): Schriften von Friedrich von Gentz. Ein Denkmal. Vierter Theil: Briefwechsel zwischen Gentz und Johannes v. Müller. Mit einem Anhang vermischter Briefe, Mannheim 1840.

Schlözer, August Ludwig D.: Allgemeines StatsRecht und StatsVerfassungsLere. Voran: Einleitung in alle StatsWissenschaften. Encyklopädie derselben. Metapolitik. Anhang: Prüfung der v. Moserschen Grundsätze des Allgem. StatsRechts, Göttingen 1793.

Schlözer, August Ludwig D.: Stats-Anzeigen.
Erster Bd.: Heft 1 - 4, Göttingen 1782.
Dritter Bd.: Heft 9 - 12, Göttingen 1783.
Vierter Bd.: Heft 13 - 16, Göttingen 1783.
Sechster Bd.: Heft 21 - 24, Göttingen 1784.

Stephenson, Kurt; Scharff, Alexander; Klötzer, Wolfgang (Hg.): Darstellungen und Quellen zur Geschichte der deutschen Einheitsbewegung im neunzehnten und zwanzigsten Jahrhundert. Im Auftrage der Gesellschaft für burschenschaftliche Geschichtsforschung, 4. Bd., Heidelberg 1963.

Tagebücher von Friedrich von Gentz. Aus dem Nachlaß Varnhagen's von Ense. Mit einem Vor- und Nachwort von K.A. Varnhagen von Ense, Leipzig 1861.

Tagebücher von Friedrich von Gentz. Aus dem Nachlaß Varnhagen's von Ense. Hg. von Ludmilla Assing,
1. Bd., Leipzig 1873,
2. Bd., Leipzig 1873,
3. u. 4. Bd., Leipzig 1874.

Volkmann, Ernst (Bearb.): Um Einheit und Freiheit 1815 - 1848 (Vom Wiener Kongreß bis zur Märzrevolution) (= Deutsche Literatur, Reihe Politische Dichtung, Bd. 3), Leipzig 1936.

Weech, Friedrich von (Hg.): Correspondenzen und Actenstücke zur Geschichte der Ministerialkonferenzen von Carlsbad und Wien in den Jahren 1819, 1820 und 1834, Leipzig 1865.

Wentzcke, Paul, und Klötzer, Wolfgang (Bearb.): Deutscher Liberalismus im Vormärz. Heinrich von Gagern. Briefe und Reden 1815 - 1848, hg. vom

Bundesarchiv und der Hessischen Historischen Kommission Darmstadt, Göttingen, Berlin, Frankfurt/M. 1959.

Zeitschrift für die gesammte Staatswissenschaft, Tübingen 1844 ff.

3. Lexika und Lexika-Artikel

Staatslexikon oder Encyklopädie der Staatswissenschaften in Verbindung mit vielen der angesehensten Publicisten Deutschlands herausgegeben von Carl von Rotteck und Carl Welcker, 1. Aufl., Bd. 1 bis 15, Altona 1834 - 1843; Supplemente zur 1. Aufl., Bd. 1 bis 4, Altona 1846 - 1848 [zit.: 1. Aufl.].

Das Staats-Lexikon. Encyklopädie der sämmtlichen Staatswissenschaften für alle Stände. In Verbindung mit vielen der angesehensten Publicisten Deutschlands herausgegeben von Carl von Rotteck und Carl Welcker. Neue durchaus verbesserte und vermehrte Auflage redigiert von Hermann von Rotteck und Carl Welcker, Bd. 1 bis 12, Altona 1845 - 1848 [zit.: 2. Aufl.].

Das Staats-Lexikon. Encyklopädie der sämmtlichen Staatswissenschaften für alle Stände. In Verbindung mit vielen der angesehensten Publicisten Deutschlands herausgegeben von Karl von Rotteck und Karl Welcker. Dritte, umgearbeitete, verbesserte und vermehrte Auflage. Herausgegeben von Karl Welcker, Bd. 1 bis 14, Leipzit 1856 bis 1866 [zit.: 3. Aufl.].

Artikel aus dem Staatslexikon:

"Abgeordnete", in: 2. Aufl., Bd. 1, 1845, S. 102 - 108; 3. Aufl., Bd. 1, 1856, S. 31 - 38 (Karl von Rotteck und Karl Welcker).

"Abstimmung", in: 2. Aufl., Bd. 1, S. 160 - 164; 3. Aufl., Bd. 1, 1856, S.90 - 95 (Karl Welcker).

"Appenzell", in: 2. Aufl., Bd. 1, S. 599 - 602; 3. Aufl., Bd. 1, 1856, S. 621 - 627 (Wilhelm Schulz-Bodmer).

"Association", in: 2. Aufl., Bd. 1, S. 723 - 747; 3. Aufl., 1856, S. 758 - 787 (Karl Welcker).

"Autorität", in: 3. Aufl., Bd. 2, 1858, S. 89 - 90 (Karl Welcker).

"Autorität", in: 3. Aufl., Bd. 2, 1858, S. 90 - 92 (A. von Rochau).

"Census", in: 2. Aufl., Bd. 2, 1846, S. 145 - 160 (Karl von Rotteck); 3. Aufl., 3. Bd., 1859, S. 415 - 427 (Karl von Rotteck und Karl Welcker).

"Constitution, Constitutionelles System", in: 2. Aufl., Bd. 3, 1846, S. 519 - 543 (Karl von Rotteck); 3. Aufl., 4. Bd., 1860, S. 94 - 112 (Karl von Rotteck und Karl Welcker).

"Corporation", in: 2. Aufl., Bd. 3, 1846, S. 560 - 563; 3. Aufl., Bd. 4, 1860, S. 162 - 164 (Karl Welcker).

"Demokratie, Demokratisches Prinzip", in: 2. Aufl., Bd. 3, 1846, S. 705 - 719; 3. Aufl., Bd. 4, 1860, S. 344 - 359 (Karl Biedermann).

"Deutsches Landesstaatsrecht", in: 2. Aufl., Bd. 3, 1846, S. 789 - 800, 3. Aufl., Bd. 4, 1860, S. 422 - 455 (Karl Welcker).

"Freiheit", in: 2. Aufl., Bd. 5, 1847, S. 179 - 188; 3. Aufl., Bd. 5, S. 640 - 647 (Karl von Rotteck).

"Gentz", in: 2. Aufl., Bd. 5, 1847, S. 573 - 602; 3. Aufl., Bd. 6, 1862, S. 351 - 375 (Karl Welcker).

"Gesammtwohl", in: 2. Aufl., Bd. 5, 1847, S. 621 - 625; 3. Aufl., Bd. 6, 1862, S. 398 - 401 (Karl Welcker).

"Gleichheit", in: 2. Aufl., Bd. 6, 1847, S. 43 - 48; 3. Aufl., Bd. 6, 1862, S. 655 - 659 (Karl von Rotteck).

"Klüber", in: 2. Aufl., Bd. 8, 1847, S. 264 - 271; 3. Aufl., Bd. 9, 1864, S. 276 - 279 (K. Buchner).

"Landtag", in: 3. Aufl., Bd. 9, 1864, S. 405 - 431 (Karl Biedermann).

"Legitimität", in: 3. Aufl., Bd. 9, 1864, S. 456 - 469 (J. Held).

"Mandat", in: 2. Aufl., Bd. 8, 1847, S. 712 - 719; 3. Aufl., Bd. 9, 1864, S. 704 - 710 (Ph. Bopp).

"Monarchie", in: 2. Aufl., Bd. 9, 1847, S. 161 - 174; 3. Aufl., Bd. 10, 1864, S. 174 - 186 (J. Held).

"Öffentliche Meinung", in: 3. Aufl., Bd. 10, 1864, S. 738 - 742 (Karl Biedermann).

"Öffentlichkeit", in: 2. Aufl., Bd. 10, 1848, S. 246 - 283; 3. Aufl., Bd. 10, 1864, S. 743 - 760 (Karl Welcker).

"Oligarchie", in: 2. Aufl., Bd. 10, 1848, S. 116 - 118; 3. Aufl., Bd. 11, 1864, S. 1 - 4 (W. Schulz und J. Held).

"Parteien", in: 2. Aufl., Bd. 10, 1848, S. 479 - 496; 3. Aufl., Bd. 11, 1864, S. 311 - 327 (G. = Gett oder de Golbery?).

"Plebiscit", in: 3. Aufl., Bd. 11, 1864, S. 489 - 496 (J. Held).

"Repräsentatives, constitutionelles und landständisches System", in: 2. Aufl., Bd. 11, 1848, S. 514 - 521; 3. Aufl., Bd. 12, 1865, S. 488 - 496 (Georg Friedrich Kolb).

"Republik", in: 2. Aufl., Bd. 11, 1848, S. 521 - 542; 3. Aufl., Bd. 12, 1865, S. 509 - 513 (Karl Welcker).

"Rotteck", in: 2. Aufl., Bd. 11, 1848, S. 629 - 665; 3. Aufl., Bd. 12, 1865, S. 695 - 698 (Karl Welcker).

"Schlözer", in: 2. Aufl., Bd. 12, 1848, S. 3 - 13; 3. Aufl., Bd. 13, 1865, S. 178 - 184 (W. Schulz).

"Souveränetät", in: 3. Aufl., Bd. 13, 1865, S. 439 - 448 (J. Held).

"Staat, Staatsverfassung", in: 2. Aufl., Bd. 12, 1848, S. 363 - 387; 3. Aufl., Bd. 13, 1865, S. 502 - 541 (Karl Welcker).

"Staatsbürger", in: 3. Aufl., Bd. 13, 1865, S. 568 - 576 (J. Held).

"Stand", in: 2. Aufl., Bd. 12, 1848, S. 407 - 411; 3. Aufl., Bd. 13, 1865, S. 717 - 721 (Karl Welcker).

"Verantwortlichkeit der Fürsten und der Minister", in: 2. Aufl., Bd. 12, 1848, S. 709 - 711; 3. Aufl., Bd. 14, 1866, S. 339 - 341 (Karl Welcker).

"Verantwortlichkeit der Landstände und der Mitglieder der Landstände", in: 2. Aufl., Bd. 12, 1848, S. 711 - 726; 3. Aufl., Bd. 14, 1866, S. 341 - 348 (Karl Welcker).

"Verein", in: 3. Aufl., Bd. 14, 1866, S. 355 - 371 (Karl Biedermann).

4. Abhandlungen aus der Zeit des 19. Jahrhunderts

Aretin, Johann Christian Freiherr von: Staatsrecht der konstitutionellen Monarchie. Ein Handbuch für Geschäftsmänner, studirende Jünglinge, und gebildete Bürger. In zwei Bänden, Erster Band, Altenburg 1824.

Aretin, Johann Christian Freiherr von, und Rotteck, Karl von: Staatsrecht der konstitutionellen Monarchie. Ein Handbuch für Geschäftsmänner, studirende Jünglinge und gebildete Bürger. Begonnen von Joh. Christ. Freiherrn v. Aretin, königl. baierischem Appellationsgerichts-Präsidenten. Nach des Verfassers Tode fortgesetzt durch Karl von Rotteck, Hofrath und Professor der Staatswissenschaften zu Freiburg, Zweiten Bandes zweite Abteilung, Altenburg 1828.

Baltisch, Franz [= F. A. Hegewisch]: Politische Freiheit, Leipzig 1832.

Brendel, Sebald: Die Geschichte, das Wesen und der Werth der National-Repräsentation oder vergleichende historisch-pragmatische Darstellung der Staaten der alten und neuen Welt, besonders der deutschen, in Beziehung auf die Entstehung, Ausbildung, Schicksale und Vorzüge der Volksvertretung oder der öffentlichen Theilnahme an der höchsten Staatsgewalt. Nebst einem Anhange, die merkwürdigsten Verfassungsurkunden seit 1789 enthaltend. Ein Handbuch für wirkliche oder künftige Volksvertreter, 1. und 2. Abt., Bamberg und Leipzig, 1817.

Bülau, Friedrich: Der constitutionelle Staat in England, Frankreich und Teutschland, in: Neue Jahrbücher der Geschichte und Politik. Begründet von Karl Heinrich Pölitz. In Verbindung mit mehrern gelehrten Männern gegenwärtig herausgegeben von Friedrich Bülau, 6. Jg., 1. Bd., Leipzig 1943, S. 1 - 45.

Bülau, Friedrich: Ueber Parteien und Parteigeist, in: Neue Jahrbücher der Geschichte und Politik, 6. Jg., 1. Bd., Leipzig 1843, S. 289 - 324.

Bülau, Friedrich: Ueber den Begriff des Volkes, in: Neue Jahrbücher der Geschichte und Politik, 6. Jg., 1. Bd., Leipzig 1843, S. 422 - 436.

Bülau, Friedrich: Constitution und Constitutionelle, in: Neue Jahrbücher der Geschichte und Politik, 6. Jg., 2. Bd., Leipzig 1843, S. 519 - 553.

Campe, F. A. von: Die Lehre von den Landständen nach gemeinem Deutschen Staatsrechte, 2. völlig umgearb. Aufl., Lemgo, Detmold 1864 [1. Aufl., 1841].

Cucumus, Conrad: Lehrbuch des Staatsrechts der konstitutionellen Monarchie Baierns, Würzburg 1825.

Dabelow, Chr(istian): Ueber den dreyzehnten Artikel der deutschen Bundesakte, die landständischen Verfassungen betreffend, Göttingen 1816.

Dahlmann, Friedrich Christoph: Ein Wort über Verfassung, in: Kieler Blätter, 1. Bd., 1815, S. 47 - 84, 245 - 303 (auch in: Ders.: Kleine Schriften und Reden, Stuttgart 1886, S. 12 - 67).

(Dahlmann, Friedrich Christoph), (Hg.): Miscellen: An die Gegner von Landständen oder repräsentativen Verfassungen, in: Kieler Blätter, 3. Bd., 1816, S. 511 - 513.

Dahlmann, Friedrich Christoph: Die Politik auf den Grund und das Maß der gegebenen Zustände zurückgeführt, Göttingen 1835
(Neudruck hg. von Manfred Riedel, Frankfurt/M. 1968).

Der jüngste Landtag in Bayern. Eine Skizze, in: Rotteck, Carl von (Hg.): Allgemeine politische Annalen. Neueste Folge, 1. Bd., 3. Heft, München, Stuttgart und Tübingen 1830, S. 203 - 216.

Freyberg, Max Freyherr von: Geschichte der bayerischen Landstände und ihrer Verhandlungen:
Erster Bd., Sulzbach 1828.
Zweiter Bd., Sulzbach 1829.

Gagern, Heinrich von: "Bureaukratie", in: Rotteck, Karl von und Welcker, Karl (Hg.): Das Staatslexikon. Encyklopädie der sämmtlichen Staatswissenschaften für alle Stände, 3. Aufl., Leipzig 1859; Auszug in: PVS 1/1960, S. 84 - 90.

Hack, Friedrich: Ueber den Staatsbegriff. Antrittsrede, gehalten am 27. April 1871, in: ZfgSt, 27. Bd., 3. Heft, 1871, S. 473 - 489.

Hack, Friedrich: Uebersicht über die Zusammensetzung der Volks-Vertretung in Deutschland und in andern repräsentativen Staaten einschliesslich der wichtigeren Bestimmungen über Wahlrecht, Wählbarkeit und Abstimmungsmodus, in: Zs. f. d. gesammte Staatswissenschaft, 27. Bd., 3. Heft, 1871, S. 526 - 541.

H-sch., F. [d.i. F.A. Hegewisch]: Repräsentation des Bauernstandes, in: Kieler Blätter, 1. Bd., 1815, S. 99 - 124.

H-sch., F. [d.i. F.A. Hegewisch]: Landesälteste, in: Kieler Blätter, 1. Bd., 1815, S. 305 - 349.

H-sch., F. [d.i. F.A. Hegewisch]: Zur Volksvertretung ist es nicht genug, Landstände zu haben, in: Kieler Blätter, 5. Bd., 1818, S. 135 - 164.

Hegewisch, F.... A....[veröffentlicht unter Pseudonym Franz Baltisch]: Politische Freiheit, Leipzig 1832.

Held, Josef: Über Legitimität, Legitimitätsprincip. Dem Herrn Dr. C.J.A. Mittermaier, Grossh. Bad. Geheimenrathe und Ö.o. Professor der Rechte in Heidelberg, Inhaber mehrerer hoher Orden, etc. etc. zur Feier seines fünfzigjährigen Doctorjubiläums hochachtungsvoll dargebracht von der Juristischen Facultät der K. Bayer. Julius-Maximilians-Universität in Würzburg, Würzburg 1859.

Holstein, F.... A...., Graf zu Holsteinburg: Ueber Mittel und Wege eine verschwundene Volksvertretung wieder herzustellen, in: Kieler Blätter, 5. Bd., Kiel 1818, S. 347 - 359.

Hornthal, F(riedrich) L(udwig) von: Schreiben an Herrn Staatsrath Dabelow in Göttingen, Bamberg und Leipzig 1816.

Hornthal, F(riedrich) L(udwig) von: Ueber Souveränität, Staatsverfassung und Repräsentativform. Als Beleuchtung der neuesten Abhandlung des Herrn Staatsrathes Dabelow über dieselben Gegenstände, Bamberg und Würzburg 1816.

Hornthal, Fr(iedrich) L(udwig) von: Wird die Einberufung der Landstände Baierns, nach Inhalt der Verfassungs-Urkunde, Statt finden? - Beantwortet von dem Königl. Baierischen Oberstenjustizrathe und ersten Bürgermeister Doktor von Hornthal, Mitglied der Kammer der Abgeordneten, Erlangen 1821.

Hüllmann, Karl Dietrich: Geschichte des Ursprungs der Stände in Deutschland, 2. Ausg., größtentheils ein neues Werk, Berlin 1830.

Ilse, Leopold Friedrich: Geschichte der deutschen Bundesversammlung, insbesondere ihres Verhaltens zu den deutschen National-Interessen, 3 Bde., 1. u. 2. Bd.: Marburg 1861. 3. Bd.: Marburg 1862.

Jacoby, Johann: Vier Fragen. Beantwortet von einem Ostpreußen. 1841 (= Vorkämpfer deutscher Freiheit. Dokumente liberaler Vergangenheit, hg. vom Akad. Freibund München, Heft 16), München 1910.

Klüber, Johann Ludwig: Uebersicht der diplomatischen Verhandlungen des wiener Congresses überhaupt und insbesonderheit über wichtige Angelegenheiten des teutschen Bundes, 3 Abtn., Frankfurt am Main 1816.

Krug, Wilhelm Traugott: Das Repräsentativsystem. Oder Ursprung und Geist der stellvertretenden Verfassungen mit besondrer Hinsicht auf Deutschland und Sachsen. Den hochverehrten Ständen des Königreichs Sachsen zum bevorstehenden Landtage geweihet, Leipzig 1816.

Lerchenfeld, Max Freiherr von: Die Bairische Verfassung und die Karlsbader Beschlüsse, Nördlingen 1883.

Loening, Edgar: Die Repräsentativverfassung im XIX. Jahrhundert. Rede zum Antritt des Rektorats der Königl. Vereinigten Friedrichs-Universität Halle-Wittenberg, gehalten am 12. Juli 1899, Halle a.S. 1899.

Merkwürdiger Beitrag zur Geschichte der Carlsbader Beschlüsse aus einem Schreiben des Staatsministers, Grafen von Münster an das geheime Rathscollegium zu Braunschweig. Abgedruckt in Dr. Zöpfls publicist. Versuch über Regierungsvormundschaft. 1830, in: Rotteck, Carl von (Hg.): Allgemeine politische Annalen. Neueste Folge, 2. Bd., 2. Heft, München, Stuttgart und Tübingen 1830, S. 181 - 186.

Mill, John Stuart: Betrachtungen über die repräsentative Demokratie (= Considerations on representative Government, 1861). Neu übers. von Hannelore Irle-Dietrich, hg. mit einer Einleitung von Kurt L. Shell (= Sammlung Schöningh: Zur Geschichte und Gegenwart, Hg.: Kurt Kluxen), Paderborn 1971.

Mohl, Robert: Constitutionelle Erfahrungen. Ein Beitrag zur Verfassungspolitik, in: Tübinger ZfgSt, Bd. 2, 1845, S. 191 - 233;
wieder abgedr. in: Staatsrecht, Völkerrecht und Politik, Bd. I, Tübingen 1860, unveränd. Nachdr. Graz 1962, S. 322 - 366.

Mohl, Robert (Diss.): Dissertatio inauguralis sistens Discrimen ordinum provincialium et constitutionis repraesentativae, Tübingen 1821.

Mohl, Robert von: Encyklopädie der Staatswissenschaften, Der 2. umgearb. Aufl. 2. Ausg., Freiburg i.B./Tübingen 1872 (1. Aufl. 1859).

Mohl, Robert: Die Geschichte und Literatur der Staatswissenschaften. In Monographien dargestellt,
Bd. I, Erlangen 1855,
Bd. II, Erlangen 1856,
Bd. III, Erlangen 1858,
Unveränderter Nachdruck, Graz 1960.

Mohl, Robert von: Die geschichtlichen Phasen des Repräsentativ-Systems in Deutschland, in: ZfgSt, 27. Bd., 1. Heft, 1871, S. 1 - 69.

Mohl, Robert von: Die Polizey-Wissenschaft nach den Grundsätzen des Rechtsstaates, 2. umgearb. Aufl., 1. Bd. (= Buch 1 und 2), Tübingen 1844 (1. Aufl., 1832; 2. Aufl., 1844; 3. Aufl., 1866).

Mohl, Robert: Das Repräsentativsystem, seine Mängel und Heilmittel. Politische Briefe eines Altliberalen, anonym erschienen in: DVS, 1852, S. 145 - 235;
überarbeitet in: Ders.: Staatsrecht, Völkerrecht und Politik, Bd. I, Tübingen 1860, unveränd. Nachdr. Graz 1960, S. 366 - 458;
auch in: Beyme, K.v. (Hg.): Robert von Mohl, Politische Schriften, Köln/Opladen 1966, S. 118 - 224.

Mohl, Robert von: Schriften über constitutionelles Staatsrecht, in: ZfgSt, 27. Bd., 2. Heft, 1871, S. 251 - 283.

Mohl, Robert von: Das Staatsrecht des Königreiches Württemberg, 2 Bde.,
1. Bd.: Das Verfassungsrecht;
2. Bd.: Das Verwaltungsrecht;
2. Aufl., Tübingen 1840 (1. Aufl., Tübingen 1829/30).

Mohl, Robert von: Staatsrecht, Völkerrecht und Politik. Monographien,
Bd. I: Staatsrecht und Völkerrecht, Tübingen 1860,
Bd. II: Politik I, Tübingen 1862,
Bd. II: Politik II, Tübingen 1869,
Unveränderter Nachdruck, Graz 1962.

Mohl, Robert: Die Verantwortlichkeit der Minister in Einherrschaften mit Volksvertretung, rechtlich, politisch und geschichtlich entwickelt, Tübingen 1837.

Mohl, Robert: Über die verschiedene Auffassung des repräsentativen Systems in England, Frankreich und Deutschland, in: Tübinger ZfgSt, Bd. 3, 1846, S. 451 - 495;
gekürzt in: Staatsrecht, Völkerrecht und Politik, Bd. I, Tübingen 1860, unveränd. Nachdr., Graz 1962, S. 33 - 65;
auch in: Beyme, K.v. (Hg.): Robert von Mohl. Politische Schriften, Köln/Opladen 1966, S. 47 - 85.

Moy, Ernst von: Das Staatsrecht des Königreichs Bayern. Mit Benützung der Protokolle der zur Revision der Verfassung vom Jahre 1808 und zur Berathung der Verfassungsurkunde vom 26. Mai 1818 in den Jahren 1814, 1815 und 1818 abgehaltenen Ministerialconferenzen.
I. Theil: Verfassungsrecht, I. Abth., Regensburg 1840.
I. Theil: Verfassungsrecht, II. Abth., Regensburg 1841.
II. Theil: Verwaltungsrecht, I. Abth., Regensburg 1843.
II. Theil: Verwaltungsrecht, II. Abth., Regensburg 1846.

Murhard, Friedrich: Die Volkssouverainität im Gegensatz der sogenannten Legitimität, Kassel 1832.

Pfaff: Etwas über Benthams Taktik oder Theorie des Geschäftsganges in deliberativen Volksversammlungen, mit besonderer Rücksicht auf den neuen württembergischen Verfassungsentwurf, in: Kieler Blätter, 4. Bd., 1817, S. 161 - 181.

Pölitz, Carl Heinrich Ludwig: Das constitutionelle Leben, nach seinen Formen und Bedingungen, in: Rotteck, Carl von (Hg.): Allgemeine politische Annalen. Neueste Folge, 6. Bd., 1. Heft, München, Stuttgart und Tübingen 1831, S. 89 - 99.

Raumer, Friedrich von (Hg.): Historisches Taschenbuch, Dritte Folge, Zweiter Jahrgang, Leipzig 1850.

Reinhard, Wilhelm: Die Bundes-Acte über Ob, Wann und Wie? Deutscher Landstände, Heidelberg 1817.

Rotteck, Carl von: Begründung der Motion des Abgeordneten von Rotteck.
Die Ernennung einer Kommission begehrend, welche damit beauftragt werde, den Zustand des Vaterlandes in Erwägung zu ziehen, und hiernach die geeigneten, auf solche Erwägung gebauten Anträge, der Kammer vorzulegen. Vorgetragen in der 19. öffentlichen Sitzung vom 5. Juli 1833.

Rotteck, Carl von: Freiheit (1838), in: Vorkämpfer deutscher Freiheit. Dokumente liberaler Vergangenheit, hg. vom Akademischen Freibund München, Heft 18, München 1918.

Rotteck, Karl von: Ideen über Landstände, Karlsruhe 1819 (auch abgedruckt in: Ders.: Sammlung kleinerer Schriften, meist historischen oder politischen Inhalts, 2. Bd., Stuttgart 1829, S. 71 - 155).

Rotteck, Carl von: Lehrbuch des Vernunftrechts und der Staatswissenschaften. In vier Bänden. Aalen 1964.
Bd. 1: Lehrbuch des natürlichen Privatrechts. Neudr. d. 2. Aufl., Stuttgart 1840;
Bd. 2: Lehrbuch der allgemeinen Staatslehre Neudr. d. 2. Aufl., Stuttgart 1840;
Bd. 3: Lehrbuch er materiellen Politik. Neudr. d. 1. Aufl., Stuttgart 1834;
Bd. 4: Lehrbuch der ökonomischen Politik. Neudr. d. 1. Aufl., Stuttgart 1835.

Rotteck, Carl von: Staatsrecht der constitutionellen Monarchie. Ein Handbuch für Geschäftsmänner, studirende Jünglinge, und gebildete Bürger. In drei Bänden. Angefangen von Joh. Christ. Freiherrn von Aretin und fortgesetzt von Carl von Rotteck. 2. Aufl., vermehrt und verbessert von Carl von Rotteck, 1. Bd., Leipzig 1838.

Rudhart, D. Ignatz: Die Geschichte der Landstände in Baiern. Unveränderte Ausg.:
Erster Bd., 1. u. 2. Buch, München 1819.
Zweiter Bd., 3. u. 4. Buch, München 1819.

Schaumann, Adolf Friedrich Heinrich: Der Congreß zu Karlsbad. Ein Beitrag zur Geschichte der Entwicklung der deutschen Gesammtverfassung. Mit besonderer Benutzung ungedruckter Quellen, in: Raumer, Friedrich von (Hg.): Historisches Taschenbuch, Dritte Folge, Zweiter Jahrgang, Leipzig 1850, S. 193 - 268.

Schlosser, Christian Friedrich: Ständische Verfassung, ihr Begriff, ihre Bedingung, Frankfurt am Mayn 1817.

Schmelzing, Julius: Beleuchtung der Schrift: Die Bundesakte über Ob, Wann und Wie deutscher Landstände? mit den unwandelbaren Grundsätzen des allgemeinen Staats- und Völkerrechts, so wie mit dem eigentlichen Sinne des Art. 13. der deutschen Bundesakte, Rudolstadt 1819.

Schmelzing, Julius: Staatsrecht des Königreichs Baiern,
1. Theil: Staats-Verfassungs-Recht, Leipzig 1820.
2. Theil: Staatsverwaltungs-Recht, Leipzig 1821.

Schmelzing, Julius: Einige Betrachtungen über den Begriff und die Wirksamkeit der Landstände nach den Prinzipien des allgemeinen und natürlichen Staatsrechts, Rudolstadt 1818.

Schunck, Friedrich Christoph Karl: Staatsrecht des Königreichs Baiern, 1. Bd., Erlangen 1824.

Stahl, Friedrich Julius: Das Monarchische Princip. Eine staatsrechtlich-politische Abhandlung, Heidelberg 1845.

Stahl, Friedrich Julius: Siebzehn parlamentarische Reden und drei Vorträge von Stahl. Nach letztwilliger Bestimmung geordnet und herausgegeben, Berlin 1862.

Stahl, Friedrich Julius: Die Philosophie des Rechts, 2 Bde. (= Fotomechanischer Nachdruck der 5. unveränd. Aufl., Tübingen 1878), [1. Aufl. 1829] 6. Aufl., Darmstadt 1963.
I. Bd.: Geschichte der Rechtsphilosophie.
II. Bd.: Rechts- und Staatslehre auf der Grundlage christlicher Weltanschauung:
1. Abt. (1.- 3. Buch): Die Allgemeinen Lehren und das Privatrecht;

2. Abt. (4. Buch): Die Staatslehre und die Principien des Staatsrechts.

Stein, Lorenz von: Geschichte der sozialen Bewegung in Frankreich von 1789 bis auf unsere Tage. In drei Bänden,
1. Bd.: Der Begriff der Gesellschaft und die soziale Geschichte der Französischen Revolution bis zum Jahre 1830.
2. Bd.: Die industrielle Gesellschaft, der Sozialismus und Kommunismus Frankreichs von 1830 bis 1848.
3. Bd.: Das Königtum, die Republik und die Souveränität der französischen Gesellschaft seit der Februarrevolution 1848.
Darmstadt 1959 (= unveränd. Nachdruck d. Ausg. von 1921, = nach der 3. Bearb. von L.v. Stein, Leipzig 1850; 1. Bearb. 1842).

Treitschke, Heinrich von: Deutsche Geschichte im Neunzehnten Jahrhundert. Zweiter Teil: Bis zu den Karlsbader Beschlüssen (= Neuausgabe des in den Jahren 1879 bis 1894 in Leipzig erschienenen Werkes, nach der Ausgabe 1912/13; Zweiter Teil = Nachdruck der 7. Aufl., 1912), Königstein/Ts. 1981.

Vollgraff, Karl Fr[iedrich]: Die Täuschungen des Repräsentatif-Systems, oder Beweis: dass dieses System n i c h t das geeignete, rechte und zeitgemäse Mittel ist, den Bedürfnissen unserer Zeit zu begegnen, mit Andeutung der geeigneten, rechten und zeitgemäsen Reformen, Marburg 1832.

Winter, August: Die Volksvertretung in Deutschlands Zukunft, Göttingen 1852.

Velox, Julius: Politische Literatur. Bayer'sches Volksblatt. Eine constitutionelle Wochenschrift. In Verbindung mit mehreren Gelehrten und Staatsmännern des In- und Auslandes, hg. von Dr. Eisenmann, Würzburg,gedruckt bei Assessor Bonitas, 1. Jg. 1829, in: Rotteck, Carl von (Hg.): Allgemeine politische Annalen. Neueste Folge, 4. Bd., 3. Heft, München, Stuttgart und Tübingen 1830, S. 293 - 307.

Velox, Julius: Politische Literatur. Ueber den dreizehnten Artikel der deutschen Bundesacte, die Einführung landständischer Verfassungen betreffend. Inaugural-Abhandlung von Otto von Wänker, Doctor der Rechte. Freiburg im Breisgau, 1830 bei Groos, in: Rotteck, Carl von (Hg.): Allgemeine politische Annalen. Neueste Folge, 6. Bd., 1. Heft, München, Stuttgart und Tübingen 1831, S. 105 - 110.

Zachariä, Karl Salomo: Vierzig Bücher vom Staate
(1. Aufl.: 5 Bde., Stuttgart/Heidelberg 1830 - 1832, Bd. III 1839).
2. Aufl.: 7 Bde., Heidelberg 1839 - 1843:
Bd. I: Vorschule der Staatswissenschaft, 1839.
Bd. III: Staatsverfassungslehre, 1839.

E. LITERATURVERZEICHNIS

1. SAMMELBÄNDE, LEXIKA, HANDBÄNDE, FESTSCHRIFTEN UND BIBLIOGRAPHIEN

Abendroth, Wolfgang, und Lenk, Kurt (Hg.): Einführung in die politische Wissenschaft, 6. Aufl., München 1982.

Konrad-Adenauer-Stiftung (Hg.): Politische Herrschaft und politische Ordnung (= Studien zur politischen Bildung, Bd. 5), Mainz 1983.

Konrad-Adenauer-Stiftung (Hg.): Material zum Problem der Legitimität im Staat. Redaktion: Holger Christian Asmussen (= Materialien zur Tagungs- und Seminararbeit der Politischen Akademie Eichholz, Heft 31), Bonn 1975.

Alemann, Ulrich von (Hg.): Neokorporatismus, Frankfurt/M., New York 1981.

Alemann, Ulrich von (Hg.): Partizipation - Demokratisierung - Mitbestimmung. Problemstellung und Literatur in Politik, Wirtschaft, Bildung und Wissenschaft. - Eine Einführung (= Studienbücher zur Sozialwissenschaft, Bd. 19), Opladen 1975.

Aus Geschichte und Politik. Festschrift zum 70. Geburtstag von Ludwig Bergstraesser, hg. im Auftrag der Kommission für Geschichte des Parlamentarismus und der politischen Parteien von Alfred Herrmann, Düsseldorf 1954.

Batscha, Zwi (Sammlung): Studien zur politischen Theorie des deutschen Frühliberalismus, Frankfurt/M. 1981.

Becker, Josef (Hg.): Dreißig Jahre Bundesrepublik. Tradition und Wandel (= Schriften der Philosophischen Fakultäten der Universität Augsburg, Nr. 17), München 1980.

Beiträge zur Rechtsgeschichte. Gedächtnisschrift für Hermann Conrad, hg. von Gerd Kleinheyer und Paul Mikat (= Rechts- und Staatswissenschaftliche Veröffentlichungen der Görres-Gesellschaft, Neue Folge, Heft 34), Paderborn, München, Wien, Zürich 1979.

Berding, Helmut, und Ullmann, Hans-Peter (Hg.): Deutschland zwischen Revolution und Restauration, Königstein/Ts., Düsseldorf 1981.

Bergedorfer Gesprächskreis (Hg.): Repräsentieren die Parteien unsere Gesellschaft? 71. Bergedorfer Gesprächskreis am 24. Mai 1982 im Bergedorfer Schloß, Hamburg 1982.

Bermbach, Udo (Hg.): Hamburger Bibliographie zum parlamentarischen System der Bundesrepublik Deutschland 1945 - 1970, Opladen 1973.

Bermbach, Udo (Hg.): Politische Theorienschichte. Probleme einer Teildisziplin der Politischen Wissenschaft (= PVS, Sonderheft 15/1984), Opladen 1984.

Birke, Adolf M., und Kluxen, K. (Hg.): Deutscher und britischer Parlamentarismus = British and German parliamentarism (= Prinz-Albert-Studien, Bd. 3), München, New York, London, Paris 1985.

Birtsch, Günter (Hg.): Grund- und Freiheitsrechte im Wandel von Gesellschaft und Geschichte. Beiträge zur Geschichte der Grund- und Freiheitsrechte vom Ausgang des Mittelalters bis zur Revolution von 1848, Göttingen 1981.

Blickle, Peter (u.a.): Von der Ständeversammlung zum demokratischen Parlament. Die Geschichte der Volksvertretungen in Baden-Württemberg (hg. von der Landeszentrale für politische Bildung Baden-Württemberg), Stuttgart 1982.

Böckenförde, Ernst-Wolfgang (Hg.): Probleme des Konstitutionalismus im 19. Jahrhundert (= Der Staat. Zeitschrift für Staatslehre, öffentliches Recht und Verfassungsgeschichte, Beiheft 1), Berlin 1975.

Böckenförde, Ernst-Wolfgang (Hg.): Staat und Gesellschaft (= Wege der Forschung, Bd. 471), Darmstadt 1976.

Böckenförde, Ernst-Wolfgang (Sammlung): Staat, Gesellschaft, Freiheit. Studien zur Staatstheorie und zum Verfassungsrecht, Frankfurt/Main 1976.

Böckenförde, Ernst-Wolfgang; Grawert, Rolf; Ossenbühl, Fritz; Quaritsch, Helmut (Hg.): Von der ständischen Gesellschaft zur bürgerlichen Gleichheit (= Beiheft 4 zu "Der Staat"), Berlin 1980.

Böckenförde, Ernst-Wolfgang (Hg. unter Mitarb. von Rainer Wahl): Moderne deutsche Verfassungsgeschichte (1815 - 1914), 2. veränd. Aufl., Königstein/Ts. 1981 (= Neue wissenschaftliche Bibliothek; 51: Geschichte).

Böckenförde, Ernst-Wolfgang, u.a. (Hg.): Gesellschaftliche Strukturen als Verfassungsproblem. Intermediäre Gewalten, Assoziationen, Öffentliche Körperschaften im 18. und 19. Jahrhundert (= Heft 2 der Beihefte zu "Der Staat"), Berlin 1978.

Bocklet, Reinhold L. (Hg.): Das Regierungssystem des Freistaates Bayern, Bd. II, München 1979.

Boldt, Hans (Hg. unter Mitwirkung von Franz Werner Mausberg): Reich und Länder. Texte zur deutschen Verfassungsgeschichte im 19. und 20. Jahrhundert, München 1987.

Bosl, Karl (Hg. unter Mitwirkung von K. Möckl): Der moderne Parlamentarismus und seine Grundlagen in der ständischen Repräsentation.
Beiträge des Symposiums der Bayerischen Akademie der Wissenschaften und der International Commission for Representative and Parliamentary Institutions auf Schloß Reisensburg vom 20. bis 25. April 1975, Berlin 1977.

Brunner, Otto; Conze, Werner; Koselleck, Reinhart (Hg.): Geschichtliche Grundbegriffe. Historisches Lexikon zur politisch-sozialen Sprache in Deutschland.
Bd. 1, Stuttgart 1979.
Bd. 3, Stuttgart 1982.
Bd. 4, Stuttgart 1978.
Bd. 5, Stuttgart 1984.

Conze, Werner: Staat und Gesellschaft im deutschen Vormärz 1815 - 1848 (= Industrielle Welt. Schriftenreihe des Arbeitskreises für moderne Sozialgeschichte, Bd. 1), 2. Aufl., Stuttgart 1970.

Conze, Werner, und Kocka, Jürgen (Hg.): Bildungsbürgertum im 19. Jahrhundert. Teil 1: Bildungssystem und Professionalisierung in internationalen Vergleichen (= Industrielle Welt, Bd. 38), Stuttgart 1985.

Dann, Otto (Hg.): Vereinswesen und bürgerliche Gesellschaft in Deutschland (= HZ, Neue Folge, Beiheft 9), München 1984.

Demokratie in Anfechtung und Bewährung. Festschrift für Johannes Broermann, hg. von Joseph Listl und Herbert Schambeck, Berlin 1982.

Demokratisierung - Möglichkeiten und Grenzen. Ein Cappenberger Gespräch. Referate von Helmut Quaritsch und Erhard Denninger (= Cappenberger Gespräche der Freiherr-vom-Stein-Gesellschaft e.V., Bd. 11), Köln, Berlin 1976.

Deutscher Bundestag (Hg.): Verfassungsreform. Zur Revision des Grundgesetzes für die Bundesrepublik Deutschland vom 23. Mai 1949. Auswahlbibliographie mit Annotationen (= Bibliographie, Nr. 52), Bonn 1981.

Diversité du libéralisme politique en Europe au XIXe siècle (= Travaux de la maison des sciences de l'homme d'Aquitaine, 2), Paris 1984.

Entstehung und Wandel der modernen Gesellschaft. Festschrift für Hans Rosenberg zum 65. Geburtstag, hg. von Gerhard A. Ritter, Berlin 1970.

Esche, Falk, und Grube, Frank (Hg.): Ernst Fraenkel. Reformismus und Pluralismus. Materialien zu einer ungeschriebenen politischen Autobiographie, Hamburg 1973.

Eulau, Heinz, and Wahlke, John C. (Ed.): The Politics of Representation. Continuities in Theory and Research, Beverly Hills, London 1978.

Evangelisches Staatslexikon, hg. von Kunst, Hermann und Grundmann, Siegfried, Stuttgart/Berlin 1966.

Faktoren der politischen Entscheidung. Festgabe für Ernst Fraenkel zum 65. Geburtstag, hg. von Gerhard A. Ritter und Gilbert Ziebura, Berlin 1963.

Fenske, Hans; Mertens, Dieter; Reinhard, Wolfgang, und Rosen, Klaus: Geschichte der politischen Ideen. Von Homer bis zur Gegenwart, Königstein/Ts. 1981.

Festschrift für Adolf Arndt zum 65. Geburtstag, hg. von Horst Ehmke, Carlo Schmid und Hans Scharoun, Frankfurt/M. 1969.

Festschrift für Ernst Rudolf Huber zum 70. Geburtstag am 8. Juni 1973. Hg. von Ernst Forsthoff, Werner Weber und Franz Wieacker (= Göttinger Rechtswissenschaftliche Studien, Bd. 88), Göttingen 1973.

Festschrift für Andreas Kraus zum 60. Geburtstag, hg. von Pankraz Fried und Walter Ziegler (= Münchener Historische Studien, Abt. Bayerische Geschichte, hg. von Max Spindler, Bd. X), Kallmünz/Opf. 1982.

Friedrich, Manfred (Hg.): Verfassung. Beiträge zur Verfassungstheorie (= Wege der Forschung, Bd. 452), Darmstadt 1978.

Fuchs, Konrad, und Raab, Heribert: dtv-Wörterbuch zur Geschichte, 2 Bde., 5. durchges. Aufl., München 1983.

Gall, Lothar (Hg.): Liberalismus, 3. erw. Aufl., Königstein/Ts. 1985.

Gegenwartsprobleme des internationalen Rechtes und der Rechtsphilosophie. Festschrift für Rudolf Laun zu seinem 70. Geburtstag, hg. von Diemitri S. Constantopoulos und Hans Wehberg, Hamburg 1953.

Geschichte in der Gesellschaft. Festschrift für Karl Bosl zum 65. Geburtstag - 11.XI.1973 -, hg. von Friedrich Prinz, Franz-Josef Schmale, Ferdinand Seibt, Stuttgart 1974.

Göhler, Gerhard (Hg.): Politische Theorie. Begründungszusammenhänge in der Politikwissenschaft (= Geschichte und Theorie der Politik, Bd. 1), Stuttgart 1978.

Görres-Gesellschaft (Hg.): Staatslexikon. Recht, Wirtschaft, Gesellschaft, 5 Bde.:
6. völlig neu bearb. und erw. Aufl., Freiburg 1957;
7., völlig neu bearb. Aufl., Freiburg, Basel, Wien 1985.

Guggenberger, Bernd, und Offe, Claus (Hg.): An den Grenzen der Mehrheitsdemokratie. Politik und Soziologie der Mehrheitsregel, Opladen 1984.

Hartmann, Klaus (Hg.): Die Demokratie im Spektrum der Wissenschaften, Freiburg/Br., München 1980.

Hattenhauer, Hans, und Kaltefleiter, Werner (Hg.): Mehrheitsprinzip, Konsens und Verfassung. Kieler Symposium vom 14. - 16. Juni 1984 (= Motive - Texte - Materialien, Bd. 27), Heidelberg 1984.

Haungs, Peter: Res Publica. Studien zum Verfassungswesen. Dolf Sternberger zum 70. Geburtstag, München 1977.

Hennis, Wilhelm: Politik und praktische Philosophie. Schriften zur politischen Theorie (Sammlung), Stuttgart 1977.

Hennis, Wilhelm: Politik als praktische Wissenschaft. Aufsätze zur politischen Theorie und Regierungslehre, München 1968.

Hennis, Wilhelm; Kielmansegg, Peter Graf; Matz, Ulrich (Hg.): Regierbarkeit. Studien zu ihrer Problematisierung.
Bd. I, Stuttgart 1977.
Bd. II, Stuttgart 1979.

Herder-Lexikon Politik, Freiburg, Basel, Wien 1981.

Hildebrandt, Horst (Hg.): Die deutschen Verfassungen des 19. und 20. Jahrhunderts, 13. Aufl., Paderborn, München, Wien, Zürich 1985.

Hintze, Otto: Staat und Verfassung. Gesammelte Abhandlungen zur allgemeinen Verfassungsgeschichte, hg. von Gerhard Oestreich mit einer Einleitung von Fritz Hartung, 2. erw. Aufl.,
Bd. 1, Göttingen 1962.
Bd. 2, Göttingen 1964.

Hofmann, Hanns Hubert (Hg.): Die Entstehung des modernen souveränen Staates (= Neue Wissenschaftliche Bibliothek, 17, Geschichte), Köln, Berlin 1967.

Hofmann, Hasso (Sammlung): Recht - Politik - Verfassung. Studien zur Geschichte der politischen Philosophie, Frankfurt/M. 1986.

Isensee, Josef, und Kirchhof, Paul (Hg.): Handbuch des Staatsrechts der Bundesrepublik Deutschland.
Bd. I: Grundlagen von Staat und Verfassung.
Bd. II: Demokratische Willensbildung - Die Staatsorgane des Bundes.
Heidelberg 1987.

Katholisches Soziallexikon, hg. von Klose, Alfred; Mantl, Wolfgang; Zsifkovits, Valentin, 2. gänzlich überarb. und erw. Aufl., Innsbruck, Wien, München 1980.

Kaufmann, Erich: Gesammelte Schriften, 3 Bde., Göttingen 1960.
Bd. I: Autorität und Freiheit. Von der konstitutionellen Monarchie bis zur Bonner parlamentarischen Demokratie.
Bd. II: Der Staat in der Rechtsgemeinschaft der Völker. Vom ersten Weltkriege bis zum Wiederaufbau nach dem zweiten Weltkriege.
Bd. III: Rechtsidee und Recht. Rechtsphilosophische und ideengeschichtliche Bemühungen aus fünf Jahrzehnten.

Kluxen, Kurt (Hg.): Parlamentarismus (= Neue Wissenschaftliche Bibliothek 18 Geschichte), 2. Aufl., Köln, Berlin 1969; 5. Aufl., 1980.

Kopitzsch, Franklin (Hg.): Aufklärung, Absolutismus und Bürgertum in Deutschland. Zwölf Aufsätze, München 1976.

Kurz, Hanns (Hg.): Volkssouveränität und Staatssouveränität (= Wege der Forschung, Bd. 28), Darmstadt 1970.

Laband, Paul; Wach, Adolf; Wagner, Adolf; Jellinek, Georg; Lamprecht, Karl; Liszt, Franz von; Schanz, Georg von; Berolzheimer, Fritz (Hg.): Handbuch der Politik. Erster Bd.: Die Grundlagen der Politik, Berlin/Leipzig 1912.

Laufer, Heinz (Hg.): Verfassungsreform in der Bundesrepublik Deutschland?, München 1979.

Loewenstein, Karl: Beiträge zur Staatssoziologie, Tübingen 1961.

Loock, Hans-Dietrich, und Schulze, Hagen (Hg.): Parlamentarismus und Demokratie im Europa des 19. Jahrhunderts, München 1982.

Lucas, Hans-Christian, und Pöggeler, Otto (Hg.): Hegels Rechtsphilosophie im Zusammenhang der europäischen Verfassungsgeschichte (= Spekulation und Erfahrung, Abteilung II, Bd. 1), Stuttgart, Bad Cannstatt 1986.

Matz, Ulrich (Hg.): Aktuelle Herausforderungen der repräsentativen Demokratie (= Sonderheft der ZfP. Veröffentlichungen der Deutschen Gesellschaft für Politikwissenschaft DGfP, Heft 2), Köln u.a. 1985.

Maunz, Theodor (Mit-Hg.): Staatslehre/ Verfassungsgeschichte (= Wahlfach Examinatorium, hg. von Reinhart Maurach und Ethel Behrendt, WEX 7), Karlsruhe 1975.

Mayer-Tasch, Peter Cornelius (Hg. in Verbindung mit Ion Contiades): Die Verfassungen der nicht-kommunistischen Staaten Europas. Mit einem Essay, verfassungsgeschichtlichen Abrissen und einem vergleichenden Sachregister, 2. neubarb. Aufl., München 1975.

Medick, Hans: Bibliographie (zum Parlamentarismus), in: Kluxen, Kurt (Hg.): Parlamentarismus, 2. Aufl., Köln, Berlin 1969, S. 473 - 502.

Meyer, Thomas; Miller, Susanne; Strasser, Johano (Hg.): Widerstandsrecht in der Demokratie. Pro und Contra (= L '80. Demokratie und Sozialismus; politische und literarische Beiträge, Sonderheft), Köln 1984.

Mickel, Wolfgang (Hg. in Verbindung mit Dietrich Zitzlaff): Handlexikon zur Politikwissenschaft, München 1986.

Neubuhr, Elfriede (Hg.): Begriffsbestimmung des literarischen Biedermeier (= WdF, Bd. 318), Darmstadt 1978.

Neumann, Franz (Hg.): Politische Theorien und Ideologien: Einführungen, Baden-Baden 1974/75.

Nipperdey, Thomas: Gesellschaft, Kultur, Theorie. Gesammelte Aufsätze zur neueren Geschichte, Göttingen 1976.

Öffentliches Recht und Politik. Festschrift für Hans Ulrich Scupin zum 70. Geburtstag, hg. von Norbert Achterberg, Berlin 1973.

Oestreich, Gerhard: Strukturprobleme der frühen Neuzeit. Ausgewählte Aufsätze, hg. von Brigitta Oestreich, Berlin 1980.

Parteien, Wahlrecht, Demokratie. Schriftenreihe der Friedrich-Naumann-Stiftung zur Politik und Zeitgeschichte, Bd. 12, Köln, Opladen 1967.

Raumer, Kurt von, und Botzenhart, Manfred: Deutsche Geschichte im 19. Jahrhundert. Deutschland um 1800: Krise und Neugestaltung. Von 1789 bis 1815 (= Handbuch der Deutschen Geschichte, begründet von Otto Brandt, fortgef. von Arnold Oskar Meyer, neu hg. von Leo Just, Bd. 3/I, 1. Teil), Wiesbaden 1980.

Rausch, Heinz (Hg.): Die geschichtlichen Grundlagen der modernen Volksvertretung. Die Entwicklung von den mittelalterlichen Korporationen zu den modernen Parlamenten. Zwei Bände:
1. Bd.: Allgemeine Fragen und europäischer Überblick (= Wege der Forschung, Bd. 196), Darmstadt 1980.
2. Bd.: Reichsstände und Landstände (= WdF, Bd. 469), Darmstadt 1974.

Rausch, Heinz (Hg.): Zur Theorie und Geschichte der Repräsentation und Repräsentativverfassung (= WdF, Bd. 184), Darmstadt 1968.

Rausch, Heinz (Hg.): Politische Denker, Bd. I und Bd. II, 6. Aufl., München 1981.

Reinisch, Leonhard (Hg.): Politische Wissenschaft heute. Zwölf Beiträge, München 1971.

Ritter, Gerhard A. (Sammlung): Arbeiterbewegung, Parteien und Parlamentarismus. Aufsätze zur deutschen Sozial- und Verfassungsgeschichte des 19. und 20. Jahrhunderts (= Kritische Studien zur Geschichtswissenschaft, Bd. 23), Göttingen 1976.

Ritter, Gerhard A. (Hg.): Gesellschaft, Parlament und Regierung. Zur Geschichte des Parlamentarismus in Deutschland, Düsseldorf 1974.

Ritter, Gerhard A. (Hg.): Regierung, Bürokratie und Parlament in Preußen und Deutschland von 1848 bis zur Gegenwart (= Beiträge zur Geschichte des Parlamentarismus und der politischen Parteien, Bd. 73), Düsseldorf 1983.

Ritter, Gerhard A. (Hg.): Vom Wohlfahrtsausschuß zum Wohlfahrtsstaat. Der Staat in der modernen Industriegesellschaft, Köln 1973.

Roegele, Otto B. (Hg.): Kleine Anatomie politischer Schlagworte, 2., erw. Aufl., Zürich, Osnabrück 1976.

Röhring, Hans-Helmut, und Sontheimer, Kurt (Hg.): Handbuch des deutschen Parlamentarismus. Das Regierungssystem der Bundesrepublik in 270 Stichworten, München 1970.

Rosenberg, Hans [Aufsatzsammlung]: Politische Denkströmungen im deutschen Vormärz (= Kritische Studien zur Geschichtswissenschaft, hg. von Helmut Berding, Jürgen Kocka, Hans-Christoph Schröder, Hans-Ulrich Wehler, Bd. 3), Göttingen 1972.

Sattler, Martin J. (Hg.): Staat und Recht. Die deutsche Staatslehre im 19. und 20. Jahrhundert, München 1972.

Schäfer, Gert, und Nedelmann, Carl (Hg.): Der CDU-Staat 1. Analysen zur Verfassungswirklichkeit der Bundesrepublik, 2. überarb. Aufl., Frankfurt/Main 1969.

Scheuner, Ulrich: Staatstheorie und Staatsrecht. Gesammelte Schriften, hg. von Joseph Listl und Wolfgang Rüfner, Berlin 1978.

Schieder, Wolfgang (Hg.): Liberalismus in der Gesellschaft des deutschen Vormärz (= Geschichte und Gesellschaft. Zeitschrift für Historische Sozialwissenschaft, Sonderheft 9), Göttingen 1983.

Schmidt, Siegfried (Hg.): Politik und Ideologie des bürgerlichen Liberalismus im Revolutionszyklus zwischen 1789 und 1917. Wissenschaftliches Kolloquium des Wissenschaftsbereichs Neuzeit der Sektion Geschichte der Friedrich-Schiller-Universität Jena vom Dezember 1981, Jena 1983.

Schnur, Roman (Hg.): Festschrift für Ernst Forsthoff zum 70. Geburtstag, München 1972.

Smend, Rudolf [Sammlung]: Staatsrechtliche Abhandlungen und andere Aufsätze, 2., erw. Aufl., Berlin 1968 (1. Aufl. 1955).

Sontheimer, Kurt, und Röhring, Hans-Helmut (Hg.): Handbuch des politischen Systems der Bundesrepublik Deutschland, 2. Aufl., München 1978.

Sprache und Politik. Festgabe für Dolf Sternberger zum sechzigsten Geburtstag, hg. v. Friedrich, Carl-Joachim und Reifenberg, Benno, Heidelberg 1968.

Staat und Gesellschaft. Studien über Lorenz von Stein, hg. von Roman Schnur. Mit einer Bibliographie von Max Munding, Berlin 1978.

Staatsorganisation und Staatsfunktionen im Wandel. Festschrift für Kurt Eichenberger zum 60. Geburtstag, hg. von Georg Müller, René A. Rhinow, Gerhard Schmid und Luzius Wildhaber, Basel, Frankfurt/M. 1982.

Stammen, Theo (Hg.): Strukturwandel der modernen Regierung (= Wege der Forschung, Bd. 119), Darmstadt 1967.

Steffani, Winfried (Hg.): Parlamentarismus ohne Transparenz (= Kritik, Bd. III), Opladen 1971.

Stephenson, Kurt; Scharff, Alexander; Klötzer, Wolfgang (Hg.): Darstellungen und Quellen zur Geschichte der deutschen Einheitsbewegung im neunzehnten und zwanzigsten Jahrhundert. Im Auftrage der Gesellschaft für burschenschaftliche Geschichtsforschung, 4. Bd., Heidelberg 1963.

Stolleis, Michael (Hg.): Staatsdenker im 17. und 18. Jahrhundert. Reichspublizistik, Politik, Naturrecht, Frankfurt/M. 1977.

Streitpunkt Vormärz. Beiträge zur Kritik bürgerlicher und revisionistischer Erbeauffassungen, hg. von der Akademie der Wissenschaften der DDR, Berlin (Ost) 1977.

Verfassungsrecht und Verfassungswirklichkeit. Festschrift für Hans Huber zum 60. Geburtstag, 24. Mai 1961. Dargebracht von Freunden, Kollegen, Schülern und Verlag, Bern 1961.

Vom Bonner Grundgesetz zur gesamtdeutschen Verfassung. Festschrift zum 75. Geburtstag von Hans Nawiasky, hg. von Theodor Maunz, München 1956.

Vom Staat des Ancien Regime zum modernen Parteienstaat. Festschrift für Theodor Schieder zu seinem 70. Geburtstag, hg. von Helmut Berding, Kurt Düwell, Lothar Gall, Wolfgang J. Mommsen, Hans-Ulrich Wehler, München, Wien 1978.

Vormärz 1830 - 1848. Erläuterungen zur deutschen Literatur, 10. Aufl., hg. vom Kollektiv für Literaturgeschichte, Berlin (Ost) 1977.

Weber-Fas, Rudolf (Hg.): Der Staat. Dokumente des Staatsdenkens von der Antike bis zur Gegenwart, 2. Bd., Pfullingen 1977.

Weinacht, Paul-Ludwig (Hg.): Parlamentarismus begreifen. Beiträge aus der Politischen Wissenschaft, Psychologie, Soziologie und Fachdidaktik, München 1985.

Weis, Eberhard: Der Durchbruch des Bürgertums 1776 - 1847 (= Propyläen Geschichte Europas, Bd. 4), Frankfurt/M., Berlin, Wien 1978.

Wirtschaftliche Entwicklungslinien und gesellschaftlicher Wandel. Hg. vom Institut der deutschen Wirtschaft, Köln 1983.

Witte, Bernd (Hg.): Vormärz: Biedermeier, Junges Deutschland, Demokraten. 1815 - 1848, Reinbek bei Hamburg 1980.

Zurcher, Arnold J. (Hg.): Verfassungen nach dem Zweiten Weltkrieg. Eine Untersuchung bedeutsamer Erscheinungen im öffentlichen Recht der Nachkriegszeit mit besonderer Berücksichtigung der neuen Verfassungen in Westeuropa (= Schriften zur Politischen Wissenschaft, Bd. 2), Meisenheim/Glan 1956.

2. Abhandlungen

Achterberg, Norbert: Grundzüge des Parlamentsrechts, München 1971.

Achterberg, Norbert: Die parlamentarische Verhandlung (= Beiträge zum Parlamentsrecht, hg. von Norbert Achterberg, Bd. 1), Berlin 1979.

Achterberg, Norbert: Parlamentsrecht, Tübingen 1984.

Alemann, Ulrich von: Organisierte Interessen in der Bundesrepublik. Unter Mitarbeit von Reiner Fonteyn und Hans-Jürgen Lange (= Grundwissen Politik, hg. von Ulrich von Alemann und Leo Kißler, Bd. 1), Opladen 1987.

Alemann, Ulrich von: Parteiensysteme im Parlamentarismus. Eine Einführung und Kritik von Parlamentarismustheorien, Düsseldorf 1973.

Angermann, Erich: Robert von Mohl 1799 - 1875. Leben und Werk eines altliberalen Staatsgelehrten (= Politica, Bd. 8: Abhandlungen und Texte zur politischen Wissenschaft, hg. von Wilhem Hennis und Roman Schnur), Neuwied 1962.

Apel, Hans: Der deutsche Parlamentarismus. Unreflektierte Bejahung der Demokratie?, Reinbek b. Hamburg 1968.

Aretin, Karl Otmar von: Bayerns Weg zum sovueränen Staat. Landstände und konstitutionelle Monarchie 1714 - 1818, München 1976.

Aretin, Karl Otmar Freiherr von: Vom Deutschen Reich zum Deutschen Bund (= Joachim Leuschner (Hg.): Deutsche Geschichte, Bd. 7), Göttingen 1980.

Arnim, Hans Herbert von: Gemeinwohl und Gruppeninteressen. Die Durchsetzung allgemeiner Interessen in der pluralistischen Demokratie. Ein Beitrag zu verfassungsrechtlichen Grundfragen der Wirtschaftsordnung, Frankfurt/M. 1977

Arnim, Hans Herbert von: Staatslehre der Bundesrepublik Deutschland, München 1984.

Bachrach, Peter: Die Theorie demokratischer Elitenherrschaft. Eine kritische Analyse. Mit einer Vorrede von Sheldon S. Wolin (= Kritische Studien zur Politikwissenschaft), Frankfurt/M. 1970.

Badura, Peter: Die Methoden der neueren allgemeinen Staatslehre, Erlangen 1959.

Bartmuss, Hans-Joachim u.a. (Hg.): Deutsche Geschichte in drei Bänden, Bd. 2: Von 1789 bis 1917, Berlin (Ost) 1965.

Bauer, Wolfram: Wertrelativismus und Wertbestimmtheit im Kampf um die Weimarer Demokratie. Zur Politologie des Methodenstreits der Staatsrechtslehrer (= Beiträge zur Politischen Wissenschaft, Bd. 3), Berlin 1968

Behrens, Wolfgang W.; Bott, Gerhard; Jäger, Hans-Wolf; Schmid, Ulrich; Weber, Johannes; Werbick, Peter: Der Literarische Vormärz, München 1973.

Bergsträsser, Ludwig: Die Entwicklung des Parlamentarismus in Deutschland (= Geschichte und Politik, 13), Laupheim 1954.

Bergsträsser, Ludwig: Geschichte der politischen Parteien in Deutschland. 11. Aufl., völlig überarb. u. hg. von Wilhelm Mommsen, mit einer Bibliographie von Hans-Gerd Schumann (= Deutsches Handbuch der Politik, Bd. 2), München, Wien 1965 (1. Aufl. 1921).

Best, Heinrich: Interessenpolitik und nationale Integration 1848/49. Handelspolitische Konflikte im frühindustriellen Deutschland (= Kritische Studien zur Geschichtswissenschaft, Bd. 37), Göttingen 1980.

Beyme, Klaus von: Die parlamentarischen Regierungssysteme in Europa, 2., durchgeseh. und erg. Aufl., München 1973.

Beyme, Klaus von: Die politische Elite in der Bundesrepublik Deutschland, 2. überarb. Aufl., München 1974.

Beyme, Klaus von: Politische Ideengeschichte, Tübingen 1969.

Beyme, Klaus von: Die verfassunggebende Gewalt des Volkes. Demokratische Doktrin und politische Wirklichkeit (= Recht und Staat in Geschichte und Gegenwart, Heft 367/368), Tübingen 1968.

Birch, A. H.: Representation, London 1972.

Boberach, Heinz: Wahlrechtsfragen im Vormärz. Die Wahlrechtsanschauung im Rheinland 1815 - 1849 und die Entstehung des Dreiklassenwahlrechts (= Beiträge zur Geschichte des Parlamentarismus und der politischen Parteien, Bd. 15), Düsseldorf 1959.

Böckenförde, Ernst-Wolfgang: Die deutsche verfassungsgeschichtliche Forschung im 19. Jahrhundert. Zeitgebundene Fragestellungen und Leitbilder (= Schriften zur Verfassungsgeschichte, 1), Berlin 1961.

Böckenförde, Ernst-Wolfgang: Gesetz und gesetzgebende Gewalt. Von den Anfängen der deutschen Staatsrechtslehre bis zur Höhe des staatsrechtlichen Positivismus (= Schriften zum Öffentlichen Recht, Bd. 1), Berlin 1958.

Böckenförde, Ernst-Wolfgang: Der Staat als sittlicher Staat (= Wissenschaftliche Abhandlungen und Reden zur Philosophie, Politik und Geistesgeschichte, Bd. 14), Berlin 1978.

Boldt, Hans: Deutsche Staatslehre im Vormärz (= Beiträge zur Geschichte des Parlamentarismus und der politischen Parteien, Bd. 56, hg. von der Kommission für Geschichte des Parlamentarismus und der politischen Parteien), Düsseldorf 1975.

Boldt, Hans: Deutsche Verfassungsgeschichte. Politische Strukturen und ihr Wandel. Bd. 1: Von den Anfängen bis zum Ende des älteren deutschen Reiches 1806, München 1984.

Boldt, Hans: Einführung in die Verfassungsgeschichte. Zwei Abhandlungen zu ihrer Metholdik und Geschichte, Düsseldorf 1984.

Boldt, Werner: Die Anfänge des deutschen Parteiwesens. Fraktionen, politische Vereine und Parteien in der Revolution 1848. Darstellung und Dokumentation, Paderborn 1971.

Bosl, Karl: Die Geschichte der Repräsentation in Bayern. Landständische Bewegung, Landständische Verfassung, Landesausschuß und altständische Gesellschaft (= Repräsentation und Parlamentarismus in Bayern vom 13. zum 20. Jahrhundert. Eine politische Geschichte des Volkes in Bayern. Im Auftrag des Präsidenten des Bayerischen Landtages und im Rahmen der Kommission für Bayerische Landesgeschichte bei der Bayerischen Akademie der Wissenschaften hg. von Karl Bosl, Bd. I), München 1974.

Botzenhart, Manfred: Deutscher Parlamentarismus in der Revolutionszeit 1848 - 1850 (= Handbuch der Geschichte des deutschen Parlamentarismus. Im Auftrage der Kommission für Geschichte des Parlamentarismus und der politischen Parteien hg. von Gerhard A. Ritter), Düsseldorf 1977.

Bracher, Karl Dietrich: Schlüsselwörter in der Geschichte. Mit einer Betrachtung zum Totalitarismusproblem. In Zusammenarbeit mit Dorothee Bracher, Düsseldorf 1978.

Brandt, Hartwig: Landständische Repräsentation im deutschen Vormärz. Politisches Denken im Einflußfeld des monarchischen Prinzips (= Politica. Abhandlungen und Texte zur politischen Wissenschaft, hg. von Wilhelm Hennis und Hans Maier, Bd. 31), Neuwied, Berlin 1968.

Brandt, Hartwig: Parlamentarismus in Württemberg 1819 - 1870. Anatomie eines deutschen Landtags (= Handbuch der Geschichte des deutschen Parlamentarismus, hg. von Gerhard A. Ritter), Düsseldorf 1987.

Büssem, Eberhard: Die Karlsbader Beschlüsse von 1819. Die endgültige Stabilisierung der restaurativen Politik im Deutschen Bund nach dem Wiener Kongreß 1814/15, Hildesheim 1974.

Darmstadt, Rolf: Der Deutsche Bund in der zeitgenössischen Publizistik (= Europäische Hochschulschriften, Reihe III: Geschichte und ihre Hilfswissenschaften, Bd. 7), Bern, Frankfurt/Main 1971.

Ehmke, Horst: Karl von Rotteck, der "politische Professor" (= Freiburger Rechts- und Staatswissenschaftliche Abhandlungen, Bd. 3) (= Freiburger Antrittsvorlesung, gehalten am 5. Dezember 1963), Karlsruhe 1964.

Ehrle, Peter Michael: Robert von Mohl als Leiter der Tübinger Universitätsbibliothek (1836-1844) (= Contubernium, Bd. 10. Beiträge zur Geschichte der Eberhard-Karls-Universität Tübingen), Tübingen 1975.

Ehrle, Peter Michael: Volksvertretung im Vormärz. Studien zur Zusammensetzung, Wahl und Funktion der deutschen Landtage im Spannungsfeld zwischen monarchischem Prinzip und ständischer Repräsentation, 2 Teile, Frankfurt/M., Bern 1979.

Ellwein, Thomas: Das Erbe der Monarchie in der deutschen Staatskrise. Zur Geschichte des Verfassungsstaates in Deutschland, München 1954.

Ellwein, Thomas: Das Regierungssystem der Bundesrepublik Deutschland, 4., völlig neubearb. Aufl., Opladen 1977.

Ermacora, Felix: Allgemeine Staatslehre. Vom Nationalstaat zum Weltstaat, Bd. 1 und 2, Berlin 1970.

Eschenburg, Theodor: Über Autorität, Frankfurt a. M. 1976.

Eulau, Heinz: Politics, Self, and Society. A Theme and Variations, Cambridge/Mass. u.a. 1986.

Fickert, Artur: Montesquieus und Rousseaus Einfluß auf den vormärzlichen Liberalismus Badens, Leipzig 1913.

Field, G(eorge) Lowell, and Higley, John: The states of national elites and the stability of political institutions in 81 nations, 1950 - 1982, San Domenico 1982;
= Eliten und Liberalismus. Ein neues Modell zur geschichtlichen Entwicklung der Abhängigkeit von Eliten und Nicht-Eliten: Zusammenhänge, Möglichkeiten, Verpflichtungen (übersetzt und eingel. von Dieter Claessens), Opladen 1983.

Forsthoff, Ernst: Deutsche Verfassungsgeschichte der Neuzeit. Ein Abriß, 4. Aufl., Stuttgart, Berlin, Köln, Mainz 1972 (1. Aufl. 1940).

Fraenkel, Ernst: Die repräsentative und die plebiszitäre Komponente im demokratischen Verfassungsstaat (= Recht und Staat, Heft 219/220), Tübingen 1958,
wieder abgedruckt in: Rausch, Heinz (Hg.): Zur Theorie und Geschichte der Repräsentation und Repräsentativverfassung, Darmstadt 1968, S. 330 - 385.

Friedrich, Carl J.: Der Verfassungsstaat der Neuzeit, Berlin, Göttingen, Heidelberg 1953.

Füßl, Wilhelm: Professor in der Politik: Friedrich Julius Stahl (1802 - 1861): Das monarchische Prinzip und seine Umsetzung in die parlamentarische Praxis (= Schriftenreihe der Historischen Kommission bei der Bayerischen Akademie der Wissenschaften, Bd. 33), Göttingen 1988.

Gablentz, Otto Heinrich von der: Der Kampf um die rechte Ordnung. Beiträge zur politischen Wissenschaft, Köln, Opladen 1964.

Gall, Lothar: Benjamin Constant. Seine Ideenwelt und der deutsche Vormärz, Wiesbaden 1963.

Gauland, Alexander: Das Legitimitätsprinzip in der Staatenpraxis seit dem Wiener Kongreß (= Schriften zum Völkerrecht, Bd. 20), Berlin 1971.

Glum, Friedrich: Konservativismus im 19. Jahrhundert. Eine Auswahl europäischer Portraits, Bonn 1969.

Glum, Friedrich: Das parlamentarische Regierungssystem in Deutschland, Großbritannien und Frankreich, 2., neubearb. und erw. Aufl., München, Berlin 1965.

Grabitz, Eberhard: Freiheit und Verfassungsrecht. Kritische Untersuchungen zur Dogmatik und Theorie der Freiheitsrechte, Tübingen 1976.

Griewank, Karl: Der Wiener Kongreß und die europäische Restauration 1814/1815, 2., völlig neubearb. Aufl., Leipzig 1954 (1. Aufl., 1942).

Grimm, Dieter: Deutsche Verfassungsgeschichte 1776 - 1866. Vom Beginn des modernen Verfassungsstaates bis zur Auflösung des Deutschen Bundes, Frankfurt/M. 1988.

Grosser, Dieter: Grundlagen und Struktur der Staatslehre Friedrich Julius Stahls (= Staat und Politik, Bd. 3, hg. v. Ernst Fraenkel, Otto Heinrich von der Gablentz, Karl Dietrich Bracher), Köln 1963.

Grosser, Dieter: Vom monarchischen Konstitutionalismus zur parlamentarischen Demokratie. Die Verfassungspolitik der deutschen Parteien im letzten Jahrzehnt des Kaiserreiches (= Studien zur Regierungslehre und Internationalen Politik I), Den Haag 1970.

Guardini, Romano: Freiheit. Eine Gedenkrede (= Beiträge zur politischen Bildung, Nr. 1), Würzburg 1960.

Habermas, Jürgen: Legitimationsprobleme im Spätkapitalismus, Frankfurt/M. 1973.

Habermas, Jürgen: Strukturwandel der Öffentlichkeit. Untersuchungen zu einer Kategorie der bürgerlichen Gesellschaft, 17. Aufl., Darmstadt, Neuwied 1987 [1. Aufl. = 1962].

Hättich, Manfred: Begriff und Formen der Demokratie (= Politik in Grundrissen. Eine Schriftenreihe für Studium und Praxis), Mainz 1966.

Hättich, Manfred: Demokratie als Herrschaftsordnung (= Ordo Politicus. Veröffentlichungen des Arnold-Bergstraesser-Instituts, hg. von Dieter Oberndörfer, Bd. 7), Köln, Opladen 1967.

Hättich, Manfred: Grundbegriffe der Politikwissenschaft, Darmstadt 1969.

Hamid, Abdassamad (= Hamed Abdul Samad): Das Prinzip der Gewaltenteilung und die Beaufsichtigung der Regierung durch das Parlament, allgemein dargestellt, unter Berücksichtigung der Verfassungen Englands, der Vereinigten Staaten von Nordamerika und der Schweiz (= Abhandlungen zum Schweizerischen Recht, N.F., Heft 326), Bern 1957.

Hardtwig, Wolfgang: Vormärz. Der monarchische Staat und das Bürgertum, München 1985.

Hartmann, Volker: Repräsentation in der politischen Theorie und Staatslehre in Deutschland. Untersuchungen zur Bedeutung und theoretischen Bestimmung der Repräsentation in der liberalen Staatslehre des Vormärz, der Theorie des Rechtspositivismus und der Weimarer Staatslehre (= Beiträge zur Politischen Wissenschaft, Bd. 35), Berlin, München 1979.

Haungs, Peter: Parteiendemokratie in der Bundesrepublik Deutschland (= Beiträge zur Zeitgeschichte, Bd. 3), Berlin 1980.

Hennis, Wilhelm: Die mißverstandene Demokratie. Demokratie - Verfassung - Parlament. Studien zu deutschen Problemen, Freiburg 1973.

Hennis, Wilhelm: Richtlinienkompetenz und Regierungstechnik (= Recht und Staat in Geschichte und Gegenwart, Heft 300/301), Tübingen 1964.

Hermand, Jost: Die literarische Formenwelt des Biedermeier, Gießen 1958.

Herrfahrdt, Heinrich: Das Problem der berufsständischen Ordnung von der französischen Revolution bis zur Gegenwart, Stuttgart, Berlin 1921.

Herzfeld, Hans: Die moderne Welt 1789 - 1945. I. Teil: Die Epoche der bürgerlichen Nationalstaaten 1789 - 1890 (= Geschichte der Neuzeit, hg. von Gerhard Ritter), 2. neubearb. Aufl., Braunschweig 1957.

Herzog, Dietrich: Pllitische Führungsgruppen. Probleme und Ergebnisse der modernen Elitenforschung (= Erträge der Forschung, Bd. 169), Darmstadt 1982.

Hespe, Klaus: Zur Entwicklung der Staatszwecklehre in der deutschen Staatsrechtswissenschaft des 19. Jahrhunderts, Köln, Berlin 1964.

Hett, Hans-Jürgen: Die Öffentlichkeit der Parlamentsverhandlungen, das Grundrecht der Informationsfreiheit und Informationspflichten der Exekutive (= Europäische Hochschulschriften: Reihe 2, Rechtswissenschaft; Bd. 647), Frankfurt/M., Bern, New York, Paris 1987.

Heun, Werner: Das Mehrheitsprinzip in der Demokratie. Grundlagen - Struktur - Begrenzungen (= Schriften zum Öffentlichen Recht, Bd. 440), Berlin 1983.

Hirschberger, Johannes: Kleine Philosophiegeschichte, 16. Aufl., Freiburg i.Br. 1980.

Hocevar, Rolf Konrad: Stände und Repräsentation beim jungen Hegel. Ein Beitrag zu seiner Staats- und Gesellschaftslehre sowie zur Theorie der Repräsentation (= Münchener Studien zur Politik, 8. Bd.), München 1968.

Hofmann, Hanns Hubert: Adelige Herrschaft und souveräner Staat. Studien über Staat und Gesellschaft in Franken und Bayern im 18. und 19. Jahrhundert, München 1962.

Hofmann, Hasso: Repräsentation. Studien zur Wort- und Begriffsgeschichte von der Antike bis ins 19. Jahrhundert (= Schriften zur Verfassungsgeschichte, Bd. 22), Berlin 1974.

Huber, Ernst Rudolf: Deutsche Verfassungsgeschichte seit 1789. Bd. I: Reform und Restauration 1789 bis 1830, Stuttgart 1957.

Huber, Ernst Rudolf: Nationalstaat und Verfassungsstaat. Studien zur Geschichte der modernen Staatsidee, Stuttgart 1965.

Husung, Hans-Gerhard: Protest und Repression im Vormärz. Norddeutschland zwischen Restauration und Revolution (= Kritische Studien zur Geschichtswissenschaft, Bd. 54), Göttingen 1983.

Ingersoll, David E.; Matthews, Richard K.: The Philosophic Roots of Modern Ideology: Liberalism, Communism, Fascism, Englewood Cliffs/New Jersey 1986.

Jäger, Wolfgang: Öffentlichkeit und Parlamentarismus. Eine Kritik an Jürgen Habermas, Stuttgart, Berlin, Köln, Mainz 1973.

Kaufmann, Erich: Studien zur Staatslehre des monarchischen Prinzipes (Einleitung; die historischen und philosophischen Grundlagen), Leipzig 1906.

Kelsen, Hans: Vom Wesen und Wert der Demokratie, 2. umgearb. Aufl., Tübingen 1929.

Kielmansegg, Peter Graf: Volkssouveränität. Eine Untersuchung der Bedingungen demokratischer Legitimität, Stuttgart 1977.

Kimminich, Otto: Deutsche Verfassungsgeschichte (= Lehrbücher des Öffentlichen Rechts, Bd. 5), Frankfurt/M. 1970.

Kißler, Leo: Die Öffentlichkeitsfunktion des Deutschen Bundestages. Theorie - Empirie - Reform (= Beiträge zur Politischen Wissenschaft, Bd. 25), Berlin 1976.

Klotzbach, Kurt: Das Eliteproblem im politischen Liberalismus. Ein Beitrag zum Staats- und Gesellschaftsbild des 19. Jahrhunderts (= Staat und Politik, Bd. 9), Köln, Opladen 1966.

Kluxen, Kurt: Geschichte und Problematik des Parlamentarismus, Frankfurt/Main 1983.

Knoll, Joachim H.: Führungsauslese in Liberalismus und Demokratie. Zur politischen Geistesgeschichte der letzten hundert Jahre, Stuttgart 1957.

Koch, Rainer: Deutsche Geschichte 1815 - 1848: Restauration oder Vormärz?, Stuttgart, Berlin, Köln, Mainz 1985.

Kopp, Hans W.: Parlamente: Geschichte, Größen, Grenzen, Frankfurt/M., Hamburg 1966.

Kramer, Helmut: Fraktionsbindungen in den deutschen Volksvertretungen 1819 - 1849 (= Schriften zur Verfassungsgeschichte, Bd. 7), Berlin 1968.

Kriele, Martin: Einführung in die Staatslehre. Die geschichtlichen Legitimitätsgrundlagen des demokratischen Verfassungsstaates, Reinbek bei Hamburg 1975.

Kriele, Martin: Legitimitätsprobleme der Bundesrepublik, München 1977.

Kurz, Hanns: Volkssouveräntität und Volksrepräsentation (= Schriftenreihe Annales Universitatis Saraviensis, Rechts- und Wirtschaftswissenschaftliche Abteilung, Heft 16), Köln, Berlin, Bonn, München 1965.

Ladendorf, Otto: Historisches Schlagwörterbuch, Straßburg, Berlin 1906, Nachdruck Hildesheim 1968.

Lamer, Reinhard J.: Der englische Parlamentarismus in der deutschen politischen Theorie im Zeitalter Bismarcks (1857 - 1890). Ein Beitrag zur Vorgeschichte des deutschen Parlamentarismus (= Historische Studien, Heft 387), Lübeck, Hamburg 1963.

Langewiesche, Dieter: Liberalismus in Deutschland, Frankfurt/Main 1988.

Leibholz, Gerhard: Das Wesen der Repräsentation unter besonderer Berücksichtigung des Repräsentativsystems. Ein Beitrag zur allgemeinen Staats- und Verfassungslehre (= Beiträge zum ausländischen öffentlichen Recht und Völkerrecht, Heft 13), Berlin, Leipzig 1929.
Neuauflage Berlin 1960.
3. erw. Aufl. unter dem Titel: Das Wesen der Repräsentation und der Gestaltwandel der Demokratie im 20. Jahrhundert, Berlin 1966.

Leisner, Walter: Demokratie. Selbstzerstörung einer Staatsform?, Berlin 1979.

Leisner, Walter: Der Gleichheitsstaat. Macht durch Nivellierung, Berlin 1980.

Lenk, Kurt: Wie demokratisch ist der Parlamentarismus? Grundpositionen einer Kontroverse, Stuttgart, Berlin, Köln, Mainz 1972.

Lenk, Kurt: Staatsgewalt und Gesellschaftstheorie, München o.J. [1980].

Loewenberg, Gerhard: Parlamentarismus im politischen System der Bundesrepublik Deutschland, mit einer Bibliographie des Schrifttums zum Deutschen Bundestag, zusammengestellt von Heinz Matthes und Peter Schindler, Tübingen 1969.

Loewenstein, Karl: Verfassungslehre, 2., durch einen Nachtrag auf den Stand von 1969 gebrachte Aufl., Tübingen 1969.

Look, Hans Dietrich, und Schulze, Hagen: Parlamentarismus und Demokratie im Europa des 19. Jahrhunderts, München 1982.

Lübbe, Hermann: Politische Philosophie in Deutschland. Studien zu ihrer Geschichte, München 1974.

Luhmann, Niklas: Legitimation durch Verfahren, Frankfurt/M. 1983 [= 3. Aufl., 1978].

Lutz, Heinrich: Zwischen Habsburg und Preußen. Deutschland 1815 - 1866 (= Die Deutschen und ihre Nation, Neuere deutsche Geschichte in 6 Bd., Bd. 2), Berlin 1985.

Maier, Hans: Die ältere deutsche Staats- und Verwaltungslehre, 2. neubearb. und ergänzte Aufl., München 1980 (1. Aufl., 1966).

Mandt, Hella: Tyrannislehre und Widerstandsrecht. Studien zur deutschen politischen Theorie des 19. Jahrhunderts (= Politica, Bd. 36), Darmstadt, Neuwied 1974.

Mann, Golo: Friedrich von Gentz. Geschichte eines europäischen Staatsmannes, 2., durchgeseh. Neuaufl., Frankfurt/M., Berlin, Wien 1972 (1. Aufl., Zürich 1947).

Mann, Golo: Deutsche Geschichte des 19. und 20. Jahrhunderts, 16. Aufl., Frankfurt am Main 1982.

Maunz, Theodor: Deutsches Staatsrecht. Ein Studienbuch, 23., neubearb. Aufl., München 1980.

Mayer-Tasch, Peter Cornelius: Hobbes und Rousseau (= Neudruck von: Autonomie und Autorität; Rousseau in den Spuren von Hobbes?, Neuwied 1968), Aalen 1976.

Meinecke, Friedrich: Werke. Bd. V: Weltbürgertum und Nationalstaat, hg. und eingel. von Hans Herzfeld, 9. Aufl. (2. Aufl. der Werke), München 1969 [1. Aufl. = 1907).

Meisner, Heinrich Otto: Die Lehre vom monarchischen Prinzip im Zeitalter der Restauration und des Deutschen Bundes (= Neudruck der Ausgabe Breslau 1913, in: Untersuchungen zur deutschen Staats- und Rechtsgeschichte, begründet von Otto von Giercke im Jahre 1878, Alte Folge, Heft 122), Aalen 1969.

Menger, Christian Friedrich: Deutsche Verfassungsgeschichte der Neuzeit. Eine Einführung in die Grundlagen, 3. unveränd. Aufl., Heidelberg, Karlsruhe 1981.

Meyn, Karl-Ulrich: Kontrolle als Verfassungsprinzip. Problemstudie zu einer legitimationsorientierten Theorie der politischen Kontrolle in der Verfassungsordnung des Grundgesetzes, Baden-Baden 1982.

Michels, Robert: Zur Soziologie des Parteiwesens in der modernen Demokratie. Untersuchungen über die oligarchischen Tendenzen des Gruppenlebens. Neudruck der 2. Aufl. (1925; 1. Aufl. 1911), hg. und mit einem Nachwort versehen von Werner Conze, Stuttgart 1957.

Mößle, Wilhelm: Regierungsfunktionen des Parlaments (= Münchener Universitätsschriften. Reihe der Juristischen Fakultät, Bd. 65), München 1986.

Müller, Christoph: Das imperative und freie Mandat. Überlegungen zur Lehre von der Repräsentation des Volkes, Leiden 1966.

Müller, Friedrich: Korporation und Assoziation. Eine Problemgeschichte der Vereinigungsfreiheit im deutschen Vormärz (= Schriften zum Öffentlichen Recht, Bd. 21), Berlin 1965.

Müller, Hildegard: Liberale Presse im badischen Vormärz. Die Presse des Kammerliberalen und ihre Zentralfigur Karl Mathy 1840 - 1848 (= Diss. phil. Tübingen 1984), Heidelberg 1986.

Müller-Dietz, Heinz: Das Leben des Rechtslehrers und Politikers Karl Theodor Welcker, Freiburg/Br. 1968.

Nipperdey, Thomas: Deutsche Geschichte 1800 - 1866. Bürgerwelt und starker Staat, München 1983.

Noack, Paul: Ist die Demokratie noch regierbar?, München o.J. [1980].

Nunn, Arthur David: Politische Schlagwörter in Deutschland seit 1945. Ein lexikographischer und kritischer Beitrag zur Politik, Gießen 1974.

Obermann, Karl: Deutschland von 1815 bis 1849 (Von der Gründung des Deutschen Bundes bis zur bürgerlich-demokratischen Revolution), 4., überarb. Aufl., Berlin (Ost) 1976 (1. Aufl., 1961).

Oeschey, Rudolf: Die bayerische Verfassungsurkunde vom 26. Mai 1818 und die Charte Ludwigs XVIII. vom 4. Juni 1814. Ein Beitrag zur Lehre vom monarchischen Prinzip. Unter Berücksichtigung der bayerischen Konstitution vom 1. Mai 1808 und deren Vorbildes, der westfälischen Verfassung vom 15. November 1807, München 1914.

Otto, Heinrich: Die historisch-politischen Lieder und Karikaturen des Vormärz und der Revolution von 1848/49, Köln 1983.

Pennock, J. Roland: Democratic Political Theory, Princeton 1979.

Peters, Hans: Geschichtliche Entwicklung und Grundlagen der Verfassung, bearbeitet von Jürgen Salzwedel und Günter Erbel, Berlin, Heidelberg, New York 1969.

Pitkin, Hanna Fenichel: The Concept of Representation, Berkeley, Los Angeles 1967.

Quaritsch, Helmut: Staat und Souveränität. Bd. 1 : Die Grundlagen, Frankfurt/M. 1970.

Quint, Wolfgang: Souveränitätsbegriff und Souveränitätspolitik in Bayern. Von der Mitte des 17. bis zur ersten Hälfte des 19. Jahrhunderts (= Schriften zur Verfassungsgeschichte, Bd. 15), Berlin 1971.

Rausch, Heinz: Parlament und Regierung in der Bundesrepublik Deutschland, 6. akt. Aufl., München 1981.

Rausch, Heinz: Repräsentation und Repräsentativverfassung. Anmerkungen zur Problematik (= Politik und Politische Bildung, hg. von Theo Stammen und Heinz Rausch), München 1979.

Reibstein, Ernst: Volkssouveränität und Freiheitsrechte. Texte und Studien zur politischen Theorie des 14. - 18. Jahrhunderts, hg. von Clausdieter Schott (= Orbis Academicus. Problemgeschichten der Wissenschaft in Dokumenten und Darstellungen, Sonderbände I,1 und I,2), Bd. I und II, Freiburg, München 1972.

Ritter, Gerhard A.: Deutscher und britischer Parlamentarismus. Ein verfassungsgeschichtlicher Vergleich, Tübingen 1962.

Röhrich, Wilfried: Politik als Wissenschaft. Eine Einführung, München 1978.

Röhrich, Wilfried: Die repräsentative Demokratie: Ideen und Interessen (= Studienbücher zur Sozialwissenschaft, Bd. 40), Opladen 1981.

Ronneberger, Franz: Legitimation durch Information (= Internationale Essays zur PR-Forschung), Düsseldorf, Wien 1977.

Rosenberg, Rainer: Literaturverhältnisse im deutschen Vormärz, Berlin (Ost), München 1975.

Rürup, Reinhard: Deutschland im 19. Jahrhundert. 1815 - 1871 (= Joachim Leuschner (Hg.): Deutsche Geschichte, Bd. 8), Göttingen 1984.

Saladin, Peter: Verantwortung als Staatsprinzip. Ein neuer Schlüssel zur Lehre vom modernen Rechtsstaat, Bern, Stuttgart 1984.

Scheuner, Ulrich: Das Mehrheitsprinzip in der Demokratie (hg. von der Rheinisch-Westfälischen Akademie der Wissenschaften. Geisteswissenschaften. Vorträge, G 191), Opladen 1973.

Scheyhing, Robert: Deutsche Verfassungsgeschichte der Neuzeit, Köln, Berlin, Bonn, München 1968.

Schieder, Theodor: Vom Deutschen Bund zum Deutschen Reich 1815 - 1871 (= Gebhardt, Handbuch der deutschen Geschichte, Bd. 15, 9.neu bearb. Aufl., hg. von Herbert Grundmann), 7. Aufl., München 1982.

Schmidt-Aßmann, Eberhard: Der Verfassungsbegriff in der deutschen Staatslehre der Aufklärung und des Historismus. Untersuchungen zu den Vorstufen eines hermeneutischen Verfassungsdenkens (= Schriften zum Öffentlichen Recht, Bd. 53), Berlin 1967.

Schmitt, Carl: Die geistesgeschichtliche Lage des heutigen Parlamentarismus, München, Leipzig 1923 (2. Aufl. 1926; 4. Aufl. 1969.)

Schneider, Franz: Politik und Kommunikation. Drei Versuche, Mainz 1967.

Schneider, Franz: Pressefreiheit und politische Öffentlichkeit. Studien zur politischen Geschichte Deutschlands bis 1848 (= Politica. Abhandlungen und Texte zur politischen Wissenschaft, hg. von Wilhelm Hennis und Hans Maier, Bd. 24), Neuwied am Rhein, Berlin 1966.

Schneider, Franz: Das Rechts- und Staatsdenken Edmund Burkes (= Schriften zur Rechtslehre und Politik, Bd. 47), Bonn 1965.

Schütt-Wetschky, Eberhard: Grundtypen parlamentarischer Demokratie. Klassisch-altliberaler Typ und Gruppentyp. Unter besonderer Berücksichtigung der Kritik am "Fraktionszwang", Freiburg/Br., München 1984.

Schule, Werner Paul: Gelehrtenwirtschaft hinter Schloß und Riegel. Die Universitätsbibliothek Tübingen am Anfang des 19. Jahrhunderts (1798-1836) (= Contubernium, Bd. 9. Beiträge zur Geschichte der Eberhard-Karls-Universität Tübingen), Tübingen 1976.

Schwarz-Liebermann von Wahlendorf, Hans Albrecht: Struktur und Funktion der sogenannten Zweiten Kammer. Eine Studie zum Problem der Gewaltenteilung, Tübingen 1958.

Sengle, Friedrich: Biedermeierzeit. Deutsche Literatur im Spannungsfeld zwischen Restauration und Revolution 1815 - 1848,
Bd. I, Stuttgart 1971;
Bd. II, Stuttgart 1972.

Sheehan, James J(ohn): Der deutsche Liberalismus: Von den Anfängen bis zum Ersten Weltkrieg 1770 - 1914 (= US-Originalausgabe: German Liberalism in the 19th century, Chicago 1978), München 1983.

Siemann, Wolfram: Die Frankfurter Nationalversammlung 1848/49 zwischen demokratischem Liberalismus und konservativer Reform. Die Bedeutung der Juristendominanz in den Verfassungsverhandlungen des Paulskirchenparlaments (= Europäische Hochschulschriften, Reihe III, Bd. 56), Frankfurt/M., Bern 1976.

Sontheimer, Kurt: Politische Wissenschaft und Staatsrechtslehre, Freiburg 1963.

Sontheimer, Kurt: Der unbehagliche Bürger. Vom deutschen Umgang mit der Demokratie, Zürich, Osnabrück 1980.

Steffani, Winfried: Pluralistische Demokratie. Studien zu Theorie und Praxis, Opladen 1980.

Stein, Peter: Epochenproblem Vormärz (1815 - 1848) (= Realien zur Literatur, Abt. D: Literaturgeschichte, Bd. 132), Stuttgart 1974.

Stern, Klaus: Grundideen europäisch-amerikanischer Verfassungsstaatlichkeit. Festvortrag gehalten aus Anlaß der Feier des 125jährigen Bestehens der Juristischen Gesellschaft zu Berlin am 12. Mai 1984 (= Schriftenreihe der Juristischen Gesellschaft zu Berlin, Heft 91), Berlin, New York 1984.

Sternberger, Dolf: Drei Wurzeln der Politik, Frankfurt/M. 1984.

Sternberger, Dolf: Herrschaft und Vereinbarung, Frankfurt/M. 1986.

Sternberger, Dolf: Nicht alle Staatsgewalt geht vom Volke aus. Studien über Repräsentation, Vorschlag und Wahl, Stuttgart u.a. 1971.

Sternberger, Dolf: Ursprung der repräsentativen Demokratie (= Schriftenreihe zu aktuellen Problemen aus Politik und Wirtschaft, hg. vom Schweizerischen Institut für Auslandforschung, Heft 5), Erlenbach-Zürich, Stuttgart 1970.

Stolleis, Michael: Arcana imperii und Ratio status. Bemerkungen zur politischen Theorie des frühen 17. Jahrhunderts (= Veröffentlichungen der Joachim-Jungius-Gesellschaft der Wissenschaften Hamburg, Nr. 39), Göttingen 1980.

Tormin, Walter: Geschichte der deutschen Parteien seit 1848, Stuttgart, Berlin, Köln, Mainz 1966.

Treml, Manfred: Bayerns Pressefreiheit zwischen Verfassungstreue und Bundespflicht (1815 - 1837). Ein Beitrag zum bayerischen Souveränitätsverständnis und Konstitutionalismus im Vormärz, Berlin 1977.

Unruh, Georg-Christoph von: Der Staat. Betrachtungen über Grundlagen und Grenzen der hoheitlichen Gewalt (= Forschen - Lehren - Verantworten, Bd. 1), Wien, Köln, Graz 1985.

Vitzthum, Wolfgang Graf: Petitionsrecht und Volksvertretung. Zu Inhalt und Schranken des parlamentarischen Petitionsbehandlungsrechts, Rheinbreitbach 1985.

Voegelin, Eric: Anamnesis. Zur Theorie der Geschichte und Politik, München 1966.

Voegelin, Eric: Die Neue Wissenschaft der Politik. Eine Einführung, 3. Aufl., München 1977.

Vorländer, Hans: Verfassung und Konsens. Der Streit um die Verfassung in der Grundlagen- und Grundgesetz-Diskussion der Bundesrepublik Deutschland. Untersuchungen zu Konsensfunktion und Konsenschance der Verfassung in der pluralistischen und sozialstaatlichen Demokratie, Berlin 1983.

Walter, Gero: Der Zusammenbruch des Heiligen Römischen Reichs deutscher Nation und die Problematik seiner Restauration in den Jahren 1814/15 (= Studien und Quellen zur Geschichte des deutschen Verfassungsrechts, Reihe A: Studien, Bd. 12), Heidelberg/Karlsruhe 1980.

Wannenmacher, Walter: Vivisektion der Schlagworte. Eine Zersetzungsarbeit (= Schriftenreihe des Vereins für wirtschaftliche und soziale Fragen, Bd. 5), Stuttgart 1968.

Wasser, Hartmut: Parlamentarismuskritik vom Kaiserreich zur Bundesrepublik. Analyse und Dokumentation (= problemata 39), Stuttgart, Bad Cannstatt 1974.

Weber, Max: Politik als Beruf (= Geistige Arbeit als Beruf. Vier Vorträge vor dem Freistudentischen Bund, 2. Vortrag), München/Leipzig 1919.

Weinacht, Paul-Ludwig: Staat. Studien zur Bedeutungsgeschichte des Wortes vom den Anfängen bis ins 19. Jahrhundert (= Beiträge zur Politischen Wissenschaft, Bd. 2), Berlin 1968.

Wember, Viktor: Verfassungsmischung und Verfassungsmitte. Moderne Formen gemischter Verfassung in der politischen Theorie des beginnenden Zeitalters der Gleichheit (= Beiträge zur Politischen Wissenschaft, Bd. 27), Berlin 1977.

Wende, Peter: Radikalismus im Vormärz. Untersuchungen zur politischen Theorie der frühen deutschen Demokratie (= Frankfurter Historische Abhandlungen, Bd. 11), Wiesbaden 1975.

Wiesendahl, Elmar: Moderne Demokratietheorie. Eine Einführung in ihre Grundlagen, Spielarten und Kontroversen, Frankfurt/M., Berlin, München 1981.

Wild, Karl: Karl Theodor Welcker. Ein Vorkämpfer des älteren Liberalismus, Heidelberg 1913.

Wildenmann, Rudolf: Macht und Konsens als Problem der Innen- und Außenpolitik (= Demokratie und Frieden, Bd. 6), 2. Aufl., Köln, Opladen 1967.

Wolff, Hans Julius: Theorie der Vertretung. Stellvertretung, Organschaft und Repräsentation als soziale und juristische Vertretungsformen (= Ders.: Organschaft und juristische Person: Untersuchungen zur Rechtstheorie und zum öffentlichen Recht, Bd. 2), Berlin 1934.

Wuermeling, Henric L.: Werden wir falsch repräsentiert? Sinn und Widersinn des heutigen Parlamentarismus, München 1971.

Wyduckel, Dieter: Princeps legibus solutus. Eine Untersuchung zur frühmodernen Rechts- und Staatslehre (= Schriften zur Verfassungsgeschichte, 30), Berlin 1979.

Zacher, Hans Friedrich: Freiheitliche Demokratie (= Geschichte und Staat, 139/140), München, Wien 1969.

Zechlin, Egmont: Die deutsche Einheitsbewegung (= Deutsche Geschichte. Ereignisse und Probleme, hg. von Walther Hubatsch), 3. neubearb. Aufl., Frankfurt/M., Berlin, Wien 1979.

Zeh, Wolfgang: Parlamentarismus. Historische Wurzzeln - Moderne Entfaltung (= Wegweiser Parlament), Heidelberg, Hamburg 1978.

Zehntner, Hans: Das Staatslexikon von Rotteck und Welcker. Eine Studie zur Geschichte des deutschen Frühliberalismus (= List-Studien. Untersuchungen zur Geschichte der Staatswissenschaften, Heft 3), Jena 1929.

Zippelius, Reinhold: Allgemeine Staatslehre (Poltikwissenschaft). Ein Studienbuch, 8., völlig neubearb. Aufl., München 1980.

Zorn, Rudolf: Autorität und Verantwortung in der Demokratie (= Beiträge zur politischen Bildung, Nr. 2, hg. von der Akademie für politische Bildung in Tutzing), Würzburg 1960.

3. Aufsätze, Lexikon- und Handbuchbeiträge

Agnoli, Johannes; Kutschka, Martin; Paech, Norman; Schneider, Hans-Peter; Stuby, Gerhard: Krise des Parlamentarismus? Eine Diskussion, in: Demokratie und Recht, 15. Jg., H. 1, 1987, S. 29 - 51.

Alemann, Ulrich von: Funktionswandel der Interessenverbände? Probleme der Organisation und Durchsetzung von Interessen in der Bundesrepublik, in: Politische Bildung, 16. Jg., H. 1, 1983, S. 73 - 86.

Alemann, Ulrich von: Demokratie, in: Mickel, Wolfgang (Hg.): Handlexikon zur Politikwissenschaft, Bonn 1986, S. 75 - 79.

Angermann, Erich: Der deutsche Frühkonstitutionalismus und das amerikanische Vorbild, in: HZ 219, 1974, S. 1 - 32.

Badura, Peter: Die parlamentarische Demokratie, in: Isensee, Josef, und Kirchhof, Paul (Hg.): Handbuch des Staatsrechts der Bundesrepublik Deutschland, Bd. I: Grundlagen von Staat und Verfassung, Heidelberg 1987, S. 953 - 986.

Bark, Axel: Robert von Mohl, in: Sattler, Martin J. (Hg.): Staat und Recht. Die deutsche Staatslehre im 19. und 20. Jahrhundert, München 1972, S. 23 - 42.

Barker, Ernest, Sir: Zur Theorie des Parlamentarismus, in: Kluxen, Kurt (Hg.): Parlamentarismus, 2. Aufl., Köln, Berlin 1969, S. 59 - 64.

Benda, Ernst: Konsens und Mehrheitsprinzip im Grundgesetz und in der Rechtsprechung des Bundesverfassungsgerichts, in: Hattenhauer, Hans, und Kaltefleiter, Werner (Hg.): Mehrheitsprinzip, Konsens und Verfassung, Heidelberg 1986, S. 61 - 77.

Benda, Ernst: Zukunftsfragen der Parlamentarischen Demokratie, in: ZParl, 9. Jg., H. 4, 1978, S. 510 - 521.

Berding, Helmut: Die Reform des Zollwesens in Deutschland unter dem Einfluß der napoleonischen Herrschaft, in: Geschichte und Gesellschaft. Zeitschrift für Historische Sozialwissenschaft, 6. Jg., H. 4, 1980, S. 523 - 537.

Berding, Helmut, und Ullmann, Hans-Peter: Veränderungen in Deutschland an der Wende vom 18. zum 19. Jahrhundert, in: Dies. (Hg.): Deutschland zwischen Revolution und Restauration, Königstein/Ts., Düsseldorf 1981, S. 11 - 40.

Bergsträsser, Ludwig: Die Entwicklung des Parlamentarismus in Deutschland, in: Kluxen, Kurt (Hg.): Parlamentarismus, 2. Aufl., Köln, Berlin 1969, S. 138 - 160.

Bermbach, Udo: Über Landstände. Zur Theorie der Repräsentation im deutschen Vormärz, in: Sprache und Politik. Festgabe für Dolf Sternberger zum sechzigsten Geburtstag, Heidelberg 1968, S. 241 - 262.

Bermbach, Udo: Rätegedanke versus Parlamentarismus? Überlegungen zur aktuellen Diskussion der Neuen Linken, in: Steffani, Winfried (Hg.): Parlamentarismus ohne Transparenz, Opladen 1971, S. 245 - 265.

Bermbach, Udo: Über die Vernachlässigung der Theoriengeschichte als Teil der Politischen Wissenschaft, in: Ders. (Hg.): Politische Theoriengeschichte, Opladen 1984, S. 9 - 31.

Beyme, Klaus von: Benjamin Constant. Literatur, in: PVS 9, 1968, S. 121 - 122.

Beyme, Klaus von: Repräsentatives und parlamentarisches Regierungssystem. Eine begriffsgeschichtliche Analyse, in: Rausch, H. (Hg.): Die geschichtlichen Grundlagen der modernen Volksvertretung, 2. Bd., Darmstadt 1980, S. 396 - 417 (erstmals in: PVS, 2. Heft, 6. Jg., 1965, S. 145 - 159; unter dem Titel: "Der Begriff der parlamentarischen Regierung" auch in: Kluxen, K. (Hg.): Parlamentarismus, 2. Aufl., Köln, Berlin 1969, S. 188 - 196).

Blasius, Dirk: Epoche - sozialgeschichtlicher Abriß, in: Witte, Bernd (Hg.): Vormärz, Reinbek bei Hamburg 1980, S. 14 - 31.

Bleckmann, Albert: Zur Entwicklung des modernen Souveränitätsdenkens, in: Aus Politik und Zeitgeschichte, B 43/ 85 vom 26. Oktober 1985, S. 3 - 13.

Blickle, Peter: Kommunalismus, Parlamentarismus, Republikanismus, in: HZ, Bd. 242, 1986, S. 529 - 556.

Bock, Helmut: "Vormärz" oder "Restauration"? Bürgerliche Umwälzung - Industrielle Revolution - Demokratische Literatur, in: Streitpunkt Vormärz. Beiträge zur Kritik bürgerlicher und revisionistischer Erbeauffassungen, Berlin (Ost) 1977, S. 9 - 63.

Böckenförde, Ernst-Wolfgang: Demokratie als Verfassungsprinzip, in: Isensee, Josef, und Kirchhof, Paul (Hg.): Handbuch des Staatsrechts der Bundesrepublik Deutschland, Bd. I: Grundlagen von Staat und Verfassung, Heidelberg 1987, S. 887 - 952.

Böckenförde, Ernst-Wolfgang: Demokratische Willensbildung und Repräsentation, in: Isensee, Josef, und Kirchhof, Paul (Hg.): Handbuch des Staatsrechts der Bundesrepublik Deutschland, Bd. II: Demokratische Willensbildung - Die Staatsorgane des Bundes, Heidelberg 1987, S. 29 - 48.

Böckenförde, Ernst-Wolfgang: Entstehung und Wandel des Rechtsstaatsbegriffs,in: Festschrift für Adolf Arndt zum 65. Geburtstag, Frankfurt/M. 1969, S. 53 - 76; abgedruckt auch in: Böckenförde, Ernst-Wolfgang: Staat, Gesellschaft, Freiheit. Studien zur Staatstheorie und zum Verfassungsrecht, Frankfurt/M. 1976, S. 65 - 92.

Böckenförde, Ernst-Wolfgang: Mittelbare/repräsentative Demokratie als eigentliche Form der Demokratie. Bemerkungen zu Begriff und Verwirklichungsproblemen der Demokratie als Staats- und Regierungsform, in: Staatsorganisation und Staatsfunktionen im Wandel. Festschrift für Kurt Eichenberger zum 60. Geburtstag, Basel, Frankfurt/M. 1982, S. 301 - 328.

Böckenförde, Ernst-Wolfgang: Verfassungsprobleme und Verfassungsbewegung des 19. Jahrhunderts, in: Ders. (Hg.): Moderne deutsche Verfassungsgeschichte (1815 - 1914), 2. veränd. Aufl., Königstein/Ts. 1981, S. 13 - 23 (= leicht veränderte Fassung von 1971, abgedruckt in:

Ders.: Staat, Gesellschaft, Freiheit. Studien zur Staatstheorie und zum Verfassungsrecht, Frankfurt/Main 1976, S. 93 - 111).

Böckenförde, Ernst-Wolfgang: Der Verfassungstyp der deutschen konstitutionellen Monarchie im 19. Jahrhundert, in: Ders. (Hg.): Moderne deutsche Verfassungsgeschichte (1815 - 1914), 2. veränd. Aufl., Königstein/Ts. 1981, S. 146 - 170 (= leicht ergänzte Fassung des Beitrags "Der deutsche Typ der konstitutionellen Monarchie im 19. Jahrhundert, in: Conze, Werner (Hg.): Beiträge zur deutschen und belgischen Verfassungsgeschichte im 19. Jahrhundert, Stuttgart 1967, S. 70 - 92; wieder abgedruckt in: Böckenförde, E.-W.: Staat, Gesellschaft, Freiheit. Studien zur Staatstheorie und zum Verfassungsrecht, Frankfurt/Main 1976, S. 112 - 145).

Boldt, Hans: Deutscher Konstitutionalismus und Bismarckreich, in: Das kaiserliche Deutschland, S. 119.

Boldt, Hans: Parlament, parlamentarische Regierung, Parlamentarismus, in: Brunner, Otto; Conze, Werner; Koselleck, Reinhart (Hg.): Geschichtliche Grundbegriffe. Historisches Lexikon zur politisch-sozialen Sprache in Deutschland, Bd. 4, Stuttgart 1978, S. 649 - 676.

Boldt, Hans: Parlamentarismustheorie. Bemerkungen zur ihrer Geschichte in Deutschland, in: Der Staat, 19. Bd., Heft 3, 1980, S. 385 - 412.

Boldt, Hans: Zwischen Patrimonialismus und Parlamentarismus. Zur Entwicklung vorparlamentarischer Theorien in der deutschen Staatslehre des Vormärz, in: Ritter, Gerhard A. (Hg.): Gesellschaft, Parlament und Regierung, Düsseldorf 1974, S. 77 - 100.

Boldt, Werner: Konstitutionelle Monarchie oder parlamentarische Demokratie. Die Auseinandersetzung um die deutsche Nationalversammlung in der Revolution von 1848, in: HZ 216, 1973, S. 553 - 622.

Bosl, Karl: Aus den Anfängen der landständischen Bewegung und Verfassung. Der Vilshofener Vertrag von 1293 (Niederbayern). (1966), in: Rausch, H. (Hg.): Die geschichtlichen Grundlagen der modernen Volksvertretung, Bd. 2, Darmstadt 1974, S. 63 - 93.

Bosl, Karl: Herrscher und Beherrschte im Deutschen Reich des 10. bis 12. Jahrhunderts. (1964), in: Rausch, H. (Hg.): Die geschichtlichen Grundlagen der modernen Volksvertretung, Bd. 2, Darmstadt 1974, S. 1 - 27.

Bosl, Karl: Theorie, Ideologie und Struktur der Repräsentation. Der Stand der Forschung, in: Ders.: Die Geschichte der Repräsentation in Bayern, München 1974, S. 1 - 12.

Botzenhart, Manfred: Das preußische Parlament und die deutsche Nationalversammlung im Jahre 1848, in: Ritter, Gerhard A. (Hg.): Regierung, Bürokratie und Parlament in Preußen und Deutschland von 1848 bis zur Gegenwart, Düsseldorf 1983, S. 14 - 40.

Botzenhart, Manfred: Der Süddeutsche Konstitutionalismus und die Revolution von 1848/49, in: Loock, H.-D., und Schulze, H. (Hg.): Parlamentarismus und Demokratie im Europa des 19. Jahrhunderts, München 1982, S. 135 - 156.

Boutmy, Emile: Zur Frage der Volkssouveränität (1904), in: Kurz, Hanns (Hg.): Volkssouveränität und Staatssouveränität, Darmstadt 1970.

Bracher, Karl Dietrich: Gegenwart und Zukunft der Parlamentsdemokratie in Europa, in: Kluxen, Kurt (Hg.): Parlamentarismus, 2. Aufl., Köln, Berlin 1969, S. 70 - 88.

Bradler, Günther, und Quarthal, Franz: Einführung, in: Blickle, P. u.a.: Von der Ständeversammlung zum demokratischen Parlament. Die Geschichte der Volksvertretungen in Baden-Württemberg, Stuttgart 1982, S. 13 - 18.

Brandt, Hartwig: Ansätze einer Selbstorganisation der Gesellschaft in Deutschland im 19. Jahrhundert, in: Böckenförde, Ernst-Wolfgang, u.a. (Hg.): Gesellschaftliche Strukturen als Verfassungsproblem, Berlin 1978, S. 51 - 67.

Brandt, Hartwig: Gesellschaft, Parlament und Regierung in Württemberg 1830 - 1840, in: Ritter, Gerhard A. (Hg): Gesellschaft, Parlament und Regierung, Düsseldorf 1974, S. 101 - 118.

Brohm, Winfried: Sachverständige und Politik. Rechtsfragen der Beratung in der Wirtschafts- und Sozialpolitik der BRD, in: Schnur, Roman (Hg.): Festschrift für Ernst Forsthoff zum 70. Geburtstag, München 1972, S. 37 - 75.

Brunner, Otto: Vom Gottesgnadentum zum monarchischen Prinzip. Der Weg der europäischen Monarchie seit dem Hohen Mittelalter, in: Hofmann, Hanns Hubert (Hg.): Die Entstehung des modernen souveränen Staates, Köln, Berlin 1967, S. 115 - 136;
bereits in: Brunner, Otto: Vorträge und Forschungen, Bd. 3, Lindau, Konstanz, S. 279 - 305.

Buchda, Gerhard: Reichsstände und Landstände in Deutschland im 16. und 17. Jahrhundert. (1965), in: Rausch, H. (Hg.): Die geschichtlichen Grundlagen der modernen Volksvertretung, Bd. 2, Darmstadt 1974, S. 211 - 241.

Bucher, Ewald: Rechtsstaatlichkeit und Demokratie, in: aus Poltik und Zeitgeschichte, B 21/65 vom 26. Mai 1965, S. 3 - 9.

Bull, Hans Peter: Demokratie - nur im geheimen?, in: ZRP, 4. Jg., Heft 9, 1971, S. 196 - 198.

Burdeau, Georges: Zur Auflösung des Verfassungsbegriffs (1956/1962), in: Friedrich, Manfred (Hg.): Verfassung, Darmstadt 1978, S. 60 - 76.

Bußmann, Walter: Zur Geschichte des Deutschen Liberalismus im 19. Jahrhundert, in: HZ, Bd. 186, 1958, S. 527 - 557.

Carsten, Francis L.: Die deutschen Landstände und der Aufstieg der Fürsten. (1959), in: Rausch, H. (Hg.): Die geschichtlichen Grundlagen der modernen Volksvertretung, Bd. 2, Darmstadt 1974, S. 315 - 340.

Congar, Yves M.-J.: Quod omnes tangit, ab omnibus tractari et approbari debet. (1958), in: Rausch, H. (Hg.): Die geschichtlichen Grundlagen der modernen Volksvertretung, Bd. 1, Darmstadt 1980, S. 115 - 182.

Conze, Werner: Demokratie, in: Brunner, Otto; Conze, Werner; Koselleck, Reinhart (Hg.): Geschichtliche Grundbegriffe. Historisches Lexikon zur politisch-sozialen Sprache in Deutschland, Bd. 1, Stuttgart 1979, S. 873 - 899.

Conze, Werner: Das Spannungsfeld von Staat und Gesellschaft im Vormärz, in: Ders. (Hg.): Staat und Gesellschaft im deutschen Vormärz 1815 - 1848, 2. Aufl., Stuttgart 1970, S. 207 - 269.

Conze, Werner: Staat und Gesellschaft in der frührevolutionären Epoche Deutschlands, in: HZ, Bd. 186, 1958, S. 1 - 34.
wieder abgedruckt in: Böckenförde, Ernst-Wolfgang (Hg.): Staat und Gesellschaft, Darmstadt 1976, S. 37 - 76.

Cordes, Günter: Württembergischer Landtag bis 1918, in: Blickle, u.a.: Von der Ständeversammlung zum demokratischen Parlament. Die Geschichte der Volksvertretungen in Baden-Württemberg, Stuttgart 1982, S. 123 - 152.

Denninger, Erhard: Demokratisierung - Möglichkeiten und Grenzen, in: Demokratisierung - Möglichkeiten und Grenzen. Ein Cappenberger Gespräch, Köln, Berlin 1976, S. 46 - 68.

Dietrich, Richard: Über Probleme verfassungsgeschichtlicher Forschung in unserer Zeit. In memoriam Heinrich Heffter, in: Böckenförde, E.-W. (Hg.): Probleme des Konstitutionalismus im 19. Jahrhundert, Berlin 1975, S. 7 - 22.

Dilcher, Gerhard: Zum Verhältnis von Verfassung und Verfassungstheorie im frühen Konstitutionalismus, in: Beiträge zur Rechtsgeschichte. Gedächtnisschrift für Hermann Conrad, Paderborn u.a. 1979, S. 65 - 84.

Drath, Martin: Die Entwicklung der Volksrepräsentation (1953), in: Rausch, H. (Hg.): Zur Theorie und Geschichte der Repräsentation und Repräsentativverfassung, Darmstadt 1968, S. 260 - 329.

Dreier, Horst: Das Majoritätsprinzip im demokratischen Verfassungsstaat, in: ZParl, 17. Jg., H. 1, 1986, S. 94 - 118.

Ehrlich, Stanislaw: On Functional Representation, in: Sprache und Politik. Festgabe für Dolf Sternberger zum sechzigsten Geburtstag, Heidelberg 1968, D. 326 - 339.

Eisel, Stephan: Konsens im Konflikt. Zum Überlegensweg freiheitlicher Demokratie zwischen Totalitarismus und Anarchie, in: Aus Politik und Zeitgeschichte, B 10/86 vom 8. März 1986, S. 3 - 15.

Eisel, Stephan: Plädoyer für die Mehrheitsregel, in: ZParl, 16. Jg., H. 4, 1985, S. 576 - 580.

Euchner, Walter: Zur Lage des Parlamentarismus, in: Schäfer, Gert, und Nedelmann, Carl (Hg.): Der CDU-Staat 1, 2. überarb. Aufl., Frankfurt/Main 1969, S. 105 - 132.

Eulau, Heinz: Changing View of Representation, in: Ders. and Wahlke, John C. (Ed.): The Politics of Representation, Beverly Hills, London 1978, S. 31 - 53.

Eulau, Heinz, and Karps, Paul D.: The Puzzle of Representation: Specifying Components of Responsiveness, in: Eulau, Heinz, and Wahlke, John C. (Ed.): The Politics of Representation, Beverly Hills, London 1978, S. 55 - 71.

Faber, Karl-Georg: Politisches Denken in der Restaurationszeit, in: Berding, Helmut, und Ullmann, Hans-Peter (Hg.): Deutschland zwischen Revolution und Restauration, Königstein/Ts., Düsseldorf 1981, S. 258 - 278.

Faber, Karl-Georg: Strukturprobleme des deutschen Liberalismus im 19. Jahrhundert, in: Der Staat, 14. Bd., H. 2, 1975, S. 201 - 227.

Fairlie, John A.: Das Wesen politischer Repräsentation (1940), in: Rausch, Heinz (Hg.): Zur Theorie und Geschichte der Repräsentation und Repräsentativverfassung, Darmstadt 1968, S. 28 - 73.

Fehrenbach, Elisabeth: Verfassungs- und sozialpolitische Reformen und Reformprojekte in Deutschland unter dem Einfluß des napoleonischen Frankreich, in: HZ, Bd. 228, 1979, S. 288 - 316; wieder abgedruckt in: Berding, Helmut, und Ullmann, Hans-Peter (Hg.): Deutschland zwischen Revolution und Restauration, Königstein/Ts., Düsseldorf 1981, S. 65 - 90.

Fenske, Hans: Politisches Denken von der Französischen Revolution bis zur Gegenwart, in: Fenske, Hans, u.a.: Geschichte der politischen Ideen, Königstein/Ts. 1981, S. 317 - 474.

Fetscher, Iring: Wieviel Konsens gehört zur Demokratie?, in: Guggenberger, Bernd, und Offe, Claus (Hg.): An den Grenzen der Mehrheitsdemokratie, Opladen 1984, S. 196 - 206.

Fiedler, Wilfried: Das Parlaments-Album von 1849/50 und die Entwicklung des deutschen Parlamentarismus, in: ZParl, 16. Jg., H. 1, 1985, S. 71 - 104.

Folz, Robert: Die Ständeversammlungen in den deutschen Fürstentümern (Vom Ende des 13. bis zum Beginn des 16. Jahrhunderts.). (1962), in: Rausch, H. (Hg.): Die geschichtlichen Grundlagen der modernen Volksvertretung, Bd. 2, Darmstadt 1974, S. 181 - 210.

Forsthoff, Ernst: Die Umbildung des Verfassungsgesetzes (1959/1976), in: Friedrich, Manfred (Hg.): Verfassung, Darmstadt 1978, S. 117 - 152.

Fraenkel, Ernst: Historische Vorbelastungen des deutschen Parlamentarismus, in: VfZ, 8. Jg., 1960, S. 323 - 340.

Fraenkel, Ernst: Möglichkeiten und Grenzen politischer Mitarbeit der Bürger in einer modernen parlamentarischen Demokratie, in: Esche, F., und Grube, F. (Hg.): Ernst Fraenkel: Reformismus und Pluralismus, Hamburg 1973, S. 389 - 403.

Fraenkel, Ernst: Strukturanalyse der modernen Demokratie (1970), in: Esche, Falk, und Grube, Frank (Hg.): Ernst Fraenkel. Reformismus und Pluralismus, Hamburg 1973, S. 404 - 433.

Friedl, Gerhard A.: Von Konsens und Selbständigkeit. Gibt es so etwas wie eine bürgerliche politische Kultur?, in: Politische Studien, 38. Jg., H. 291, 1987, S. 25 - 31.

Friedrich, Carl Joachim: Repräsentation und Verfassungsreform in Europa (1948), in: Rausch, Heinz (Hg.): Zur Theorie und Geschichte der Repräsentation und Repräsentativverfassung, Darmstadt 1968, S. 209 - 221.

Friesenhahn, Ernst: Parlament und Regierung im modernen Staat, in: Kluxen, K. (Hg.): Parlamentarismus, 2. Aufl., Köln, Berlin 1969, S. 307 - 319.

Gablentz, Otto Heinrich von der: Macht, Gestaltung und Recht. Die drei Wurzeln des politischen Denkens, in: Hofmann, Hanns Hubert (Hg.): Die Entstehung des modernen souveränen Staates, Köln, Berlin 1967, S. 52 - 72.

Gall, Lothar: Liberalismus und "bürgerliche Gesellschaft". Zu Charakter und Entwicklung der liberalen Bewegung in Deutschland, in: Ders. (Hg.): Liberalismus, 3. erw. Aufl., Königstein/Ts. 1985, S. 162 - 186.

Gangl, Hans: Der deutsche Weg zum Verfassungsstaat im 19. Jahrhundert. Eine Problemskizze, in: Böckenförde, E.-W. (Hg.): Probleme des Konstitutionalismus im 19. Jahrhundert, Berlin 1975, S. 23 - 58.

Gebhardt, Jürgen: Über das Studium der politischen Ideen in philosophisch-historischer Absicht, in: Bermbach, Udo (Hg.): Politische Theoriengeschichte, Opladen 1984, S. 126 - 160.

Gerhard, Dietrich: Regionalismus und ständisches Wesen als ein Grundthema europäischer Geschichte, in: HZ, Bd. 174, 1952, S. 302 - 337.

Gerstenberger, Heide: Materialistische Ansätze in der Analyse politischer Ideen, in: Bermbach, Udo (Hg.): Politische Theoriengeschichte, Opladen 1984, S. 161 - 179.

Giercke, Otto von: Über die Geschichte des Majoritätsprinzipes, in: Guggenberger, Bernd, und Offe, Claus (Hg.): An den Grenzen der Mehrheitsdemokratie, Opladen 1984, S. 22 - 38.

Glum, Friedrich: Begriff und Wesen der Repräsentation (1929), in: Rausch, Heinz (Hg.): Zur Theorie und Geschichte der Repräsentation und Repräsentativverfassung, Darmstadt 1968, S. 105 - 115.

Grawert, Rolf: Staatsamt und Volksvertretung. Institutionelle Gegenkräfte im politischen Ordnungssystem Lorenz von Steins, in: Staat und Gesellschaft. Studien über Lorenz von Stein, hg. von Roman Schnur, Berlin 1978, S. 245 - 271.

Grawert, Rolf: Verfassungsfrage und Gesetzgebung in Preußen. Ein Vergleich der vormärzlichen Staatspraxis mit Hegels rechtsphilosophischem Konzept, in: Lucas, Hans-Christian, und Pöggeler, Otto (Hg.): Hegels Rechtsphilosophie im Zusammenhang der europäischen Verfassungsgeschichte, Stuttgart, Bad Cannstatt 1986, S. 257 - 309.

Grebing, Helga: Volksrepräsentation und identitäre Demokratie. Hans Herzfeld zum 80. Geburtstag, in: PVS, 13. Jg., H. 2, 1972, S. 162 - 180.

Grimm, Dieter: Verfassungsfunktion und Grundgesetzreform (Erster Teil) (1972), in: Friedrich, Manfred (Hg.): Verfassung, Darmstadt 1978, S. 355 - 379.

Grosser, Dieter: Demokratietheorie in der Sackgasse?, in: Öffentliches Recht und Politik. Festschrift für Hans Ulrich Scupin zum 70. Geburtstag, hg. von Norbert Achterberg, Berlin 1973, S. 107 - 119.

Grosser, Dieter: Linksradikale Demokratiekritik und politische Bildung, in: Aus Politik und Zeitgeschichte, B 22/ 70 vom 30. Mai 1970, S. 3 - 18.

Guggenberger, Bernd: An den Grenzen der Mehrheitsdemokratie, in: Ders., und Offe, Claus (Hg.): An den Grenzen der Mehrheitsdemokratie, Opladen 1984, S. 184 - 195.

Guggenberger, Bernd: Wo die Macht der Mehrheit endet, in: Meyer, Thomas; Miller, Susanne; Strasser, Johano (Hg.): Widerstandsrecht in der Demokratie. Pro und Contra, Köln 1984, S. 120 - 131.

Guillaume, Sylvie: Le libéralisme allemand, in: Diversité du libéralisme politique en Europe au XIXe siècle, Paris 1984, S. 87 - 106.

Gundlach, Gustav SJ: Berufsständische Ordnung, in: Görres-Gesellschaft (Hg.): Staatslexikon, 6. Aufl., Bd. 1, 1957, Sp. 1124 - 1136.

Gusy, Christoph: Das Mehrheitsprinzip im demokratischen Staat, in: AöR, Bd. 106, H. 3, 1981, S. 329 - 354; auch in: Guggenberger, Bernd, und Offe, Claus (Hg.): An den Grenzen der Mehrheitsdemokratie, Opladen 1984, S. 61 - 82.

Gusy, Christoph: Konsensprinzip oder Demokratie. Zur Auseinandersetzung um das Mehrheitsprinzip, in: ZfP, 32. Jg., H. 2, 1985, S. 133 - 152.

Haan, Heiner: Die Gesellschaftstheorie Georg Friedrich Kolbs zwischen Utopie und Ideologie, in: Schieder, Wolfgang (Hg.): Liberalismus in der Gesellschaft des deutschen Vormärz, Göttingen 1983, S. 74 - 94.

Häberle, Peter: Präambeln im Text und Kontext von Verfassungen, in: Demokratie in Anfechtung und Bewährung. Festschrift für Johannes Broermann, Berlin 1982, S. 211 - 250.

Hättich, Manfred, und Benda, Ernst: Demokratie, in: Görres-Gesellschaft (Hg.): Staatslexikon, Bd. 1, 7. Aufl., Freiburg, Basel, Wien, Sp. 1182 - 1201.

Hammermayer, Ludwig: Grundlegung der bayerischen Reformära des frühen 19. Jahrhunderts. Zum ersten Band der Montgelas-Biographie von Eberhard Weis, in: ZBLG 37, 1974, S. 931 - 945.

Hartmann, Klaus: Die Demokratie - das aufgelöste Rätsel aller Verfassungen?, in: Ders. (Hg.): Die Demokratie im Spektrum der Wissenschaften, Freiburg/Br., München 1980, S. 13 - 42.

Hartwich, Hans-Hermann, und Wewer, Göttrik: Die Bundesrepublik Deutschland in den achtziger Jahren. Probleme und Aufgaben, in: Politische Bildung, 16. Jg., H. 1, 1983, S. 3 - 18.

Hardtwig, Wolfgang: Politische Gesellschaft und Verein zwischen aufgeklärtem Absolutismus und der Grundrechtserklärung der Frankfurter Paulskirche, in: Birtsch, Günter (Hg.): Grund- und Freiheitsrechte im Wandel von Gesellschaft und Geschichte, Göttingen 1981, S. 338 - 358.

Hardtwig, Wolfgang: Strukturmerkmale und Entwicklungstendenzen des Vereinswesens in Deutschland 1789 - 1848, in: Dann, Otto (Hg.): Vereinswesen und bürgerliche Gesellschaft in Deutschland, München 1984, S. 11 - 50.

Hartung, Fritz: Herrschaftsverträge und ständischer Dualismus in deutschen Territorien. (1952), in: Rausch, H. (Hg.): Die geschichtlichen Grundlagen der modernen Volksvertretung, Bd. 2, Darmstadt 1974, S. 28 - 46.

Hattenhauer, Hans: Zur Geschichte von Konsens- und Mehrheitsprinzip, in: Ders. und Kaltefleiter, Werner (Hg.): Mehrheitsprpinzip, Konsens und Verfassung, Heidelberg 1986, S. 1 - 22.

Haungs, Peter: Parlamentarismus: Krise des Maßstabs, nicht Krise der Praxis (= Rezension von Schütt-Wetschky, Eberhard: Grundtypen parlamentarischer Demokratie, Freiburg/Br., München 1984), in: ZParl, Heft 2, 1985, S. 278 - 279.

Heller, Hermann: Geschichtliche Voraussetzungen des heutigen Staates (1934), in: Böckenförde, Ernst-Wolfgang (Hg.): Staat und Gesellschaft, Darmstadt 1976, S. 3 - 19.

Hennis, Wilhelm: Verfassung und Verfassungswirklichkeit. Ein deutsches Problem (1968/1873), in: Friedrich, Manfred (Hg.): Verfassung, Darmstadt 1978, S. 232 - 267.

Hennis, Wilhelm: Rat und Beratung im modernen Staat, in: Nachrichten des Deutschen Vereins für öffentliche und private Fürsorge, Heft 1, 1963, S. 8 - 13;
wieder abgedruckt in: Hennis, Wilhelm (Hg.): Politik als praktische Wissenschaft, München 1968, S. 65 - 80; auch in:
Hennis, Wilhelm: Politik und praktische Philosophie, Stuttgart 1977, S. 160 - 175.

Hennis, Wilhelm: Zum Problem der deutschen Staatsanschauung, in: VfZ, Bd. 7, 1959, S. 1 - 23;
wieder abgedruckt in: Hennis, Wilhelm: Politik als praktische Wissenschaft, München 1968, S. 11 - 36; auch in:
Hennis, Wilhelm: Politik und praktische Philosophie, Stuttgart 1977, S. 131 - 159.

Hereth, Michael: Politik zwischen Parteiendemokratie, konstitutionellem Cäsarismus und Amtspflichten, in: ZfP, 28. Jg., H. 4, 1981, S. 358 - 380.

Hermand, Jost: Biedermeier und Restauration, in: Neubuhr, Elfriede (Hg.): Begriffsbestimmung des literarischen Biedermeier, Darmstadt 1974, S. 287 - 312.

Hermann, Ludolf: Schlagwort: Qualität des Lebens, in: Die politische Meinung, 17, 1972, Nr. 145, S. 57 - 62.

Herzog, Roman: Demokratie und Gleichheit heute, in: DVBl, 85. Jg., Heft 18, 1970, S. 713 - 716.

Herzog, Roman: Zweikammersystem, in: Evangelisches Staatslexikon, hg. von Kunst, Hermann und Grundmann, Siegfried, Stuttgart/Berlin 1966, Sp. 2587 - 2589.

Hesse, Konrad: Die normative Kraft der Verfassung (1959), in Friedrich, Manfred (Hg.): Verfassung, Darmstadt 1978, S. 77 - 99.

Heydte, Friedrich August Freiherr von der: Parlamentarismus in Deutschland und in Frankreich, in: Vom Bonner Grundgesetz zur gesamtdeutschen Verfassung. Festschrift zum 75. Geburtstag von Hans Nawiasky, hg. von Theodor Maunz, München 1956, S. 323 - 339.

Hintze, Otto: Das monarchische Prinzip und die konstitutionelle Verfassung (1911), in: Ders.: Staat und Verfassung. Gesammelte Abhandlungen, 2. Aufl., Bd. 1, Göttingen 1962, S. 359 - 389.

Hintze, Otto: Typologie der ständischen Verfassungen des Abendlandes (1930), in: Ders.: Staat und Verfassung. Gesammtelte Abhandlungen, 2. Aufl., Bd. 1, Göttingen 1962, S. 120 - 139.

Hippel, Wolfgang von: Zum 125. Todestag Karl von Rottecks, in: DÖV, Heft 21 - 22, 18. Jg., 1965, S. 742 - 744.

Hocevar, Rolf K.: Der Anteil Gentz' und Hegels an der Perhorreszierung der Repräsentativverfassung in Deutschland, in: ARSP 52, 1966, S. 117 - 133.

Hofmann, Rupert: Demokratie zwischen Repräsentation und Anarchie, in: ZfP, 31. Jg., H. 2, 1984, S. 123 - 134.

Hollerbach, Alexander: Auflösung der rechtsstaatlichen Verfassung? Zu Ernst Forsthoffs Abhandlung 'Die Umbildung des Verfassungsgesetzes' in der Festschrift für Carl Schmitt (1960), in Friedrich, Manfred (Hg.): Verfassung, Darmstadt 1978, S. 153 - 190.

Huber, Ernst Rudolf: Die Bismarcksche Reichsverfassung im Zusammenhang der deutschen Verfassungsgeschichte, in: Böckenförde, E.-W. (Hg.): Moderne deutsche Verfassungsgeschichte (1815 - 1914), 2. veränd. Aufl., Königstein/Ts. 1981, S. 171 - 207.

Isensee, Josef: Demokratie - verfassungsrechtlich gezähmte Utopie. Ein Diskussionsbeitrag zur staatstheoretischen Legitimation der parlamentarischen Demokratie, in: Matz, Ulrich (Hg.): Aktuelle Herausforderungen der repräsentativen Demokratie, Köln u.a. 1985, S. 43 - 53.

Jäger, Wolfgang: Mehrheit, Minderheit, Majorität, Minorität, in: Brunner, Otto; Conze, Werner; Koselleck, Reinhart (Hg.): Geschichtliche Grundbegriffe. Historisches Lexikon zur politisch-sozialen Sprache in Deutschland, Bd. 3, Stuttgart 1982, S. 1021 - 1062.

Jaeschke, Walter: Die Vernünftigkeit des Gesetzes. Hegel und die Restauration im Streit um Zivilrecht und Verfassungsrecht, in: Lucas, Hans-Christian, und Pöggeler, Otto (Hg.): Hegels Rechtsphilosophie im Zusammenhang der europäischen Verfassungsgeschichte, Stuttgart, Bad Cannstatt 1986, S. 221 - 256.

Jamme, Christoph: Die Erziehung der Stände durch sich selbst. Hegels Konzeption der neuständisch-bürgerlichen Repräsentation in Heidelberg 1817/18, in: Lucas, Hans-Christian, und Pöggeler, Otto (Hg.): Hegels Rechtsphilosophie im Zusammenhang der europäischen Verfassungsgeschichte, Stuttgart, Bad Cannstatt 1986, S. 149 - 173.

Jobst, Hans: Die Staatslehre Karl von Rottecks. Ihr Wesen und ihr Zusammenhang mit der Staatsphilosophie des 18. Jahrhunderts, in: ZGObrh, 103. Bd. (der neuen Folge 64. Bd.), 1955, S. 468 - 498.

Kaase, Max: Systemakzeptanz in den westlichen Demokratien, in: Matz, Ulrich (Hg.): Aktuelle Herausforderungen der repräsentativen Demokratie, Köln u.a. 1985, S. 99 - 125.

Kaiser, Joseph H.: Die Dialektik der Repräsentation. Ein Entwurf, in: Barion, Hans; Forsthoff, Ernst und Weber, Werner (Hg.): Festschrift für Carl Schmitt zum 70. Geburstag, dargebracht von Freunden und Schülern, Berlin 1959, S. 71 - 80; wieder abgedruckt in: Rausch, Heinz (Hg.): Zur Theorie und Geschichte der Repräsentation und Repräsentativverfassung, Darmstadt 1968, S. 470 - 481.

Kaltefleiter, Werner: Die Grenzen der Demokratie, in: Hattenhauer, Hans, und Kaltefleiter, Werner (Hg.): Mehrheitsprinzip, Konsens und Verfassung, Heidelberg 1986, S. 137 - 150.

Karsch, Friederun, und Schmiederer, Ursula: Der Funktionswandel der Legislative, in: Abendroth, Wolfgang, und Lenk, Kurt (Hg.): Einführung in die politische Wissenschaft, 6. Aufl., München 1982, S. 189 - 205.

Kessel, Wolfgang: Auctoritas und potestas als Ordnungsgrundlagen der Demokratie, in: Archiv für Rechts- und Sozialphilosophie, Bd. 45, 1959, Nachdruck 1985, S. 215 - 233.

Kielmansegg, Peter Graf: Demokratieprinzip und Regierbarkeit, in: Hennis, Wilhelm; Kielmansegg, Peter Graf, und Matz, Ulrich (Hg.): Regierbarkeit, Bd. I, Stuttgart 1977, S. 118 - 133.

Kielmansegg, Peter Graf: "Die Quadratur des Zirkels". Überlegungen zum Charakter der repräsentativen Demokratie, in: Matz, Ulrich (Hg.): Aktuelle Herausforderungen der repräsentativen Demokratie, Köln u.a. 1985, S. 9 - 41.

Kleinheyer, Gerd: Aspekte der Gleichheit in den Aufklärungskodifikationen und den Konstitutionen des Vormärz, in: Böckenförde, Ernst-Wolfgang, u.a. (Hg.): Von der ständischen Gesellschaft zur bürgerlichen Gleichheit, Berlin 1980, S. 7 - 31.

Klötzer, Wolfgang: Die Ausstrahlung des Hambacher Festes auf den mittelrheinischen Liberalismus, in: Stephenson, Kurt; Scharff, Alexander; Klötzer, Wolfgang (Hg.): Darstellungen und Quellen zur Geschichte der deutschen Einheitsbewegung im neunzehnten und zwanzigsten Jahrhundert, 4. Bd., Heidelberg 1963, S. 134 - 151.

Kluxen, Kurt: Britischer und deutscher Parlamentarismus im Zeitalter der industriellen Massengesellschaft - Ein verfassungsgeschichtlicher Vergleich, in: Birke, A.M., und Kluxen, K. (Hg.): Deutscher und britischer Parlamentarismus, München u.a. 1985, S. 21 - 44.

Knoll, Joachim H.: Elitebildung in der modernen Massengesellschaft, in: Die neue Ordnung in Kirche, Staat, Gesellschaft, Kultur, Heft 5, 1966.

Knoll, Joachim H.: Politische Führungsauslese in der Gegenwart, in: Politische Studien, 12. Jg., Heft 133, 1961, S. 288 - 294.

Koch, Rainer: Ständische Repräsentation oder liberale Repräsentativverfassung? Die Constitutions-Ergänzungs-Acte der freien Stadt Frankfurt als historischer Kompromiß, in: ZfhF, 5, 1978, S. 187 - 214.

Köck, Heribert Franz: Die Rolle der Demokratie in einer pluralistischen Gesellschaft, in: Demokratie in Anfechtung und Bewährung. Festschrift für Johannes Broermann, Berlin 1982, S. 145 - 171.

Köttgen, Arnold: Besprechung von G. Leibholz "Das Wesen der Repräsentation" (1929), in: Rausch, Heinz (Hg.): Zur Theorie und Geschichte der Repräsentation und Repräsentativverfassung, Darmstadt 1968, S. 74 - 104.

Korab, Wilhelm: Tradition und Demokratie, in: Demokratie in Anfechtung und Bewährung. Festschrift für Johannes Broermann, Berlin 1982, S. 125 - 144.

Koselleck, Reinhart: Einleitung, in: Brunner, Otto; Conze, Werner; Koselleck, Reinhart (Hg.): Geschichtliche Grundbegriffe. Historisches Lexikon zur politisch-sozialen Sprache in Deutschland, Bd. 1, Stuttgart 1979, S. XIII - XXVII.

Kriele, Martin: Das demokratische Prinzip im Grundgesetz. Mitbericht und Leitsätze, in: VVDStRL, Heft 29, Berlin 1971, S. 46 - 84.

Krüger, Herbert: Die Verfassung als Programm der Nationalen Repräsentation, in: Festschrift für Ernst Rudolf Huber zum 70. Geburtstag am 8. Juni 1973, Göttingen 1973, S. 95 - 116.

Küttler, Wolfgang, und Seeber, Gustav: Zur Charakteristik und Typisierung des Liberalismus, in: Schmidt, Siegfried (Hg.): Politik und Ideologie des bürgerlichen Liberalismus im Revolutionszyklus zwischen 1789 und 1917, Jena 1983, S. 11 - 19.

Kuriki, Hisao: Die Rolle des Allgemeinen Staatsrechts in Deutschland von der Mitte des 18. bis zur Mitte des 19. Jahrhunderts. Eine wissenschafts- und dogmengeschichtliche Untersuchung, in: AöR, 99. Bd., 1974, S. 556 - 585.

Kutscha, Martin: Volkssouveränität oder Sicherheitsstaat? Gegenwärtige Tendenzen im Parlamentarismus der Bundesrepublik, in: Blätter für deutsche und internationale Politik, 31. Jg., H. 5, 1986, S. 567 - 576.

Landshut, Siegfried: Der politische Begriff der Repräsentation (1964), in: Rausch, Heinz (Hg.): Zur Theorie und Geschichte der Repräsentation und Repräsentativverfassung, Darmstadt 1968, S. 482 - 497.

Landshut, Siegfried: Volkssouveränität und öffentliche Meinung, in: Gegenwartsprobleme des internationalen Rechtes und der Rechtsphilosophie. Festschrift für Rudolf Laun zu seinem 70. Geburtstag, Hamburg 1953, S. 579 - 586; wieder abgedruckt in: Kurz, Hanns (Hg.): Volkssouveränität und Staatssouveränität, Darmstadt 1970, S. 301 - 310.

Laski, Harold J.: Der Aufstieg des europäischen Liberalismus, in: Gall, Lothar (Hg.): Liberalismus, 3. erw. Aufl., Königstein/Ts. 1985, S. 122 - 133.

Laufer, Heinz: Das demokratische Regime der Bundesrepublik. Prinzipien, Institutionen, Probleme, in: Aus Politik und Zeitgeschichte, B 30/ 65 vom 28. Juli 1965, S. 3 - 31.

Leibholz, Gerhard: Parlamentarische Repräsentation (1945), in: Rausch, Heinz (Hg.): Zur Theorie und Geschichte der Repräsentation und Repräsentativverfassung, Darmstadt 1968, S. 222 - 234.

Leibholz, Gerhard: Parteien und Wahlrecht in der modernen Demokratie, in: Parteien, Wahlrecht, Demokratie. Schriftenreihe der Friedrich-Naumann-Stiftung zur Politik und Zeitgeschichte, Bd. 12, Köln, Opladen 1967, S. 40 - 60.

Leibholz, Gerhard: Parteienstaat und repräsentative Demokratie. Eine Betrachtung zu Art. 21 und 38 des Bonner Grundgesetzes (1951), in: Rausch, Heinz (Hg.): Zur Theorie und Geschichte der Repräsentation und Repräsentativverfassung, Darmstadt 1968, S. 235 - 259.

Leibholz, Gerhard: Repräsentativer Parlamentarismus und parteienstaatliche Demokratie, in: Kluxen, Kurt (Hg.): Parlamentarismus, 2. Aufl., Köln, Berlin 1969, S. 349 - 360.

Lenk, Kurt: "Elite" - Begriff oder Phänomen?, in: Aus Politik und Zeitgeschichte, Bd. 42/82 vom 23. Oktober 1982, S. 27 - 37.

Leontovitsch, Victor: Das Wesen des Liberalismus, in: Gall, Lothar (Hg.): Liberalismus, 3. erw. Aufl., Königstein/Ts. 1985, S. 37 - 53.

Lerche, Peter: Stil, Methode, Ansicht. Polemische Bemerkungen zum Methodenproblem (1961), in: Friedrich, Manfred (Hg.): Verfassung, Darmstadt 1978, S. 191 - 231.

Lipp, Wolfgang: Parlamentarismus: Funktionen, Funktionsprobleme - Stichworte zur soziologischen Analyse, in: Weinacht, Paul-Ludwig (Hg.): Parlamentarismus begreifen, München 1985, S. 91 - 102.

Loewenstein, Karl: Zum Begriff des Parlamentarismus, in: Kluxen, Kurt (Hg.): Parlamentarismus, 2. Aufl., Köln, Berlin 1969, S. 65 - 69.

Loewenstein, Karl: Gedanken über den Wert von Verfassungen in unserem revolutionären Zeitalter, in: Zurcher, Arnold J. (Hg.): Verfassungen nach dem Zweiten Weltkrieg, Meisenheim/Glan 1956, S. 210 - 246.

Loewenstein, Karl: Über die Verbreitung der politischen Ideologien (1957), in: Ders.: Beiträge zur Staatssoziologie, Tübingen 1961, S. 271 - 288.

Loewenstein, Karl: Über das Verhältnis von politischen Ideologien und politischen Institutionen (1955), in: Ders.: Beiträge zur Staatssoziologie, Tübingen 1961, S. 245 - 270.

Löwenthal, Richard: Kontinuität und Diskontinuität: Zur Grundproblematik des Symposions, in: Bosl, Karl, und Möckl, Karl (Hg.): Der moderne Parlamentarismus und seine Grundlagen in der ständischen Repräsentation, Berlin 1977, S. 341 - 356.

Lucas, Hans-Christian: "Wer hat die Verfassung zu machen, das Volk oder wer anders?" Zu Hegels Verständnis der konstitutionellen Monarchie zwischen Heidelberg und Berlin, in: Ders., und Pöggeler, Otto (Hg.): Hegels Rechtsphilosophie im Zusammenhang der europäischen Verfassungsgeschichte, Stuttgart, Bad Cannstatt 1986, S. 175 - 220.

Mager, Wolfgang: Das Problem der landständischen Verfassungen auf dem Wiener Kongreß 1814/15, in: HZ, Bd. 217, Heft 2, 1973, S. 296 - 346.

Maier, Hans: Demokratie, in: Brunner, Otte; Conze, Werner; Koselleck, Reinhart (Hg.): Geschichtliche Grundbegriffe. Historisches Lexikon zur politisch-sozialen Sprache in Deutschland, Bd. 1, Stuttgart 1979, S. 821 - 873.

Maluschke, Günther: Das Menschenbild und das Problem der "Werte" in der Sicht der Politischen Philosophie, in: Aus Politik und Zeitgeschichte, B 28/87 vom 11. Juli 1987, S. 3 - 13.

Margedant, Udo: Politische Ideengeschichte, in: Mickel, Wolfgang (Hg.): Handlexikon zur Politikwissenschaft, München 1986, S. 380 - 384.

Marongiu, Antonio: Das Prinzip der Demokratie und der Zustimmung (quod omnes tangit, ab omnibus approbari debet) im 14. Jahrhundert. (1962), in: Rausch, H. (Hg.): Die geschichtlichen Grundlagen der modernen Volksvertretung, Bd. 1, Darmstadt 1980, S. 183 - 211.

Marcic, René: Die Öffentlichkeit als Prinzip der Demokratie, in: Festschrift für Adolf Arndt zum 65. Geburtstag, Frankfurt/M. 1969, S. 267 - 292.

Mayer-Tasch, Peter Cornelius: Europäische Verfassungshomogenität als politisches Erbe, in: Ders. (Hg.): Die Verfassungen der nicht-kommunistischen Staaten Europas. Mit einem Essay, 2. neubearb. Aufl., München 1975, S. 1 - 36.

Mendelssohn Bartholdy, Albrecht: Ein- oder Zweikammersystem?, in: Laband, Paul u.a. (Hg.): Handbuch der Politik. Erster Band: Die Grundlagen der Politik, Berlin/Leipzig 1912, Sechstes Hauptstück: Der Parlamentarismus, 27. Abschnitt, S. 401 - 407.

Mendelssohn Bartholdy, Albrecht: Zweikammer- und Zweiparteien-System, in: ZfP 4, 1911, S. 1 - 50.

Métraux, Alexandre: Condorcets Entscheidungstheorie und das Problem der Legitimation des Mehrheitsentscheids. Ein historisch-rechtstheoretischer Essay, in: Staatsorganisation und Staatsfunktionen im Wandel. Festschrift für Kurt Eichenberger zum 60. Geburtstag, Basel, Frankfurt/M. 1982, S. 395 - 411.

Meyn, Hermann: Zur Transparenz der politischen Ordnung der Bundesrepublik, in: Aus Politik und Zeitgeschichte, 18. Jg., B 40/68 vom 5. Oktober 1968, S. 21 - 30.

Müller-Plantenberg, Urs: Mehrheit und Minderheiten zwischen Macht und Markt. Formen der Abwertung des Mehrheitsprinzips, in: Guggenberger, Bernd, und Offe, Claus (Hg.): An den Grenzen der Mehrheitsdemokratie, Opaden 1984, S. 297 - 310.

Niebuhr, Reinhold: Consensus in einer demokratischen Gesellschaft, in: PVS, 2. Jg., H. 3, 1961, S. 202 - 222.

Nipperdey, Thomas: Buchbesprechung von Werner Boldt: Die Anfänge des deutschen Parteiwesens, Paderborn 1971, in: HZ 216, 1973, S. 702 - 703.

Nipperdey, Thomas: Verein als soziale Struktur in Deutschland im späten 18. und frühen 19. Jahrhundert. Eine Fallstudie zur Modernisierung I, in: Ders.: Gesellschaft, Kultur, Theorie. Gesammelte Aufsätze zur neueren Geschichte, Göttingen 1976, S. 174 - 205.

Nolte, Ernst: Deutscher Scheinkonstitutionalismus?, in: HZ 228, 1979, S. 529 - 550.

Obenaus, Herbert: Finanzkrise und Verfassungsgebung. Zu den sozialen Bedingungen des frühen deutschen Konstitutionalismus, in: Ritter, Gerhard A. (Hg.): Gesellschaft, Parlament und Regierung, Düsseldorf 1974, S. 57 - 75.

Oberreuter, Heinrich: Das Gesetz von Blühen und Verwelken. Wandel, Herausforderungen und Schwächen des modernen Parlamentarismus, in: Weinacht, Paul-Ludwig (Hg.): Parlamentarismus begreifen, München 1985, S. 103 - 112.

Oestreich, Gerhard: Ständetum und Staatsbildung in Deutschland. (1966), in: Rausch, H. (Hg.): Die geschichtlichen Grundlagen der modernen Volksvertretung, Bd. 2, Darmstadt 1974, S. 47 - 62.

Oestreich, Gerhard: Zur Vorgeschichte des Parlamentarismus. Ständische Verfassung, Landständische Verfassung und Landschaftliche Verfassung, in: Ders.: Strukturprobleme der frühen Neuzeit, Berlin 1980, S. 253 - 271.

Offe, Claus: Politische Legitimation durch Mehrheitsentscheidung?, in: Journal für Sozialforschung, 22. Jg., H. 3, 1982, S. 311 - 335; erweitert und revidiert in: Guggenberger, Bernd, und Offe, Claus (Hg.): An den Grenzen der Mehrheitsdemokratie, Opladen 1984, S. 150 - 183.

Offe, Claus: Politische Legitimation durch Mehrheitsentscheidung?, in: Meyer, Thomas; Miller, Susanne; Strasser, Johano (Hg.): Widerstandsrecht in der Demokratie. Pro und Contra, Köln 1984, S. 101 - 119.

Pfetsch, Frank: Robert Michels als Elitentheoretiker, in: PVS, 7. Jg., H. 2, 1966, S. 208 - 227.

Podlech, Adalbert: Repräsentation, in: Brunner, Otto; Conze, Werner; Koselleck, Reinhart (Hg.): Geschichtliche Grundbegriffe. Historisches Lexikon zur politisch-historischen Sprache in Deutschland, Bd. 5, 1. Aufl., Stuttgart 1984, S. 509 - 547.

<u>Prantner</u>, Robert: Demokratie vor dem Verfall?, in: Demokratie in Anfechtung und Bewährung. Festschrift für Johannes Broermann, Berlin 1982, S. 173 - 190.

<u>Press</u>, Volker: Steuern, Kredit und Repräsentation. Zum Problem der Ständebildung ohne Adel, in: ZfhF, 2. bd., Heft 1, 1975, S. 59 - 93.

<u>Prosenc</u>, Miklavz: Führungsauslese (Elitenbildung), in: Röhring, Hans-Helmut, und Sontheimer, Kurt (Hg.): Handbuch des deutschen Parlamentarismus, München 1970, S. 152 - 154.

<u>Quaritsch</u>, Helmut: Demokratisierung - Möglichkeiten und Grenzen, in: Demokratisierung - Möglichkeiten und Grenzen. Ein Cappenberger Gespräch, Köln, Berlin 1976, S. 11 - 44.

<u>Quaritsch</u>, Helmut: Zur Entstehung der Theorie des Pluralismus, in: Der Staat, Bd. 19, Heft 1, 1980, S. 29 - 56.

<u>Raschke</u>, Joachim: Mehrheitswahlrecht - Mittel zur Demokratisierung oder Formierung der Gesellschaft?, in: Steffani, Winfried (Hg.): Parlamentarismus ohne Transparenz, Opladen 1971, S. 191 - 215.

<u>Raumer</u>, Kurt von: Absoluter Staat, korporative Libertät, persönliche Freiheit, in: HZ 183, 1957, S. 55 - 96.

<u>Rausch</u>, Heinz: Parlament, in: Röhring, Hans-Helmut, und Sontheimer, Kurt (Hg.): Handbuch des deutschen Parlamentarismus, München 1970, S. 322 - 328.

<u>Rausch</u>, Heinz: Repräsentation/ Repräsentative Demokratie, in: Sontheimer, Kurt, und Röhring, Hans-Helmut (Hg.): Handbuch des politischen Systems der Bundesrepublik Deutschland, 2. Aufl., München 1978, S. 531 - 534.

<u>Rausch</u>, Heinz: Repräsentation. Wort, Begriff, Kategorie, Prozeß, Theorie, in: Bosl, Karl, und Möckl, Karl (Hg.): Der moderne Parlamentarismus und seine Grundlagen in der ständischen Repräsentation, Berlin 1977, S. 69 - 98.

<u>Rausch</u>, Heinz, und <u>Oberreuter</u>, Heinrich: Parlamentsreform in der Dunkelkammer? Zum Selbstverständnis der Bundestagsabgeordneten, in: Steffani, Winfried (Hg.). Parlamentarismus ohne Transparenz, Opladen 1971, S. 141 - 164.

<u>Rauscher</u>, Anton: Berufsständische Ordnung, in: Katholisches Soziallexikon, 2. Aufl., Innsbruck, Wien, München 1980, Sp. 245 - 251.

<u>Reuß</u>, Hermann: Zur Geschichte der Repräsentativverfassung in Deutschland, in: AöR, N.F., Bd. 27, Heft 1. 1936, S. 1 - 27.

<u>Rie</u>, Robert: Das Legitimitätsprinzip des Wiener Kongresses, in: AVR, 5. Bd., Heft 3, 1955/56, S. 272 - 283.

<u>Riedel</u>, Jost: Gemeinwohl und Person, in: PVS, 2. Jg., Heft 3, 1961, S. 222 - 241.

<u>Riedel</u>, Manfred: Der Begriff der "Bürgerlichen Gesellschaft" und das Problem seines geschichtlichen Ursprungs (1962/63), in: Böckenförde, Ernst-Wolfgang (Hg.): Staat und Gesellschaft, Darmstadt 1976, S. 77 - 108.

Riedel, Manfred: Der Staatsbegriff der deutschen Geschichtsschreibung des 19. Jahrhunderts in seinem Verhältnis zur klassisch-politischen Philosophie, in: Der Staat, Bd. 2, Heft 1, 1963, S. 41 - 63.

Ritter, Gerhard A.: Der Antiparlamentarismus und Antipluralismus der Rechts- und Linksradikalen, in: Ders. (Sammlung): Arbeiterbewegung, Parteien und Parlamentarismus, Göttingen 1976, S. 259 - 291.

Ritter, Gerhard A.: Deutscher und britischer Parlamentarismus - Ein verfassungsgeschichtlicher Vergleich, in: Ders. (Sammlung): Arbeiterbewegung, Parteien und Parlamentarismus, Göttingen 1976, S. 190 - 221.

Ritter, Gerhard A.: Entwicklungsprobleme des deutschen Parlamentarismus, in: Ders. (Hg.): Gesellschaft, Parlament und Regierung, Düsseldorf 1974, S. 11 - 54;
wieder abgedruckt in: Ders. (Sammlung): Arbeiterbewegung, Parteien und Parlamentarismus, Göttingen 1976, S. 158 - 189.

Ritter, Gerhard A.: Die Kontrolle staatlicher Macht in der modernen Demokratie, in: Ders. (Hg.): Vom Wohlfahrtsausschuß zum Wohlfahrtsstaat, Köln 1973, S. 69 - 117;
in überarb. Form wieder abgedruckt in:
Ders. (Sammlung): Arbeiterbewegung, Parteien und Parlamentarismus, Göttingen 1976, S. 222 - 258.

Rockow, Lewis: Bentham on the Theory of Second Chambers, in: APSR 22, 1928, S. 576 - 590.

Röhrich, Wilfried: Eliten, in: Mickel, Wolfgang (Hg.): Handlexikon zur Politikwissenschaft, München 1986, S. 89 - 93.

Röhring, Hans-Helmut: Parlamentarismus, Parlamentarisches Regierungssystem, in: Ders. und Sontheimer, Kurt (Hg.): Handbuch des deutschen Parlamentarismus, München 1970, S. 342 - 349.

Ronneberger, Franz: Die Bedeutung der Öffentlichkeit bei Lorenz von Stein, in: Staat und Gesellschaft. Studien über Lorenz von Stein, hg. von Roman Schnur, Berlin 1978, S. 373 - 379.

Rucht, Dieter: Parlament und Regierung, in: Laufer, Heinz (Hg.): Verfassungsreform in der Bundesrepublik Deutschland, München 1979, S. 53 - 95.

Ryffel, Hans: Pluralismus und Staat, in: Staatsorganisation und Staatsfunktionen im Wandel. Festschrift für Kurt Eichenberger zum 60. Geburtstag, Basel, Frankfurt/M. 1982, S. 59 - 70.

Sahner, Heinz: Sozialer Wandel und Konsens - Zur Legitimationsproblematik des Mehrheitsprinzips, in: Hattenhauer, Hans, und Kaltefleiter, Werner (Hg.): Mehrheitsprinzip, Konsens und Verfassung, Heidelberg 1986, S. 93 - 113.

Sahner, Heinz: Wer fordert die parlamentarische Mehrheitsdemokratie heraus?, in: ZParl, 15. Jg., H. 4, 1984, S. 571 - 576.

Sarcinelli, Ulrich: Politikvermittlung in der Demokratie, in: Aus Politik und Zeitgeschichte, B 50/84 vom 15. Dezember 1984, S. 3 - 13.

Saretzki, Thomas: Das Mehrheitsprinzip - demokratisches Entscheidungsverfahren ohne Alternative?, in: Gegenwartskunde, 33. Jg., H. 2, 1984, S. 239 - 271.

Saretzki, Thomas: Mehrheitsprinzip und Grundkonsens - eine Frage der Betonung?. in: ZParl, 16. Jg., H. 2, 1985, S. 256 - 261.

Schapiro, J. Salwyn: Was ist Liberalismus?, in: Gall, Lothar (Hg.): Liberalismus, 3. erw. Aufl., Königstein/Ts. 1985, S. 20 - 36.

Scheuner, Ulrich: Begriff und rechtliche Tragweite der Grundrechte im Übergang von der Aufklärung zum 19. Jahrhundert, in: Böckenförde, Ernst-Wolfgang, u.a. (Hg.): Von der ständischen Gesellschaft zur bürgerlichen Gleichheit, Berlin 1980, S. 105 - 110.

Scheuner, Ulrich: Entwicklungslinien des parlamentarischen Regierungssystems in der Gegenwart, in: Festschrift für Adolf Arndt zum 65. Geburtstag, Frankfurt/M. 1969, S. 385 - 404.

Scheuner, Ulrich: Zur Entwicklung des Parlaments unter der Ordnung des Grundgesetzes, in: Ritter, Gerhard A. (Hg.): Gesellschaft, Parlament und Regierung, Düsseldorf 1974, S. 421 - 441.

Scheuner, Ulrich: Hegel und die deutsche Staatslehre des 19. und 20. Jahrhunderts (1960), in: Ders.: Staatstheorie und Staatsrecht. Gesammelte Schriften, Berlin 1978, S. 81 - 100.

Scheuner, Ulrich: Die Lage des parlamentarischen Regierungssystems in der Bundesrepublik (1974), in: Ders.: Staatstheorie und Staatsrecht. Gesammelte Schriften, Berlin 1978, S. 361 - 382.

Scheuner, Ulrich: Das parlamentarische Regierungssystem in der Bundesrepublik, in: Stammen, Theor (Hg.): Strukturwandel der modernen Regierung, Darmstadt 1967, S. 296 - 312.

Scheuner, Ulrich: Politische Repräsentation und Interessenvertretung, in: DÖV, 18. Jg., Heft 17 - 18, Sept. 1965, S. 577 - 581.

Scheuner, Ulrich: Das repräsentative Prinzip in der modernen Demokratie, in: Verfassungsrecht und Verfassungwirklichkeit. Festschrift für Hans Huber, Bern 1961, S. 222 - 246 (auch in: Kluxen, Kurt (Hg.): Parlamentarismus, 2. Aufl., Köln, Berlin 1969, S. 361 - 373).

Scheuner, Ulrich: Der Staat und die intermediären Kräfte, in: Zeitschrift für evangelische Ethik, 1. Jg., 1957, S. 30 - 39.

Scheuner, Ulrich: Staatszielbestimmungen, in: Schnur, Roman (Hg.): Festschrift für Ernst Forsthoff zum 70. Geburtstag, München 1972, S. 325 - 346.

Scheuner, Ulrich: Verantwortung und Kontrolle in der demokratischen Verfassungsordnung (1970), in: Ders.: Staatstheorie und Staatsrecht. Gesammelte Schriften, Berlin 1978, S. 293 - 315.

Scheuner, Ulrich: Die Verfassung Deutschlands im Rahmen der europäischen Staatsordnung, in: Vom Staat des Ancien Regime zum modernen Parteienstaat. Festschrift für Theodor Schieder zu seinem 70. Geburtstag, München, Wien 1978, S. 485 - 503.

Scheuner, Ulrich: Die Volkssouveränität und Theorie der parlamentarischen Vertretung. Zur Theorie der Volksvertretung in Deutschland 1815 - 1848, in: Bosl, Karl, und Möckl, Karl (Hg.): Der moderne Parlamentarismus und seine Grundlagen in der ständischen Repräsentation, Berlin 1977, S. 297 - 340.

Schieder, Theodor: Idee und Gestalt des übernationalen Staates seit dem 19. Jahrhundert, in: Hofmann, Hanns Hubert (Hg.): Die Entstehung des modernen souveränen Staates, Köln, Berlin 1967, S. 357 - 376.

Schieder, Theodor: Die Krise des bürgerlichen Liberalismus. Ein Beitrag zum Verhältnis von politischer und gesellschaftlicher Verfassung, in: Gall, Lothar (Hg.): Liberalismus, 3. erw. Aufl., Königstein/Ts. 1985, S. 187 - 207.

Schieder, Theodor: Partikularismus und nationales Bewußtsein im Denken des Vormärz, in: Conze, Werner (Hg.): Staat und Gesellschaft im deutschen Vormärz 1815 - 1848, 2. Aufl., Stuttgart 1970, S. 9 - 38.

Schieder, Theodor: Das Problem der Revolution im 19. Jahrhundert, in: HZ, Bd. 170, 1950, S. 233 - 271.

Schieder, Theodor: Die Theorie der Partei im älteren deutschen Liberalismus, in: Aus Geschichte und Politik. Festschrift zum 70. Geburtstag von Ludwig Bergstraesser, Düsseldorf 1954, S. 183 - 196.

Schieder, Theodor: Das Verhältnis von politischer und gesellschaftlicher Verfassung und die Krise des bürgerlichen Liberalismus, in: HZ, Bd. 177, 1954, S. 49 - 74.

Schieder, Theodor: Wandlungen des Staats in der Neuzeit, in: HZ, Bd. 216, 1973, S. 265 - 303.

Schieder, Wolfgang: Probleme einer Sozialgeschichte des frühen Liberalismus in Deutschland, in: Ders. (Hg.): Liberalismus in der Gesellschaft des deutschen Vormärz, Göttingen 1983, S. 9 - 21.

Schiefer, Wilhelm: Der Repräsentantencharakter der deutschen Landstände. Eine rechtshistorische Untersuchung vornehmlich für das Mittelalter, in: Westdeutsche Zeitschrift für Geschichte und Kunst, Heft 3, Jg. 32, 1913, S. 261 - 335.

Schmieg, Günter: Transparenz, in: Röhring, Hans-Helmut, und Sontheimer, Kurt (Hg.): Handbuch des deutschen Parlamentarismus, München 1970, S. 464 - 465.

Schmitt, Carl: Die Prinzipien des Parlamentarismus, in: Kluxen, Kurt (Hg.): Parlamentarismus, 2. Aufl., Köln, Berlin 1969, S. 41 - 53.

Schmitt, Walter Oskar: Der Begriff der freiheitlichen demokratischen Grundordnung und Art. 79 Abs. 3 des Grundgesetzes, in: DÖV, 18. Jg., Heft 13, 1965, S. 433 - 443.

Schmitt Glaeser, Walter: Die grundrechtliche Freiheit des Bürgers zur Mitwirkung an der Willensbildung, in: Isensee, Josef, und Kirchhof, Paul (Hg.): Handbuch des Staatsrechts der Bundesrepublik Deutschland, Bd. II: Demokratische Willensbildung - Die Staatsorgane des Bundes, Heidelberg 1987, S. 49 - 72.

Schmitt Glaeser, Walter: Partizipation an Verwaltungsentscheidungen, in: VVDStL, Heft 31, Berlin, New York 1973, S. 179 - 265.

Schneider, Franz: Diskussion und Evidenz im parlamentarischen Regierungssystem, in: Aus Politik und Zeitgeschichte, 18. Jg., B 6/68 vom 7. Februar 1968, S. 1 - 24.

Schneider, Franz: Kabinettsreform und Machtverteilung in England, in: ZfP, 12, H. 1, 1965, S. 40 - 56.

Schneider, Franz: Parlamentarismus und Antiparlamentarismus, in: Reinisch, Leonhard (Hg.): Politische Wissenschaft heute. Zwölf Beiträge, München 1971, S. 67 - 77.

Schneider, Franz: Die politische Komponente der Rechtsstaatsidee in Deutschland, in: PVS 3, 1968, S. 330 - 352.

Schneider, Franz: Presse, Pressefreiheit, Zensur, in: Brunner, Otto; Conze, Werner; Koselleck, Reinhart (Hg.): Geschichtliche Grundbegriffe. Historisches Lexikon zur politisch-sozialen Sprache in Deutschland, Bd. 4, Stuttgart 1978, S. 899 - 927.

Schneider, Franz, und Törne, Monika von: Proporzkommunikation und Demokratieverhältnis, in: Wirtschaftliche Entwicklungslinien und gesellschaftlicher Wandel, hg. vom Institut der deutschen Wirtschaft, Köln 1983, S. 267 - 284.

Schnur, Roman: Die normative Kraft der Verfassung (1960), in: Friedrich, Manfred (Hg.): Verfassung, Darmstadt 1978, S. 100 - 116.

Schubert, Friedrich Hermann: Volkssouveränität und Heiliges Römisches Reich, in: HZ 213/1971, S. 91 - 122 (auch in: Rausch, H. (Hg.): Die geschichtlichen Grundlagen der modernen Volksvertretung, Bd. 2, Darmstadt 1974, S. 279 - 314).

Schulz, Gerhard: Die Entstehung der bürgerlichen Gesellschaft. Zur Genesis politischer Ideen und Begriffe, in: Entstehung und Wandel der modernen Gesellschaft. Festschrift für Hans Rosenberg zum 65. Geburtstag, Berlin 1970, S. 3 - 65.

Sheehan, James J.: Liberalismus und Gesellschaft in Deutschland 1815 - 1848, in: Gall, Lothar (Hg.): Liberalismus, 3. erw. Aufl., Königstein/Ts. 1985, S. 208 - 231.

Simson, Werner von: Das demokratische Prinzip im Grundgesetz. Bericht und Leitsätze, in: VVDStRL, Heft 29, Berlin 1971, S. 3 - 45.

Smend, Rudolf: Der Einfluß der deutschen Staats - und Verwaltungsrechtslehre des 19. Jahrhunderts auf das Leben in Verfassung und Verwaltung (1939), in: Ders.: Staatsrechtliche Abhandlungen und andere Aufsätze, 2., erw. Aufl., Berlin 1968, S. 326 - 345.

Smend, Rudolf: Maßstäbe des parlamentarischen Wahlrechts in der deutschen Staatstheorie des 19. Jahrhunderts (1912), in: Ders.: Staatsrechtliche Abhandlungen und andere Aufsätze, 2., erw. Aufl., Berlin 1968, S. 19 - 38.

Smend, Rudolf: Politisches Erlebnis und Staatsdenken seit dem 18. Jahrhundert (1943), in: Ders.: Staatsrechtliche Abhandlungen und andere Aufsätze, 2., erw. Aufl., Berlin 1968, S. 346 - 362.

Smend, Rudolf: Zum Problem des Öffentlichen und der Öffentlichkeit (1954), in: Ders.: Staatsrechtliche Abhandlungen und andere Aufsätze, 2., erw. Aufl., Berlin 1968, S. 462 - 474.

Sontheimer, Kurt: Der demokratische Prozeß in den Parteien, in: Parteien, Wahlrecht, Demokratie. Schriftenreihe der Friedrich-Naumann-Stiftung zur Politik und Zeitgeschichte, Bd. 12, Köln, Opladen 1967, S. 78 - 93.

Stammen, Theo: Zweikammersystem, in: Röhring, Hans-Helmut und Sontheimer, Kurt (Hg.): Handbuch des deutschen Parlamentarismus, München 1970, S. 544 - 547.

Stammen, Theo: Die zweite Kammer im parlamentarischen Regierungssystem. Der Bundesrat und der Bayerische Senat im Lichte der Vergleichenden Politikwissenschaft, in: Bocklet, Reinhold L. (Hg.): Das Regierungssystem des Freistaates Bayern, Bd. II, München 1979, S. 167 - 196.

Steffani, Winfried: Edmund Burke: Zur Vereinbarkeit von freiem Mandat und Fraktionsdisziplin, in: ZParl, 12. Jg., H. 1, 1981, S. 109 - 122.

Steffani, Winfried: Der parlamentarische Bundesstaat in Deutschland heute, in: Birke, Adolf M., und Kluxen, K. (Hg.): Deutscher und britischer Parlamentarismus, München u.a. 1985, S. 149 - 160; abgedruckt auch in: ZParl, 16. Jg., H. 2, 1985, S. 219 - 229.

Steffani, Winfried: Parlamentarische Demokratie - Zur Problematik von Effizienz, Transparenz und Partizipation, in: Ders. (Hg.): Parlamentarismus ohne Transparenz, Opladen 1971, S. 17 - 47.

Steffani, Winfried: Die Republik der Landesfürsten, in: Ritter, Gerhard A. (Hg.): Regierung, Bürokratie und Parlament in Preußen und Deutschland von 1848 bis zur Gegenwart, Düsseldorf 1983, S. 181 - 213.

Stern, Klaus: Die Verbindung von Verfassungsidee und Grundrechtsidee zur modernen Verfassung, in: Staatsorganisation und Staatsfunktionen im Wandel. Festschrift für Kurt Eichenberger zum 60. Geburtstag, Basel, Frankfurt/M. 1982, S. 197 - 207.

Sternberger, Dolf: Gewaltenteilung und parlamentarische Regierung in der Bundesrepublik, in: Kluxen, Kurt (Hg.): Parlamentarismus, 2. Aufl., Köln, Berlin 1969, S. 325 - 339.

Sternberger, Dolf: Die neue Politie. Vorschläge zu einer Revision der Lehre vom Verfassungsstaat, in: JbÖRdG, N.F., Bd. 33, 1984, S. 1 - 40.

Stuby, Gerhard: Die Macht des Abgeordneten und die innerparteiliche Demokratie, in: Der Staat, 8. Bd., H. 3, 1969, S. 303 - 325.

Suhr, Dieter: Repräsentation in Staatslehre und Sozialpsychologie, in: Der Staat, 20. Bd., H. 4, 1981, S. 517 - 538.

Tatarin-Tarnheyden, Edgar: Kopfzahldemokratie, organische Demokratie und Oberhausproblem, in: ZfP 15, 1926, S. 97 - 122.

Thoma, Richard: Zur Ideologie des Parlamentarismus, in: Kluxen, Kurt (Hg.): Parlamentarismus, 2. Aufl., Köln, Berlin 1969, S. 54 - 58.

Trautmann, Günter: Hat Theoriegeschichte Sinn? Anmerkungen zum Forschungsstand einer Teildisziplin, in: Bermbach, Udo (Hg.): Politische Theoriengeschichte, Opladen 1984, S. 250 - 280.

Unruh, Georg-Christoph von: Die Legitimation der hoheitlichen Gewalt als konstitutionelles Verfassungsproblem, in: Schnur, Roman (Hg.): Festschrift für Ernst Forsthoff zum 70. Geburtstag, München 1972, S. 433 - 465.

Uppendahl, Herbert: Repräsentation und Responsivität. Bausteine einer Theorie responsiver Demokratie, in: ZParl, 12. Jg., H. 1, 1981, S. 123 - 134.

Varain, Heinz Josef: Die Bedeutung des Mehrheitsprinzips im Rahmen unserer politischen Ordnung, in: Guggenberger, Bernd, und Offe, Claus (Hg.): An den Grenzen der Mehrheitsdemokratie, Opladen 1984, S. 48 - 60.

Vierhaus, Rudolf: Land, Staat und Reich in der politischen Vorstellungswelt deutscher Landstände im 18. Jahrhundert, in: HZ, Bd. 223, Heft 1, 1976, S. 40 - 60.

Vierhaus, Rudolf: Liberalismus, Beamtenstand und konstitutionelles System, in: Schieder, Wolfgang (Hg.): Liberalismus in der Gesellschaft des deutschen Vormärz, Göttingen 1983, S. 39 - 54.

Vierhaus, Rudolf: Von der altständischen zur Repräsentativverfassung. Zum Problem institutioneller und personeller Kontinuität vom 18. und 19. Jahrhundert, in: Bosl, Karl, und Möckl, Karl (Hg.): Der moderne Parlamentarismus und seine Grundlagen in der ständischen Repräsentation, Berlin 1977, S. 177 - 194.

Vilmar, Fritz: Partizipation, in: Mickel, Wolfgang (Hg.): Handlexikon zur Politikwissenschaft, München 1986, S. 339 -344.

Wagner, Helmut: Herrschaft: Antworten der politischen Philosophie, in: Konrad-Adenauer-Stiftung (Hg.): Politische Herrschaft und politische Ordnung, Mainz 1983, S. 9 - 93.

Wahl, Rainer: Die Entwicklung des deutschen Verfassungsstaates bis 1866, in: Isensee, Josef, ind Kirchhof, Paul (Hg.): Handbuch des Staatsrechts der Bundesrepublik Deutschland, Bd. I: Grundlagen von Staat und Verfassung, Heidelberg 1987, S. 3 - 34.

Wahl, Rainer: Der Übergang von der feudal-ständischen Gesellschaft zur staatsbürgerlichen Gesellschaftsordnung als Rechtsproblem: Die Entwährungslehre Lorenz von Steins, in: Staat und Gesellschaft. Studien über Lorenz von Stein, hg. von Roman Schnur, Berlin 1978, S. 337 - 371.

Wahl, Rainer: Der Vorrang der Verfassung, in: Der Staat, 20. Bd., H. 4, 1981, S. 485 - 516.

Waldmann, Peter: Elitenherrschaft in einer pluralistischen Demokratie?, in: Becker, Josef (Hg.): Dreißig Jahre Bundesrepublik. Tradition und Wandel, München 1980, S. 167 - 184.

Wasser, Hartmut: Aktualität der Parlamentarismus-Kritik? Zur Leistungs- und Legitimationsfähigkeit des Parlaments im politischen System der Bundesrepublik, in: Politische Bildung, 16. Jg., H. 1, 1983, S. 19 - 34.

Wassermann, Rudolf: Von der parlamentarischen zur Demonstrations- und Widerstandsdemokratie? Zur Ordnung des politischen Kampfes, in: ZfP, 31. Jg., H. 1, 1984, S. 1 - 10.

Weber, Max: Parlamentarisierung und Demokratisierung, in: Kluxen, Kurt (Hg.): Parlamentarismus, 2. Aufl., Köln, Berlin 1969, S. 27 - 40.

Wegelin, Peter: Die Bayerische Konstitution von 1808, in: Schweizer Beiträge zur Allgemeinen Geschichte, Bd. 16, 1958, S. 142 - 206.

Weiler, Rudolf: Berufsständische Ordnung, in: Görres-Gesellschaft (Hg.): Staatslexikon, 7. Aufl., Bd. 1, Freiburg, Basel, Wien 1985, Sp. 695 - 698.

Weinacht, Paul-Ludwig: Montesquieu und die Lehre vom Parlament - vornehmlich am Beispiel der Bundesrepublik, in: Ders. (Hg.): Parlamentarismus begreifen, München 1985, S. 75 - 90.

Weinacht, Paul-Ludwig: "Staatsbürger". Zur Geschichte und Kritik eines politischen Begriffs, in: Der Staat, 8. Bd., 1969, S. 41 - 63.

Weis, Eberhard: Absolute Monarchie und Reform im Deutschland des späten 18. und des frühen 19. Jahrhunderts, in: Geschichte in der Gesellschaft. Festschrift für Karl Bosl, Stuttgart 1974, S. 436 - 461;
wieder abgedruckt in: Kopitzsch, Franklin (Hg.): Aufklärung, Absolutismus und Bürgertum in Deutschland, München 1976, S. 192 - 219.

Weis, Eberhard: Der Einfluß der Französischen Revolution und des Empire auf die Reformen in den süddeutschen Staaten, in: Francia, Bd. 1, 1973, S. 569 - 583.

Weis, Eberhard: Zur Entstehungsgeschichte der bayerischen Verfassung von 1818. Die Debatten in der Verfassungskommission von 1814/15, in: ZBLG 39, 1976, S. 413 - 444.

Weis, Eberhard: Kontinuität und Diskontinuität zwischen den Ständen des 18. Jahrhunderts und den frühkonstitutionellen Parlamenten von 1818/19 in Bayern und Württemberg, in: Festschrift für Andreas Kraus zum 60. Geburtstag, hg. von Pankraz Fried und Walter Ziegler, Kallmünz/Opf. 1982, S. 337 - 355.

Weis, Eberhard: Reich und Territorien in den letzten Jahrzehnten des 18. Jahrhunderts, in: Berding, Helmut, und Ullmann, Hans-Peter (Hg.): Deutschland zwischen Revolution und Restauration, Königstein/Ts., Düsseldorf 1981, S. 43 - 64.

Weiss, Hans-Jürgen: Öffentlichkeit, in: Sontheimer, Kurt, und Röhring, Hans-Helmut (Hg.): Handbuch des politischen Systems der Bundesrepublik Deutschland, 2. Aufl., München 1978, S. 422 - 427.

Willms, Bernhard: Politische Ideengeschichte. Politikwissenschaft und Philosophie, in: Bermbach, Udo (Hg.): Politische Theoriengeschichte, Opladen 1984, S. 33 - 64.

Willoweit, Dietmar: Struktur und Funktion intermediärer Gewalten im Ancien Regime, in: Böckenförde, Ernst-Wolfgang, u.a. (Hg.): Gesellschaftliche Strukturen als Verfassungsproblem, Berlin 1978, S. 9 - 27.

Winters, Peter Jochen: Johannes Althusius, in: Stolleis, Michael (Hg.): Staatsdenker im 17. und 18. Jahrhundert. Reichspublizistik, Politik, Naturrecht, Frankfurt/M. 1977, S. 29 - 50.

Würtenberger, Thomas: Die Legalität (Versuch einer Deutung ihres rechtsphilosophischen Sinngehalts), in: Gegenwartsprobleme des internationalen Rechtes und der Rechtsphilosophie. Festschrift für Rudolf Laun zu seinem 70. Geburtstag, hg. von Dimitri S. Constantopoulos und Hans Wehberg, Hamburg 1953, S. 607 - 624.

Würtenberger, Thomas: Legitimität, Legalität, in: Brunner, Otto; Conze, Werner; Koselleck, Reinhart (Hg.): Geschichtliche Grundbegriffe, Bd. 3, Stuttgart 1982, S. 677 - 740.

Wunder, Bernd: Landstände und Rechtsstaat. Zur Entstehung und Verwirklichung des Art. 13 DBA, in: ZfhF, 5, 1978, S. 139 - 185.

Ziebura, Gilbert: Anfänge des deutschen Parlamentarismus (Geschäftsverfahren und Entscheidungsprozeß in der ersten deutschen Nationalversammlung 1848/49), in: Faktoren der politischen Entscheidung. Festgabe für Ernst Fraenkel zum 65. Geburtstag, Berlin 1963, S. 185 - 236.

Zippelius, Reinhold: Zur Rechtfertigung des Mehrheitsprinzips in der Demokratie, in: Aus Politik und Zeitgeschichte, B 42/87 vom 17. Oktober 1987, S. 3 - 10.

Zorn, Wolfgang: Gesellschaft und Staat im Bayern des Vormärz, in: Conze, Werner (Hg.): Staat und Gesellschaft im deutschen Vormärz 1815 - 1848, 2. Aufl., Stuttgart 1970, S. 113 - 142.

4. Dissertationen

Aretin, Karl Otmar Freiherr von (Diss. phil.): Die deutsche Politik Bayerns in der Zeit der staatlichen Entwicklung des Deutschen Bundes 1814 - 1820, München 1954.

Dieterich, Roland (Diss. iur.): Die Funktion der Öffentlichkeit der Parlamentsverhandlungen im Strukturwandel des Parlamentarismus, Tübingen 1970.

Drück, Karl (Diss. phil): Ausgewählte Fragen zur Entwicklung des Liberalismus der 30er bis 60er Jahre. Dargestellt nach Rotteck-Welcker: 'Staatslexikon oder Enzyklopädie der Staatswissenschaften'. Erste bis dritte Aufl., Tübingen 1923.

Foehr, Eugen (Diss. phil): Die Rechtfertigung des Zweikammersystems, Heidelberg 1914.

Gerber, Emil (Diss.iur.): Der staatstheoretische Begriff der Repräsentation in Deutschland zwischen Wiener Kongreß und Märzrevolution, Bonn 1929.

Giebel, Hans Rainer (Diss. phil.): Strukturanalyse der Gesellschaft des Königreichs Bayern im Vormärz 1818 - 1848, München 1971.

Göcken, Günther (Diss. iur.): Friedrich von Gentz. Eine Studie zu seiner Staatsauffassung und zu seinem Kampf um das monarchische Prinzip, Bonn 1962.

Gross, Hans Herbert (Diss. iur.): Die Volkssouveränität in These und Antithese ihrer Entwicklung. Studien zur Ideengeschichte der Volkssouveränität und ihrer Gegenkräfte, Erlangen 1949.

Haferland, Hans (Diss. phil.): Mensch und Gesellschaft im Staatslexikon von Rotteck-Welcker. Ein Beitrag zur Gesellschaftstheorie des Frühliberalismus, Berlin 1957.

Herdt, Ursula, geb. Albrecht (Diss. phil): Die Verfassungstheorie Karl von Rottecks, Heidelberg 1967.

Hitzlberger, Hans (Diss. iur.): Das Steuerbewilligungsrecht der Landstände in Bayern im Zeitalter des Absolutismus und seine Auswirkungen auf die Verfassung von 1818, Erlangen 1949.

Hitzlberger, Walter (Diss. iur.): Das Steuerbewilligungsrecht der Landstände in Bayern bis zum Absolutismus (Maximilian I.), Erlangen 1949.

Holey, Uta (Diss. iur.): Das Imperative Mandat im Vormärz, Berlin 1975.

Johannsen, Dieter (Diss. phil.): Politik als Staatsklugheit und Staatskunst. Ein Beitrag zur Geschichte der politischen Wissenschaft in Deutschland, Freiburg/Br. 1972.

Klein, Magdalena (Diss. iur.): Robert von Mohl's Beitrag zur Entwicklung des modernen Polizeibegriffs, Erlangen 1949.

Langer, Siegfried (Diss. iur.): Die Entwicklung des Zweikammersystems in den wichtigsten europäischen Staaten, München 1952.

Mannheim, Christian (Diss. oec.): Berufsständische Ordnung und Gewerkschaften, München 1949.

Mollitor, Klaus (Diss. phil.): Politischer Liberalismus in Deutschland - Eigenständige Kraft oder Allgemeingut? - , Berlin 1985.

Neumann, Gerhard (Diss. phil.): Geschichte der konstitutionellen Theorie in der deutschen Publizistik von 1815 bis 1848. Ein Grundriß vom politischen Ideengehalt des vormärzlichen Liberalismus (Teildruck der Diss.), Berlin 1931.

Puchta, Hans (Diss. phil.): Die Entstehung politischer Ideologien im 19. Jahrhundert, dargestellt am Beispiel des Staatslexikons von Rotteck-Welcker und des Staats- und Gesellschaftslexikons von Hermann Wagener, Erlangen 1972.

Schib, Karl (Diss. phil.): Die staatsrechtlichen Grundlagen der Politik Karl v. Rottecks. Ein Beitrag zur Geschichte des Liberalismus, Basel 1927.

Schmid, Albert (Diss. iur.): Das Repräsentativsystem als Verfassungsprinzip, Regensburg 1971.

Schumacher, Martin (Diss. phil.): Ständebegriff um 1840. Ein Beitrag zum sozialen Bild des süddeutschen Liberalismus nach dem Rotteck-Welckerschen Staats-Lexikon, Göttingen 1955.

Strathmann, Friedrich (Diss. iur.): Altständischer Einfluß auf die deutschen Territorialverfassungen der Jahre 1814 bis 1819. Ein Beitrag zum Problem der Kontinuität der deutschen Verfassungsgeschichte, Mainz 1955.

Zacher, Hans Friedrich (Diss. iur.): Die Erneuerung des parlamentarischen Systems in Deutschland nach dem zweiten Weltkrieg, München 1952/53.

5. Nichtwissenschaftliche Artikel

Abosch, Heinz: Robert Michels - ein Klassiker? Brüche und Kontinuitäten eines radikalen Intellektuellen, in: Süddeutsche Zeitung, Nr. 138 vom 20./21. Juni 1987, S. 101.

Friedl, Gerhard A.: Von Konsens und Selbständigkeit. Gibt es so etwas wie eine bürgerliche politische Kultur?, in: Politische Studien, 38. Jg., H. 291, 1987, S. 25 - 31.

Hill, Roland: Sind die Lords noch up to date? Die Rolle des Oberhauses in der englischen Demokratie, in: DAS PARLAMENT, Nr. 8 vom 21. Februar 1987, S. 10.

Leder, Karl Bruno: Von Gottes- oder Menschengnaden? Gedanken über die Macht, in: SZ, Nr. 197 vom 29./30. August 1987 (Feuilleton-Beilage), S. 107.

Vogel, Bernhard: Lehrer des Friedens. Politologe und Autor Dolf Sternberger wird 80, in: Münchener Merkur vom 28. Juli 1987.

F. ABKÜRZUNGEN

Anm.	= Anmerkung
AöR	= Archiv des öffentlichen Rechts, hg. von Hans Gerber, Otto Koellreutter, Franz Albrecht Medicus
APSR	= The American Political Science Review, George Banta Publishing Company, Wisconsin
ARSP	= Archiv für Rechts- und Sozialphilosophie
Aufl.	= Auflage
Aus Politik	und Zeitgeschichte. Beilage zur Wochenzeitung Das Parlament
AVR	= Archiv des Völkerrechts
Bd.	= Band
BV	= Bayerische Verfassung
Ders.	= Derselbe
Dies.	= Dieselben
DÖV	= Die öffentliche Verwaltung
DVBl	= Deutsches Verwaltungsblatt
DVS	= Deutsche Vierteljahresschrift
Ebda.	= Ebenda
erg.	= ergänzt
erw.	= erweitert
Francia	= Francia. Forschungen zur westeuropäischen Geschichte, hg. vom Deutschen Historischen Institut in Paris
FS	= Festschrift
Hg.; hg.	= Herausgeber; herausgegeben von
HZ	= Historische Zeitschrift
JbÖRdG, N.F.	= Jahrbuch des öffentlichen Rechts der Gegenwart, Neue Folge
JG.	= Jahrgang
o.J.	= ohne Jahr
PVS	= Politische Vierteljahresschrift
verb.	= verbessert
Verf.	= Verfasserin
VfZ	= Vierteljahreshefte für Zeitgeschichte
vgl.	= vergleiche
VVDStRL	= Veröffentlichungen der Vereinigung der deutschen Staatsrechtslehrer
WdF	= Wege der Forschung
z.B.	= zum Beispiel
ZBLG	= Zeitschrift für Bayerische Landesgeschichte
ZfgSt	= Zeitschrift für die gesammte Staatswissenschaft
ZfhF	= Zeitschrift für historische Forschung
ZfP	= Zeitschrift für Politik
ZGObrh	= Zeitschrift für die Geschichte des Oberrheins, hg. von der Kommission für geschichtliche Landeskunde in Baden-Württemberg
ZParl	= Zeitschrift für Parlamentsfragen
ZRP	= Zeitschrift für Rechtspolitik
Zs.f.ev. Ethik	= Zeitschrift für evangelische Ethik.

Hans-Georg Ehrhart

Die "deutsche Frage" aus französischer Sicht (1981 - 1987)

1988, Band 22, 320 Seiten, Manuskriptdruck, Paperback, DM 48,80, ISBN 3 88073 287 6

Fritz Glashauser

Die Bildungs- und Kulturpolitik der Bayerischen F.D.P.

Programmpolitik zwischen öffentlicher Darstellung und parteiinterner Willensbildung

1988, Band 23, 396 Seiten, Manuskriptdruck, Paperback, DM 58,80, ISBN 3 88073 283 3

Dietmar Ehm

Devolution in Schottland und Wales

Ethnonationale Vielfalt, Problembereiche staatlicher Entwicklung und territoriale Gestaltungselemente britischer Politik

1988, Band 24, 522 Seiten, Manuskriptdruck, Paperback, DM 73,80, ISBN 3 88073 293 0

Otto A. Randel

Exemplarische Verkehrspolitik in der Bundesrepublik Deutschland

Intentionen und reale Politik - Planung und Beeinflussung - Ergebnisse und Folgen

Aufgezeigt am Beispiel der Bundesautobahn BAB A 7 / Teilstück Nesselwang - Landesgrenze

1988, Band 25, 320 Seiten, Manuskriptdruck, Paperback, DM 46,80, ISBN 3 88073 311 2

Wilhelm Bernert

Regulative des parlamentarischen Dialogs als Aufgabe der politischen Bildung

1988, Band 26, 245 Seiten, Manuskriptdruck, Paperback, DM 35,80, ISBN 3 88073 308 2

Reinhard Meier-Walser

Die Außenpolitik der monocoloren Regierung Klaus in Österreich 1966-1970

1988, Band 27, 586 Seiten, Manuskriptdruck, Paperback, DM 79,80, ISBN 3 88073 310 4

Peter Streitle

Die Rolle Kurt von Schuschniggs im österreichischen Abwehrkampf gegen den Nationalsozialismus (1934-1936)

1988, Band 28, 614 Seiten, Manuskriptdruck, Paperback, DM 78,80, ISBN 3 88073 301 5

Franco P. Rota/Peter Streitle

Studientips

Politische Wissenschaft/Internationale Politik

Ein Ratgeber zu Literatur, Recherchen, Arbeits- und Prüfungsstrategien

1988, Band 29, 100 Seiten, Manuskriptdruck, Paperback, DM 14,80, ISBN 3 88073 313 9

Gabriele Goderbauer

Theoretiker des Deutschen Vormärz als Vordenker moderner Volksvertretungen

1989, Band 31, 378 Seiten, Manuskriptdruck, Paperback, DM 57,80, ISBN 3 88073 324 4

Philip Pongratz

Revolution und kommunistische Gleichschaltung in Äthiopien

1989, Band 32, 293 Seiten, Manuskriptdruck, Paperback, DM 47,80, ISBN 3 88073 334 1

tuduv